T0022739

DANIEL GOLEMAN

La inteligencia emocional

LA INTELIGENCIA EMOCIONAL

La inteligencia emocional

Título original: *Emotional Intelligence*

Primera reimpresión en Penguin Random House: abril de 2018
Edición original: Bantam Books
Primera edición en Estados Unidos: mayo de 2018
Cuarta impresión: agosto de 2019

www.megustaleerenespanol.com

Elsa Mateo, por la traducción

ISBN: 978-1-947783-42-3

Impreso en Colombia – *Printed in Colombia*

23 24 25 26 27 10 9 8 7

Para Tara, manantial de sabiduría emocional

Indice

Quinta Parte: ALFABETISMO EMOCIONAL

Agradecimientos

Escuché por primera vez la expresión "alfabetización emocional" de labios de Eileen Rockefeller Growald, entonces fundadora y presidenta del Instituto para el Progreso de la Salud. Fue esta conversación casual la que despertó mi interés y dio marco a las investigaciones que finalmente se convirtieron en este libro. En el curso de estos años ha sido un placer seguir de cerca a Eileen mientras ella enriquecía este campo.

El apoyo del Fetzer Institute de Kalamazoo, en Michigan, me ha permitido contar con el tiempo para explorar más profundamente el posible significado de "alfabetización emocional", y estoy en deuda con Rob Lehman, presidente del Instituto, por su aliento crucial en los primeros momentos y por la actual colaboración con David Sluyter, director de programa del mismo. Fue Rob Lehman quien, al comienzo de mis investigaciones, me instó a escribir un libro sobre la alfabetización emocional.

Entre mis más profundas deudas está la que tengo con cientos de investigadores que a lo largo de los años han compartido sus descubrimientos conmigo, y cuyos esfuerzos están estudiados y sintetizados aquí. A Peter Salovey, de Yale, le debo el concepto de "inteligencia emocional". También me he beneficiado del hecho de conocer el trabajo en curso de muchos educadores y profesionales del arte de la prevención primaria, que se encuentran a la vanguardia del nuevo movimiento de la alfabetización emocional. Sus esfuerzos prácticos para brindar mejores habilidades sociales y emocionales a los niños, y para recrear las escuelas como entornos más humanos han resultado inspiradores. Entre ellos se encuentran Mark Greenberg y David Hawkins, de la Universidad de Washington; David Schaps y Catherine Lewis, del Centro de Estudios del Desarrollo de Oakland, California; Tim Shriver, del Centro de Estudios Infantiles; Roger Weissber, de la Universidad de Illinois en Chicago; Maurice Elias, de Rutgers; Shelly Kessler, del Instituto Goddard de Enseñanza y Aprendizaje, de Boulder, Colorado; Chevy Martin y Karen Stone

McCown del Centro de Aprendizaje Nueva, en Hillsborough, California; y Linda Lantieri, directora del Centro Nacional para la Resolución Creativa de Conflictos, en la ciudad de Nueva York.

Tengo una deuda especial con aquellos que estudiaron y comentaron partes de este manuscrito: Howard Gardner, de la Escuela de Educación para Graduados, de la Universidad de Harvard; Peter Salovey, del Departamento de Psicología de la Universidad de Yale; Paul Ekman, director del Laboratorio de Interacción Humana de la Universidad de California, en San Francisco; Michael Lerner, director de Commonweal en Bolinas, California; Denis Prager, entonces director del Programa de Salud de la Fundación John D. y Catherine T. MacArthur; Mark Gerzon, director de Common Enterprise, en Boulder, Colorado; Mary Schwab-Stone, MD, del Centro de Estudios Infantiles, de la Facultad de Medicina de la Universidad de Yale; David Spiegel, MD, del Departamento de Psiquiatría de la Facultad de Medicina de la Universidad de Stanford; Mark Greenberg, director del Programa de Pista Rápida, de la Universidad de Washington; Shoshona Zuboff, de la Escuela de Administración de Harvard; Joseph LeDoux, del Centro de Neurología de la Universidad de Nueva York; Richard Davidson, director del Laboratorio de Psicofisiología de la Universidad de Wisconsin; Paul Kaufman, de Mind and Media, en Point Reyes, California; Jessica Brackman, Naomi Wolf y, especialmente, a Fay Goleman.

Entre quienes me ofrecieron sus opiniones valiosas y eruditas se encuentran Page DuBois, un helenista de la Universidad del sur de California; Matthew Kapstein, filósofo de ética y religión de la Universidad de Columbia; y Steven Rockefeller, biógrafo intelectual de John Dewey, del Middlebury College. Joy Nolan reunió relatos de episodios emocionales; Margaret Howe y Annette Spychalla prepararon el apéndice sobre los efectos de los programas de alfabetización emocional. Sam y Susan Harris proporcionaron el equipamiento esencial.

Mis editores de *The New York Times* en la última década han apoyado maravillosamente mis diversas investigaciones sobre nuevos descubrimientos a propósito de las emociones, que aparecieron por primera vez en las páginas de ese periódico y que informan gran parte de esta obra.

Toni Burbank, mi editor en Bantam Books, ofreció el entusiasmo editorial y la agudeza que incentivó mi determinación y mis ideas.

Y mi esposa, Tara Bennett-Goleman, proporcionó el nido de calidez, amor e inteligencia que alimentó la realización de este proyecto.

EL DESAFIO DE ARISTOTELES

Cualquiera puede ponerse furioso... eso es fácil. Pero estar furioso con la persona correcta, en la intensidad correcta, en el momento correcto, por el motivo correcto, y de la forma correcta... eso no es fácil.

ARISTOTELES, *Etica a Nicómaco*

Era una tarde de agosto insoportablemente húmeda en la ciudad de Nueva York, el tipo de tarde húmeda que hace que la gente esté de mal humor. Yo regresaba al hotel y al subir al autobús que me llevaba a Madison Avenue me sorprendió oír que el conductor —un negro de mediana edad— me saludaba con un cordial "¡Hola! ¿Cómo le va?", saludo que ofrecía a todo el que subía mientras el autobús se deslizaba entre el denso tránsito del centro de la ciudad. Todos los pasajeros estaban tan sorprendidos como yo y, atrapados en el clima taciturno favorecido por el día, pocos respondieron al saludo.

Pero mientras el autobús avanzaba lentamente calle arriba se produjo una transformación lenta, casi mágica. El conductor ofreció a los pasajeros un ágil monólogo, un animado comentario sobre los escenarios que se sucedían ante nosotros: había una liquidación increíble en esa tienda, una exposición maravillosa en ese museo, ¿alguien había oído hablar de la nueva película que acababan de poner en el cine de la otra manzana? El deleite que sentía ante las variadas posibilidades que brindaba la ciudad resultó contagioso. Cuando los pasajeros bajaban del autobús, lo hacían despojados del caparazón de mal humor con que habían subido; y cuando el conductor gritaba un "¡Hasta pronto, que tenga un buen día!", cada uno respondía con una sonrisa.

El recuerdo de ese encuentro me acompañó durante casi veinte años. En la época en que viajé en ese autobús a Madison Avenue acababa de obtener el doctorado en psicología, pero en aquellos tiempos la psicología prestaba poca atención a la forma en que podía producirse semejante transformación. La ciencia psicológica sabía poco y nada de los mecanismos de la emoción. Sin embargo, al imaginar el virus de buenos sentimientos que seguramente se había propagado por toda la ciudad, empezando por los pasajeros del autobús, comprendí que el conductor era una especie de pacificador urbano, formidable por su capacidad para transformar la hosca irritabilidad que acumulaban sus pasajeros, para suavizar y abrir sus corazones.

En contraste, estos son algunos temas del periódico de esta semana:

- En una escuela local, un niño de nueve años se dedica a arrojar pintura sobre los pupitres, las computadoras y las impresoras, y a destrozar un coche del aparcamiento de la escuela. El motivo: algunos compañeros del tercer curso le llamaron "bebé", y quiso impresionarlos.
- Ocho jovencitos resultan heridos cuando un choque involuntario con un grupo de adolescentes que se arremolina en la entrada de un club de *rap* de Manhattan da lugar a una serie de encontronazos que terminan cuando uno de los agredidos dispara una pistola automática calibre 38 sobre el grupo. El informe señala que esos disparos ante desaires aparentemente insignificantes, que son percibidos como faltas de respeto, se han vuelto cada vez más comunes en todo el país en los últimos años.
- Según un informe, el 57% de los asesinos de menores de doce años, son sus padres o padrastros. En casi la mitad de los casos, los padres dicen que estaban "sencillamente tratando de disciplinar al niño". Las palizas fatales fueron propinadas por "infracciones" como tapar el televisor, llorar o ensuciar los pañales.
- Un joven alemán es procesado por el asesinato de cinco mujeres y niñas turcas en un incendio que provocó mientras aquellas dormían. Forma parte de un grupo neonazi; habla de su imposibilidad de conservar los trabajos, de la bebida, culpa de su mala suerte a los extranjeros. En voz apenas audible, alega: "No puedo dejar de lamentar lo que he hecho, y estoy infinitamente avergonzado".

En los noticieros de todos los días abundan informes de este tipo sobre la desintegración de la cortesía y la seguridad, un ataque violento del impulso ruin que todo lo destruye. Pero las noticias sólo reflejan en una escala más amplia la sensación de que existen cada vez más emociones fuera de control en nuestra propia vida y en la de quienes nos rodean. Nadie queda apartado de esta errática corriente de arrebato y arrepentimiento; impregna la vida de todos, de una u otra forma.

En la última década hemos visto una constante sucesión de informes de este tipo, que reflejan un aumento de la ineptitud emocional, la desesperación y la imprudencia en nuestras familias, nuestras comunidades y nuestra vida colectiva. Estos años han sido la crónica de una creciente rabia y desesperación, ya sea en la quieta soledad de los niños encerrados con el televisor por la *babysitter,* o en el dolor de los niños abandonados, descuidados o maltratados, o en la espantosa intimidad de la violencia marital. Una extendida enfermedad emocional se expresa en el aumento de los casos de depresión en el mundo entero, y en los recordatorios de una creciente corriente de agresividad: adolescentes que van a la escuela con armas, accidentes en autopistas que acaban con disparos, ex empleados descontentos que asesinan a sus antiguos compañeros de trabajo. *Maltrato emocional, disparos indiscriminados* y *estrés postraumático* son expresiones que han pasado a formar parte del léxico común en la última década mientras la frase en boga ha pasado de la alegre "Que le vaya bien", a la irritabilidad de "Déjeme en paz".

Este libro es una guía para dar un sentido al absurdo. En mi condición de psicólogo y de periodista de *The New York Times* durante la última década, he estado siguiendo el avance de nuestra comprensión científica del reino de lo irracional. Desde esa posición me he visto sorprendido por dos tendencias opuestas, una que retrata la creciente calamidad de nuestra vida emocional compartida y otra que ofrece algunos remedios útiles.

Por qué emprender ahora esta exploración

La última década, a pesar de las malas noticias que produjo, también fue testigo de un entusiasmo sin precedentes con respecto al estudio científico de las emociones. Más increíbles son las visiones del cerebro en funcionamiento, posibilitadas por métodos innovadores como las nuevas tecnologías de las imágenes cerebrales. Estos métodos han hecho visible por primera vez en la historia de la humanidad lo que siempre ha sido una fuente de absoluto misterio: exactamente cómo opera esta intrincada masa de células mientras pensamos y sentimos, imaginamos y soñamos. Esta corriente de datos neurobiológicos nos permite comprender más claramente que nunca cómo los centros de la emoción del cerebro nos provocan ira o llanto, y cómo partes más primitivas del mismo, que nos mueven a hacer la guerra y también el amor, están canalizadas para bien o para mal. Esta claridad sin precedentes con respecto al funcionamiento de las emociones y sus fallos revela algunos nuevos remedios para nuestras crisis emocionales colectivas.

Para escribir este libro he tenido que esperar a que la cosecha científica fuera lo suficientemente abundante. Estas comprensiones tardan tanto en adquirirse, en gran medida porque el lugar de los sentimientos en la vida mental ha quedado sorprendentemente descuidado por la investigación a lo largo de los años, convirtiéndose las emociones en un enorme continente inexplorado por la psicología científica. Este vacío se ha llenado por una avalancha de libros de autoayuda, consejos bienintencionados basados, en el mejor de los casos, en la opinión clínica pero carentes en su mayoría de base científica. Ahora, por fin, la ciencia es capaz de abordar con autoridad estos interrogantes urgentes y sorprendentes que despierta la psiquis en su aspecto más irracional, con el fin de trazar con cierta precisión el mapa del corazón humano.

Este mapa ofrece un desafío a aquellos que adhieren a una visión estrecha de la inteligencia, argumentando que el cociente intelectual es un factor genético que no puede ser modificado por la experiencia vital, y que nuestro destino en la vida está fijado en gran medida por estas aptitudes. Ese argumento pasa por alto la pregunta más desafiante: ¿Qué podemos cambiar que ayude a nuestros hijos a tener mejor suerte en la vida? ¿Qué factores entran en juego, por ejemplo, cuando las personas que tienen un elevado cociente intelectual tienen dificultades y las que tienen un cociente intelectual modesto se desempeñan sorprendentemente bien? Yo afirmaría que la diferencia suele estar en las habilidades que aquí llamamos *inteligencia emocional,* que incluye el autodominio, el celo y la persistencia, y la capacidad de motivarse uno mismo. Y estas habilidades, como veremos más adelante, pueden enseñarse a los niños, dándoles así mejores posibilidades de utilizar el potencial intelectual que la lotería genética les haya brindado.

Más allá de esta posibilidad surge un apremiante imperativo moral. Vivimos una época en la que el tejido de la sociedad parece deshacerse a una velocidad cada vez mayor, en la que el egoísmo, la violencia y la ruindad espiritual parecen corromper la calidad de nuestra vida comunitaria. Aquí, el argumento que sustenta la importancia de la inteligencia emocional gira en torno a la relación que existe entre sentimiento, carácter e instintos morales. Existen cada vez más pruebas de que las posturas éticas fundamentales en la vida surgen de capacidades emocionales subyacentes. En principio, el impulso es el instrumento de la emoción; la semilla de todo impulso es un sentimiento que estalla por expresarse en la acción. Quienes están a merced del impulso —los que carecen de autodominio— padecen una deficiencia moral: la capacidad de controlar el impulso es la base de la voluntad y el carácter. Por la misma razón, la raíz del altruismo se encuentra en la empatía, la capacidad de interpretar las emociones de los demás; si no se siente la necesidad o la desesperación del otro, no existe preocupación. Y si existen dos posturas morales que nuestra época reclama son precisamente estas: dominio de sí mismo y compasión.

Nuestro viaje

En este libro hago las veces de guía de un viaje a través de esta penetración científica en las emociones, un viaje destinado a brindar una mayor comprensión a algunos de los momentos más desconcertantes de nuestra propia vida y del mundo que nos rodea. El próposito del viaje es comprender qué significa proporcionar inteligencia a la emoción y cómo hacerlo. Esta comprensión misma puede ayudar en cierta medida; proporcionar conocimiento al reino de los sentimientos produce un efecto similar al impacto de un observador en el nivel cuántico de la física, alterando lo que es observado.

Nuestro viaje comienza en la Primera Parte con nuevos descubrimientos sobre la arquitectura emocional del cerebro que ofrecen una explicación de los momentos más desconcertantes de nuestra vida, cuando el sentimiento arrasa con toda racionalidad. Comprender el interjuego de estructuras cerebrales que dominan nuestros momentos de rabia y temor —o de pasión y dicha— revela mucho acerca de cómo incorporamos los hábitos emocionales que pueden minar nuestras mejores intenciones, así como acerca de lo que podemos hacer para someter nuestros más destructivos o contraproducentes impulsos emocionales. Más importante aún es el hecho de que los datos neurológicos sugieren una ventana de oportunidades para modelar los hábitos emocionales de nuestros hijos.

La siguiente parada importante en nuestro viaje, la Segunda Parte de este libro, consiste en ver cómo intervienen los factores neurológicos en el talento básico para vivir llamado *inteligencia emocional:* ser capaz, por ejemplo, de refrenar el impulso emocional; interpretar los sentimientos más íntimos del otro; manejar las relaciones de una manera fluida; en palabras de Aristóteles, la rara habilidad de "ponerse furioso con la persona correcta, en la intensidad correcta, en el momento correcto, por el motivo correcto, y de la forma correcta". (Los lectores que no estén interesados en los detalles neurológicos tal vez quieran pasar directamente a esa parte.)

Este modelo ampliado de lo que significa ser "inteligente" coloca las emociones en el centro de las aptitudes para vivir. La Tercera Parte examina algunas diferencias clave que encierran estas aptitudes: cómo dichas habilidades pueden preservar nuestras relaciones más preciadas, o la falta de las mismas puede corroerlas; cómo las fuerzas del mercado que están dando nueva forma a nuestra vida laboral están adjudicando un valor sin precedentes a la inteligencia emocional para el éxito en el trabajo; y cómo las emociones negativas suponen para nuestra salud física un riesgo tan grande como el hábito de fumar, aunque el equilibrio emocional puede ayudar a proteger nuestra salud y bienestar.

La herencia genética nos dota de una serie de rasgos emocionales que determinan nuestro temperamento. Pero el circuito cerebral implicado es extraordinariamente maleable; temperamento no es destino. Como muestra la Cuarta Parte, las lecciones emocionales que aprendemos de niños en casa y en la escuela dan forma a los circuitos emocionales haciéndonos más expertos —o ineptos— en la base de la inteligencia emocional. Esto significa que la infancia y la adolescencia son ventanas críticas de oportunidad para fijar los hábitos emocionales esenciales que gobernarán nuestra vida.

La Quinta Parte explora los peligros que acechan a aquellos que, mientras maduran, no logran dominar el reino emocional: cómo las deficiencias en la inteligencia emocional realzan un espectro de riesgos, desde la depresión o una vida de violencia hasta trastornos en la alimentación o abuso de las drogas. Y documenta cómo las escuelas pioneras están enseñando a los niños las habilidades emocionales y sociales que necesitan para mantener su vida encarrilada.

Tal vez el dato más perturbador de este libro surge de un estudio de padres y maestros y muestra una tendencia mundial de la actual generación de niños a tener más conflictos emocionales que la anterior: a ser más solitarios y deprimidos, más airados e indisciplinados, más nerviosos y propensos a preocuparse, más impulsivos y agresivos.

Si existe un remedio, creo que debe estar en la forma en que preparemos a nuestros jóvenes para la vida. En la actualidad dejamos librada al azar la educación emocional de nuestros hijos, con resultados cada vez más desastrosos. Una solución consiste en tener una nueva visión de lo que las escuelas pueden hacer para educar al alumno como un todo, reuniendo mente y corazón en el aula. Nuestro viaje concluye con visitas a clases innovadoras que tienen como objetivo dar a los niños una base para los elementos de la inteligencia emocional. Imagino un futuro en el que la educación incluirá como rutina el inculcar aptitudes esencialmente humanas como la conciencia de la propia persona, el autodominio y la empatía, y el arte de escuchar, resolver conflictos y cooperar.

En la *Etica a Nicómaco*, la indagación filosófica de Aristóteles sobre la virtud, el carácter y la buena vida, su desafío consiste en administrar nuestra vida emocional con inteligencia. Nuestras pasiones, bien ejercitadas, son sabias; guían nuestro pensamiento, nuestros valores, nuestra subsistencia. Pero es fácil que lo hagan mal, y a menudo es así. Desde el punto de vista de Aristóteles, el problema no está en la emocionalidad, sino en la *conveniencia* de la emoción y su expresión. La pregunta es: ¿cómo podemos poner inteligencia en nuestras emociones... y cortesía en nuestras calles y preocupación y cuidado en nuestra vida en común?

Primera Parte

El cerebro emocional

1

¿PARA QUE SON LAS EMOCIONES?

Es con el corazón como vemos correctamente; lo esencial es invisible a los ojos.

ANTOINE DE SAINT-EXUPÉRY,
El principito

Consideremos los últimos momentos de la vida de Gary y Mary Jane Chauncey, una pareja totalmente consagrada a su hija Andrea, de once años, confinada en una silla de ruedas a causa de la parálisis cerebral. La familia Chauncey viajaba en un tren Amtrak que cayó al río después que una barcaza chocara con un puente del ferrocarril en Luisiana, derribándolo. La pareja pensó ante todo en su hija e hizo todo lo posible por salvarla mientras el agua inundaba el tren; finalmente lograron empujar a Andrea por una ventana, para que el equipo de rescate pudiera sacarla. Entonces, mientras el vagón se hundía en el agua, murieron.[1]

La historia de Andrea, la de los padres cuyo último acto heroico consiste en asegurar la supervivencia de su hija, encierra un momento de valentía casi mítica. Sin duda, estos episodios de sacrificio paterno por su descendencia se han repetido infinidad de veces en la historia y la prehistoria de la humanidad, e infinidad de veces más en el curso más amplio de la evolución de nuestra especie.[2] Visto desde la perspectiva de los biólogos evolucionistas, este sacrificio por parte de los padres está al servicio del "éxito reproductivo", al pasar los propios genes a las generaciones futuras. Pero desde la perspectiva de un padre que toma una decisión desesperada en un momento de crisis, sólo se trata de amor.

Como comprensión del propósito y la fuerza de las emociones, este acto ejemplar de heroísmo paterno demuestra el papel del amor altruista

—y de todas las otras emociones que sentimos— en la vida humana.[3] Sugiere que nuestros sentimientos más profundos, nuestras pasiones y anhelos, son guías esenciales, y que nuestra especie debe gran parte de su existencia al poder que aquellos tienen sobre los asuntos humanos. Ese poder es extraordinario. Sólo un amor poderoso —la urgencia de salvar a un hijo querido— podría llevar a un padre a pasar por alto el impulso de la supervivencia personal. Considerado desde el punto de vista del intelecto, su sacrificio personal es discutiblemente irracional; desde el punto de vista del corazón, es la única elección posible.

Los sociobiólogos señalan el predominio del corazón sobre la cabeza en momentos cruciales como ese cuando hacen conjeturas acerca de por qué la evolución ha dado a las emociones un papel tan importante en la psiquis humana. Nuestras emociones, dicen, nos guían cuando se trata de enfrentar momentos difíciles y tareas demasiado importantes para dejarlas sólo en manos del intelecto: los peligros, las pérdidas dolorosas, la persistencia hacia una meta a pesar de los fracasos, los vínculos con un compañero, la formación de una familia. Cada emoción ofrece una disposición definida a actuar; cada una nos señala una dirección que ha funcionado bien para ocuparse de los desafíos repetidos de la vida humana.[4] Dado que estas situaciones se repiten una y otra vez a lo largo de la historia de la evolución, el valor de supervivencia de nuestro repertorio emocional fue confirmado por el hecho de que quedaron grabados en nuestros nervios como tendencias innatas y automáticas del corazón humano.

Una visión de la naturaleza humana que pasa por alto el poder de las emociones es lamentablemente miope. El nombre mismo de *Homo sapiens,* la especie pensante, resulta engañoso a la luz de la nueva valoración y visión que ofrece la ciencia con respecto al lugar que ocupan las emociones en nuestra vida. Como todos sabemos por experiencia, cuando se trata de dar forma a nuestras decisiones y a nuestras acciones, los sentimientos cuentan tanto como el pensamiento, y a menudo más. Hemos llegado muy lejos en lo que se refiere a destacar el valor y el significado de lo puramente racional —lo que mide el cociente intelectual— en la vida humana. Para bien o para mal, la inteligencia puede no tener la menor importancia cuando dominan las emociones.

Cuando las pasiones aplastan a la razón

Fue una sucesión de errores trágicos. Matilda Crabtree, de catorce años, quiso hacerle una broma a su padre: salió de un armario dando un salto y gritando "¡Buuu!" mientras sus padres entraban en casa a la una de la mañana, después de visitar a unos amigos.

Pero Bobby Crabtree y su esposa pensaron que Matilda se quedaba esa noche en casa de unos amigos. Al oír ruidos mientras entraba en su casa, Crabtree buscó su pistola calibre 357 y entró en el dormitorio de Matilda para investigar. Cuando Matilda salió de un salto del armario, Crabtree le disparó al cuello. Matilda Crabtree murió doce horas más tarde.[5]

Un legado emocional de la evolución es el temor que nos mueve a proteger a nuestra familia del peligro; ese fue el impulso que empujó a Bobby Crabtree a buscar su arma y registrar la casa para encontrar al intruso que él creía que había entrado. El miedo llevó a Crabtree a disparar antes de darse cuenta de a dónde disparaba, incluso antes de reconocer la voz de su hija. Las reacciones automáticas de este tipo han quedado grabadas en nuestro sistema nervioso, suponen los biólogos evolucionistas, porque durante un período prolongado y crucial de la prehistoria humana marcaron la diferencia entre supervivencia y muerte. Más importante aún, intervenían en la principal tarea de la evolución: ser capaz de dar a luz a una descendencia que presentara estas predisposiciones genéticas... una triste ironía, teniendo en cuenta la tragedia que se produjo en el hogar de los Crabtree.

Pero mientras nuestras emociones han sido guías sabias en la evolución a largo plazo, las nuevas realidades que la civilización presenta han surgido con tanta rapidez que la lenta marcha de la evolución no puede mantener el mismo ritmo. En efecto, las primeras leyes y declaraciones de la ética —el Código de Hammurabi, los Diez Mandamientos de los Hebreos, los Edictos del emperador Ashoka— pueden interpretarse como intentos por dominar, someter y domesticar la vida emocional. Como describió Freud en *El malestar en la cultura,* la sociedad ha tenido que imponerse sin reglas destinadas a someter las corrientes de exceso emocional que surgen libremente en su interior.

A pesar de estas limitaciones sociales, las pasiones aplastan a la razón una y otra vez. Esta característica de la naturaleza humana surge de la arquitectura básica de la vida mental. En términos de diseño biológico para el circuito neurológico básico de la emoción, aquello con lo que nacemos es lo que funcionó mejor en las 50.000 últimas generaciones humanas, no en las 500 últimas... y sin duda no en las cinco últimas. Las lentas y deliberadas fuerzas de la evolución que han dado forma a nuestras emociones han hecho su trabajo en el curso de un millón de años; los 10.000 últimos años —a pesar de haber sido testigos del rápido crecimiento de la civilización humana y de la explosión de la población humana, que pasó de cinco millones a cinco mil millones— han dejado pocas huellas en las plantillas biológicas de nuestra vida emocional.

Para bien o para mal, nuestra valoración de cada encuentro personal y nuestras respuestas al mismo están moldeadas no sólo por nuestro juicio racional o nuestra historia personal, sino también por nuestro leja no pasado ancestral. Esto nos deja inclinaciones a veces trágicas, como demuestran los tristes acontecimientos del hogar de los Crabtree. En resumen, con demasiada frecuencia nos enfrentamos a dilemas posmodernos con un repertorio emocional adaptado a las urgencias del pleistoceno. Esa dificultad forma el núcleo de mi trabajo.

Impulsos para la acción

Un día de principios de primavera conducía por una autopista, sobre un puerto de montaña de Colorado, cuando una repentina borrasca cubrió de nieve el camino. Miré atentamente hacia adelante y no logré ver nada; el remolino de nieve se había convertido en una enceguecedora mancha blanca. Hundí el pie en el freno y sentí la ansiedad que recorría todo mi cuerpo y oí los latidos de mi corazón.

La ansiedad se convirtió en miedo absoluto: frené a un costado del camino y esperé a que la borrasca pasara. Media hora más tarde la nevisca cesó, la visibilidad se normalizó y yo continué mi camino; pero unos cientos de metros más adelante me vi obligado a detenerme otra vez: un equipo de una ambulancia ayudaba al pasajero de un coche que había chocado con el que lo precedía; la colisión había bloqueado la autopista. Si yo hubiera seguido adelante a pesar de la nieve, probablemente habría chocado con ellos.

La cautela a la que el temor me obligó aquel día tal vez me salvó la vida. Como un conejo paralizado de terror al ver un zorro que pasa —o un protomamífero que se esconde de un dinosaurio que merodea—, quedé dominado por un estado interior que me obligó a parar, prestar atención y tener en cuenta el peligro inminente.

En esencia, todas las emociones son impulsos para actuar, planes instantáneos para enfrentarnos a la vida que la evolución nos ha inculcado. La raíz de la palabra *emoción* es *motere,* el verbo latino "mover", además del prefijo "e", que implica "alejarse, lo que sugiere que en toda emoción hay implícita una tendencia a actuar. Que las emociones conducen a la acción es muy evidente cuando observamos a niños o animales; sólo es en los adultos "civilizados" en los que tan a menudo encontramos la gran anomalía del reino animal: emociones —impulsos arraigados que nos llevan a actuar— divorciadas de la reacción evidente.[6]

En nuestro repertorio emocional, cada emoción juega un papel singular, como quedó revelado por sus características sintonías biológicas (véase el Apéndice A para conocer detalles sobre las emociones "básicas"). Con nuevos métodos para explorar el cuerpo y el cerebro, los investigadores están descubriendo más detalles fisiológicos acerca de cómo cada emoción prepara al organismo para una clase distinta de respuesta:[7]

- Con la *ira,* la sangre fluye a las manos, y así resulta más fácil tomar un arma o golpear a un enemigo; el ritmo cardíaco se eleva y un aumento de hormonas como la adrenalina genera un ritmo de energía lo suficientemente fuerte para originar una acción vigorosa.
- Con el *miedo,* la sangre va a los músculos esqueléticos grandes, como los de las piernas, y así resulta más fácil huir, y el rostro queda pálido debido a que la sangre deja de circular por él (creando la sensación de que la sangre "se hiela"). Al mismo tiempo, el cuerpo se congela, aunque sólo sea por un instante, tal vez permitiendo que el tiempo determine si esconderse sería una reacción más adecuada. Los circuitos de los centros emocionales del cerebro desencadenan un torrente de hormonas que pone al organismo en alerta general, haciendo que se prepare para la acción, y la atención se fija en la amenaza cercana, lo mejor para evaluar qué respuesta ofrecer.
- Entre los principales cambios biológicos de la *felicidad* hay un aumento de la actividad en un centro nervioso que inhibe los sentimientos negativos y favorece un aumento de la energía disponible, y una disminución de aquellos que generan pensamientos inquietantes. Pero no hay un cambio determinado de la fisiología salvo una tranquilidad, que hace que el cuerpo se recupere más rápidamente del despertar biológico de las emociones desconcertantes. Esta configuración ofrece al organismo un descanso general, además de buena disposición y entusiasmo para cualquier tarea que se presente y para esforzarse por conseguir una gran variedad de objetivos.
- El *amor,* los sentimientos de ternura y la satisfacción sexual dan lugar a un despertar parasimpático: el opuesto fisiológico de la movilización "lucha o huye" que comparten el miedo y la ira. La pauta parasimpática, también llamada "respuesta de la relajación", es un conjunto de reacciones de todo el organismo, que genera un estado general de calma y satisfacción, facilitando la cooperación.
- El levantar las cejas en expresión de *sorpresa* permite un mayor alcance visual y también que llegue más luz a la retina. Esto ofrece más información sobre el acontecimiento inesperado, haciendo que resulte más fácil distinguir con precisión lo que está ocurriendo e idear el mejor plan de acción.
- La expresión de *disgusto* es igual en el mundo entero y envía un mensaje idéntico: algo tiene un sabor o un olor repugnante, o lo es en sentido metafórico. La expresión facial de disgusto —el labio superior torcido a un costado mientras la nariz se frunce ligeramente— sugiere, como señaló Darwin, un intento primordial de bloquear las fosas nasales para evitar un olor nocivo o de escupir un alimento perjudicial.
- Una función importante de la *tristeza* es ayudar a adaptarse a una pér-

dida significativa, como la muerte de una persona cercana, o una decepción grande. La tristeza produce una caída de la energía y el entusiasmo por las actividades de la vida, sobre todo por las diversiones y los placeres y, a medida que se profundiza y se acerca a la depresión, hace más lento el metabolismo del organismo. Este aislamiento introspectivo crea la oportunidad de llorar por una pérdida o una esperanza frustrada, de comprender las consecuencias que tendrá en la vida de cada uno y, mientras se recupera la energía, planificar un nuevo comienzo. Esta pérdida de energía puede haber obligado a los primeros humanos entristecidos —y vulnerables— a permanecer cerca de casa, donde estaban más seguros.

Estas tendencias biológicas a actuar están moldeadas además por nuestra experiencia de la vida y nuestra cultura. Por ejemplo, universalmente, la pérdida de un ser querido provoca tristeza y pesar. Pero la forma en que mostramos nuestro pesar —cómo se demuestran las emociones o se contienen para los momentos de intimidad— está moldeada por la cultura, lo mismo que el hecho de decidir qué personas de nuestra vida entran en la categoría de "seres queridos" a los que llorar.

El prolongado período de la evolución en el que estas respuestas emocionales fueron forjadas representó sin duda la realidad más dura que la mayor parte de los humanos soportó como especie después de los albores de la historia conocida. Hubo una época en que pocos niños sobrevivían a la infancia y pocos adultos vivían hasta los treinta años, cuando los depredadores podían atacar en cualquier momento, cuando los caprichos de la sequía y las inundaciones marcaban la diferencia entre inanición y supervivencia. Pero con la llegada de la agricultura e incluso de las sociedades humanas más rudimentarias, las probabilidades de supervivencia empezaron a cambiar dramáticamente. En los diez mil últimos años, cuando estos avances se afianzaron en el mundo entero, las feroces presiones que mantenían a raya a la población humana se aflojaron de manera continua.

Esas mismas presiones habían hecho que nuestras respuestas emocionales fueran tan valiosas para la supervivencia; a medida que disminuían, también lo hacía la calidad de la adaptación de las distintas partes de nuestro repertorio emocional. Mientras en el pasado una ira violenta puede haber supuesto una ventaja crucial para la supervivencia, el hecho de tener acceso a armas automáticas a los trece años la convierte en una reacción a menudo desastrosa.[8]

Nuestras dos mentes

Una amiga me contaba que su divorcio había sido una separación dolorosa. Su esposo se había enamorado de una mujer más joven de su trabajo y le anunció repentinamente que la dejaba para irse a vivir con la otra mujer. Se sucedieron meses de amargas disputas por la casa, el dinero y la custodia de los hijos. Ahora, al cabo de unos meses, decía que su independencia le resultaba atractiva y que se sentía feliz de estar sola. "No pienso más en él... realmente no me importa", dijo. Pero mientras lo decía, los ojos se le llenaron de lágrimas.

Esas lágrimas repentinas podrían haber pasado inadvertidas. Pero darse cuenta de que el lagrimeo de alguien significa que está triste a pesar de que dice lo contrario, es un acto de comprensión tan claro como lo es el desentrañar el sentido de las palabras de una página impresa. Uno es un acto de la mente emocional, el otro de la mente racional. En un sentido muy real, tenemos dos mentes, una que piensa y otra que siente.

Estas dos formas fundamentalmente diferentes de conocimiento interactúan para construir nuestra vida mental. Una, la mente racional, es la forma de comprensión de la que somos típicamente conscientes: más destacada en cuanto a la conciencia, reflexiva, capaz de analizar y meditar. Pero junto a este existe otro sistema de conocimiento, impulsivo y poderoso, aunque a veces ilógico: la mente emocional. (Para una descripción más detallada de las características de la mente emocional, véase el Apéndice B.)

La dicotomía emocional/racional se aproxima a la distinción popular entre "corazón" y "cabeza"; saber que algo está bien "en el corazón de uno" es una clase de convicción diferente —en cierto modo una clase de certidumbre más profunda— que pensar lo mismo de la mente racional. Existe un declive constante en el índice del control racional-a-emocional sobre la mente; cuanto más intenso es el sentimiento, más dominante se vuelve la mente emocional, y más ineficaz la racional. Esta es una combinación que parece surgir de eones de la ventaja evolutiva de que las emociones y las intuiciones guían nuestra respuesta instantánea en situaciones en las que nuestra vida está en peligro, y en las que detenerse a reflexionar en lo que debemos hacer podría costarnos la vida.

Estas dos mentes, la emocional y la racional, operan en ajustada armonía en su mayor parte, entrelazando sus diferentes formas de conocimiento para guiarnos por el mundo. Por lo general existe un equilibrio entre mente emocional y racional, en el que la emoción alimenta e informa las operaciones de la mente racional, y la mente racional depura y a veces veta la energía de entrada de las emociones. Sin embargo, la mente emocional y la mente racional son facultades semiindependientes, y, como veremos, cada una refleja la operación de un circuito distinto pero interconectado del cerebro.

En muchos momentos, o en la mayoría de ellos, estas mentes están exquisitamente coordinadas; los sentimientos son esenciales para el pensamiento, y el pensamiento lo es para el sentimiento. Pero cuando aparecen las pasiones, la balanza se inclina: es la mente emocional la que domina y aplasta la mente racional. Erasmo de Rotterdam, un humanista del siglo dieciséis, escribió en tono satírico acerca de esta tensión perenne entre razón y emoción:[9]

> Júpiter ha concedido mucha más pasión que razón... se podría calcular una relación de 24 a uno. Puso a dos airados tiranos en oposición al poder solitario de la Razón: la ira y la lujuria. Hasta qué punto puede prevalecer la Razón contra estas dos fuerzas combinadas es algo que la vida común del hombre deja bien claro. La Razón hace lo único que puede y se desgañita repitiendo fórmulas de virtud, mientras las otras dos le ordenan que se ahorque y son cada vez más ruidosas y ofensivas, hasta que por fin su Gobernante queda exhausto, renuncia y abandona.

Cómo creció el cerebro

Para captar mejor el poderoso dominio de las emociones sobre la mente pensante —y por qué sentimiento y razón están tan prontos a la guerra— consideremos cómo evolucionó el cerebro. El cerebro humano, con su casi kilo y medio de células y jugos nerviosos, tiene un tamaño aproximadamente tres veces mayor que el de nuestros parientes más cercanos en la escala evolutiva, los primates no humanos. En el curso de millones de años de evolución, el cerebro ha crecido de abajo hacia arriba, y sus centros más elevados se desarrollaron como elaboraciones de partes más inferiores y más antiguas. (El crecimiento del cerebro en el embrión humano reconstruye aproximadamente este curso evolutivo.)

La parte más primitiva del cerebro, compartida con todas las especies que tienen más que un sistema nervioso mínimo, es el tronco cerebral que rodea la parte superior de la médula espinal. Esta raíz cerebral regula las funciones vitales básicas como la respiración y el metabolismo de los otros órganos del cuerpo, además de controlar las reacciones y movimientos estereotipados. No se puede decir que este cerebro primitivo piense o aprenda; más bien es un conjunto de reguladores preprogramados que mantienen el organismo funcionando como debe y reaccionando de una forma que asegura la supervivencia. Este cerebro fue el predominante en la Era de los Reptiles: imaginemos una serpiente que sisea para señalar la amenaza de un ataque.

A partir de la raíz más primitiva, el tronco cerebral, surgieron los centros emocionales. Millones de años más tarde en la historia de la evolución, a partir de estas áreas emocionales evolucionaron el cerebro pensante o "neocorteza", el gran bulbo de tejidos enrollados que formó las capas superiores. El hecho de que el cerebro pensante surgiera del emocional es muy revelador con respecto a la relación que existe entre pensamiento y sentimiento; el cerebro emocional existió mucho tiempo antes que el racional.

La raíz más primitiva de nuestra vida emocional es el sentido del olfato o, más precisamente, en el lóbulo olfativo, las células que toman y analizan los olores. Cada entidad viviente, ya sea nutritiva, venenosa, compañero sexual, depredador o presa, tiene una sintonía molecular definida que puede ser transportada en el viento. En esos tiempos primitivos el olor se convirtió en el sentido supremo para la supervivencia.

A partir del lóbulo olfativo empezaron a evolucionar los antiguos centros de la emoción, haciéndose por fin lo suficientemente grandes para rodear la parte superior del tronco cerebral. En sus etapas rudimentarias, el centro olfativo estaba compuesto por poco más que delgadas capas de neuronas reunidas para analizar el olor. Una capa de células tomaba lo que se olía y lo separaba en las categorías más importantes: comestible o tóxico, sexualmente accesible, enemigo o alimento. Una segunda capa de células enviaba mensajes reflexivos a todo el sistema nervioso indicando al organismo lo que debía hacer: morder, escupir, acercarse, huir, perseguir.[10]

Con la llegada de los primeros mamíferos aparecieron nuevas capas clave del cerebro emocional. Estas, rodeadas por el tronco cerebral, se parecen aproximadamente a una rosca de pan a la que le falta un mordisco en la base, donde se asienta el tronco. Dado que esta parte del cerebro circunda y bordea el tronco cerebral, se la llamó sistema "límbico", de la palabra latina "limbus", que significa "borde". Este nuevo territorio nervioso añadía emociones adecuadas al repertorio del cerebro.[11] Cuando estamos dominados por el anhelo o la furia, trastornados por el amor o retorcidos de temor, es el sistema límbico el que nos domina.

A medida que evolucionaba, el sistema límbico refinó dos herramientas poderosas: aprendizaje y memoria. Estos avances revolucionarios permitían a un animal ser mucho más inteligente en sus elecciones con respecto a la supervivencia, y afinar sus respuestas para adaptarse a las cambiantes demandas más que mostrar reacciones invariables y automáticas. Si un alimento provocaba enfermedad, podía evitarse en la siguiente ocasión. Decisiones tales como saber qué comer y qué desechar aún eran determinadas en gran medida por el olor; las relaciones entre el bulbo olfativo y el sistema límbico asumieron la tarea de hacer distinciones entre los olores y reconocerlos, comparando un olor presente con olores pasados y discriminando así lo bueno de lo malo. Esto se hacía a través del "rinencéfalo", que literalmente significa "cerebro nasal", una parte del tendido límbico, y las bases rudimentarias de la neocorteza, el cerebro pensante.

Hace aproximadamente 100 millones de años, el cerebro de los mamíferos se desarrolló repentinamente. Sobre la parte superior de la delgada corteza de dos capas —las zonas que planifican, comprenden lo que se percibe, coordinan el movimiento— se añadieron varias capas nuevas de células cerebrales que formaron la neocorteza. En contraste con la corteza de dos capas del cerebro primitivo, la neocorteza ofrecía una ventaja intelectual extraordinaria.

La neocorteza del *Homo sapiens,* mucho más grande que en ninguna otra especie, ha añadido todo lo que es definidamente humano. La neocorteza es el asiento del pensamiento; contiene los centros que comparan y comprenden lo que perciben los sentidos. Añade a un sentimiento lo que pensamos sobre él, y nos permite tener sentimientos con respecto a las ideas, el arte, los símbolos y la imaginación.

En la evolución, la neocorteza permitió una juiciosa afinación que sin duda ha creado enormes ventajas en la capacidad de un organismo para sobrevivir a la adversidad, haciendo más probable que su progenie transmitiera a su vez los genes que contienen ese mismo circuito nervioso. Esta ventaja para la supervivencia se debe al talento de la neocorteza para trazar estrategias, planificar a largo plazo y desarrollar otras artimañas mentales. Más allá de eso, el triunfo del arte, de la civilización y la cultura son frutos de la neocorteza.

Este nuevo añadido al cerebro permitió agregar un matiz a la vida emocional. Tomemos por ejemplo el amor. Las estructuras límbicas generan sentimientos de placer y deseo sexual, las emociones que alimentan la pasión sexual. Pero el agregado de la neocorteza y sus conexiones con el sistema límbico permitieron que surgiera el vínculo madre-hijo, que es la base de la unidad familiar y el compromiso a largo plazo de la crianza que hace posible el desarrollo humano. (Las especies que no poseen neocorteza, como los reptiles, carecen de afecto maternal; cuando sus crías salen del huevo, deben ocultarse para evitar ser devoradas.) En los seres humanos, el lazo protector entre progenitor e hijo permite gran parte de la maduración para seguir el curso de una larga infancia... durante la cual el cerebro continúa desarrollándose.

A medida que avanzamos en la escala filogenética desde el reptil al macaco y al humano, la masa misma de la neocorteza aumenta; con ese aumento se produce un crecimiento geométrico en las interconexiones del circuito cerebral. Cuanto más grande es el número de esas conexiones, más amplia es la gama de respuestas posibles. La neocorteza permite la sutileza y complejidad de la vida emocional, como la capacidad de tener sentimientos *con respecto a* nuestros sentimientos. Hay más neocorteza-a-sistema límbico en los primates que en otras especies —y mucho más en los humanos— que sugiere por qué somos capaces de desplegar una variedad mucho más amplia de reacciones a nuestras emociones, y más matices. Mientras un conejo o un macaco tienen un conjunto limitado de respuestas típicas al temor, la neocorteza humana, más grande, permite un repertorio mucho más ágil... incluida una llamada a un patrullero de la policía. Cuanto más complejo es el sistema social, más esencial resulta esa flexibilidad... y no existe mundo social más complejo que el nuestro.[12]

Pero estos centros más elevados no gobiernan toda la vida emocional; en asuntos cruciales del corazón —y más especialmente en emergencias emocionales— se puede decir que se remiten al sistema límbico. Debido a que muchos de los centros más elevados del cerebro crecieron a partir de la zona límbica o ampliaron el alcance de esta, el cerebro emocional juega un papel fundamental en la arquitectura nerviosa. En tanto raíz a partir de la cual creció el cerebro más nuevo, las zonas emocionales están entrelazadas a través de innumerables circuitos que ponen en comunicación todas las partes de la neocorteza. Esto da a los centros emocionales un poder inmenso para influir en el funcionamiento del resto del cerebro... incluidos sus centros de pensamiento.

2

Anatomia de un asalto emocional

La vida es una comedia para aquellos que piensan y una tragedia para aquellos que sienten.

Horace Walpole

Era una calurosa tarde de agosto de 1963, el mismo día en que el reverendo Martin Luther King, Jr., pronunció, durante una marcha en Washington por los derechos civiles, el discurso en el que dijo: "Tengo un sueño". Aquel día Richard Robles, un avezado ladrón que acababa de quedar en libertad condicional tras una condena de tres años por más de cien asaltos que había perpetrado para mantener su hábito con la heroína, decidió hacer uno más. Quería apartarse del delito, afirmó Robles más tarde, pero necesitaba desesperadamente dinero para su novia y la hija de tres años de ambos.

El apartamento en el que entró aquel día pertenecía a dos mujeres jóvenes, Janice Wylie, de veintiún años, investigadora de la revista *Newsweek,* y Emily Hoffert, de veintitrés años, maestra de escuela primaria. Aunque Robles eligió robar en el apartamento del ostentoso Upper East Side de Nueva York porque pensó que no encontraría a nadie, Wylie estaba en casa. Después de amenazarla con un cuchillo, Robles la ató. Mientras salía del apartamento, llegó Hoffert. Para escapar sin problemas, Robles empezó a atarla también a ella.

Como relata Robles años más tarde, mientras estaba atando a Hoffert, Janice Wylie le advirtió que su delito no quedaría impune: ella recordaría su cara y ayudaría a la policía a localizarlo. Robles, que se había prometido que aquel sería su último asalto, sintió pánico al oírla y perdió totalmente el control. En un ataque tomó un sifón y golpeó a las mujeres hasta que quedaron inconscientes y luego, dominado por la ira y el temor, las apuñaló una y otra vez con un cuchillo de cocina. Veinticinco años más tarde, al reflexionar sobre aquel momento, Robles se lamentaba: "Me volví loco. La cabeza me estalló".

En la actualidad Robles tiene mucho tiempo para arrepentirse de aquellos pocos minutos de rabia desatada. Mientras escribo esto, unas tres décadas más tarde, él todavía se encuentra en prisión por lo que se conoció como el "Asesinato de las jóvenes profesionales".

Estos estallidos emocionales son asaltos nerviosos. En esos momentos, como sugiere la prueba, un centro del cerebro límbico declara una emergencia y recluta al resto del cerebro para su urgente orden del día. El asalto se produce en un instante, desencadenando esta reacción unos decisivos instantes antes de que la neocorteza, el cerebro pensante, haya tenido oportunidad de vislumbrar plenamente lo que está ocurriendo, para no hablar de decidir si es una buena idea. El sello de semejante asalto es que una vez que el momento pasa, los que han quedado así dominados tienen la sensación de no saber qué les ocurrió.

Estos asaltos no son en modo alguno incidentes aislados y horrendos que conducen a crímenes brutales como el Asesinato de las chicas profesionales. En una forma menos catastrófica —aunque no necesariamente menos intensa— nos ocurren con bastante frecuencia. Piense en la última vez que "perdió los nervios" y estalló con alguien —su cónyuge o su hijo, o tal vez el conductor de otro coche— hasta un extremo que más tarde, tras un poco de reflexión y comprensión, le pareció injustificado. Con toda probabilidad eso también fue un asalto, un ataque nervioso que, como veremos, se origina en la amígdala, un centro del cerebro límbico.

No todos los asaltos límbicos son perturbadores. Cuando un chiste le parece a alguien tan gracioso que su risa casi resulta explosiva, esa también es una respuesta límbica. Y se produce también en momentos de intensa dicha: cuando después de varios fracasos trágicos en su intento de hacerse con la Medalla de Oro de las Olimpiadas en la especialidad de patinaje de velocidad (que se había propuesto ganar para su hermana agonizante), Dan Jansen finalmente la ganó en la carrera de los mil metros en los Juegos Olímpicos de Invierno 1994 celebrados en Noruega, su esposa quedó tan abrumada por la excitación y la felicidad que tuvo que ser atendida por los médicos de la guardia de la pista.

El asiento de toda pasión

En los seres humanos, la amígdala (que deriva de la palabra griega que significa "almendra") es un racimo en forma de almendra de estructuras interconectadas que se asientan sobre el tronco cerebral, cerca de la base del anillo límbico. Existen dos amígdalas, una a cada costado del cerebro, apoyadas hacia el costado de la cabeza. La amígdala del ser humano es relativamente grande, comparada con la de cualquiera de nuestros primos más cercanos en la escala evolutiva, los primates.

El hipocampo y la amígdala eran dos partes clave del primitivo "cerebro nasal" que, en la evolución, dio origen a la corteza y luego a la neocorteza. En nuestros días, estas estructuras límbicas se ocupan de la mayor parte del aprendizaje y el recuerdo del cerebro; la amígdala es la especialista en asuntos emocionales. Si la amígdala queda separada del resto del cerebro, el resultado es una notable incapacidad para apreciar el significado emocional de los acontecimientos; a veces se llama a esta condición "ceguera afectiva".

Al carecer de peso emocional, los encuentros pierden su fuerza. Un joven al que se le había extirpado quirúrgicamente la amígdala con el fin de controlar los ataques graves que padecía, perdió todo interés en la gente y prefería quedarse sentado a solas, sin mantener contacto con otras personas. Aunque era perfectamente capaz de mantener una conversación, ya no reconocía a sus amigos íntimos, a sus parientes, ni siquiera a su madre, y permanecía impasible al ver la expresión angustiada de los demás ante su indiferencia. Junto con la amígdala parecía haber perdido toda capacidad de reconocer los sentimientos, así como todo sentimiento por los sentimientos.[1] La amígdala actúa como depósito de la memoria emocional, y así tiene importancia por sí misma; la vida sin amígdala es una vida despojada de significados personales.

Además del afecto, hay otros factores relacionados con la amígdala; de ella dependen todas las pasiones. Los animales a los que les ha sido extirpada o cortada la amígdala carecen de miedo y furia, pierden la urgencia por competir o cooperar y ya no tienen noción del lugar que ocupan en el orden social de su especie; la emoción está embotada o ausente. Las lágrimas, una señal emocional singular de los seres humanos, son desencadenadas por la amígdala y por una estructura cercana, la circunvolución cingulada; un abrazo, unas caricias o cualquier otro tipo de consuelo alivia estas mismas regiones cerebrales, interrumpiendo los sollozos. Sin amígdala no hay lágrimas de pesar que deban ser aliviadas.

Joseph LeDoux, un neurólogo del Centro para la Ciencia Neurológica de la Universidad de Nueva York, fue el primero en descubrir el papel clave que juega la amígdala en el cerebro emocional.[2] LeDoux forma parte de una nueva generación de neurólogos que se inspiran en tecnologías y métodos innovadores que proporcionan un nivel anteriormente desconocido de precisión para trazar el mapa del cerebro en funcionamiento, y así poder poner al descubierto misterios de la mente que anteriores generaciones de científicos han considerado impenetrables. Sus descubrimientos sobre el circuito del cerebro emocional echan por tierra una antigua noción con respecto al sistema límbico, colocando la amígdala en el centro de la acción y adjudicando papeles muy distintos a otras estructuras límbicas.[3]

La investigación de LeDoux explica cómo la amígdala puede ejercer el control sobre lo que hacemos incluso mientras el cerebro pensante, la neocorteza, está intentando tomar una decisión. Como veremos, el funcionamiento de la amígdala y su interjuego con la neocorteza están en el núcleo de la inteligencia emocional.

La red de transporte

Lo más misterioso para la comprensión del poder que tienen las emociones en la vida mental son esos momentos de apasionamiento de los que luego, una vez calmada la tormenta, nos arrepentimos; la pregunta es por qué nos volvemos irracionales con tanta facilidad. Tomemos, por ejemplo, el caso de una joven que condujo durante dos horas hasta Boston para desayunar y pasar el día con su novio. Durante el desayuno él le dio un regalo que ella llevaba meses esperando: un grabado artístico difícil de encontrar, traído de España. Pero su dicha se esfumó cuando sugirió que después de desayunar fueran a ver una película que hacía tiempo que quería ver, y su novio la dejó atónita al responder que no podía pasar el día con ella porque tenía un entrenamiento de softball. Dolorida y desconcertada, se levantó de la mesa hecha un mar de lágrimas, salió del bar y, movida por un impulso, arrojó el grabado a un cubo de basura. Meses más tarde, al recordar el incidente, no se lamenta de haberse marchado sino de haber perdido el grabado.

Es en momentos como estos —en los que el sentimiento impulsivo supera lo racional— cuando el papel recién descubierto de la amígdala se vuelve fundamental. Las señales provenientes de los sentidos permiten que la amígdala explore cada experiencia en busca de problemas. Esto coloca a la amígdala en un lugar destacado en la vida mental, algo así como el de un centinela psicológico que desafía cada situación, cada percepción, y que tiene en la mente una sola clase de pregunta: "¿Esto es algo que detesto? ¿Algo que me hace daño? ¿Algo a lo que temo?". Si es así, si la respuesta es afirmativa, la amígdala reacciona instantáneamente, como una red de transporte nerviosa, telegrafiando un mensaje de crisis a todas las partes del cerebro.

En la arquitectura del cerebro, la amígdala constituye algo así como una compañía de alarmas, donde los operadores están preparados para hacer llamadas de emergencia al departamento de bomberos, a la policía y a un vecino cada vez que un sistema de seguridad interno indica que hay problemas.

Cuando suena una alarma de temor, por ejemplo, esta envía mensajes urgentes a cada parte importante del cerebro: provoca la secreción de las hormonas que facilitan la reacción de ataque-o-fuga, moviliza los centros del movimiento y activa el sistema cardiovascular, los músculos y los intestinos.[4] Otros circuitos desde la amígdala indican la secreción de masas de la hormona norepinefrina para elevar la reactividad de zonas clave del cerebro, incluidas aquellas que hacen que los sentidos estén más despiertos y que ponen el cerebro en estado de alerta. Las señales adicionales que llegan desde la amígdala indican al tronco cerebral que dé al rostro una expresión de temor, que paralice los movimientos inconexos que los músculos tenían en preparación, que acelere el ritmo cardíaco y eleve la presión sanguínea, y disminuya la respiración. Otras centran la atención en la fuente del temor y preparan los músculos para reaccionar en consecuencia. Simultáneamente, los sistemas de la memoria cortical se ponen en marcha para recuperar cualquier conocimiento importante para la emergencia del momento, colocándolos en un lugar prioritario con respecto a otras series de pensamientos.

Y estos son sólo parte de una serie de cambios cuidadosamente coordinada que la amígdala dirige mientras recluta distintas áreas del cerebro (para un informe más detallado, véase el Apéndice C). La extensa red de conexiones nerviosas de la amígdala le permite, durante una emergencia emocional, atraer y dirigir gran parte del resto del cerebro, incluida la mente racional.

El centinela emocional

Un amigo me cuenta que estuvo de vacaciones en Inglaterra y, después de tomar el desayuno en una cafetería cercana al canal, decidió bajar los escalones de piedra que desembocan en el mismo; entonces vio a una muchachita que miraba el agua fijamente, con el rostro congelado por el temor. Sin saber por qué, saltó al agua, con la chaqueta y la corbata puestas. Sólo entonces, mientras estaba en el agua, se dio cuenta de que lo que la chica miraba con tanto pánico era un bebé que había caído al agua. Mi amigo logró rescatarlo.

¿Qué fue lo que lo hizo saltar al agua antes de saber por qué lo hacía? Probablemente, fue su amígdala.

En uno de los descubrimientos sobre las emociones más reveladores de la última década, la obra de LeDoux demostró cómo la arquitectura del cerebro concede a la amígdala una posición privilegiada como centinela emocional, capaz de asaltar al cerebro.[5] Su investigación ha demostrado que las señales sensoriales del ojo y el oído viajan primero en el cerebro al tálamo y luego —mediante una única sinapsis— a la amígdala; una segunda señal del tálamo se dirige a la neocorteza, el cerebro pensante. Esta bifurcación permite a la amígdala empezar a responder antes que la neocorteza, que elabora la información mediante diversos niveles de circuitos cerebrales antes de percibir plenamente y por fin iniciar su respuesta más perfectamente adaptada.

La investigación de LeDoux es revolucionaria para la comprensión de la vida emocional porque es la primera que encuentra vías nerviosas para los sentimientos que evitan la neocorteza. Entre los sentimientos que toman la ruta directa a través de la amígdala se incluyen los más primitivos y potentes; este circuito hace mucho por explicar el poder de la emoción para superar la racionalidad.

El punto de vista convencional en neurología ha sido que el ojo, el oído y otros órganos sensoriales transmiten señales al tálamo, y de ahí a zonas de la neocorteza de procesamiento sensorial, donde las señales se unen formando objetos a medida que las percibimos. Las señales son clasificadas con el fin de encontrar significados de manera tal que el cerebro reconozca qué es cada objeto y qué significa su presencia. La antigua teoría sostiene que a partir de la neocorteza las señales son enviadas al cerebro límbico, y de allí la respuesta apropiada se difunde por el cerebro y el resto del cuerpo. Así es como funciona la mayor parte del tiempo, pero LeDoux descubrió un conjunto más pequeño de neuronas que conduce directamente desde el tálamo hasta la amígdala, además de aquellos que recorren la vía más larga de neuronas a la corteza. Esta vía más pequeña y más corta —una especie de callejón nervioso— permite a la amígdala recibir algunas entradas directas de los sentidos y comenzar una respuesta antes de que queden plenamente registradas por la neocorteza.

Este descubrimiento echa por tierra la noción de que la amígdala debe depender totalmente de las señales de la neocorteza para formular sus reacciones emocionales. La amígdala puede desencadenar una respuesta emocional a través de esta ruta de emergencia incluso mientras entre la amígdala y la neocorteza se inicia un circuito paralelo reverberante. La amígdala puede hacer que nos pongamos en acción mientras la neocorteza —algo más lenta pero plenamente informada— despliega su plan de reacción más refinado.

Con su investigación sobre el miedo en los animales, LeDoux trastocó el saber predominante con respecto a las vías recorridas por las emociones. En un experimento crucial destruyó la corteza auditiva de las ratas, y luego las expuso a un tono unido a una descarga eléctrica. Las ratas aprendieron rápidamente a temer al tono, aunque el sonido de este no podía quedar registrado en su neocorteza. En lugar de eso, el sonido

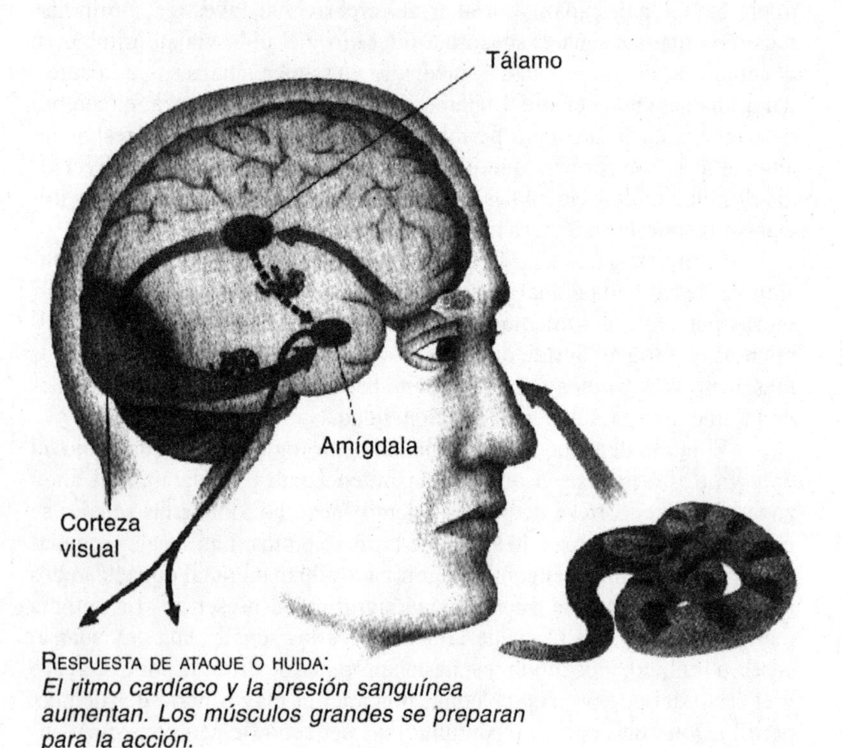

La señal visual va primero de la retina al tálamo, donde es traducida al lenguaje del cerebro. La mayor parte del mensaje va entonces a la corteza visual, donde es analizada y evaluada en busca de significado y de respuesta apropiada; si esa respuesta es emocional, una señal va a la amígdala para activar los centros emocionales. Pero una porción más pequeña de la señal original va directamente desde el tálamo a la amígdala en una transmisión más rápida, permitiendo una respuesta más rápida (aunque menos precisa). Así la amígdala puede desencadenar una respuesta emocional antes de que los centros corticales hayan comprendido perfectamente lo que está ocurriendo.

siguió la ruta directa desde el oído al tálamo y a la amígdala, salteando todas las avenidas más elevadas. En resumen, las ratas habían aprendido una reacción emocional sin ninguna implicación cortical más elevada: la amígdala percibía, recordaba y orquestaba su temor de forma independiente.

"Anatómicamente, el sistema emocional puede actuar con independencia de la neocorteza", me explicó LeDoux. "Algunas reacciones emocionales y memorias emocionales pueden formarse sin la menor participación consciente y cognitiva." La amígdala puede albergar recuerdos y repertorios de respuestas que efectuamos sin saber exactamente por qué lo hacemos porque el atajo desde el tálamo hasta la amígdala evita completamente la neocorteza. Este desvío parece permitir que la amígdala sea un depósito de impresiones y recuerdos emocionales de los que nunca fuimos plenamente conscientes. LeDoux propone que es el papel subterráneo de la amígdala en la memoria lo que explica, por ejemplo, un sorprendente experimento en el que las personas adquirieron una preferencia por figuras geométricas de forma extraña que les habían sido mostradas en destellos a una velocidad tan elevada que no habían sido conscientes de que las veían.[6]

Otra investigación ha demostrado que en las primeras milésimas de segundo durante las cuales percibimos algo, no sólo comprendemos inconscientemente de qué se trata, sino que decidimos si nos gusta o no; el "inconsciente cognitivo" presenta a nuestra conciencia no sólo la identidad de lo que vemos, sino una opinión sobre ello.[7] Nuestras emociones tienen mente propia, una mente que puede sostener puntos de vista con bastante independencia de nuestra mente racional.

El especialista en memoria emocional

Esas opiniones inconscientes son recuerdos emocionales; su depósito es la amígdala. La investigación de LeDoux y otros neurólogos parece sugerir que el hipocampo, que ha sido durante mucho tiempo considerado la estructura clave del sistema límbico, está más comprometido en registrar y dar sentido a las pautas de percepción que a las reacciones emocionales. La principal entrada del hipocampo está en proporcionar una memoria perfecta del contexto, vital para el significado emocional; es el hipocampo el que reconoce el significado diverso de, por ejemplo, un oso que está en el zoo y uno que está en el patio de casa.

Mientras el hipocampo recuerda los datos simples, la amígdala retiene el clima emocional que acompaña a esos datos. Si intentamos adelantar un coche en una autopista de dos manos y nos salvamos rozando de un choque frontal, el hipocampo retiene los datos específicos del incidente, por ejemplo en qué tramo del camino estábamos, quién se encontraba con nosotros, cómo era el otro coche. Pero es la amígdala la que a partir de entonces enviará una oleada de ansiedad cada vez que intentemos adelantar un coche en circunstancias similares. Como me comentó LeDoux: "El hipocampo es crucial para reconocer que un rostro determinado es el de nuestra prima. Pero es la amígdala la que añade que en realidad no nos gusta".

El cerebro utiliza un método sencillo pero ingenioso para hacer que los recuerdos emocionales queden registrados con especial fuerza: los mismos sistemas de alerta neuroquímica que preparan al organismo para que reaccione ante las emergencias que ponen en peligro la vida luchando o huyendo también graban el momento en la memoria con intensidad.[8] Sometido a tensión (o a ansiedad, o tal vez incluso a la intensa excitación de la dicha), un nervio que va desde el cerebro a las glándulas suprarrenales situadas encima de los riñones provocan la secreción de las hormonas epinefrina y norepinefrina, que se desplazan por el organismo preparándolo para una emergencia. Estas hormonas activan los receptores del nervio vago; mientras este nervio transporta mensajes desde el cerebro para regular el corazón, también lleva señales de vuelta al cerebro, provocadas por la epinefrina y la norepinefrina. La amígdala es el lugar más importante del cerebro al que van estas señales; activan neuronas que se encuentran dentro de la amígdala para indicar a otras regiones del cerebro que refuercen la memoria para registrar lo que está ocurriendo.

Este despertar de la amígdala parece grabar en la memoria la mayoría de los momentos de despertar emocional con un grado añadido de fortaleza; es por eso que tenemos más probabilidades, por ejemplo, de recordar a dónde fuimos en una primera cita, o qué hacíamos cuando oíamos la noticia de que la nave espacial *Challenger* había estallado. Cuanto más intenso es el despertar de la amígdala, más fuerte es la huella; las experiencias que más nos asustan o nos estremecen en la vida están entre nuestros recuerdos más imborrables. Esto significa que, en efecto, el cerebro tiene dos sistemas de memoria, uno para los datos corrientes y uno para aquellos que poseen carga emocional. Un sistema especial para recuerdos emocionales tiene perfecto sentido en la evolución, por supuesto, asegurando que los animales tendrán recuerdos especialmente vívidos de lo que los amenaza o les produce placer. Pero los recuerdos emocionales pueden ser guías defectuosas para el presente.

Alarmas nerviosas anticuadas

Un inconveniente de estas alarmas nerviosas es que el mensaje urgente que envía la amígdala es a veces, si no a menudo, anticuado, sobre todo en el fluido mundo social que habitamos los seres humanos. Como depósito de la memoria emocional, la amígdala explora la experiencia, comparando lo que está sucediendo ahora con lo que ocurrió en el pasado. Su método de comparación es asociativo: cuando un elemento clave de una situación presente es similar al pasado, puede llamarle "igual", y es por esa razón que el circuito resulta poco preciso: actúa antes de que haya confirmación plena. Ordena frenéticamente que reaccionemos al presente de formas que quedaron grabadas tiempo atrás, con pensamientos, emociones y reacciones aprendidas en respuesta a acontecimientos tal vez sólo levemente similares, pero suficientemente parecidos como para alarmar a la amígdala.

Así, una ex enfermera del ejército, traumatizada por la infinidad de espantosas heridas que había curado durante la guerra, se siente repentinamente invadida por una mezcla de aprensión, repugnancia y pánico, una repetición de su reacción en el campo de batalla, provocada una vez más, años más tarde, por el hedor que siente al abrir la puerta de un armario y descubrir que su pequeño ha escondido allí un pañal sucio. Sólo es necesario que algunos elementos sueltos de la situación parezcan similares a algún peligro del pasado para que la amígdala ponga en funcionamiento su anuncio de emergencia. El problema radica en que junto con los recuerdos que poseen carga emocional y que tienen la capacidad de accionar esta respuesta ante la crisis pueden darse formas igualmente anticuadas de responder a ella.

La imprecisión del cerebro emocional en esos momentos se ve aumentada por el hecho de que muchos poderosos recuerdos emocionales se remontan a los primeros años de vida, en la relación entre un niño y las personas que se ocupan de él. Esto es especialmente cierto en acontecimientos traumáticos, como palizas o negligencia evidente. Durante esta primera etapa de la vida otras estructuras cerebrales, sobre todo el hipocampo —que es crucial para los recuerdos narrativos— y la neocorteza —asiento del pensamiento racional— aún deben desarrollarse plenamente. En la memoria, la amígdala y el hipocampo trabajan de común acuerdo; cada uno almacena y recupera su información especial de manera independiente. Mientras el hipocampo recupera información, la amígdala decide si esa información tiene alguna valencia emocional. Pero la amígdala, que madura muy rápidamente en el cerebro del niño, tiene muchas más probabilidades de estar totalmente formada en el momento del nacimiento.

LeDoux recurre al papel de la amígdala en la infancia para sustentar lo que durante mucho tiempo ha sido un principio básico del pensamiento psicoanalítico: que las interacciones de los primeros años de la vida proporcionan un conjunto de lecciones emocionales basadas en la adaptación y en las dificultades de los contactos entre el niño y las personas que se ocupan de él.[9] Estas lecciones emocionales son tan potentes y sin embargo tan difíciles de comprender desde el ventajoso punto de vista de la vida adulta porque, según cree LeDoux, están almacenadas en la amígdala como cianotipos toscos y mudos para la vida emocional. Dado que estos primeros recuerdos emocionales se establecen antes de que el niño conozca las palabras para expresar su experiencia, cuando estos recuerdos emocionales se ponen en funcionamiento en la vida posterior, no existe un conjunto igual de pensamientos articulados sobre la respuesta que nos domina. Una razón por la que podemos quedar tan desorientados por nuestros estallidos emocionales es que a menudo datan de una época temprana de nuestra vida, cuando las cosas eran desconcertantes y aún no teníamos palabras para comprender los acontecimientos. Tal vez tenemos los sentimientos caóticos, pero no las palabras para expresar los recuerdos que los formaron.

Cuando las emociones son rápidas y poco precisas

Eran alrededor de las tres de la mañana cuando un objeto enorme se estrelló contra un extremo del techo de mi habitación, volcando el contenido del desván en la habitación. En un segundo salté de la cama y salí corriendo, aterrorizado ante la idea de que el cielo raso se hundiera. Entonces, al darme cuenta de que estaba a salvo, volví a asomarme cautelosamente a la habitación para ver qué era lo que había causado el daño. Así descubrí que el sonido que yo había confundido con el derrumbe del cielo raso se debía en realidad a la caída de una alta pila de cajas que mi esposa había amontonado en un rincón el día anterior, mientras ordenaba su armario. No había caído nada del desván: en la casa no había desván. El cielo raso estaba intacto, y yo también.

Mi salto de la cama mientras aún estaba medio dormido —lo que podría haberme salvado de una lesión si el cielo raso se hubiera caído realmente— ilustra el poder de la amígdala para hacer que nos pongamos en acción durante las emergencias, momentos vitales antes de que la neocorteza tenga tiempo de registrar plenamente lo que está sucediendo. El camino de emergencia desde el ojo o el oído al tálamo y a la amígdala es crucial: ahorra tiempo en una emergencia, cuando se necesita una respuesta instantánea. Pero este circuito desde el tálamo a la amígdala lleva sólo una porción de los mensajes sensorios, mientras la mayoría toma la ruta principal hasta la neocorteza. Así, lo que se registra en la amígdala a través de este camino rápido es, como máximo, una señal no elaborada, apenas suficiente como advertencia. Como señala LeDoux: "No es necesario saber exactamente qué es algo para saber que puede ser peligroso".[10]

El camino directo tiene una amplia ventaja en el tiempo cerebral, que se calcula en milésimas de segundo. La amígdala de una rata puede empezar la respuesta a una percepción en tan poco como doce milisegundos, es decir doce milésimas de segundo. El camino desde el tálamo hasta la neocorteza y hasta la amígdala lleva aproximadamente el doble de tiempo. Aún están por hacerse mediciones similares en el cerebro humano, pero la proporción aproximada probablemente se mantendrá así.

En términos de evolución, el valor de supervivencia de esta ruta directa habría sido grande, permitiendo una opción de respuesta rápida que elimina unos pocos milisegundos críticos en los momentos de reacción al peligro. Esos milisegundos podrían muy bien haber salvado tantas vidas de nuestros antepasados protomamíferos que esta combinación está ahora representada en el cerebro de todos los mamíferos, incluso el suyo y el mío. De hecho, mientras este circuito puede jugar un papel relativamente limitado en la vida mental humana, ampliamente restringido a las crisis emocionales, gran parte de la vida mental de las aves, los peces y los reptiles gira en torno a él, dado que la supervivencia misma de estos depende de la exploración constante en busca de depredadores o presas. "Este sistema cerebral primitivo y menor de los mamíferos es el principal sistema cerebral de los no mamíferos", apunta LeDoux. "Ofrece una forma muy rápida de provocar emociones. Pero se trata de un proceso rápido y tosco; las células son rápidas, pero no muy precisas."

Esta imprecisión es perfecta en una ardilla, por ejemplo, ya que la lleva a equivocarse para el lado de la seguridad, alejándose ante la menor señal de algo que pudiera indicar la presencia de un posible enemigo, o saltando hacia cualquier cosa que pudiera parecer comestible. Pero en la vida emocional humana, esa imprecisión puede tener consecuencias desastrosas para nuestras relaciones, ya que significa, hablando en sentido figurado, que podemos lanzarnos o apartarnos de la cosa o la persona equivocada. (Tomemos, por ejemplo, el caso de una camarera que dejó caer una bandeja con seis platos servidos cuando vio a una mujer con una abundante y rizada cabellera pelirroja, exactamente igual que la de la mujer por la que la había dejado su ex esposo.)

Estos rudimentarios errores emocionales se basan en el hecho de que el sentimiento es anterior al pensamiento. LeDoux lo denomina "emoción precognitiva", una reacción basada en fragmentos de información sensorial que no ha sido totalmente seleccionada e integrada en un objeto reconocible. Se trata de una forma muy poco elaborada de información sensorial, algo semejante a un juego consistente en adivinar una melodía, donde, en lugar de juicios instantáneos sobre una melodía hechos sobre la base de unas pocas notas, se tiene una percepción total sobre la base de las primeras partes tentativas. Si la amígdala siente que emerge un modelo sensorial de significado, llega repentinamente a una conclusión, desencadenando sus reacciones antes de que exista una evidencia absoluta, o algún tipo de confirmación.

No es de extrañar que sea tan limitada la comprensión que tenemos de nuestras emociones más explosivas, sobre todo cuando todavía somos esclavos de ellas. La amígdala puede reaccionar en un delirio de ira o temor antes de que la corteza sepa lo que está ocurriendo porque esa emoción en estado puro se desencadena independientemente del pensamiento, y con anterioridad al mismo.

El gerente emocional

Jessica, la hija de seis años de una amiga, pasaba su primera noche durmiendo en casa de un compañero y no estaba claro cuál de las dos se sentía más nerviosa. Mientras la madre intentaba que Jessica no advirtiera la intensa ansiedad que ella sentía, su tensión alcanzó el punto máximo esa noche, mientras se disponía a acostarse y oyó sonar el teléfono. Dejó caer el cepillo de dientes y corrió hasta el teléfono; el corazón le latía a toda velocidad y en su mente se sucedían las imágenes de Jessica en peligro.

La madre levantó bruscamente el auricular y gritó: "¡Jessica!". Entonces oyó la voz de una mujer que decía: "Oh, creo que me equivoqué de número..."

Enseguida recuperó la serenidad y en voz cordial y medida preguntó: "¿Con qué número quiere hablar?".

Mientras la amígdala trabaja preparando una reacción ansiosa e impulsiva, otra parte del cerebro emocional permite una respuesta más adecuada y correctiva. El regulador del cerebro para los arranques de la amígdala parece encontrarse en el otro extremo de un circuito más importante de la neocorteza, en los lóbulos prefrontales que se encuentran exactamente detrás de la frente. La corteza prefrontal parece entrar en acción cuando alguien siente miedo o rabia, pero contiene o controla el sentimiento con el fin de ocuparse más eficazmente de la situación inmediata, o cuando una nueva evaluación provoca una respuesta totalmente diferente, como ocurrió con la madre preocupada que atendió el teléfono.

Esta zona neocortical del cerebro origina una respuesta más analítica o apropiada a nuestros impulsos emocionales, adaptando la amígdala y otras zonas límbicas.

Por lo general, las zonas prefrontales gobiernan nuestras reacciones emocionales desde el principio. Debemos recordar que la mayor proyección de información sensorial desde el tálamo no va a la amígdala sino a la neocorteza y a sus centros principales para recoger y dar sentido a lo que se percibe; esa información y nuestra respuesta a la misma quedan coordinadas por los lóbulos prefrontales, el asentamiento de la planificación y las acciones organizadoras hacia un objetivo, incluidos los emocionales. En la neocorteza, una serie de circuitos registra y analiza esa información, la comprende y, por intermedio de los lóbulos prefrontales, organiza una reacción. Si en el proceso se busca una respuesta emocional, los lóbulos prefrontales la dictan trabajando en conjunto con la amígdala y otros circuitos del cerebro emocional.

Esta progresión, que permite el discernimiento en la respuesta emocional, es la combinación corriente, con la significativa excepción de las emergencias emocionales. Cuando una emoción entra en acción, momentos después los lóbulos prefrontales ejecutan lo que representa una relación riesgo/beneficio de infinitas reacciones posibles, y apuestan a una de ellas como la mejor.[11] En el caso de los animales, cuándo atacary cuándo huir. Y en el caso de los seres humanos, cuándo atacar, cuándo huir... y también cuándo serenarnos, persuadir, buscar comprensión, estar a la defensiva, provocar sentimientos de culpabilidad, lloriquear, mostrar expresión fanfarrona, expresar desdén... y así sucesivamente, recorriendo todo el repertorio de ardides emocionales.

La respuesta neocortical es más lenta en tiempo cerebral que el mecanismo de asalto porque supone la participación de más circuitos. También puede ser más sensata y considerada, ya que el sentimiento está precedido de más pensamiento. Cuando sufrimos una pérdida y nos entristecemos, o nos sentimos felices después de un éxito, o reflexionamos sobre algo que alguien ha dicho o hecho y luego nos sentimos heridos o furiosos, es la neocorteza la que está en funcionamiento.

Lo mismo que con la amígdala, cuando no existe el trabajo de los lóbulos prefrontales gran parte de la vida emocional desaparece; al no haber una comprensión de que algo merece una respuesta emocional, no se produce ninguna. Los neurólogos han sospechado de este papel de los lóbulos prefrontales en las emociones desde la llegada, en los años cuarenta, de esa desesperada —y tristemente descaminada— "cura" quirúrgica de la enfermedad mental: la lobotomía prefrontal que (con frecuencia de manera chapucera) extirpaba parte de los lóbulos prefrontales o, de lo contrario, cortaba conexiones entre la corteza prefrontal y la parte inferior del cerebro. En los tiempos en que no existían medicamentos eficaces para la enfermedad mental, la lobotomía fue recibida como la respuesta a las perturbaciones emocionales graves: al cortar los nexos entre los lóbulos prefrontales y el resto del cerebro, los trastornos del paciente quedaban "aliviados". Lamentablemente, el costo fue que la mayor parte de la vida emocional del paciente también parecía desvanecerse. El circuito clave había quedado destruido.

Supuestamente los asaltos emocionales implican dos dinámicas: la puesta en funcionamiento de la amígdala y una imposibilidad de activar los procesos neocorticales que por lo general mantienen en equilibrio la respuesta emocional... o una recuperación de las zonas neocorticales para la urgencia emocional.[12] En estos momentos, la mente racional queda inundada por la emocional. Una forma en que la corteza prefrontal actúa como eficaz administrador de la emoción —sopesando las reacciones antes de actuar— es amortiguando las señales para la activación emitida por la amígdala y otros centros límbicos, algo así como un padre que impide que su impulsivo hijo tome lo que quiere y le dice que lo pida correctamente o que espere.[13]

El interruptor que desconecta la emoción perturbadora parece ser el lóbulo prefrontal izquierdo. Neuropsicólogos que han estudiado el humor de pacientes con lesiones en parte de sus lóbulos frontales han establecido que una de las tareas del lóbulo frontal izquierdo consiste en actuar como un termostato nervioso, regulando las emociones desagradables. El lóbulo prefrontal derecho es un asiento de sentimientos negativos como temor y agresión, mientras que el lóbulo izquierdo controla las emociones no elaboradas, probablemente inhibiendo el lóbulo derecho.[14] En un grupo de pacientes apopléjicos, por ejemplo, aquellos que tenían lesiones en la corteza prefrontal izquierda eran propensos a preocupaciones y temores catastróficos; los que tenían lesiones en la corteza prefrontal derecha eran "excesivamente alegres"; durante los exámenes neurológicos bromearon y se mostraron tan despreocupados que evidentemente no les importaba si se desempeñaban bien.[15] Y también estaba el caso del esposo feliz: un hombre al que le había sido extirpado quirúrgicamente parte del lóbulo prefrontal derecho debido a una malformación cerebral. Su esposa le contó a los médicos que después de la operación sufrió un increíble cambio de personalidad y dejó de alterarse con facilidad y, ella estaba feliz de decirlo, se había vuelto más afectuoso.[16]

En resumen, el lóbulo prefrontal izquierdo parece ser parte de un circuito nervioso que puede desconectar, o al menos mitigar, todos los arranques emocionales negativos salvo los más intensos. Si la amígdala a menudo actúa como un disparador de emergencia, el lóbulo prefrontal izquierdo parece ser parte del mecanismo de desconexión del cerebro para las emociones perturbadoras: la amígdala propone y el lóbulo prefrontal dispone. Estas conexiones zona prefrontal-zona límbica son fundamentales en la vida mental mucho más allá de la sintonía fina de la emoción; son esenciales para guiarnos en las decisiones que más importan en la vida.

Armonía entre emoción y pensamiento

Las conexiones entre la amígdala (y las estructuras límbicas relacionadas) y la neocorteza son el centro de las batallas o los acuerdos cooperativos alcanzados entre cabeza y corazón, pensamiento y sentimiento. Este circuito explica por qué la emoción es tan importante para el pensamiento eficaz, tanto en la toma de decisiones acertadas como en el simple hecho de permitirnos pensar con claridad.

Consideremos el poder que tienen las emociones de alterar el pensamiento mismo. Los neurólogos utilizan el término "memoria operativa" para la capacidad de atención que toma en cuenta los datos esenciales para completar un problema o una tarea determinados, ya sea las características ideales que uno busca en una casa mientras analiza diversas posibilidades, o los elementos de un problema de razonamiento en un test. La corteza prefrontal es la zona del cerebro responsable de la memoria operativa.[17] Pero los circuitos existentes desde el cerebro límbico a los lóbulos prefrontales significan que las señales de emoción intensa —ansiedad, ira y otras similares— pueden crear interferencias nerviosas saboteando la capacidad del lóbulo prefrontal para mantener la memoria operativa. Es por eso que cuando nos sentimos emocionalmente alterados decimos que no podemos "pensar correctamente", y la perturbación emocional constante puede crear carencias en las capacidades intelectuales de un niño, deteriorando la capacidad de aprender.

Estas carencias, aunque más sutiles, no siempre son detectadas en los test de cociente intelectual, aunque aparecen en mediciones neuropsicológicas más precisas, así como en la agitación y la impulsividad continua de un niño. En un estudio, por ejemplo, en niños de escuela primaria que tenían un cociente intelectual por encima de la media, pero que se desempeñaban pobremente en el aula, se descubrió a través de estas pruebas neuropsicológicas que tenían deteriorado el funcionamiento de la corteza frontal.[18] También eran impulsivos y ansiosos, a menudo alborotadores y conflictivos, lo cual sugería un defectuoso control prefrontal sobre sus urgencias límbicas. A pesar de su potencial intelectual, estos son los niños que tienen el mayor riesgo de padecer problemas como fracaso académico, alcoholismo y criminalidad, no porque su intelecto sea deficiente sino porque su control sobre la vida emocional está deteriorado. El cerebro emocional, claramente separado de aquellas zonas corticales detectadas por las pruebas de cociente intelectual, controla la ira al igual que la compasión. Estos circuitos emocionales están esculpidos por la experiencia a lo largo de la infancia, y dejamos esas experiencias completamente libradas al azar por nuestra cuenta y riesgo.

Consideremos también el papel de las emociones en la toma de decisiones más "racional". Al trabajar con implicaciones de largo alcance para la comprensión de la vida mental, el Dr. Antonio Damasio —neurólogo de la Facultad de Medicina de la Universidad de Iowa— ha llevado a cabo cuidadosos estudios acerca de cuál es la lesión específica de pacientes que tienen dañado el circuito zona prefrontal-amígdala.[19] Su capacidad para tomar decisiones está terriblemente degradada, y sin embargo no muestran el más mínimo deterioro en su cociente intelectual ni en ninguna capacidad cognitiva. A pesar de su inteligencia intacta, hacen elecciones desafortunadas en los negocios y en su vida personal y pueden obsesionarse permanentemente por una decisión tan sencilla como cuándo concretar una cita.

El Dr. Damasio afirma que las decisiones de estas personas son tan erróneas porque han perdido acceso a su aprendizaje emocional. Como punto de confluencia entre pensamiento y emoción, el circuito prefrontal-amígdala es una puerta fundamental para el almacenamiento de gustos y disgustos que adquirimos en el curso de nuestra vida. Aquello sobre lo que reflexiona la neocorteza, separado de la memoria emocional de la amígdala, ya no desencadena reacciones emocionales que han sido asociadas a ella en el pasado, y todo adopta una gris neutralidad. Un estímulo, ya sea una mascota favorita o un conocido detestado, ya no provoca atracción ni aversión; estos pacientes han "olvidado" todas las lecciones emocionales de ese tipo porque ya no tienen acceso a la amígdala donde están almacenadas.

Pruebas como esta llevan al Dr. Damasio a la postura contra-intuitiva de que los sentimientos son típicamente *indispensables* para las decisiones racionales; ellos nos señalan la dirección correcta, dónde la pura lógica puede ser mejor utilizada. Mientras el mundo suele enfrentarnos con una ingente serie de alternativas (¿Cómo invertiría los ahorros de su retiro? ¿Con quién se casaría?), el aprendizaje emocional que la vida nos ha dado (como el recuerdo de una inversión desastrosa o una ruptura dolorosa) envía señales que simplifican la decisión, eliminando algunas posibilidades y destacando otras desde el primer momento. De esta forma, afirma el Dr. Damasio, el cerebro emocional está tan comprometido en el razonamiento como lo está el cerebro pensante.

Así, a las emociones les importa la racionalidad. En la danza de sentimiento y pensamiento, la facultad emocional guía nuestras decisiones momentáneas, trabajando en colaboración con la mente racional y permitiendo —o imposibilitando— el pensamiento mismo. De la misma manera, el cerebro pensante desempeña un papel ejecutivo en nuestras emociones, salvo en aquellos momentos en que las emociones quedan fuera de control y el cerebro emocional pierde sus frenos.

En cierto sentido, tenemos dos cerebros, dos mentes y dos clases diferentes de inteligencia: la racional y la emocional. Nuestro desempeño en la vida está determinado por ambas; lo que importa no es sólo el cociente intelectual sino también la inteligencia emocional. En efecto, el intelecto no puede operar de manera óptima sin la inteligencia emocional. Por lo general, la complementariedad del sistema límbico y la neocorteza, de la amígdala y los lóbulos prefrontales, significa que cada uno de ellos es un socio pleno de la vida mental. Cuando estos socios interactúan positivamente, la inteligencia emocional aumenta, lo mismo que la capacidad intelectual.

Esto invierte la antigua comprensión de la tensión entre razón y sentimiento: no se trata de que queramos suprimir la emoción y colocar en su lugar la razón, como afirmaba Erasmo, sino encontrar el equilibrio inteligente entre ambas. El antiguo paradigma sostenía un ideal de razón liberado de la tensión emocional. El nuevo paradigma nos obliga a armonizar cabeza y corazón. Para hacerlo positivamente en nuestra vida, primero debemos comprender más precisamente qué significa utilizar la emoción de manera inteligente.

Segunda Parte

La naturaleza de la inteligencia emocional

3

CUANDO LO INTELIGENTE ES TONTO

Aún no se sabe exactamente por qué David Pologruto, profesor de física de una escuela secundaria, fue atacado con un cuchillo de cocina por uno de sus mejores alumnos. Pero los hechos, tal como se informaron, son los siguientes:

Jason H., brillante alumno del segundo curso de una escuela secundaria de Coral Springs, Florida, estaba obsesionado con la idea de ingresar en la facultad de medicina. No en cualquier facultad: soñaba con Harvard. Pero Pologruto, su profesor de física, le había dado una puntuación de ochenta en un examen. Convencido de que la nota —apenas por debajo de la mejor— ponía en peligro su sueño, Jason fue a la escuela con un cuchillo de cocina y, después de enfrentarse a Pologruto en el laboratorio de física, se lo clavó en el cuello antes de quedar reducido en una refriega.

Un juez declaró a Jason inocente y transitoriamente enajenado durante el incidente; un panel de cuatro psicólogos y psiquiatras afirmó que durante la pelea el joven había sufrido una psicosis. Jason afirmó que había pensado suicidarse debido a la nota del examen, y que había ido a ver a Pologruto para decirle que iba a matarse por ese motivo. Pologruto dio una versión muy distinta: "Creo que él intentaba matarme a mí con el cuchillo" porque estaba furioso por la mala nota.

Jason pasó a una escuela privada y se graduó dos años más tarde con las mejores notas de su clase. Una puntuación perfecta en las clases regulares le habría valido un excelente promedio de 4.0 y el nivel A, pero Jason había tomado suficientes cursos avanzados para elevar su promedio a 4.614, lo que significaba más de un nivel A+. Aunque Jason se graduó con los más altos honores, su profesor de física, David Pologruto, se quejó de que el joven nunca se había disculpado ni había asumido la responsabilidad de la agresión.[1]

La pregunta es la siguiente: ¿Cómo una persona tan evidentemente inteligente pudo hacer algo tan irracional, tan absolutamente estúpido? La respuesta es: la inteligencia académica tiene poco que ver con la vida emocional. Las personas más brillantes pueden hundirse en los peligros de las pasiones desenfrenadas y de los impulsos incontrolables; personas con un CI elevado pueden ser pilotos increíblemente malos de su vida privada.

Uno de los secretos a voces de la psicología es la relativa incapacidad de las notas, el CI o las pruebas de aptitud académica (SAT) —a pesar de la mística popular— para predecir de manera infalible quién tendrá éxito en la vida. Por supuesto, existe una relación entre el CI y las circunstancias de la vida para los grandes grupos en conjunto: muchas personas con un CI muy bajo terminan haciendo trabajos domésticos, y aquellas que tienen un CI elevado suelen tener trabajos bien remunerados... aunque en modo alguno ocurre siempre así.

Existen muchas excepciones a la regla de que el CI predice el éxito, más excepciones que casos que se adaptan a la misma. En el mejor de los casos, el CI contribuye aproximadamente en un 20% a los factores que determinan el éxito en la vida, con lo que el 80% queda para otras fuerzas. Como apunta un observador: "En su mayor parte, el lugar que uno ocupa definitivamente en la sociedad está determinado por factores no relacionados con el CI, desde la clase social hasta la suerte".[2]

Incluso Richard Herrnstein y Charles Murray, cuya obra *The Bell Curve* atribuye importancia fundamental al CI, reconoce esto; como ellos mismos señalan: "Tal vez a un alumno de primer año que obtenga un promedio de 5 en las pruebas de aptitud matemática no le convenga tratar de convertirse en matemático, pero si quiere dirigir su propia empresa, convertirse en senador o ganar un millón de dólares, no tiene por qué renunciar a su sueño. La relación entre las puntuaciones de las pruebas y esos logros se ve empequeñecida por la totalidad de otras características que él aporta a la vida".[3]

Mi preocupación es un conjunto clave de estas "otras características", la *inteligencia emocional:* habilidades tales como ser capaz de motivarse y persistir frente a las decepciones; controlar el impulso y demorar la gratificación, regular el humor y evitar que los trastornos disminuyan la capacidad de pensar; mostrar empatía y abrigar esperanzas. A diferencia del CI, con sus casi cien años de historia de estudios de cientos de miles de personas, el concepto de inteligencia emocional es nuevo. Aún no se puede decir exactamente hasta qué punto explica la variabilidad de una persona a otra en el curso de una vida. Pero los datos existentes sugieren que puede ser tan poderoso, y a veces más, que el CI. Y mientras hay quienes afirman que el CI no se puede cambiar demasiado mediante la experiencia ni la educación, en la Quinta Parte mostraré que las aptitudes emocionales fundamentales pueden en efecto ser aprendidas y mejoradas por los niños... siempre y cuando nosotros nos molestemos en enseñárselas.

Inteligencia emocional y destino

Recuerdo a un compañero de clase del Amherst College que había obtenido cinco notas excelentes en las pruebas de aptitud académica y en otras pruebas a las que debió someterse antes de entrar. A pesar de sus formidables capacidades intelectuales, pasaba la mayor parte de tiempo haraganeando, acostándose tarde y durmiendo hasta mediodía. Le llevó casi diez años obtener el título.

El CI proporciona pocos datos que expliquen los diferentes destinos de personas con aproximadamente las mismas posibilidades, estudios y oportunidades. Un grupo de noventa y cinco alumnos de Harvard de las clases de los años cuarenta —una época en que, más que ahora, la gente con CI más elevado asistía a las facultades de la Ivy League— fue estudiado hasta que alcanzó la edad mediana. Los hombres que habían obtenido las puntuaciones más elevadas en la facultad no habían alcanzado demasiados éxitos en términos de salario, productividad y categoría profesional en comparación con los compañeros que habían obtenido menor puntuación. Tampoco habían obtenido las mayores satisfacciones en su vida, ni la mayor felicidad en las relaciones de amistad, familiares y amorosas.[4]

Un seguimiento similar hasta la mediana edad fue llevado a cabo con 450 chicos, la mayoría de ellos hijos de inmigrantes; las dos terceras partes pertenecían a familias que vivían del seguro social, y habían crecido en Somerville, Massachusetts, en aquel momento una "deteriorada villa de emergencia" situada a pocas manzanas de Harvard. El tercio restante tenía un CI por debajo de 90. Pero también en ese caso el CI tenía poca relación con la forma en que se habían desempeñado en los demás aspectos de su vida. Por ejemplo, el 7% de los hombres que tenían un CI de menos de 80 llevaba diez años o más sin trabajar, pero lo mismo le ocurría al 7% de los hombres cuyo CI era superior a 100. Por supuesto, había un nexo general (como siempre existe) entre CI y nivel socioeconómico entre las personas de cuarenta y siete años. Pero las habilidades de la infancia, como ser capaz de enfrentarse a las decepciones, controlar las emociones y llevarse bien con otras personas, eran las que marcaban la mayor diferencia.[5]

Tomemos también en consideración los datos de un estudio en un curso de ochenta y un alumnos que habían pronunciado el discurso de despedida y el de apertura de la ceremonia de fin de curso desde 1981 en las escuelas secundarias de Illinois. Por supuesto, todos habían obtenido los promedios más altos de su clase. Pero mientras seguían desempeñándose bien en la facultad, consiguiendo notas excelentes, a finales de la veintena sólo habían alcanzado un nivel medio de éxito. Diez años después de graduarse de la escuela secundaria sólo uno de cada cuatro se encontraba en el nivel más elevado de jóvenes de edad comparable en su profesión, y a muchos de ellos no les iba tan bien.

Karen Arnold, profesora de educación en la Boston University, una de las investigadoras que estudió a los alumnos que habían pronunciado el discurso de despedida, señala: "Creo que hemos descubierto a los "obedientes", las personas que saben cómo conseguir su objetivo en el sistema. Pero estos jóvenes luchan igual que cualquiera de nosotros. Saber que una persona es la que pronuncia el discurso de despedida es saber que ha alcanzado grandes logros en lo que se refiere a sus notas. Eso no indica nada acerca de la forma en que reacciona ante las vicisitudes de la vida".[6]

Y ese es el problema: la inteligencia académica no ofrece prácticamente ninguna preparación para los trastornos —o las oportunidades— que acarrea la vida. Sin embargo, aunque un CI elevado no es garantía de prosperidad, prestigio ni felicidad en la vida, nuestras escuelas y nuestra cultura se concentran en las habilidades académicas e ignoran la inteligencia emocional, un conjunto de rasgos —que algunos podrían llamar carácter— que también tiene una enorme importancia para nuestro destino personal. La vida emocional es un ámbito que, al igual que las matemáticas y la lectura, puede manejarse con mayor o menor destreza y requiere un singular conjunto de habilidades. Y saber hasta qué punto una persona es experta en ellas es fundamental para comprender por qué triunfa en la vida, mientras otra con igual capacidad intelectual acaba en un callejón sin salida: la aptitud emocional es una *meta-habilidad* y determina lo bien que podemos utilizar cualquier otro talento, incluido el intelecto puro.

Por supuesto, existen muchos caminos para triunfar en la vida, y muchas esferas en las que otras aptitudes reciben su recompensa. En nuestra sociedad cada vez más basada en el conocimiento, la habilidad técnica es sin duda uno de esos caminos. Un chiste que cuentan los chicos dice: "¿Cómo llamarías dentro de quince años a un traga?". La respuesta es: "Jefe". Pero incluso entre los "tragas", la inteligencia emocional ofrece una ventaja añadida en el lugar de trabajo, como veremos en la Tercera Parte. Gran parte de las pruebas demuestra que las personas emocionalmente expertas —las que conocen y manejan bien sus propios sentimientos e interpretan y se enfrentan con eficacia a los sentimientos de los demás— cuentan con ventajas en cualquier aspecto de la vida, ya sea en las relaciones amorosas e íntimas, o en elegir las reglas tácitas que gobiernan el éxito en la política organizativa. Las personas con habilidades emocionales bien desarrolladas también tienen más probabilidades de sentirse satisfechas y ser eficaces en su vida, y de dominar los hábitos mentales que favorezcan su propia productividad; las personas que no pueden poner cierto orden en su vida emocional libran batallas interiores que sabotean su capacidad de concentrarse en el trabajo y pensar con claridad.

Una clase de inteligencia diferente

Para el observador casual, Judy —de cuatro años— podría parecer retraída entre sus compañeras de juego más sociables. A la hora de jugar vacila y se queda al margen en lugar de participar. Pero Judy es en realidad una observadora atenta de la política social de su aula de preescolar, tal vez más sofisticada que sus compañeras en lo que se refiere a la comprensión de la corriente de sentimientos que los demás experimentan.

Su sofisticación no resulta evidente hasta que la maestra de Judy reúne a todos los chicos de cuatro años para jugar lo que llaman el Juego del Aula. Este —una réplica a menor escala del aula de Judy, con figuras adhesivas que tienen en la cabeza un espacio para fotos pequeñas de alumnos y maestros— es un test de capacidad de percepción social. Cuando la maestra de Judy le pide que ponga a cada chica y chico en la parte del aula donde más les gusta jugar —el rincón artístico, el rincón de los bloques de armar, etc.— Judy lo hace con absoluta precisión. Y cuando se le pide que ponga a cada chico y chica con los compañeros con quienes más les gusta jugar, Judy muestra que puede unir a los mejores amigos de toda la clase.

La precisión de Judy revela que tiene un mapa social perfecto de su clase, un nivel de percepción excepcional para una criatura de cuatro años. Estas son habilidades que, en la vida adulta, podrían permitir a Judy convertirse en estrella en cualquiera de los campos donde las "habilidades de la gente" tienen importancia, desde las ventas y la administración hasta la diplomacia.

El hecho de que la lucidez social de Judy haya sido detectada, al margen de su corta edad, se debe a que era alumna del Eliot-Pearson Preschool, del campus de la Tufts University, donde se desarrollaba el Proyecto Spectrum, un plan de estudios que cultiva intencionadamente una variedad de tipos de inteligencia. El Proyecto Spectrum reconoce que el repertorio humano de habilidades va mucho más allá de los conocimientos escolares básicos (lectura, escritura y aritmética), la estrecha banda de destrezas vinculadas con las palabras y los números, en los que tradicionalmente se basa la primera educación. Reconoce que las capacidades como la percepción social de Judy son talentos que una educación puede alimentar en lugar de pasarlas por alto o incluso coartarlas. Al estimular a los niños a desarrollar una amplia gama de habilidades a las que positivamente recurren, o utilizan con el solo propósito de sentirse satisfechos en lo que hacen, la escuela se convierte en una educación de las habilidades de la vida.

El visionario guía que se encuentra detrás del Proyecto Spectrum es Howard Gardner, psicólogo de la Facultad de Ciencias de la Educación de Harvard.[7] "Ha llegado el momento", me dijo Gardner, "de ampliar la noción que tenemos del espectro de talentos. La contribución más importante que puede hacer la educación al desarrollo del niño es ayudarlo a acceder a un campo en el que sus talentos se desarrollen más plenamente, donde se sienta satisfecho y capaz. Hemos perdido totalmente de vista esa noción. En cambio sometemos a todos a una educación en la que, si tienes éxito, estarás en mejores condiciones de ser profesor. Y evaluamos a todos sobre la marcha en función de que se ajusten a ese estrecho criterio de éxitos. Deberíamos perder menos tiempo clasificando a los chicos en categorías y más tiempo ayudándolos a reconocer sus aptitudes y dones naturales y a cultivarlos. Hay centenares de maneras de tener éxito, y muchísimas habilidades diferentes que nos ayudarán a alcanzarlo."[8]

Gardner reconoce los límites de las antiguas formas de entender la inteligencia. Señala que los tiempos gloriosos del test de CI comenzaron durante la primera guerra mundial, cuando dos millones de norteamericanos fueron seleccionados mediante la primera forma escrita del test, que había sido recién desarrollada por Lewis Terman, psicólogo de Stanford. Esto llevó a décadas de lo que Gardner llama "el modo de pensar CI": "que la gente es inteligente o no, que nacen así, que no hay mucho que hacer al respecto, y que las pruebas pueden decirnos si somos o no una persona inteligente. El test SAT para el ingreso en la Facultad se basa en la misma noción de una única clase de aptitud que determina el futuro. Esta manera de pensar impregna a la sociedad toda".

El influyente libro *Frames of Mind* que Gardner publicó en 1983 era un manifiesto que refutaba el punto de vista del CI; planteaba que no existía una única y monolítica clase de inteligencia, fundamental para el éxito en la vida, sino un amplio espectro de inteligencias con siete variedades clave. Su lista incluye dos clases académicas típicas, la facilidad verbal y la lógico-matemática, pero llega a incluir la capacidad espacial que poseen, por ejemplo, artistas o arquitectos destacados; el genio cinestésico exhibido en la plasticidad y la gracia de una Martha Graham o de Magic Johnson; y en el talento musical de un Mozart o de YoYo Ma. Como remate de la lista, hay dos caras de lo que Gardner llama "inteligencias personales": destrezas interpersonales, como las de un gran terapeuta del estilo de Carl Rogers, o un líder mundial como Martin Luther King, Jr., y la capacidad "intrapsíquica" que podría surgir, por un lado, en las brillantes interpretaciones de Sigmund Freud o, con menos fanfarria, en la satisfacción interior que surge de armonizar la propia vida para que esté de acuerdo con los auténticos sentimientos personales.

La palabra operativa desde este punto de vista de las inteligencias es "múltiple": el modelo de Gardner se abre paso más allá del concepto típico de CI como un factor único e inmutable. Reconoce que las pruebas que nos tiranizaban cuando asistíamos a la escuela —desde los tests de aptitud que nos clasificaban en aptos para la escuela técnica o para la universidad, hasta los SAT que determinaban a qué facultad se nos permitiría asistir— están basadas en una noción limitada de la inteligencia y separada de la verdadera gama de habilidades y destrezas importantes para la vida, por encima y más allá del CI.

Gardner reconoce que el siete es una cifra arbitraria para la variedad de inteligencias; no existe un número mágico para la multiplicidad de talentos humanos. En un momento determinado, Gardner y sus colegas investigadores habían ampliado estas siete variedades de inteligencia hasta convertirla en una lista de veinte. La inteligencia interpersonal por ejemplo, se dividía en cuatro habilidades distintas: el liderazgo, la capacidad de cultivar las relaciones y mantener las amistades, la capacidad de resolver conflictos y la destreza en el tipo de análisis social en el que sobresale la pequeña Judy.

Esta multifacética visión de la inteligencia ofrece una imagen más rica de la capacidad y el potencial de un niño para alcanzar el éxito que la ofrecida por el típico CI. Cuando los sujetos del Proyecto Spectrum fueron evaluados según la Escala de Inteligencia Stanford-Binet —en otros tiempos la regla de oro del CI— y nuevamente por una batería destinada a medir el espectro de inteligencias de Gardner, no se encontró una relación significativa entre las puntuaciones de los niños en ambos tests.[9] Los cinco niños con el CI más elevado (desde 125 hasta 133) presentaban una variedad de perfiles con respecto a las fuerzas medidas por el test Spectrum. Por ejemplo, de los cinco niños "más inteligentes" según el test de CI, uno era fuerte en tres campos, tres lo eran en dos campos y un chico "inteligente" tenía una sola fuerza Spectrum. Esas fuerzas estaban dispersas: cuatro de las fuerzas de esos chicos se centraban en la música, dos en las artes visuales, una en la comprensión social, una en la lógica y dos en el lenguaje. Ninguno de los cinco chicos con elevado CI era fuerte en movimientos, números o mecánica; de hecho, el movimiento y los números eran puntos débiles para dos de estos chicos.

Gardner llegó a la conclusión de que "la Escala de Inteligencia Stanford-Binet no predecía un éxito en el desempeño en un subgrupo coherente de actividades Spectrum". Por otra parte, la puntuación Spectrum da a padres y maestros una guía clara acerca de las esferas en las que esos niños se interesarán espontáneamente, y en cuáles se desempeñarán lo suficientemente bien para desarrollar la pasión que en algún momento podría llevarlos más allá de la pericia hacia la maestría.

El pensamiento de Gardner con respecto a la multiplicidad de la inteligencia siguió evolucionando. Unos diez años después de publicar su teoría por primera vez, Gardner ofreció este resumen de las inteligencias personales:

> La inteligencia interpersonal es la capacidad para comprender a los demás: qué los motiva, cómo operan, cómo trabajar cooperativamente con ellos. Vendedores, políticos, maestros, médicos clínicos y líderes religiosos de éxito tienen probabilidades de ser individuos con elevado grado de inteligencia interpersonal. La inteligencia intrapersonal... es una capacidad correlativa, vuelta hacia el interior. Es la capacidad de formar un modelo preciso y realista de uno mismo y ser capaz de usar ese modelo para operar eficazmente en la vida.[10]

En otra oportunidad, Gardner señaló que el núcleo de la inteligencia interpersonal incluye las "capacidades para discernir y responder adecuadamente al humor, el temperamento, las motivaciones y los deseos de los demás". En la inteligencia intrapersonal, la clave para el autoconocimiento, incluyó "el acceso a los propios sentimientos y la capacidad de distinguirlos y recurrir a ellos para guiar la conducta".[11]

Spock versus Data: cuando la cognición no es suficiente

Existe una dimensión de la inteligencia personal que está ampliamente mencionada, aunque poco explorada, en las elaboraciones de Gardner: el papel de las emociones. Tal vez es así porque, como me sugirió Gardner, su obra está claramente inspirada en un modelo de mente cognitivo-científica. Así, su punto de vista con respecto a estas inteligencias pone de relieve la cognición: la comprensión de uno mismo y de los demás en relación a los motivos, a los hábitos de trabajo y a la utilización de esa perspicacia para dirigir la propia vida y llevarse bien con los semejantes. Pero al igual que el reino de la cinestesia, donde la brillantez física se manifiesta de una forma no verbal, el reino de las emociones también se extiende más allá del alcance del lenguaje y la cognición.

Al mismo tiempo que hay espacio suficiente en las descripciones de Gardner con respecto a la inteligencia personal para penetrar en el papel de las emociones y en el dominio de las mismas, él y sus colaboradores no han analizado en gran detalle el papel que *el sentimiento* juega en estas inteligencias y se han centrado más en las cogniciones *acerca* del sentimiento. Esta focalización, tal vez involuntariamente, deja sin explorar el rico mar de emociones que hace que la vida interior y las relaciones sean tan complejas, tan apremiantes y a menudo tan desconcertantes. Y también deja sin analizar la noción de que hay inteligencia en las emociones y aquella según la cual puede aplicarse inteligencia a las mismas.

El acento que Gardner pone en los elementos cognitivos de las inteligencias personales refleja la tendencia actual de la psicología que ha formado sus puntos de vista. El acento que la psicología pone sobre la cognición incluso en el ámbito de la emoción se debe en parte a una peculiaridad de la historia de esa ciencia. Durante las décadas de mediados de este siglo, la psicología académica estuvo dominada por los conductistas al estilo de B. F. Skinner, que opinaba que sólo la conducta observable objetivamente, desde el exterior, podía estudiarse con precisión científica. Los conductistas llevaron la vida interior, incluidas las emociones, a una zona prohibida para la ciencia.

Luego, con la llegada a finales de los sesenta de la "revolución cognitiva", el foco de la ciencia psicológica se centró en la forma en que la mente registra y almacena la información, y en la naturaleza de la inteligencia. Pero las emociones seguían siendo un terreno vedado. El saber convencional entre los científicos cognitivos afirmaba que la inteligencia implica un procesamiento de datos frío y riguroso. Esto es hiperracional, como el Mr. Spock de *Star Trek*, el arquetipo de los bytes de información pura, no enturbiados por el sentimiento, que encarna la idea de que las emociones no tienen cabida en la inteligencia y sólo empañan nuestra imagen de la vida mental.

Los científicos cognitivos que adoptaron este punto de vista quedaron seducidos por la computadora como el modelo mental operativo olvidando que, en realidad, la variada información del cerebro está inundada por un sucio charco de sustancias neuroquímicas que no se parecen en nada al aséptico y ordenado silicio que ha engendrado la metáfora rectora de la mente. Los modelos predominantes entre los científicos cognitivos respecto a cómo la mente procesa información no han reconocido que la racionalidad está guiada —y a veces inundada— por el sentimiento. En este sentido, el modelo cognitivo es una visión empobrecida de la mente que no logra explicar el *Sturm und Drang* de los sentimientos que da sabor al intelecto. Para insistir en este punto de vista, los científicos cognitivos han tenido que pasar por alto la pertinencia de sus modelos mentales con respecto a sus esperanzas y temores personales, sus riñas maritales y celos profesionales, o sea el toque de sentimiento que da a la vida su sabor y sus urgencias, y en la que cada momento influye exactamente en la forma (positiva o negativa) en que se procesa la información.

La desproporcionada visión científica de una vida mental emocionalmente chata —que ha guiado los ochenta últimos años de investigación sobre la inteligencia— está cambiando poco a poco, mientras la psicología ha empezado a reconocer el papel esencial de los sentimientos en el pensamiento. Al igual que el spockiano personaje Data de *Star Trek: The Next Generation*, la psicología está empezando a valorar el poder y las virtudes de las emociones en la vida mental, así como sus peligros. Después de todo, como comprende Data (para su propia desazón, puede sentir desazón), su fría lógica no logra encontrar la solución humana correcta. Nuestra humanidad queda más evidenciada en nuestros sentimientos; Data procura sentir, sabiendo que carece de algo esencial. Necesita la amistad, la lealtad; al igual que el Hombre de Lata de *El Mago de Oz*, le falta corazón. Al carecer del sentido lírico que proporcionan los sentimientos, Data puede interpretar música o escribir poesía con virtuosismo técnico, pero no sentir su pasión. La lección del anhelo de Data por el anhelo mismo consiste en que los valores más elevados del corazón humano —fe, esperanza, devoción y amor— están totalmente ausentes en el frío punto de vista cognitivo. Las emociones enriquecen; un modelo mental que las excluya queda empobrecido.

Cuando le pregunté a Gardner por el acento que ponía en las ideas sobre los sentimientos, o metacognición, más que en las emociones mismas, reconoció que tenía tendencia a considerar la inteligencia en un sentido cognitivo, pero me dijo: "Cuando escribí por primera vez sobre las inteligencias personales, estaba hablando de la emoción, sobre todo en mi idea de inteligencia intrapersonal, un componente armoniza emocionalmente con uno mismo. Son las señales visceral-sentimentales que uno recibe las que resultan esenciales para la inteligencia interpersonal. Pero tal como se ha desarrollado en la práctica, la teoría de la inteligencia múltiple ha evolucionado, centrándose más en la metacognición" —es decir, en la conciencia de los procesos mentales propios— "que en el amplio espectro de habilidades emocionales".

Aún así, Gardner aprecia lo fundamentales que son estas habilidades emocionales y de relación en los avatares de la vida. Señala que "muchas personas que poseen un CI de 160 trabajan para personas cuyo CI es de 100, si el primero tiene escasa inteligencia intrapersonal y la del último es elevada. Y en el mundo cotidiano, ninguna inteligencia es más importante que la interpersonal. Si uno no la tiene, elegirá inadecuadamente con quién casarse, qué trabajo aceptar, etcétera. Debemos entrenar a los niños en las inteligencias personales desde la escuela".

¿Las emociones pueden ser inteligentes?

Para tener una mejor comprensión de cuál podría ser ese entrenamiento, debemos recurrir a otros teóricos que siguen los lineamientos intelectuales de Gardner, sobre todo Peter Salovey, un psicólogo de Yale que ha descrito en gran detalle las formas en que podemos aplicar inteligencia a nuestras emociones.[12] Este intento no es nuevo; a lo largo de los años, incluso los más ardientes teóricos del CI han intentado de vez en cuando colocar las emociones dentro de la esfera de la inteligencia, en lugar de considerar los términos "emoción" e "inteligencia" como una contradicción inherente. Así, E. L. Thorndike, un eminente psicólogo que también tuvo gran influencia en la popularización de la idea del CI en los años veinte y treinta, planteó en un artículo de *Harper's Magazine* que un aspecto de la inteligencia emocional, la inteligencia "social", la capacidad para comprender a los demás y "actuar prudentemente en las relaciones humanas" era en sí misma un aspecto del CI de una persona. Otros psicólogos de la época tuvieron una visión más escéptica de la inteligencia social y la consideraron en términos de habilidades para manipular a los demás y conseguir que hagan lo que uno quiere, estén de acuerdo o no. Pero ninguna de estas formulaciones de la inteligencia social tuvo demasiada repercusión entre los teóricos del CI, y alrededor de 1960 un influyente texto sobre las pruebas de inteligencia declaró que la inteligencia social era un concepto "inútil".

Pero la inteligencia personal no debería ser pasada por alto, sobre todo por su sentido común e intuitivo. Por ejemplo, cuando Robert Sternberg, otro psicólogo de Yale, le pidió a la gente que describiera a una "persona inteligente", las habilidades prácticas se contaban entre las principales características mencionadas. Una investigación más sistemática llevada a cabo por Sternberg lo llevó a la conclusión de Thorndike: que la inteligencia social es distinta de las capacidades académicas y, al mismo tiempo, es una parte clave de lo que hace que a la gente le vaya bien en el aspecto práctico de la vida. Entre las inteligencias prácticas que están, por ejemplo, tan valoradas en el lugar de trabajo, está el tipo de sensibilidad que permite a los administradores eficaces captar mensajes tácitos.[13]

En los últimos años, un grupo cada vez más grande de psicólogos ha llegado a conclusiones similares, coincidiendo con Gardner en que los antiguos conceptos de CI giraban en torno a una estrecha franja de habilidades lingüísticas y matemáticas, y que desempeñarse bien en las pruebas de CI era más directamente un medio para predecir el éxito en el aula o como profesor pero cada vez menos en los caminos de la vida que se apartan de lo académico. Estos psicólogos —Sternberg y Salovey entre ellos— han adoptado una visión más amplia de la inteligencia, tratando de reinventarla en función de lo que hace falta para alcanzar el éxito en la vida. Y esa línea de investigación nos lleva otra vez a la evaluación de lo importante que es la inteligencia "personal" o emocional.

Salovey incluye las inteligencias personales de Gardner en su definición básica de inteligencia emocional, ampliando estas capacidades a cinco esferas principales:[14]

1. *Conocer las propias emociones.* La conciencia de uno mismo —el reconocer un sentimiento *mientras ocurre*— es la clave de la inteligencia emocional. Como veremos en el Capítulo 4, la capacidad de controlar sentimientos de un momento a otro es fundamental para la penetración psicológica y la comprensión de uno mismo. La incapacidad de advertir nuestros auténticos sentimientos nos deja a merced de los mismos. Las personas que tienen una mayor certidumbre con respecto a sus sentimientos son mejores guías de su vida y tienen una noción más segura de lo que sienten realmente con respecto a las decisiones personales, desde con quién casarse hasta qué trabajo aceptar.
2. *Manejar las emociones.* Manejar los sentimientos para que sean adecuados es una capacidad que se basa en la conciencia de uno mismo. En el Capítulo 5 analizaremos la capacidad de serenarse, de librarse de la irritabilidad, la ansiedad y la melancolía excesivas... y las consecuencias del fracaso en esta destreza emocional básica. Las personas que carecen de esta capacidad luchan constantemente contra sentimientos de aflicción, mientras aquellas que la tienen desarrollada pueden recuperarse con mucha mayor rapidez de los reveses y trastornos de la vida.
3. *La propia motivación.* Como demostrará el Capítulo 6, ordenar las emociones al servicio de un objetivo es esencial para prestar atención, para la automotivación y el dominio, y para la creatividad. El autodominio emocional —postergar la gratificación y contener la impulsividad— sirve de base a toda clase de logros. Y ser capaz de internarse en un estado de "fluidez" permite un desempeño destacado en muchos sentidos. Las personas que tienen esta capacidad suelen ser mucho más productivas y eficaces en cualquier tarea que emprendan.
4. *Reconocer emociones en los demás.* La empatía, otra capacidad que se basa en la autoconciencia emocional, es la "habilidad" fundamental de las personas. En el Capítulo 7 estudiaremos las raíces de la empatía, el costo social de no tener buen oído emocional, y las razones por las que la empatía despierta el altruismo. Las personas que tienen empatía están mucho más adaptadas a las sutiles señales sociales que indican lo que otros necesitan o quieren. Esto los hace mejores en profesiones tales como la enseñanza, las ventas y la administración.
5. *Manejar las relaciones.* El arte de las relaciones es, en gran medida, la habilidad de manejar las emociones de los demás. En el Capítulo 8 se

analiza la competencia y la incompetencia social y las habilidades específicas que esto supone. Estas son las habilidades que rodean la popularidad, el liderazgo y la eficacia interpersonal. Las personas que se destacan en estas habilidades se desempeñan bien en cualquier cosa que dependa de la interacción serena con los demás; son estrellas sociales.

Por supuesto, las habilidades de las personas en cada una de estas esferas son diferentes; algunos de nosotros podemos ser muy expertos para manejar nuestra propia ansiedad, por ejemplo, pero relativamente ineptos para aliviar los trastornos de otros. La base subyacente de nuestro nivel de capacidad es, sin duda, nerviosa; pero como veremos, el cerebro es notablemente flexible y aprende constantemente. Los errores en las habilidades emocionales pueden ser remediados: en gran medida, cada una de estas esferas representa un cuerpo de hábito y respuesta que, con el esfuerzo adecuado, puede mejorarse.

CI e inteligencia emocional: tipos puros

CI e inteligencia emocional no son conceptos opuestos sino más bien distintos. Todos mezclamos intelecto y agudeza emocional; las personas que poseen un elevado CI pero una inteligencia emocional escasa (o un bajo CI y una elevada inteligencia emocional) son, a pesar de los estereotipos, relativamente pocas. En efecto, existe una ligera correlación entre CI y algunos aspectos de la inteligencia emocional, aunque lo suficientemente baja para que resulte claro que estas son entidades totalmente independientes.

A diferencia de las conocidas pruebas de CI, hasta ahora no se conoce ningún test escrito que proporcione una "puntuación de inteligencia emocional", y tal vez nunca exista. Aunque se ha llevado a cabo una amplia investigación sobre cada uno de sus componentes, algunos de ellos —como la empatía— se analizan mejor probando la habilidad real de una persona para la tarea, por ejemplo, haciéndole interpretar los sentimientos de otro a través de un vídeo en el que se ven sus expresiones faciales. Sin embargo, utilizando una medida de lo que él llama "elasticidad del ego", algo bastante similar a la inteligencia emocional (incluye las principales habilidades sociales y emocionales), Jack Block, psicólogo de la Universidad de California de Berkeley, ha hecho una comparación de dos tipos teóricos puros: personas con elevado CI versus personas con elevadas aptitudes emocionales.[15] Las diferencias son reveladoras.

El tipo puro de CI elevado (esto es, dejando de lado la inteligencia emocional) es casi una caricatura del intelectual, experto en el ámbito de la mente pero inadecuado en el mundo personal. El perfil difiere levemente en el caso de hombres y mujeres. El hombre de elevado CI se caracteriza —lo cual no es de extrañar— por una amplia variedad de intereses y habilidades intelectuales. Es ambicioso y productivo, previsible y obstinado, y no se preocupa por sí mismo. También tiene tendencia a ser crítico y condescendiente, fastidioso e inhibido, se siente incómodo con la sexualidad y la experiencia sensual, es inexpresivo e indiferente, y emocionalmente afable y frío.

En contraste, los hombres que tienen una inteligencia emocional elevada son socialmente equilibrados, sociables y alegres, no son pusilánimes ni suelen pensar las cosas una y otra vez. Poseen una notable capacidad de compromiso con las personas o las causas, de asumir responsabilidades y de alcanzar una perspectiva ética; son solidarios y cuidadosos de las relaciones. Su vida emocional es rica y apropiada; se sienten cómodos con ellos mismos, con los demás y con el universo social donde viven.

Las mujeres que pertenecen exclusivamente al tipo de CI elevado tienen la seguridad intelectual esperada, expresan fluidamente sus ideas, valoran las cuestiones intelectuales y poseen una amplia variedad de intereses intelectuales y estéticos. También suelen ser introspectivas, son propensas a la ansiedad, a la reflexión, a los sentimientos de culpabilidad y vacilan cuando se trata de expresar abiertamente su ira (aunque lo hacen indirectamente).

En contraste, las mujeres emocionalmente inteligentes suelen ser positivas y expresan sus sentimientos abiertamente, y se muestran positivas con respecto a ellas mismas; para ellas, la vida tiene significado. Al igual que los hombres, son sociables y expresan sus sentimientos de manera adecuada (más que en estallidos de los cuales podrían arrepentirse más tarde); se adaptan bien a la tensión. Su aplomo social les permite comunicarse fácilmente con personas nuevas; se sienten lo suficientemente cómodas con ellas mismas para ser alegres, espontáneas y abiertas a la experiencia sensual. A diferencia de las mujeres que pertenecen exclusivamente al tipo de CI elevado, rara vez se sienten ansiosas o culpables, ni se hunden en la reflexión.

Por supuesto, estas descripciones son extremas; en todos nosotros hay una mezcla de CI e inteligencia emocional en diversos grados. Pero ofrecen una visión instructiva de lo que cada una de estas dimensiones agrega separadamente a las cualidades de una persona. En la medida en que una persona posee inteligencia cognitiva y también emocional, estas descripciones se funden en una sola. Sin embargo, de las dos, la inteligencia emocional añade muchas más de las cualidades que nos hacen más plenamente humanos.

4

Conocete a ti mismo

Según cuenta un antiguo relato japonés, un belicoso samurai desafió en una ocasión a un maestro zen a que explicara el concepto de cielo e infierno. Pero el monje respondió con desdén: "No eres más que un patán. ¡No puedo perder el tiempo con individuos como tú!".

Herido en lo más profundo de su ser, el samurai se dejó llevar por la ira, desenvainó su espada y gritó: "Podría matarte por tu impertinencia".

"Eso", repuso el monje con calma, "es el infierno."

Desconcertado al percibir la verdad en lo que el maestro señalaba con respecto a la furia que lo dominaba, el samurai se serenó, envainó la espada y se inclinó, agradeciendo al monje la lección.

"Y eso", añadió el monje, "es el cielo."

El súbito despertar del samurai a su propia agitación ilustra la diferencia crucial que existe entre quedar atrapado en un sentimiento y tomar conciencia de que uno es arrastrado por él. La frase de Sócrates "Conócete a ti mismo" confirma esta piedra angular de la inteligencia emocional: la conciencia de los propios sentimientos en el momento en que se experimentan.

A primera vista podría parecer que nuestros sentimientos son evidentes; una reflexión más cuidadosa nos recuerda épocas en las que hemos sido demasiado inconscientes de lo que sentíamos realmente con respecto a algo, o despertábamos tarde a esos sentimientos. Los psicólogos utilizan el término *metacognición,* un término bastante denso, para referirse a una conciencia del proceso de pensamiento, y *metahumor* para referirse a la conciencia de las propias emociones. Yo prefiero la expresión *conciencia de uno mismo (self-awareness),* en el sentido de una atención progresiva a los propios estados internos.[1] En esta conciencia autorreflexiva la mente observa e investiga la experiencia misma, incluidas las emociones.[2]

Esta calidad de la conciencia está relacionada con lo que Freud describió como una "atención libremente flotante", que recomendaba a aquellos que hicieran psicoanálisis. Este tipo de atención abarca todo lo que pasa por la conciencia de una forma imparcial, como un testigo que tiene interés pero no reacciona. Algunos psicoanalistas lo llaman el "ego observador", la capacidad de la conciencia de uno mismo que permite al analista dominar sus propias reacciones ante lo que el paciente está diciendo, y que el proceso de la asociación libre alimenta en el paciente.[3]

Esta conciencia de uno mismo parecería exigir una neocorteza activa, sobre todo en las zonas del lenguaje, adaptada para identificar y nombrar las emociones que surgen. La conciencia de uno mismo no es una atención exaltada por las emociones, que reacciona excesivamente y amplifica lo que se percibe. Se trata, en todo caso, de una forma neutra que conserva la autorreflexión incluso en medio de emociones turbulentas. Al escribir sobre su profunda depresión, William Styron parece estar describiendo algo semejante a esta facultad de la mente, hablando de una noción de "ser acompañado por un segundo ser... un observador espectral que, sin compartir la demencia de su doble, es capaz de contemplar con desapasionada curiosidad mientras su compañero lucha".[4]

En el mejor de los casos, la autoobservación permite una conciencia ecuánime de sentimientos apasionados o turbulentos. Como mínimo, se manifiesta simplemente como un leve retroceso de la experiencia, una corriente de conciencia paralela que es "meta": suspendida por encima o a un costado de la corriente principal, consciente de lo que está ocurriendo en lugar de quedar inmersa y perdida en la misma. Es la diferencia que existe, por ejemplo, entre sentir una rabia asesina con respecto a alguien y elaborar el pensamiento autorreflexivo "Esto que siento es rabia", incluso mientras uno está furioso. En términos de la mecánica nerviosa de la conciencia, este sutil cambio en la actividad mental supuestamente señala que los circuitos neocorticales están controlando activamente la emoción, un primer paso para alcanzar cierto control. Esta conciencia de las emociones es la competencia emocional fundamental sobre la que se construyen las demás, como el autocontrol emocional.

En resumen, conciencia de uno mismo significa ser "consciente de nuestro humor y también de nuestras ideas sobre ese humor", según palabras de John Mayer, psicólogo de la Universidad de New Hampshire que, junto a Peter Salovey, es quien formuló la teoría de la inteligencia emocional.[5] La conciencia de uno mismo puede ser una atención a estados más internos que no provoque reacción ni juicio. Pero Mayer considera que esta sensibilidad puede ser también menos ecuánime; los pensamientos típicos que indican una conciencia emocional de uno mismo son, entre otros: "No debería sentirme así", "Estoy pensando cosas buenas para alegrarme" y, en el caso de una conciencia de uno mismo más restringida, el fugaz pensamiento "No pienses en eso", en respuesta a algo muy perturbador.

Aunque existe una distinción lógica entre ser consciente de los sentimientos y actuar para cambiarlos, Mayer considera que a todos los efectos prácticos ambas cosas suelen estar unidas: reconocer un humor desagradable es sentir el deseo de superarlo. Este reconocimiento, sin embargo, se distingue de los esfuerzos que hacemos para no actuar movidos por un impulso emocional. Cuando decimos "¡Basta!" a un niño cuya rabia lo ha llevado a golpear a un compañero, seguramente interrumpimos los golpes, pero la rabia sigue encendida. Los pensamientos del niño aún están fijos en el disparador de la ira —"¡Pero él me quitó mi juguete!"—, y la ira continúa viva. La conciencia de uno mismo posee un efecto más poderoso sobre los sentimientos intensos y de aversión: la comprensión de que "Esto que siento es rabia" ofrece un mayor grado de libertad; no sólo la posibilidad de no actuar sobre ellos, sino la posibilidad añadida de tratar de librarse de ellos.

Mayer opina que la gente suele adoptar estilos característicos para responder y enfrentarse a sus emociones:[6]

- *Consciente de sí mismo.* Conscientes de sus humores en el momento en que los tienen, estas personas poseen, comprensiblemente, cierta sofisticación con respecto a su vida emocional. Su claridad con respecto a las emociones puede reforzar otros rasgos de su personalidad: son independientes y están seguras de sus propios límites, poseen una buena salud psicológica y suelen tener una visión positiva de la vida. Cuando se ponen de mal humor, no reflexionan ni se obsesionan al respecto, y son capaces de superarlo enseguida. En resumen, su cuidado los ayuda a manejar sus emociones.
- *Sumergido.* Se trata de personas que a menudo se sienten empantanadas en sus emociones e incapaces de librarse de ellas, como si el humor las dominara. Son volubles y no muy conscientes de sus sentimientos, por lo que quedan perdidas en ellos en lugar de tener cierta perspectiva. En consecuencia, hacen poco por tratar de librarse del mal humor, y sienten que no controlan su vida emocional. A menudo se sienten abrumadas y emocionalmente descontroladas.
- *Aceptador.* Si bien estas personas suelen ser claras con respecto a lo que sienten, también tienen tendencia a aceptar sus humores, y no tratan de cambiarlos. Al parecer existen dos ramas en el tipo aceptador: los que suelen estar de buen humor y tienen pocos motivos para cambiarlo, y las personas que, a pesar de la claridad que tienen con respecto a su talante, son susceptibles con respecto al mal humor pero lo aceptan con

una actitud de *laissez-faire,* sin hacer nada para cambiarlo a pesar de las perturbaciones que provoca; esta pauta se encuentra entre personas depresivas que están resignadas a su desesperación.

El apasionado y el indiferente

Imagine por un instante que se encuentra en un avión que va desde Nueva York hasta San Francisco. Ha sido un vuelo tranquilo, pero mientras se acercan a las Montañas Rocosas, se oye la voz del piloto que anuncia: "Damas y caballeros, nos aproximamos a una turbulencia. Por favor vuelvan a sus asientos y abróchense los cinturones de seguridad". Entonces el avión entra en la turbulencia, que es la más grande que usted ha soportado jamás; el avión se sacude arriba y abajo, de un costado a otro, como una pelota entre las olas.

La pregunta es: ¿qué hace usted? ¿Es la clase de persona que se hunde en su libro o su revista, o sigue viendo la película, dejando de lado la turbulencia? ¿O tal vez toma el folleto para casos de emergencia y revisa las precauciones, u observa a los asistentes de vuelo para ver si dan muestras de pánico, o se esfuerza en oír el ruido del motor para ver si hay algo preocupante?

La respuesta que surge más naturalmente en cada uno indica la postura preferida de nuestra atención ante la coacción. El escenario mismo del avión es un punto de un test psicológico desarrollado por Suzanne Miller, psicóloga de la Temple University, para evaluar si la gente suele ser vigilante, si atiende cuidadosamente cada detalle de una situación difícil o, en contraste, se enfrenta a esos momentos de ansiedad intentando distraerse. Estas dos actitudes hacia las situaciones de peligro tienen consecuencias muy distintas para la forma en que las personas experimentan sus propias reacciones emocionales. Aquellos que se adaptan a la coacción pueden, mediante el acto mismo de prestar cuidadosa atención, ampliar involuntariamente la magnitud de sus propias reacciones, sobre todo si su adaptación carece de la ecuanimidad de la conciencia de sí mismo. El resultado es que sus emociones parecen muy intensas. Aquellos que se abstraen, que prefieren distraerse, notan menos con respecto a sus propias reacciones, y así minimizan la experiencia de su respuesta emocional, si no la magnitud de la respuesta misma.

En los extremos, esto significa que para algunas personas la conciencia emocional resulta abrumadora, mientras para otras apenas existe. Tomemos como ejemplo el estudiante universitario que una noche divisó un incendio que se había iniciado fuera de su habitación, fue a buscar un extintor y apagó el fuego. No hay en esto nada extraordinario, salvo que mientras iba a buscar el extintor y regresaba al lugar del incendio caminó en lugar de correr. ¿El motivo? El joven no consideró que existiera urgencia alguna.

Conocí esta historia gracias a Edward Diener —psicólogo de la Universidad de Illinois, en Urbana—, que ha estado estudiando la *intensidad* con que la gente experimenta sus emociones.[7] El alumno universitario se destaca en su colección de casos de estudio como uno de los de menor intensidad que Diener conoció. Era, esencialmente, un hombre sin pasiones, alguien que pasa por la vida sintiendo poco o nada, incluso con respecto a una emergencia como un incendio.

En contraste, consideremos el caso de una mujer que se encuentra en el punto opuesto de la gama de Diener. En una ocasión en que perdió su lapicera preferida, pasó varios días enloquecida. Otra vez quedó tan estremecida al ver el anuncio de las rebajas de una elegante zapatería femenina que dejó lo que estaba haciendo, subió a su coche y viajó durante tres horas hasta llegar a la zapatería, que se encontraba en Chicago.

Diener considera que, en general, las mujeres experimentan emociones positivas y negativas con más fuerza que los hombres. Y al margen de las diferencias de sexo, la vida emocional es más rica para aquellos que las notan más. Por un lado, esta sensibilidad emocional intensificada significa que para estas personas la menor provocación desencadena una tormenta emocional, ya sea gloriosa o infernal, mientras los que se encuentran en el otro extremo apenas experimentan sentimientos, incluso bajo las más espantosas circunstancias.

El hombre sin sentimientos

Gary enfurecía a Ellen, su novia, porque a pesar de ser inteligente y reflexivo y un cirujano próspero, era emocionalmente insípido, totalmente insensible a cualquier muestra de sentimientos. Aunque Gary podía hablar con brillantez de ciencia y arte, cuando se trataba de sus sentimientos —incluso hacia Ellen— guardaba silencio. Por mucho que ella intentara obtener de él alguna muestra de pasión, Gary se mostraba impasible, inconsciente. "Normalmente no expreso mis sentimientos", le dijo Gary al terapeuta que consultó ante la insistencia de Ellen. En lo que se refería a la vida emocional, añadió: "No sé qué decir; no tengo sentimientos fuertes, ni positivos ni negativos".

Ellen no era la única que se sentía frustrada por la reserva de Gary; como él le confió a su terapeuta, era incapaz de hablar abiertamente de sus sentimientos con cualquiera. El motivo: en primer lugar, no sabía lo que sentía. Todo lo que podía decir era que no sentía ira, ni tristezas, ni alegrías.[8]

Como señala su terapeuta, este vacío emocional hace que Gary y las personas como él resulten descoloridas, tibias: "Aburren a todo el mundo. Por eso sus esposas los hacen someterse a tratamiento". La chatura emocional de Gary ejemplifica lo que los psiquiatras llaman *alexitimia,* del griego *a—*, que significa "carencia de", y *lexis,* que significa "palabra" y *thymos*, que significa "emoción". Estas personas carecen de palabras para expresar sus sentimientos. En efecto, parecen carecer de sentimientos, aunque esto puede deberse en realidad a su incapacidad para *expresar* emociones más que a una ausencia de las mismas. Los primeros en reparar en estas personas fueron los psicoanalistas desconcertados por una clase de pacientes a los que resultaba imposible tratar con ese método porque no hablaban de sentimientos, ni de fantasías, y tenían sueños insípidos... en resumen, no tenían vida emocional interior de la que hablar.[9] Las características clínicas que definen a los alexitímicos incluyen la dificultad para describir los sentimientos —los propios y los de los demás— y un vocabulario emocional sumamente limitado.[10] Más aún, tienen problemas para distinguir entre una emoción y otra, así como entre emoción y sensación física, de modo que pueden decir que tienen mariposas en el estómago, palpitaciones, sudores y mareos... pero no se darían cuenta de que se sienten ansiosos.

"Dan la impresión de ser personas diferentes y extrañas, provenientes de un mundo totalmente distinto, y que viven en medio de una sociedad dominada por los sentimientos", señala el Dr. Peter Sifneos, psiquiatra de Harvard que en 1972 acuñó el término *alexitimia.*[11] Los alexitímicos rara vez lloran, por ejemplo, pero cuando lo hacen sus lágrimas son abundantes. Sin embargo, se desconciertan cuando les preguntan a qué se debe su llanto. Una paciente de alexitimia quedó tan perturbada al ver una película sobre una mujer, madre de ocho hijos, que se estaba muriendo de cáncer, que lloró hasta quedarse dormida. Cuando el terapeuta le sugirió que tal vez estaba tan perturbada porque la película le recordaba a su propia madre, que estaba agonizando a causa de un cáncer, la mujer se quedó inmóvil y desconcertada, y guardó silencio. Cuando el terapeuta le preguntó cómo se sentía en ese momento, ella respondió "muy mal", pero no pudo expresar sus sentimientos con más claridad. Y que, añadió, de vez en cuando, se sorprendía llorando, pero nunca sabía exactamente por qué lloraba.[12]

Ese es el quid de la cuestión. No se trata de que los alexitímicos nunca sientan nada, sino de que son incapaces de saber —y especialmente incapaces de expresar en palabras— cuáles son exactamente sus sentimientos. Carecen absolutamente de la habilidad fundamental de la inteligencia emocional, la conciencia de uno mismo, que nos permite saber lo que sentimos mientras las emociones se agitan en nuestro interior. Los alexitímicos desmienten la noción de que lo que sentimos nos resulta absolutamente evidente; ellos no tienen ninguna pista para saberlo. Cuando algo —o, mejor dicho, alguien— les provoca sentimientos, la experiencia les resulta desconcertante y abrumadora y consideran que es algo que hay que evitar a toda costa. Cuando sienten algo, esos sentimientos les parecen un trastorno desconcertante; como señaló la paciente que lloró con la película, se sienten "muy mal", pero no pueden decir exactamente qué clase de malestar es el que sienten.

Esta confusión básica con respecto a los sentimientos a menudo parece llevarlos a quejarse de problemas médicos indefinidos cuando lo que experimentan en realidad es un trastorno emocional: un fenómeno conocido en psiquiatría como *somatización*, que confunde un dolor emocional con uno físico (y que es diferente de una enfermedad psicosomática, en la que los problemas emocionales provocan verdaderos problemas médicos). En efecto, gran parte del interés de la psiquiatría en los alexitímicos radica en diferenciarlos de aquellos que van a ver al médico en busca de ayuda porque tienen tendencia a perseguir larga e infructuosamente diagnóstico y tratamiento médicos para lo que en realidad es un problema emocional.

Si bien nadie puede decir con certeza qué provoca la alexitimia, el Dr. Sifneos plantea la posibilidad de una desconexión entre el sistema límbico y la neocorteza, sobre todo en sus centros verbales, lo que se ajusta perfectamente a lo que sabemos sobre el cerebro emocional. Sifneos señala que los pacientes que sufrían ataques graves y a los que se les cortó quirúrgicamente esa conexión para aliviar sus síntomas, se volvieron emocionalmente inactivos —igual que las personas que sufren alexitimia—, incapaces de expresar sus sentimientos y repentinamente privados de fantasía. En resumen, aunque los circuitos del cerebro emocional pueden reaccionar con los sentimientos, la neocorteza no está en condiciones de seleccionar esos sentimientos y añadirles el matiz del lenguaje. Como observó Henry Roth en su novela *Call It Sleep* acerca del poder de la lengua: "Si puedes expresar con palabras lo que sientes, lo haces tuyo". El corolario, por supuesto, es el dilema del alexitímico: no tener palabras para los sentimientos significa no apropiarse de ellos.

Elogio de los sentimientos viscerales

El tumor de Elliot, situado exactamente detrás de su frente, tenía el tamaño de una naranja pequeña; la cirugía lo eliminó por completo. Aunque la operación resultó un éxito, la gente que lo conocía bien decía que Elliot ya no era el de antes, y que había sufrido un drástico cambio de personalidad. Había sido el próspero abogado de una corporación y ahora le resultaba imposible conservar un empleo. Su esposa lo abandonó. Después de despilfarrar sus ahorros en inversiones infructuosas, se vio obligado a vivir en la habitación de huéspedes de la casa de su hermano.

El problema de Elliot mostraba una pauta desconcertante. Intelectualmente era tan brillante como siempre, pero utilizaba muy mal su tiempo, se perdía en detalles sin importancia y parecía haber perdido toda noción de las prioridades. Las reprimendas no lograban nada; fue apartado de una serie de trabajos jurídicos. Aunque las exhaustivas pruebas intelectuales no detectaron ningún problema en las facultades mentales de Elliot, decidió consultar a un neurólogo con la esperanza de que el descubrimiento de un problema neurológico le proporcionara los beneficios de la incapacidad mental a los que, en su opinión, tenía derecho. Por lo demás, la conclusión parecía ser que sólo se trataba de una enfermedad fingida.

Antonio Damasio, el neurólogo consultado, quedó sorprendido al notar que en el repertorio mental de Elliot faltaba un elemento: aunque su lógica, su memoria, su atención y las demás habilidades cognitivas no presentaban ningún problema, Elliot era prácticamente inconsciente de sus sentimientos con respecto a lo que le había sucedido.[13] Lo más sorprendente era que podía narrar los trágicos acontecimientos de su vida con absoluta imparcialidad, como si fuera un observador de las pérdidas y fracasos de su pasado, sin mostrar la más mínima nota de arrepentimiento o tristeza, frustración o ira por la injusticia de la vida. Ni siquiera su propia tragedia le provocaba dolor; Damasio se sentía más perturbado que el propio Elliot por la historia.

Damasio llegó a la conclusión de que la fuente de la inconsciencia emocional de Elliot era la eliminación, junto con el tumor cerebral, de una parte de sus lóbulos prefrontales. En efecto, la cirugía había cortado las conexiones entre los centros inferiores del cerebro emocional —sobre todo la amígdala y los circuitos relacionados— y la capacidad pensante de la neocorteza. El pensamiento de Elliot se había vuelto igual al de una computadora, capaz de dar todos los pasos anteriores a la toma de decisión, pero incapaz de asignar *valores* a distintas posibilidades. Cada opción era neutra. Y ese razonamiento excesivamente imparcial, supuso Damasio, era el núcleo del problema de Elliot: una conciencia demasiado escasa de sus propios sentimientos con respecto a las cosas hacía que el razonamiento de Elliot resultara defectuoso.

La desventaja quedaba de manifiesto incluso en las decisiones mundanas. Cuando Damasio intentó decidir el momento de la siguiente cita con Elliot, el resultado fue un mar de indecisiones: Elliot logró encontrar argumentos a favor y en contra de todas las fechas y las horas que Damasio propuso, pero no pudo elegir entre ellas. En un nivel racional, existían razones perfectamente adecuadas para objetar o aceptar casi todos los momentos posibles para la cita. Pero Elliot no tenía la menor idea de lo que *sentía* con respecto a cualquiera de esas horas. Al no ser consciente de sus propios sentimientos, no tenía absolutamente ninguna preferencia.

Una lección que podemos extraer de la indecisión de Elliot es el papel fundamental de los sentimientos al navegar en la interminable corriente de las decisiones de la vida personal. Mientras los sentimientos fuertes pueden hacer estragos con el razonamiento, la falta de conciencia de los sentimientos también puede ser ruinosa, sobre todo cuando se trata de sopesar las decisiones de las que depende en gran medida nuestro destino: qué carrera seguir, si conservar un trabajo seguro o cambiar a uno que supone más riesgo pero es más interesante, con quién salir o con quién casarse, dónde vivir, qué apartamento alquilar o qué casa comprar, y así sucesivamente a lo largo de la vida. Tales decisiones no pueden tomarse correctamente sólo gracias a la racionalidad; exigen sentimientos viscerales, y la sabiduría emocional acumulada gracias a las experiencias pasadas. La lógica formal sola nunca puede funcionar como la base para decidir con quién casarse, en quién confiar o incluso qué trabajo aceptar; estas son esferas en las que la razón sin sentimiento es ciega.

Las señales intuitivas que nos guían en esos momentos surgen bajo la forma de arranques provocados por el sistema límbico, desde las vísceras que Damasio llama "marcadores somáticos", literalmente "sentimientos viscerales". El marcador somático es una especie de alarma automática que llama la atención con respecto a un peligro potencial a partir de un determinado curso de acción. En la mayor parte de los casos, estos marcadores nos apartan de alguna elección de la que la experiencia nos disuade, aunque también pueden alertarnos con respecto a una excelente oportunidad. Por lo general, en ese momento no recordamos qué experiencias específicas formaron ese sentimiento negativo. Lo único que necesitamos es la señal que nos indique que determinado curso de acción podría resultar desastroso. Cada vez que surge ese sentimiento visceral, podemos abandonar o perseguir inmediatamente esa vía de análisis con mayor confianza, y así reducir nuestra serie de elecciones a una matriz de decisiones más manejable. La clave para una toma de decisiones personales más acertadas es, en resumen, estar en sintonía con nuestros sentimientos.

Sondeando el inconsciente

El vacío emocional de Elliot sugiere que puede haber un espectro de la habilidad de las personas para percibir sus emociones mientras las experimentan. Por la lógica de la ciencia neurológica, si la ausencia de un circuito nervioso ocasiona un déficit en una habilidad, entonces la fuerza o debilidad relativas de ese mismo circuito en personas cuyo cerebro está intacto podría conducir a niveles comparables de aptitud con respecto a esa misma habilidad. En función del papel que juegan los circuitos prefrontales en la sintonía emocional, esto sugiere que por razones neurológicas algunos de nosotros podemos detectar más fácilmente que otros la agitación de temor o alegría, y así ser más conscientes de nuestras propias emociones.

Es posible que el talento para la introspección psicológica dependa de este mismo circuito. Algunos de nosotros estamos naturalmente más en armonía con los estilos simbólicos especiales de la mente emocional: metáforas y símiles, junto con la poesía, las canciones y las fábulas, están representados en el lenguaje del corazón. Lo mismo ocure con los sueños y los mitos, en los que las asociaciones libres determinan el flujo de la narrativa, acatando la lógica de la mente emocional. Quienes tienen una sintonía natural con la voz de su corazón —el lenguaje de la emoción— están seguros de ser más expertos en la articulación de sus mensajes, ya se trate de un novelista, un autor de canciones o un psicoterapeuta. Esta sintonía interior debería hacerlos más talentosos cuando se trata de dar voz a la "sabiduría del inconsciente", los significados sentidos de nuestros sueños y fantasías, los símbolos que personifican nuestros más profundos deseos.

La conciencia de uno mismo es fundamental para la penetración psicológica; esta es la facultad que gran parte de la psicoterapia intenta fortalecer. En efecto, el modelo de Howard Gardner con respecto a la inteligencia intrapsíquica es Sigmund Freud, el gran cartógrafo de la dinámica secreta de la psiquis. Como dejó en claro Freud, gran parte de la vida emocional es inconsciente; los sentimientos que se agitan en nuestro interior no siempre atraviesan el umbral de entrada a la conciencia. La verificación empírica de este axioma psicológico surge, por ejemplo, de experimentos sobre las emociones inconscientes, como el notable descubrimiento de que la gente forma gustos definidos con respecto a cosas que ni siquiera se ha dado cuenta de que ha visto antes. Cualquier emoción puede ser —y a menudo es— inconsciente.

El comienzo fisiológico de una emoción ocurre típicamente antes de que una persona conozca conscientemente el sentimiento mismo. Por ejemplo, cuando a una persona que teme a las serpientes se le muestra la imagen de una, los sensores de su piel detectan la producción de transpiración, una señal de ansiedad, aunque ella diga que no experimenta ningún temor. La transpiración aparece en esas personas incluso cuando la imagen de la serpiente aparece tan rápidamente que no tiene conciencia de qué ha visto exactamente, para no hablar de que empiezan a sentirse ansiosas. Mientras esa agitación emocional preconsciente sigue formándose, acaba volviéndose lo suficientemente fuerte para convertirse en algo consciente. Así, hay dos niveles de emoción, la consciente y la inconsciente. El momento en que una emoción se convierte en algo consciente marca su registro como tal en la corteza frontal.[14]

Las emociones que arden bajo el umbral de la conciencia pueden ejercer un poderoso impacto en la forma en que percibimos y reaccionamos, aunque no tengamos idea de que están funcionando. Tomemos como ejemplo el caso de alguien que se siente molesto por un encuentro desagradable a primera hora del día, y está de mal humor durante varias horas, viendo afrentas donde no las hay y hablando en tono cortante a la gente sin motivo alguno. Puede no darse cuenta de su constante irritabilidad y quedará sorprendido si alguien se la hace notar, aunque la misma surge de su conciencia y dicta sus respuestas bruscas. Pero una vez que la reacción pasa a ser consciente —una vez que se registra en la corteza—, la persona puede volver a evaluar las cosas, decidir que prefiere minimizar los sentimientos experimentados con anterioridad y cambiar su visión y su talante. En este sentido, la conciencia de las propias emociones es el eslabón que une el fundamento siguiente de la inteligencia emocional: ser capaz de superar el mal humor.

5

Esclavos de la pasion

Tranquilo tus desgracias soportaste, tú, de la suerte el golpe y el halago recibiste con ánimo sereno... Encuentre al hombre yo que no sea esclavo de la pasión, y vivirá en mi pecho, junto a mi corazón, como tú vives...

Hamlet a su amigo Horacio

El autodominio, el ser capaces de soportar las tormentas emocionales a las que nos someten los embates de la Fortuna en lugar de ser "esclavos de la pasión", ha sido elogiado como virtud desde los tiempos de Platón. La antigua palabra griega que lo define era *sophrosyne*, "cuidado e inteligencia para conducir la propia vida; un equilibrio y una sabiduría templados", como lo tradujo Page DuBois, un helenista. Los romanos y la primitiva iglesia cristiana lo llamaron *temperantia*, templanza, el dominio del exceso emocional. El objetivo es el equilibrio, no la supresión emocional: cada sentimiento tiene su valor y su significado. Una vida sin pasión sería un aburrido páramo de neutralidad, aislado y separado de la riqueza de la vida misma. Pero, como señaló Aristóteles, lo que se quiere es la emoción *adecuada,* el sentir de manera proporcionada a las circunstancias. Cuando las emociones son demasiado apagadas crean aburrimiento y distancia; cuando están fuera de control y son demasiado extremas y persistentes, se vuelven patológicas, como en la depresión inmovilizante, la ansiedad abrumadora, la furia ardiente y la agitación maníaca.

En efecto, mantener bajo control nuestras emociones perturbadoras es la clave para el bienestar emocional; los extremos —emociones que crecen con demasiada intensidad o durante demasiado tiempo— socavan nuestra estabilidad. Por supuesto, no se trata de que debamos sentir una única clase de emoción; ser felices todo el tiempo en cierto modo sugiere el carácter anodino de esos prendedores que mostraban un rostro sonriente y que tuvieron su auge en los años 70. Es mucho lo que se puede decir a favor de la contribución constructiva que el sufrimiento hace a la vida creativa y espiritual; el sufrimiento puede templar el alma.

Los momentos de decaimiento, así como los de entusiasmo, dan sabor a la vida, pero es necesario que guarden un equilibrio. En el cálculo del corazón es la proporción de emociones positivas y negativas lo que determina la noción de bienestar, al menos esa es la conclusión a la que llegaron estudios del humor en los que cientos de hombres y mujeres llevaban incorporados *beepers* que les recordaban a intervalos irregulares que registraran las emociones que sentían en ese momento.[1] No se trata de que la gente deba evitar los sentimientos desagradables para sentirse contenta, sino más bien de que los sentimientos tormentosos no pasen inadvertidos y desplacen los estados de ánimo agradables. Las personas que viven episodios intensos de ira o depresión pueden tener una sensación de bienestar si cuentan con una serie compensatoria de momentos igualmente dichosos o felices. Estos estudios también afirman la independencia de la inteligencia emocional con respecto a la académica, y encuentran poca o ninguna relación entre las notas o el cociente intelectual y el bienestar emocional de las personas.

Así como existe un murmullo constante de los pensamientos que ocupan el fondo de nuestra mente, también hay un constante murmullo emocional; llamemos a alguien a las 6 de la mañana o a las 7 de la tarde y siempre tendrá un humor u otro. Por supuesto, en dos mañanas distintas alguien puede tener humores muy distintos: pero cuando el humor de las personas se mide a lo largo de semanas o meses para obtener un promedio, suele reflejar la sensación de bienestar general de esa persona. Resulta que para la mayoría de la gente, los sentimientos sumamente intensos son bastante poco frecuentes; la mayor parte de nosotros estamos en el gris término medio, con suaves sacudidas en nuestra montaña rusa emocional.

Sin embargo, dominar nuestras emociones es en cierto modo una tarea absorbente: la mayor parte de lo que hacemos —sobre todo en nuestro tiempo libre— es un intento por dominar nuestros estados de ánimo. Toda nuestra actividad, desde leer una novela o ver televisión, hasta las actividades y los compañeros que elegimos, puede ser una forma de hacernos sentir mejor. El arte de serenarnos es una habilidad fundamental para la vida. Algunos pensadores del campo psicoanalítico, como John Bowlby y D. W. Winnicott, consideran que se trata de una de las herramientas psíquicas más importantes. La teoría afirma que los niños emocionalmente sanos aprenden a serenarse tratándose ellos mismos de la misma forma en que los han tratado las personas que los cuidaban, lo que los hace menos vulnerables a las perturbaciones del cerebro emocional.

Como hemos visto, el diseño del cerebro significa que muy a menudo tenemos poco o ningún control sobre el momento en que somos arrastrados por la emoción, o sobre cuál será esa emoción. Pero sí podemos decir cuánto tiempo durará una emoción. La cuestión no surge con la tristeza, la preocupación o la ira comunes y corrientes; normalmente esos estados de ánimo pasan con tiempo y paciencia. Pero cuando estas emociones poseen gran intensidad y se prolongan más allá de un punto adecuado, se funden en sus perturbadores extremos: la ansiedad crónica, la ira incontrolable, la depresión. Y en sus formas más severas e intratables pueden ser necesarias la medicación, la psicoterapia, o ambas.

En estos tiempos, una señal de la capacidad para la autorregulación emocional puede ser el reconocer cuándo una agitación crónica del cerebro emocional es demasiado fuerte para ser superada sin ayuda farmacológica. Por ejemplo, dos tercios de las personas que padecen estados maníaco depresivos jamás han sido tratadas de esa perturbación. Pero el litio o medicamentos más modernos pueden frustrar el ciclo característico de la depresión paralizante alternándolo con episodios maníacos que mezclan la grandiosidad y la euforia caóticas con la irritación y la ira. Un problema que se presenta con los estados maníaco depresivos es que mientras las personas están dominadas por la obsesión a menudo se sienten tan excesivamente seguras que no ven la necesidad de ayuda de ninguna clase, a pesar de lo desastrosas que resultan las decisiones que toman. En trastornos emocionales tan severos, la medicación psiquiátrica ofrece una herramienta para manejar mejor la vida.

Pero cuando se trata de vencer la gama más usual de estados negativos, debemos arreglárnoslas solos. Lamentablemente, los recursos con que contamos no siempre resultan eficaces, al menos esa es la conclusión a la que llegó Diane Tice, una psicóloga de la Universidad de Case Western Reserve, que interrogó a más de cuatrocientos hombres y mujeres acerca de las estrategias que utilizaban para librarse del mal humor, y acerca de lo útiles que les resultaban esas tácticas.[2]

No todo el mundo coincide con la premisa filosófica de que el mal humor debería modificarse; Tice descubrió que existen los "puristas del humor", aproximadamente el 5% de las personas que dijeron que nunca intentan modificar un estado de ánimo ya que, en su opinión, todas las emociones son "naturales" y deberían experimentarse tal como se presentan, al margen de lo desalentadoras que resulten. También estaban aquellos que buscaban con regularidad tener un estado de ánimo desagradable por razones prácticas: médicos que necesitaban mostrarse circunspectos para dar a un paciente una mala noticia; activistas sociales que alimentaban su indignación ante la injusticia para luchar más eficazmente contra ella; incluso un joven que habló de alimentar su furia para ayudar a su hermano menor a enfrentarse a las intimidaciones de sus compañeros de juego. Y algunas personas se mostraron auténticamente maquiavélicas con respecto a la manipulación de los estados de ánimo: así lo demostraron cobradores que se enfurecían deliberadamente con el fin de ser muy firmes con quienes se retrasaban a la hora de pagar.[3] Pero dejando de lado estos casos en los que se cultiva deliberadamente una actitud desagradable, la mayoría se quejó de encontrarse a merced de sus estados de ánimo. Las formas que los participantes en la investigación utilizaban para librarse de mal humor eran muy variadas.

Anatomía de la ira

Pongamos por caso que alguien de otro coche se acerca peligrosamente a usted, que viaja por una autopista. Si lo que usted piensa es "¡Qué cretino!", para la trayectoria de la ira es sumamente importante si ese pensamiento es seguido por otros de ira y revancha: "¡Podría haberme chocado! ¡El muy cretino...!", "¡No puedo permitir que se salga con la suya!". Se le pondrán blancos los nudillos de tanto apretar el volante, que se convertirá en un sustituto del cuello del otro conductor. Su cuerpo se moviliza para luchar, no para correr, y lo deja tembloroso, mientras las gotas de sudor corren por su frente, el corazón se le acelera y los músculos de la cara le quedan rígidos en una expresión ceñuda. Siente deseos de asesinar a ese individuo. En ese momento, un coche que viene por detrás le toca bocina porque usted ha aminorado la marcha para evitar el choque, y está a punto de estallar de ira también con ese conductor. Así es la hipertensión, la conducción temeraria e incluso los tiroteos en una autopista.

Comparemos esa secuencia de ira creciente con una forma de pensar más caritativa con respecto al conductor que le intercepta el paso: "Es posible que no me haya visto, o tal vez tenía alguna buena razón para conducir de una manera tan negligente, por ejemplo una emergencia médica". Esa variable templa la ira con compasión, o al menos con una mente abierta, evitando su aumento. El problema, como nos recuerda el desafío de Aristóteles, para que tengamos sólo una ira *adecuada,* es que por lo general nuestra furia queda fuera de control. Benjamin Franklin lo expresó claramente: "La ira nunca carece de motivo, pero pocas veces se trata de un buen motivo".

Por supuesto, existen diferentes clases de ira. La amígdala puede muy bien ser una fuente importante del súbito arranque de furia que sentimos ante el conductor que nos pone negligentemente en una situación de peligro. Pero el otro extremo del circuito emocional, la neocorteza, muy probablemente fomenta iras más calculadas, como la venganza a sangre fría o el ultraje que sentimos ante la injusticia. Esas iras calculadas son aquellas que más probablemente, como lo expresó Franklin, "tienen buenos motivos", o parecen tenerlos.

De todos los estados de ánimo de los que la gente desea librarse, la furia parece ser el más intransigente; Tice descubrió que la ira es el estado de ánimo que la gente peor domina. En efecto, la ira es la más seductora de las emociones negativas; el farisaico monólogo interior que la impulsa llena la mente con los argumentos más convincentes para dar rienda suelta a la furia. A diferencia de la tristeza, la ira proporciona energías e incluso resulta tonificante. El poder seductor y persuasivo de la ira puede explicar por sí mismo por qué algunos puntos de vista acerca de la misma son tan comunes: que la ira es incontrolable o que, en cualquier caso, no debería controlarse, y que dar rienda suelta a la misma en una "catarsis" es aún mejor. Un punto de vista opuesto, tal vez una reacción contra la sombría imagen de estos otros dos, sostiene que la ira puede evitarse completamente. Pero una lectura cuidadosa de los descubrimientos de la investigación sugiere que todas esas actitudes comunes hacia la ira son equivocadas, cuando no absolutos mitos.[4]

La sucesión de pensamientos airados que agudiza la ira también es potencialmente la clave de una de las más poderosas formas de distenderla: separar las convicciones que alimentan la ira en primer lugar. Cuanto más tiempo reflexionamos sobre lo que nos ha enfurecido, más "buenas razones" y autojustificaciones podemos inventar para estar furiosos. Rumiar una y otra vez un mismo problema alimenta la llama de la ira. Pero al ver las cosas de una manera diferente, Tice descubrió que haber elaborado una situación de una manera más positiva era una de las formas más poderosas de dejar de lado la ira.

El "ataque" de furia

Esa conclusión concuerda con las del psicólogo Dolf Zillmann, de la Universidad de Alabama, que en una larga serie de cuidadosos experimentos ha tomado una medida exacta de la ira y de la anatomía de la ira.[5] Dadas las raíces de la ira en el aspecto de la reacción de ataque o fuga, no es sorprendente que Zillmann descubra que un disparador universal de la ira es la sensación de encontrarse en peligro. El peligro puede estar signado no sólo por una amenaza física absoluta sino también, como ocurre con mayor frecuencia, por una amenaza simbólica a la autoestima o la dignidad: ser tratado en forma injusta o ruda, ser insultado o menospreciado, quedar frustrado en la búsqueda de un objetivo importante. Estas percepciones actúan como el gatillo instigador de una oleada límbica que tiene un efecto real sobre el cerebro. Una parte de esa oleada es la liberación de catecolaminas, que generan un rápido e intermitente ataque de energía, suficiente para "un curso de acción vigorosa", como lo expresa Zillmann, "como el del ataque o la fuga". Este aumento de la energía dura unos minutos, en los cuales el cuerpo se prepara para un buen ataque o una rápida fuga, según cómo el cerebro emocional evalúe la oposición.

Entre tanto, otra ola impulsada por la amígdala a través de la rama adrenocortical del sistema nervioso crea un fondo tónico general de disposición para la acción, que dura mucho más que el aumento de la energía de las catecolaminas. Este estímulo adrenal y cortical generalizado puede durar horas e incluso días, manteniendo el cerebro emocional en disposición especial para la excitación, y convirtiéndose en un fundamento sobre el cual se construyan las reacciones subsiguientes con especial rapidez. En general, esta especie de gatillo creado por la excitación adrenocortical explica por qué las personas son mucho más propensas a la ira si ya han sido provocadas o ligeramente irritadas por alguna otra cosa. Las tensiones diversas crean una excitación adrenocortical, disminuyendo el umbral que provoca la ira. Así, alguien que ha tenido un día difícil en el trabajo será especialmente vulnerable a sentirse furioso más tarde en su casa por algo —por ejemplo, que los chicos se muestren revoltosos o ruidosos— que bajo otras circunstancias no sería lo suficientemente poderoso para provocar un asalto emocional.

Zillmann llega a estas conclusiones con respecto a la ira a través de una experimentación cuidadosa. En un estudio típico, por ejemplo, hizo que una persona provocara a los hombres y mujeres que se habían prestado como voluntarios haciendo observaciones desagradables con respecto a ellos. Los voluntarios vieron después una película agradable o perturbadora. Después se les dio la oportunidad de vengarse de aquella persona proporcionando una evaluación que —según se les informó— sería utilizada en una decisión para contratarlo o no para un trabajo. La intensidad de su venganza fue directamente proporcional a la forma en que habían quedado excitados por la película que acababan de ver; después de ver la película desagradable se sintieron más airados y dieron las peores respuestas.

La ira se construye sobre la ira

Los estudios de Zillmann parecen explicar la dinámica que opera en un drama familiar que presencié un día mientras estaba de compras. En el pasillo de un supermercado se oía la voz enfática y medida de una joven madre que le decía a su hijo, de unos tres años: "¡Deja eso donde estaba!".

"¡Pero lo quiero!", gimió el niño, abrazándose más desesperadamente a una caja de cereales en la que se veían las Tortugas Ninja.

"¡Déjalo donde estaba!", dijo la madre en voz más alta mientras la ira se apoderaba de ella.

En ese momento el niño que estaba sentado en el asiento del carro del supermercado, dejó caer el frasco de jalea que había estado comiendo. Cuando el frasco se hizo trizas contra el suelo la madre gritó: "¡Basta!" y, hecha una furia, abofeteó al niño, le arrebató la caja y la dejó bruscamente en el estante más cercano, tomó al niño de la cintura y corrió pasillo abajo mientras el carro del supermercado se deslizaba peligrosamente y sin rumbo, y el niño gritaba mientras pataleaba y protestaba: "¡Bájame, bájame!".

Zillmann ha llegado a la conclusión de que cuando el organismo ya está en un estado de nerviosismo, como el de la madre, y algo dispara un asalto emocional, la emoción consiguiente —ya sea la ira o la ansiedad— tiene una intensidad especialmente marcada. Esta dinámica opera cuando alguien se pone furioso. Zillmann considera la ira creciente como "una sucesión de provocaciones, cada una de las cuales dispara una reacción excitante que se disipa poco a poco". En esta secuencia, cada percepción o pensamiento que provoca ira se convierte en un minidisparador para el aumento de las catecolaminas provocado por la amígdala, cada uno de los cuales se construye sobre el impulso hormonal de aquellos que se produjeron con anterioridad. El segundo se produce después de que el primero ha pasado, y el tercero después de aquel, y así sucesivamente. Cada ola cabalga sobre los restos de la anterior, intensificando rápidamente el nivel de la excitación fisiológica. Un pensamiento que se produce más tarde en esta intensificación dispara una intensidad de la ira mucho mayor que el que se produce en el comienzo. La ira se construye sobre la ira; el cerebro emocional se entona. Para entonces la ira, libre de las trabas que impone la razón, estalla fácilmente en una reacción violenta.

En este punto la persona se vuelve implacable y es imposible razonar con ella; sus pensamientos giran en torno a la venganza y la represalia y no le importa cuáles podrían ser las consecuencias. Este elevado nivel de excitación, dice Zillmann, "alimenta una ilusión de poder e invulnerabilidad que puede inspirar y facilitar la agresión" mientras la persona enfurecida, "al carecer de una guía cognitiva", vuelve a caer en la respuesta más primitiva. El impulso límbico es creciente; las lecciones más duras de la brutalidad de la vida se convierten en una guía para la acción.

Un bálsamo para la ira

Dado este análisis de la anatomía de la ira, Zillmann ve dos formas principales de intervenir. Una forma de aplacar este sentimiento es aprovechar y desafiar los pensamientos que lo disparan, dado que esta es una evaluación original de una interacción que confirma y estimula el primer estallido de ira, y las subsiguientes revaloraciones que alimentan las llamas. Lo que importa es el tiempo; las primeras etapas del ciclo de la ira son las más eficaces. En efecto, la ira puede ser evitada completamente si la información atenuante surge antes de que esta empiece a actuar.

El poder de la comprensión para aplacar la ira surge claramente de otros de los experimentos de Zillmann, donde un asistente brusco (una persona puesta por él) insultó y provocó a los voluntarios que estaban realizando un ejercicio con una bicicleta. Cuando a los voluntarios se les dio la posibilidad de vengarse de esta persona (también en este caso dando una mala evaluación que pensaron que sería utilizada para hacer pesar su candidatura a un empleo) lo hicieron con airado júbilo. Pero en una versión del experimento, otra persona puesta por Zillmann entró después de que los voluntarios fueran provocados y antes de que tuvieran la posibilidad de vengarse; la joven le dijo al provocador que tenía una llamada telefónica en el vestíbulo. Mientras salía, el provocador hizo un comentario desagradable también con respecto a ella. Pero la joven se lo tomó con buen humor y cuando el provocador salió explicó que se veía sometido a una terrible presión y estaba preocupado por el resultado de sus exámenes orales. Después de eso los voluntarios airados, cuando se les ofreció la posibilidad de vengarse del provocador, decidieron no hacerlo; en lugar de eso expresaron su compasión por la difícil situación en la que se encontraba.

Estas informaciones atenuantes permiten la revaloración de los acontecimientos que provocan la ira. Pero existe una oportunidad específica para esta disminución de la intensidad. Zillmann considera que funciona bien en niveles moderados de la ira; en niveles elevados de la misma no tiene importancia debido a lo que él llama "incapacitación cognitiva" o, dicho de otro modo, que la gente ya no puede pensar correctamente. Cuando la gente ya estaba muy furiosa, descartó la información atenuante diciendo: "¡Eso es espantoso!", o "las mayores vulgaridades que el idioma puede ofrecer", como dijo Zillmann delicadamente.

La calma

> Aproximadamente a los trece años, en un ataque de ira, salí de mi casa jurando que jamás regresaría. Era un maravilloso día de verano y caminé por senderos encantadores hasta que, poco a poco, la quietud y la belleza me calmaron y me apaciguaron, y al cabo de algunas horas regresé arrepentido y casi conmovido. Desde aquel momento, cuando estoy furioso, hago esto mismo si puedo, y me parece que es la mejor cura posible.

Este relato fue hecho por un individuo que participó en uno de los primeros estudios científicos sobre la ira, llevado a cabo en 1899.[6] Aún sirve como modelo de la segunda forma de disminuir la intensidad de la ira: enfriarse fisiológicamente esperando que pase el aumento adrenalínico en un marco en el que no es probable que haya más disparadores de la ira. Durante una discusión, por ejemplo, eso significa librarse momentáneamente de la otra persona. Durante la etapa de reflexión, la persona airada debe poner freno al ciclo del pensamiento hostil intensificado buscando alguna distracción. La distracción, según considera Zillmann, es un poderoso recurso para alterar el humor, por una razón sencilla: resulta difícil seguir furiosos cuando estamos pasando un momento agradable. El truco, por supuesto, consiste en lograr que la ira se enfríe hasta el punto en que uno pueda disfrutar realmente de un momento agradable.

El análisis que hace Zillmann de las formas en que la ira aumenta y disminuye explica muchos de los descubrimientos de Diane Tice acerca de las estrategias que la gente comúnmente dice usar para aliviar la ira. Una estrategia bastante eficaz consiste en quedarnos a solas mientras nos calmamos. Una elevada proporción de hombres traduce esto como un paseo en coche, lo cual proporciona una pausa mientras se realiza el mismo (y, como me dijo Tice, la obligó a "conducir de una forma más cautelosa"). Tal vez una alternativa más segura es salir a dar un largo paseo a pie; el ejercicio activo también ayuda a aliviar la ira. Lo mismo ocurre con los métodos de relajación como el respirar profundamente y relajar los músculos, tal vez porque modifican la fisiología del organismo que pasa de una elevada excitación de la ira a un estado de excitación menor, y tal vez también porque nos distrae de cualquier cosa que pueda disparar la ira. El ejercicio activo puede enfriar la ira por la misma razón: después de niveles elevados de activación fisiológica durante el ejercicio, el cuerpo recupera un nivel bajo una vez que se detiene.

Pero un período de reflexión no servirá si ese tiempo se utiliza para continuar la serie de pensamientos provocadores de ira, ya que cada pensamiento de ese tipo es en sí mismo un disparador menor de nuevas cascadas de ira. El poder de la distracción consiste en que detiene esa serie airada de pensamientos. En su investigación de las estrategias de la gente para enfrentarse a la ira, Tice descubrió que las distracciones ayudan en gran medida a calmar la furia: la televisión, las películas, la lectura y cosas por el estilo interfieren los pensamientos airados que alimentan la ira. Pero, como descubrió Tice, agasajarse con cosas tales como salir a comprarse algo y comer no producen demasiado efecto; resulta muy fácil continuar con una serie de pensamientos indignados mientras uno pasea por un shopping o devora un trozo de tarta de chocolate.

A estas estrategias añadamos las desarrolladas por Redford Williams, un psiquiatra de la Universidad Duke, que intentó ayudar a las personas hostiles —que sufren un mayor riesgo de ataque cardíaco— a controlar su irritabilidad.[7] Una de sus recomendaciones es utilizar la conciencia de uno mismo para captar los pensamientos cínicos u hostiles en el momento en que surgen y ponerlos por escrito. Una vez que los pensamientos airados son captados de esta forma, pueden ser desactivados y revalorados aunque, como descubrió Zillmann, este enfoque funciona mejor antes de que la ira haya aumentado hasta convertirse en furia.

La falacia de la ventilación

Mientras subo a un taxi en la ciudad de Nueva York, un joven que cruza la calle se detiene delante del mismo para esperar que el tránsito quede despejado. El chófer, impaciente por arrancar, toca bocina y le hace señas al joven para que se aparte de su camino. La respuesta es una expresión ceñuda y un gesto obsceno.

"¡Cabrón!" grita el chófer, y hace amenazadoras embestidas con el taxi apretando el acelerador y el freno al mismo tiempo. Al ver esta amenaza mortal, el joven se aparta de mala gana y da un puñetazo al taxi que avanza lentamente entre los demás coches. Al ver su reacción, el chófer le grita una desagradable letanía de improperios.

Mientras avanzamos, el chófer, que aún está visiblemente agitado, me dice: "Uno no puede permitir que lo insulten. Tiene que responder... ¡Al menos eso hace que uno se sienta mejor!".

La catarsis —dar rienda suelta a la ira— es a veces ensalzada como una forma de manejar la ira. La teoría popular sostiene que "te hace sentir mejor". Pero, como sugieren las conclusiones de Zillmann, existe un argumento en contra de la catarsis. Este ha sido planteado desde la década del '50, cuando los psicólogos empezaron a probar los efectos de la catarsis experimentalmente y descubrieron en varias ocasiones que dar rienda suelta a la ira servía de poco o de nada para disiparla (aunque, debido a la naturaleza seductora de este sentimiento, debe producir una sensación satisfactoria).[8] Puede haber algunas condiciones específicas en las cuales explayarse sobre la ira realmente funciona: cuando se expresa directamente a la persona que es el blanco de la misma, cuando restablece la noción de control o repara una injusticia, o cuando inflige un "daño adecuado" a la otra persona y logra que modifique algún acto grave sin tomar represalias. Pero debido a la naturaleza incendiaria de la ira, es más fácil decir esto que hacerlo.[9]

Tice descubrió que dar rienda suelta a la ira es una de las peores formas de calmarla: los estallidos de ira intensifican la excitación del cerebro emocional, dejando a la persona más enfurecida, no menos. Tice descubrió que cuando la gente hablaba de momentos en los que se había desquitado de su furia con la persona que la había provocado, el efecto que lograba era prolongar ese estado de ánimo en lugar de ponerle fin. Mucho más eficaz resultaba que la persona primero se calmara y luego, en un estado de ánimo más constructivo o firme, se enfrentara a la persona para resolver la disputa. En una ocasión, cuando se le preguntó cuál era la mejor forma de enfrentarse a la ira, Chogyam Trungpa, un maestro tibetano, respondió: "No reprimirla. Pero no actuar en consecuencia".

Aliviar la ansiedad: ¿preocupado yo?

> ¡Oh, no! El amortiguador hace un ruido extraño... ¿Y si tengo que llevarlo al taller? No puedo permitirme hacer ese gasto... Tendré que sacar el dinero de lo que había reservado para la facultad de Jamie... ¿Y si no puedo pagarle las clases particulares? Ese informe negativo que envió la escuela la semana pasada... ¿Y si le ponen notas más bajas y no puede entrar a la facultad? El amortiguador hace un ruido extraño...

Así, la mente preocupada gira una y otra vez trazando la interminable curva melodramática en tono menor, en la que un conjunto de preocupaciones conduce al siguiente y vuelve otra vez atrás. El ejemplo citado más arriba es el que ofrecen Lizabeth Roemer y Thomas Borkovec, psicólogos de la Universidad Estatal de Pensilvania, cuya investigación sobre la preocupación —el núcleo de toda ansiedad— ha planteado el tema desde el arte a la ciencia de la neurosis.[10] Por supuesto, cuando la preocupación trabaja, no existe ningún obstáculo; rumiando una y otra vez un problema —es decir, empleando una reflexión constructiva que puede parecerse a la preocupación— puede surgir una solución. En efecto, la reacción que se encuentra por debajo de la preocupación es la vigilancia con respecto a un peligro potencial que, sin duda alguna, ha sido esencial para la supervivencia en el curso de la evolución. Cuando el temor pone en marcha el cerebro emocional, parte de la ansiedad resultante fija la atención en la amenaza que está a mano, forzando a la mente a obsesionarse acerca de la forma de enfrentarla y pasar por alto cualquier otra cosa, de momento. En cierto sentido, la preocupación es un ensayo de lo que podría salir mal y cómo enfrentarse a ello; la tarea de la preocupación es alcanzar soluciones positivas con respecto a los peligros de la vida anticipándose a los riesgos antes de que estos surjan.

La dificultad surge con las preocupaciones crónicas y repetitivas, el tipo de preocupaciones que vuelve a surgir una y otra vez y nunca lleva a una solución positiva. Un análisis detallado de la preocupación crónica sugiere que tiene todos los atributos de un asalto emocional de tono menor: las preocupaciones parecen surgir de la nada, son incontrolables, generan un murmullo de ansiedad, son impermeables a la razón y bloquean a la persona en un único e inflexible punto de vista acerca del tema que le preocupa. Cuando este mismo ciclo de preocupación se intensifica y persiste, se hace más confusa la línea que lo separa de los auténticos asaltos nerviosos, los trastornos de la ansiedad: fobias, obsesiones y compulsiones, ataques de pánico. En cada uno de estos trastornos la preocupación se fija de una forma definida; en el caso de la fobia, las ansiedades se fijan en la situación temida; en el caso de la obsesión se fijan en evitar alguna calamidad temida; y en los ataques de pánico, la preocupación se concentra en un temor a la muerte o en la posibilidad de tener el ataque mismo.

En todos estos estados, el común denominador es la preocupación que causa estragos. Por ejemplo, una mujer tratada por un trastorno obsesivo-compulsivo tenía una serie de rituales que le llevaban la mayor parte del tiempo que pasaba despierta: duchas de cuarenta y cinco minutos varias veces al día, lavado de las manos durante cinco minutos veinte veces al día o más. Nunca se sentaba a menos que antes hubiera limpiado el asiento, fregándolo con alcohol para esterilizarlo. Tampoco tocaba a los niños ni a ningún animal, ya que ambos eran "demasiado sucios". Todas estas compulsiones eran provocadas por su malsano y subyacente temor a los gérmenes; se preocupaba constantemente por el hecho de que si ella no lavaba y esterilizaba lo que tocaba, se contagiaría alguna enfermedad y moriría.[11]

Una mujer que estaba siendo tratada por "trastorno de ansiedad generalizada" —la nomenclatura psiquiátrica que define a una persona que se preocupa constantemente— respondió de la siguiente forma cuando se le pidió que expresara su preocupación en voz alta durante un minuto:

> Esto podría salirme mal. Podría ser tan artificial que no diera la pauta de la cosa real y necesitamos acercarnos a la cosa real... Porque si no llegamos a lo real, no lo haré bien. Y si no lo hago bien, jamás seré feliz.[12]

En este increíble despliegue de preocupación por las preocupaciones, la solicitud misma de preocuparse durante un minuto, al cabo de algunos breves segundos se había convertido en la posibilidad de una catástrofe de por vida: "jamás seré feliz". Por lo general las preocupaciones siguen ese curso, una narrativa dirigida a uno mismo que salta de preocupación en preocupación y con mucha frecuencia incluye las catástrofes imaginando alguna tragedia terrible. Las preocupaciones se expresan casi siempre en el oído de la mente, no en su ojo —es decir en palabras, no en imágenes—, hecho que tiene importancia para el control de la preocupación.

Borkovec y sus colegas comenzaron a estudiar la preocupación en sí misma mientras trataban de encontrar un tratamiento para el insomnio. La ansiedad, según han señalado otros investigadores, se presenta en dos formas: *cognitiva* o pensamientos preocupados, y *somática*, los síntomas fisiológicos de la ansiedad, como sudoración, aceleración del ritmo cardíaco o tensión muscular. El principal problema con los insomnes, descubrió Borkovec, no era la excitación somática. Lo que los mantenía despiertos eran los pensamientos impertinentes. Eran personas que se preocupaban de una manera crónica y no podían dejar de preocuparse, al margen del sueño que sintieran. Lo único que servía para ayudarlos a conciliar el sueño era apartar las preocupaciones de su mente, concentrándola en las sensaciones producidas por un método de relajación. En síntesis, las preocupaciones podían cesar distrayendo su atención.

Sin embargo, la mayor parte de las personas que se preocupan constantemente pueden no dar la impresión de que lo hacen. En opinión de Borkovec, el motivo tiene que ver con una compensación parcial de la preocupación que refuerza en gran medida el hábito. Al parecer, existe algo positivo en las preocupaciones: estas son formas de enfrentarse a las posibles amenazas y a los peligros que pueden interponerse en el camino de cada uno. La tarea de preocuparse —cuando tiene éxito— es ensayar cuáles son esos peligros, y reflexionar en las formas de enfrentarse a ellos. Pero la preocupación no funciona así de bien. Las soluciones nuevas y las formas renovadas de considerar un problema, no surgen típicamente de la preocupación, menos aún de la preocupación crónica. En lugar de encontrar soluciones a estos problemas potenciales, las personas que se preocupan en exceso simplemente reflexionan sobre el peligro mismo, sumergiéndose de una forma discreta en el temor asociado con este mientras permanecen en la misma rutina de pensamiento. Las personas que se preocupan en exceso y de una manera crónica lo hacen con respecto a una amplia gama de asuntos, la mayoría de los cuales casi no tienen posibilidades de ocurrir; estas personas ven en la vida peligros que otros jamás perciben.

Sin embargo, las personas que se preocupan de una manera crónica le dicen a Borkovec que la preocupación los ayuda, y que sus preocupaciones se autoperpetúan y son una curva interminable de pensamiento dominado por la angustia. ¿Por qué la preocupación debería convertirse en lo que parece ser una adicción mental? Por extraño que parezca, como lo señala Borkovec, el hábito de la preocupación proporciona un refuerzo en el mismo sentido en que lo hacen las supersticiones. Dado que la gente se preocupa por muchas cosas que tienen muy pocas probabilidades de ocurrir en la vida real —que un ser querido muera en un accidente de aviación, que vaya a la bancarrota, y cosas por el estilo— existe, al menos para el primitivo cerebro límbico, algo mágico con respecto a eso. Como un amuleto que nos protege anticipadamente de algún mal, la preocupación tiene fama de evitar psicológicamente el peligro por el cual se obsesiona.

La tarea de preocuparse

> Ella se había mudado desde la región central de Estados Unidos a Los Angeles, atraída por un puesto en una editorial. Pero la editorial fue vendida a otra firma poco después y ella se quedó sin trabajo. Se dedicó a trabajar por su cuenta en tareas editoriales, un mercado de trabajo inestable, y descubrió que estaba agobiada por el trabajo o que no podía pagar el alquiler. A menudo tenía que racionar las llamadas telefónicas y por primera vez en la vida se quedó sin cobertura médica. Esta falta de cobertura fue especialmente perturbadora: empezó a imaginar catástrofes con respecto a su salud, segura de que hasta el más mínimo dolor de cabeza era señal de un tumor cerebral e imaginando que sufría un accidente cada vez que tenía que viajar a algún lugar. A menudo quedaba absorta en una larga serie de preocupaciones que, como ella misma decía, casi se habían convertido en una adicción.

Borkovec descubrió otro inesperado beneficio de la preocupación. Mientras las personas están inmersas en sus pensamientos preocupados, no parecen notar las sensaciones subjetivas de la ansiedad que despiertan esas preocupaciones —el latido cardíaco acelerado, las gotas de transpiración, el temblor— y a medida que la preocupación avanza parece realmente suprimir parte de esa ansiedad, al menos como queda reflejado en el ritmo cardíaco. Supuestamente la secuencia es más o menos la siguiente: la persona nota algo que dispara la imagen de algún peligro o amenaza potencial; esa catástrofe imaginada dispara a su vez un ataque suave de ansiedad. El sujeto se hunde entonces en una larga serie de pensamientos perturbados, cada uno de los cuales prepara un nuevo tema de preocupación; mientras la atención sigue inmersa en esta serie de preocupaciones, concentrarse en esos mismos pensamientos hace que la mente se aparte de la imagen catastrófica original que disparó la ansiedad. Las imágenes, según descubrió Borkovec, son disparadores más poderosos de la ansiedad fisiológica que los pensamientos, de modo que la inmersión en estos, hasta la exclusión de las imágenes catastróficas, alivia parcialmente la experiencia de sentirse ansioso. Y en la misma medida la preocupación también queda reforzada como un antídoto intermedio de la ansiedad misma que provocó.

Pero las preocupaciones crónicas también son contraproducentes en el sentido de que adoptan la forma de ideas rígidas y estereotipadas, en lugar de parecer avances creativos que realmente se mueven en dirección a la solución de un problema. Esta rigidez no sólo aparece en el contenido manifiesto del pensamiento preocupado, que sencillamente repite más o menos las mismas ideas una y otra vez. Pero en un nivel neurológico parece haber una rigidez cortical, un déficit en la habilidad del cerebro emocional para responder con flexibilidad a las circunstancias cambiantes. En resumen, la preocupación crónica opera en algunos sentidos pero no en otros, más trascendentes: alivia parte de la ansiedad, aunque nunca resuelve el problema.

Lo único que no pueden hacer los individuos que se preocupan constantemente es seguir el consejo que suele dárseles: "deja de preocuparte" (o, peor aún, "no sufras... sé feliz"). Dado que las preocupaciones crónicas parecen ser episodios de tono menor de la amígdala, son espontáneos. Y debido a su naturaleza misma persisten una vez que surgen en la mente. Pero después de diversos experimentos, Borkovec descubrió algunos pasos sencillos que pueden ayudar incluso a que las personas que más se preocupan controlen ese hábito.

El primer paso es la conciencia de uno mismo, captar los episodios inquietantes lo más pronto posible, idealmente en cuanto la fugaz imagen catastrófica dispara el ciclo preocupación-ansiedad. Borkovec entrena a las personas en este enfoque enseñándoles primero a controlar las claves de la ansiedad, sobre todo aprendiendo a identificar situaciones que disparan la preocupación, o las imágenes y pensamientos fugaces que inician esa preocupación, así como las sensaciones de ansiedad que se producen simultáneamente. Con la práctica, la gente puede identificar las preocupaciones cada vez más pronto. También aprende métodos de relajación que puede aplicar en el momento en que se da cuenta de que comienza la preocupación, y practicar el método de relajación diariamente para ser capaz de usarlo en el momento, cuando más lo necesita.

Sin embargo, el método de relajación por sí solo no es suficiente. Las personas que se preocupan de manera constante también necesitan desafiar activamente los pensamientos inquietantes; si esto no ocurre, la espiral de la preocupación vuelve a comenzar. Así, el siguiente paso consiste en adoptar una postura crítica con respecto a las suposiciones: ¿Es muy probable que el acontecimiento temido se produzca? ¿Se trata necesariamente de que sólo hay una o ninguna alternativa de permitir que ocurra? ¿Existen pasos constructivos que puedan darse? ¿Realmente sirve de algo volver sobre estos mismos pensamientos ansiosos una y otra vez?

Esta combinación de conciencia y escepticismo sano supuestamente debería actuar como freno para la activación nerviosa que subyace en la ansiedad de tono menor. Generar activamente tales pensamientos puede preparar el circuito que inhibe el impulso límbico de la preocupación; al mismo tiempo, inducir activamente un estado relajado contrarresta las señales de ansiedad que el cerebro emocional envía a todo el cuerpo.

En efecto, señala Borkovec, estas estrategias establecen una línea de actividad mental que resulta incompatible con la preocupación. Cuando se permite que una preocupación se repita una y otra vez sin ser desafiada, aumenta su poder de persuasión; desafiarla contemplando una gama de puntos de vista igualmente plausibles impide que la única preocupación sea tomada ingenuamente como verdad. Incluso algunas personas cuya preocupación es lo suficientemente seria para recibir un diagnóstico psiquiátrico han sido liberadas de esa forma del hábito de la preocupación.

Por otra parte, en el caso de las personas que tienen preocupaciones tan graves que se han convertido en fobias o en trastornos obsesivo-compulsivos, o incluso en trastornos de pánico, puede resultar prudente —de hecho es una señal de conciencia de uno mismo— recurrir a la medicación para interrumpir el ciclo. Sin embargo, aún se requiere un nuevo entrenamiento del circuito emocional a través de la terapia con el fin de reducir las posibilidades de que los trastornos de ansiedad se repitan cuando se suspende la medicación.[13]

Manejar la melancolía

El único estado de ánimo que por lo general la gente se esfuerza más en superar es la tristeza; Diane Tice descubrió que la gente tiene más inventiva cuando se trata de intentar librarse de la tristeza. Por supuesto, no toda la tristeza debería evitarse; la melancolía como cualquier otro estado de ánimo, tiene sus beneficios. La tristeza que provoca una pérdida tiene ciertos efectos invariables: reduce nuestro interés por la diversión y el placer, fija la atención en lo que se ha perdido y socava nuestra energía para comenzar nuevas empresas... al menos de momento. En resumen, refuerza una especie de retirada reflexiva de las actividades de la vida y nos deja en un estado suspendido para llorar la pérdida, reflexionar sobre su significado y, finalmente, hacer los ajustes psicológicos y los nuevos planes que nos permitirán continuar con nuestra vida.

El pesar es útil; la auténtica depresión no lo es. William Styron proporciona una elocuente descripción de "las diversas manifestaciones espantosas de la enfermedad", entre ellas el odio por uno mismo, la sensación de que uno no vale nada, una "húmeda tristeza" con "una melancolía que me invade, una sensación de temor y alienación y, sobre todo, una sofocante ansiedad".[14] Después están las marcas intelectuales: "confusión, imposibilidad de concentración mental y fallos de memoria" y en una última etapa, su mente "dominada por distorsiones anárquicas" y "una sensación de que mis procesos mentales quedaban sepultados por una marea tóxica e innombrable que borraba cualquier respuesta placentera al mundo viviente". También están los efectos físicos: insomnio, la sensación de que uno está tan apático como un zombi, una especie de aturdimiento, una enervación, pero más especialmente una extraña fragilidad", junto con una "inquietud". También está la pérdida del placer: "la comida, como todo lo demás que está dentro del espectro de las sensaciones, era absolutamente insípida". Finalmente, estaba el desvanecimiento de la esperanza mientras la "gris llovizna de horror" se convertía en una desesperación tan palpable que era como un dolor físico, un dolor tan insoportable que la solución parecía estar en el suicidio.

En una depresión tan importante como esta, la vida queda paralizada; no surgen nuevos comienzos. Los síntomas mismos de la depresión indican que la vida está en un compás de espera. Para Styron, ningún medicamento ni terapia servía; era el paso del tiempo y el refugio de un hospital lo que finalmente eliminaba el desaliento. Pero para la mayoría de la gente, sobre todo aquellos cuyos casos son menos graves, la psicoterapia puede ayudar, lo mismo que la medicación: el Prozac es el tratamiento que se utiliza en la actualidad, pero existe más de una docena de compuestos que ofrecen algún tipo de ayuda, sobre todo para los casos de depresión más importante.

Aquí deseo concentrarme en la tristeza mucho más común que en sus límites extremos se convierte, técnicamente hablando, en una "depresión subclínica", es decir, la melancolía corriente. Se trata de un espectro de abatimiento que la gente debe manejar por su cuenta si tiene los recursos internos. Lamentablemente, algunas de las estrategias a las que se recurre con más frecuencia pueden fracasar, y la gente puede llegar a sentirse peor que antes. Una de esas estrategias consiste sencillamente en quedarse solo, que suele ser algo atractivo cuando uno se siente deprimido; sin embargo, con gran frecuencia esto sólo sirve para añadir una sensación de soledad y aislamiento a la tristeza. Eso puede explicar en parte por qué Tice descubrió que la táctica más popular para luchar contra la depresión es la socialización: salir a comer, ir a ver algún encuentro deportivo o una película; en resumen hacer algo con los amigos o con la familia. Eso funciona bien si el efecto es el de hacer que la mente de la persona abandone la tristeza. Pero sencillamente prolonga el estado de ánimo si la persona utiliza la ocasión sólo para seguir pensando en aquello que se lo provocó.

De hecho, uno de los principales factores que determinan si un estado de ánimo deprimido persistirá o se superará es el grado en que la persona es capaz de cavilar sobre el problema. Al parecer, preocuparnos por lo que nos deprime hace que la depresión sea aún más intensa y prolongada. En la depresión, la preocupación adopta diversas formas, todas ellas enfocadas en algún aspecto de la depresión misma: lo cansados que nos sentimos, la poca energía o motivación que tenemos, por ejemplo, o qué poco trabajo estamos haciendo. En general, ninguna de estas reflexiones va acompañada por un curso de acción concreto que podría aliviar el problema. Otras preocupaciones comunes incluyen el que "usted se aísla y piensa en lo mal que se siente, le preocupa que su esposa pueda rechazarlo porque se siente deprimido, y se pregunta si va a pasar otra noche en vela", dice Susan Nolen-Hoeksma, psicóloga de Stanford, que ha estudiado la forma en que cavila la gente deprimida.[15]

Las personas deprimidas a veces justifican esta clase de cavilaciones diciendo que están intentando "entenderse mejor ellos mismos"; de hecho, están preparando los sentimientos de tristeza sin dar ningún paso que pudiera levantar realmente su estado de ánimo. Así, en la terapia, podría ser muy provechoso reflexionar profundamente en las causas de una depresión, si eso conduce a una comprensión o a acciones que cambiarán las condiciones que la provocan. Pero una inmersión pasiva en la tristeza simplemente la empeora.

El hecho de dar vueltas una y otra vez a un mismo problema también puede hacer que la depresión sea más fuerte creando condiciones que son en definitiva más deprimentes. Nolen-Hoeksma da el ejemplo de una vendedora que se deprime y pasa muchas horas preocupada pensando que no logrará hacer importantes reuniones de ventas. Entonces sus ventas disminuyen, haciendo que se sienta fracasada, lo cual alimenta su depresión. Pero si ella reaccionara a la depresión intentando distraerse, podría muy bien sumergirse en las reuniones de ventas como una forma de apartar su mente de la tristeza. Sería menos probable que las ventas disminuyeran, y la experiencia misma de hacer una venta podría reforzar su confianza en sí misma, disminuyendo en cierto modo la depresión.

Las mujeres, deduce Nolen-Hoeksma, son mucho más propensas que los hombres a cavilar cuando están deprimidas: según propone la psicóloga, esto puede explicar, al menos, en parte, el hecho de que a las mujeres se les diagnostica depresión dos veces más que a los hombres. Por supuesto, pueden entrar en juego otros factores, tales como que las mujeres son más abiertas a revelar sus trastornos o tienen más motivos en su vida para estar deprimidas. Y los hombres pueden ahogar la depresión en el alcoholismo, donde la proporción es aproximadamente del doble de hombres que mujeres.

En algunos estudios se ha descubierto que la terapia cognitiva destinada a cambiar estas pautas de pensamiento está al mismo nivel que la medicación para tratar la depresión clínica suave, y es superior a la medicación utilizada para prevenir la recaída de la depresión suave. Hay dos estrategias especialmente eficaces en este sentido.[16] Una de ellas consiste en desafiar los pensamientos en medio de la cavilación: cuestionar su validez y pensar en alternativas más positivas. La otra estrategia consiste en programar expresamente acontecimientos agradables que sirvan como distracción.

Uno de los motivos por los que la distracción funciona es que los pensamientos que provocan depresión se presentan de una forma automática y penetran en la mente de manera espontánea. Incluso a las personas deprimidas que intentan suprimir sus pensamientos deprimentes a menudo les resulta imposible plantear mejores alternativas; una vez que la corriente de pensamiento depresivo ha comenzado, ejerce un poderoso efecto magnético en el hilo de la asociación. Por ejemplo, cuando se les pidió a las personas deprimidas que descifraran frases en las que aparecían seis palabras mezcladas, fueron mucho más eficaces para descubrir los mensajes deprimentes ("el futuro parece muy sombrío") que los mensajes optimistas ("el futuro parece muy prometedor").[17]

La tendencia de la depresión a perpetuarse a sí misma ensombrece incluso la clase de distracción que la gente elige. Cuando a las personas depresivas se les dio una lista de formas optimistas o tediosas de apartar su mente de algo triste, por ejemplo del funeral de un amigo, eligieron otras actividades melancólicas. Richard Wenzlaff, el psicólogo de la Universidad de Texas que llevó a cabo estos estudios, llegó a la conclusión de que la gente que ya está deprimida debe hacer un esfuerzo especial para centrar su atención en algo totalmente optimista, teniendo el cuidado de no elegir inadvertidamente algo —una película sentimental, una novela trágica— que haga decaer nuevamente su ánimo.

Levantar el ánimo

> Imagine que viaja por un camino desconocido, empinado y serpenteante, entre la niebla. De repente, un coche sale de un camino lateral, a pocos centímetros delante de usted, demasiado cerca para que tenga tiempo de detenerse. Usted hunde el pie en el freno, empieza a patinar y su coche choca contra el costado del otro. Ve que el coche está lleno de chicos, se trata de un transporte para niños en edad preescolar... y a continuación el ruido de cristales rotos y metales retorcidos. Entonces, tras el repentino silencio que se produce después del choque, oye un coro de llantos. Logra correr hasta el otro coche y ve

que uno de los niños está tendido, inmóvil. Se siente invadido por el remordimiento al ver esta tragedia...

Uno de estos desoladores escenarios se utilizó para lograr preocupar a los voluntarios de uno de los experimentos de Wenzlaff. Los voluntarios intentaron entonces apartar la escena de su mente, mientras tomaban notas acerca de sus pensamientos durante nueve minutos. Cada vez que el pensamiento de la escena perturbadora se deslizaba en su mente hacían una marca mientras escribían. Aunque a medida que pasaba el tiempo la mayoría de la gente pensaba cada vez menos en la escena perturbadora, los voluntarios más depresivos mostraron realmente un pronunciado aumento en la frecuencia con que eran asaltados por esos pensamientos, e incluso hicieron referencias indirectas a ellos mientras hablaban de los pensamientos que, supuestamente, servían para distraerlos.

Más aún, los voluntarios proclives a la depresión utilizaron otros pensamientos perturbadores para distraerse. Como me dijo Wenzlaff, "los pensamientos se asocian en la mente no sólo por el contenido, sino también por el estado de ánimo. La gente tiene lo que representa una serie de pensamientos malhumorados que saltan a la mente con más rapidez cuando se sienten desanimados. Las personas que se deprimen con facilidad suelen crear redes de asociación muy fuertes entre estos pensamientos, de modo que cuando se produce algún tipo de malhumor, resulta más difícil suprimirlos. Aunque pueda parecer irónico, las personas deprimidas suelen utilizar un tema deprimente para librarse de otro, lo que sólo sirve para provocar más emociones negativas".

Según afirma una teoría, el llanto puede ser la forma en que la naturaleza hace bajar los niveles de las sustancias químicas del cerebro que preparan la perturbación. Aunque el llanto a veces puede disipar la tristeza, también puede dejar a la persona obsesionada con respecto a las razones de la desesperación. La idea de un "buen llanto" es equívoca: el llanto que refuerza la cavilación sólo sirve para prolongar el sufrimiento. Las distracciones rompen la cadena del pensamiento que mantiene la tristeza; una de las teorías fundamentales que explica por qué la terapia electroconvulsiva es eficaz para las depresiones más graves afirma que provoca una pérdida de memoria a corto plazo, y los pacientes se sienten mejor porque no pueden recordar el motivo de su tristeza. En cualquier caso, Diane Tice descubrió que para librarse de la tristeza común y corriente mucha gente afirmaba recurrir a distracciones tales como la lectura, la televisión y las películas, los videojuegos y los rompecabezas, dormir y soñar despierto, por ejemplo planificando unas vacaciones ideales. Wenzlaff añadió que las distracciones más eficaces son las que cambian el estado de ánimo: un encuentro deportivo estimulante, una película divertida, un libro que levante el ánimo. (Aquí debemos añadir una advertencia: algunos factores que en sí mismos sirven para distraer pueden perpetuar la depresión. Diversos estudios llevados a cabo con televidentes descubrieron que después de mirar televisión, en general se sienten más deprimidos que antes).

Tice descubrió que el ejercicio aeróbico es una de las tácticas más eficaces para disipar una depresión benigna, así como otros estados de ánimo negativos. Pero la salvedad que debemos hacer aquí es que los beneficios estimulantes del ejercicio funcionan mejor en el caso de los holgazanes, aquellas personas que por lo general no se ejercitan demasiado. Para aquellos que desarrollan una rutina diaria de ejercicios, al margen de cuáles fueran los beneficios que estos ofrecían para modificar el estado de ánimo, probablemente eran más fuertes cuando comenzaron a desarrollar ese hábito. En realidad, en las personas que habitualmente hacen ejercicios se produce un efecto contrario con respecto al estado de ánimo: empiezan a sentirse mal los días en que abandonan el ejercicio. Este parece funcionar bien porque modifica la fisiología que provoca el estado de ánimo: la depresión es un estado en el que la excitación es escasa, y el ejercicio aeróbico lleva al organismo a un grado de excitación elevado. Del mismo modo, las técnicas de relajación —que llevan al organismo a un estado de excitación menor— son beneficiosas para la ansiedad, un estado en el que la excitación es elevada, pero no tan beneficiosas para la depresión. Cada uno de estos enfoques parece funcionar para romper el ciclo de la depresión o la ansiedad porque lleva al cerebro a un nivel de actividad incompatible con el estado emocional por el que está dominado.

Levantarse el ánimo con agasajos y placeres sensuales fue otro antídoto bastante popular contra la tristeza. Las formas comunes en que la gente se aliviaba cuando se sentía deprimida iban desde tomar baños calientes o comer alimentos favoritos hasta escuchar música o hacer el amor. Comprarse un regalo o hacerse una invitación para superar un mal humor fue algo particularmente popular entre las mujeres, lo mismo que salir de compras o incluso ir a mirar vidrieras. Entre los que estudiaban en la Facultad, Tice descubrió que la comida era una estrategia para aliviar la tristeza tres veces más común entre las mujeres que entre los hombres; estos, por su parte, tenían cinco veces más probabilidades de recurrir a la bebida o a las drogas cuando se sentían desanimados. El problema con el exceso de comida o con el exceso de alcohol como antídotos, por supuesto, es que pueden producir un efecto no deseado: comer con exceso provoca remordimientos; el alcohol es un depresor del sistema nervioso central y por lo tanto aumenta los efectos de la depresión misma.

Una forma más constructiva de levantar el ánimo, nos dice Tice, consiste en conseguir un pequeño triunfo o un éxito fácil: abordar alguna tarea de la casa postergada durante mucho tiempo o alguna otra actividad que se quería resolver. Del mismo modo, mejorar la propia imagen también era una forma de levantar el ánimo, aunque sólo fuera en la forma de vestirse o de maquillarse.

Uno de los antídotos más potentes contra la depresión —y, fuera de la terapia, poco utilizado— es el recurso de ver las cosas de una manera diferente, que también se conoce como *reestructuración cognitiva.* Es natural lamentarse por el final de una relación y regodearse en pensamientos autocompasivos tales como la convicción de que "esto significa que siempre estaré solo", pero sin duda esto aumentará la sensación de desesperación. Sin embargo, retroceder y pensar en los aspectos en que la relación fallaba, y en los aspectos en que usted y su pareja disentían —en otras palabras, ver la pérdida de una forma diferente, bajo una luz más positiva— es un antídoto contra la tristeza. Del mismo modo, los pacientes de cáncer —al margen de lo grave que fuera su estado— se sentían de mejor humor si podían pensar en algún otro paciente cuyo estado era aún peor ("no estoy tan mal... al menos yo puedo caminar"); los que se comparaban con las personas sanas eran los que más se deprimían.[18] Compararse con alguien que está peor resulta increíblemente alentador: de pronto lo que parecía bastante decepcionante no es tan malo.

Otro eficaz recurso para superar la depresión es ayudar a otras personas con problemas. Dado que la depresión se alimenta de las cavilaciones y las preocupaciones por el yo, ayudar a los demás nos ayuda a superar esas preocupaciones porque actuamos solidariamente con personas que tienen sus propios problemas. La dedicación a un trabajo como voluntario —ayudar a los jóvenes o alimentar a quienes no tienen hogar— fue uno de los más poderosos recursos del estudio de Tice para cambiar el estado de ánimo. Pero también fue el menos frecuente.

Finalmente, al menos algunas personas son capaces de encontrar alivio a su melancolía en una fuerza suprema. Tice me comentó: "Rezar, si uno es muy religioso, es bueno para cualquier estado de ánimo, sobre todo para la depresión".

Represores: la negación optimista

"Pateó a su compañero de habitación en el estómago...", empieza diciendo la frase. Y termina: "...pero su intención era encender la luz".

Esa transformación de un acto de agresión en un error inocente aunque en cierto modo inverosímil representa una agresión capturada *in vivo.* Fue efectuada por un estudiante universitario que se había prestado como voluntario para un estudio acerca de *represores*, personas que habitual y automáticamente eliminan de su conciencia cualquier perturbación emocional. El fragmento del comienzo, "Pateó a su compañero de habitación en el estómago..." le fue proporcionado a este estudiante como parte de un test en el que debía completar la frase. Otras pruebas mostraron que este sencillo acto de anulación mental formaba parte de una pauta más amplia de su vida, una pauta según la cual eliminaba la mayor parte de los conflictos emocionales.[19] Si bien al principio los investigadores consideraban a los represores como un ejemplo fundamental de la incapacidad para experimentar emociones —a menudo emparentados con los alexitímicos—, en la actualidad se los considera bastante competentes para regular las emociones. Al parecer se han vuelto tan expertos en protegerse de los sentimientos negativos que ni siquiera son conscientes de su negatividad. En lugar de utilizar el término represores, como solían hacer los investigadores, lo más adecuado sería denominarlos *imperturbables*.

Gran parte de esta investigación —llevada a cabo sobre todo por Daniel Weinberger, un psicólogo que ahora trabaja en la Case Western Reserve University— muestra que mientras estas personas pueden parecer serenas e imperturbables, a veces pueden verse invadidas por perturbaciones psicológicas de las que hacen caso omiso. Durante el test que consistía en completar frases, también se observó a los voluntarios para determinar su nivel de excitación fisiológica. La apariencia de serenidad de los represores quedaba oculta por la agitación de sus cuerpos: al enfrentarse a la frase que hablaba del violento compañero de habitación y a otras por el estilo, mostraban señales de ansiedad, como aceleración del ritmo cardíaco, transpiración y aumento de la presión sanguínea. Sin embargo, cuando se les preguntaba cómo se sentían, decían que estaban absolutamente tranquilos.

Esta constante eliminación de emociones como la ira y la ansiedad no es poco frecuente: según Weinberger, aproximadamente una de cada seis personas siguen esa pauta. Teóricamente, los niños podrían aprender de diferentes maneras a volverse imperturbables. Una podría ser como estrategia para sobrevivir a una situación como tener un padre alcohólico en una familia en la que se niega el problema. Otra podría ser que uno o ambos progenitores sean represores y den el ejemplo de una alegría constante o una expresión rígida al enfrentarse a sentimientos perturbadores. O puede tratarse de un rasgo heredado. Si bien nadie puede decir aún cómo se inicia esa pauta, cuando los represores llegan a la edad adulta se muestran fríos y serenos si se encuentran bajo coacción.

Por supuesto, sigue pendiente el tema de hasta qué punto son serenos y fríos. ¿Realmente pueden no tomar conciencia de las señales físicas que producen las emociones perturbadoras, o simplemente fingen serenidad? La respuesta a esta pregunta ha surgido de la lúcida investigación de Richard Davidson, psicólogo de la Universidad de Wisconsin que anteriormente había colaborado con Weinberger. Davidson hizo que las personas que mostraban una conducta imperturbable hicieran asociaciones libres partiendo de una lista de palabras, la mayor parte neutras, pero algunas con significado hostil o sexual que provocaron ansiedad en casi todos. Y, como revelaron sus reacciones físicas, todos mostraban señales fisiológicas de perturbación en respuesta a las palabras más fuertes, aunque las asociaciones que ellos hacían casi siempre revelaban un intento por volver aceptables las palabras perturbadoras relacionándolas con otra inocente. Si la primera palabra era "odio", la respuesta podía ser "amor".

El estudio de Davidson aprovechó el hecho de que (en personas diestras) un centro clave para procesar emociones negativas se encuentra en la mitad derecha del cerebro, mientras el centro del habla está en la izquierda. Una vez que el hemisferio derecho reconoce que una palabra resulta perturbadora, transmite esa información a través del cuerpo calloso —la línea divisoria entre las mitades del cerebro— al centro del habla, y en respuesta se pronuncia una palabra. Mediante el empleo de una intrincada disposición de lentes, Davidson logró presentar una palabra de manera tal que fuera vista sólo en la mitad del campo visual. Debido al entramado nervioso del sistema visual, si la palabra era percibida por la mitad izquierda del campo visual, era reconocida primero por la mitad derecha del cerebro, con su sensibilidad a la aflicción. Si era percibida por la mitad derecha del campo visual, la señal iba a la mitad izquierda del cerebro sin ser evaluada como perturbación.

Cuando las palabras fueron presentadas al hemisferio derecho, a los imperturbables les llevó más tiempo pronunciar una respuesta... aunque sólo si la palabra a la que respondían era una de las palabras perturbadoras. No demoraron en hacer las asociaciones en el caso de las palabras *neutras*. El retraso se puso de manifiesto sólo cuando las palabras fueron presentadas al hemisferio derecho, no al izquierdo. En resumen, el carácter imperturbable de estas personas parece deberse a un mecanismo nervioso que retrasa o interfiere la transferencia de información perturbadora. Esto implica que *no* están fingiendo falta de conciencia con respecto a lo perturbados que están; su cerebro les oculta esa información. Más exactamente, la capa de sentimientos apacibles que se extiende sobre esas percepciones perturbadoras puede muy bien deberse al funcionamiento del lóbulo prefrontal izquierdo. Para su sorpresa, cuando Davidson midió los niveles de actividad de los lóbulos prefrontales de estas personas, mostraron un decidido predominio de actividad en el izquierdo —el centro de los sentimientos positivos— y menos en el derecho, el centro de la negatividad.

Estas personas "se presentan bajo una luz positiva, con un estado de ánimo optimista", me dijo Davidson. "Niegan que la tensión los perturbe y muestran una pauta de activación del lóbulo frontal izquierdo mientras permanecen en un estado de reposo que se asocia con los sentimientos positivos. Esta actividad cerebral puede ser la clave de sus reclamos positivos, a pesar de la subyacente excitación fisiológica que se parece a la aflicción." La teoría que propone Davidson es que, en términos de actividad cerebral, experimentar realidades perturbadoras bajo una luz positiva es una tarea que demanda energías. La creciente excitación fisiológica puede deberse al intento del circuito nervioso de mantener sentimientos positivos o de suprimir o inhibir los negativos.

En resumen, la imperturbabilidad es una especie de rechazo optimista, una disociación positiva y, probablemente, una clave para los mecanismos nerviosos que intervienen en los más severos estados disociativos que pueden tener lugar, por ejemplo, en un trastorno postraumático. Cuando está simplemente mezclado con la ecuanimidad, dice Davidson, "parece ser una estrategia eficaz para la autorregulación emocional", aunque con un costo desconocido para la conciencia del propio ser.

6

La aptitud magistral

Una sola vez en la vida quedé paralizado por el temor. Fue durante un examen de cálculo durante mi primer año en la facultad, para el que no había estudiado. Aún recuerdo el aula donde entré esa mañana primaveral, con el mal presentimiento de que iba camino del fracaso. Había estado muchas veces en esa aula. Aquella mañana, sin embargo, no vi nada al otro lado de las ventanas ni en el vestíbulo de la entrada. Mi visión se redujo al fragmento de piso que tenía delante de mí a medida que caminaba hasta un asiento cercano a la puerta. Mientras abría la cubierta azul de mi libreta de examen, sentí el sabor de la ansiedad en la boca del estómago.
Eché un rápido vistazo a las preguntas del examen. Fue inútil. Pasé toda la hora mirando fijamente la página, mientras pensaba obsesivamente en las consecuencias que tendría que soportar. Los mismos pensamientos se repitieron una y otra vez, en un torbellino de temor y estremecimiento. Me quedé quieto, como un animal paralizado por el curare. Lo que más me afectó de ese espantoso momento fue lo limitada que quedó mi mente. No pasé esa hora intentando desesperadamente formar alguna respuesta verosímil a aquellas preguntas. Tampoco soñé despierto. Simplemente me concentré en el terror y esperé que aquel tormento terminara.[1]

Ese relato del tormento provocado por el pánico me pertenece; hasta el día de hoy representa para mí la prueba más convincente del impacto devastador que el trastorno emocional tiene sobre la claridad mental. Ahora comprendo que mi sufrimiento fue probablemente un testimonio del poder del cerebro emocional para dominar, incluso paralizar, el cerebro pensante.

El grado en que los trastornos emocionales pueden interferir la vida mental no es ninguna novedad para los profesores. Los alumnos que se sienten ansiosos, enfurecidos o deprimidos no aprenden; la gente que se ve atrapada en esos estados de ánimo no asimila la información de manera eficaz ni la maneja bien. Como vimos en el Capítulo 5, las emociones negativas poderosas desvían la atención hacia sus propias preocupaciones, interfiriendo el intento de concentrarse en otra cosa. En efecto, una de las señales de que los sentimientos han dado un viraje hacia lo patológico es que son tan inoportunos que aplastan cualquier otro pensamiento y sabotean continuamente los esfuerzos por prestar atención a cualquier otra tarea posible. En el caso de la persona que atraviesa un divorcio perturbador —o del niño cuyos padres se encuentran en esa situación— la mente no se concentra durante mucho tiempo en las rutinas comparativamente triviales del trabajo o de la jornada escolar; para los que sufren una depresión clínica, los pensamientos de autocompasión y desesperación, de desesperanza e impotencia anulan a todos los demás.

Cuando las emociones entorpecen la concentración, lo que ocurre es que queda paralizada la capacidad mental cognitiva que los científicos denominan "memoria activa", la capacidad de retener en la mente toda la información que atañe a la tarea que estamos realizando. Lo que ocupa la memoria activa puede ser algo tan rutinario como los dígitos que componen un número de teléfono, o tan complicado como la intrincada trama que un novelista intenta elaborar. La memoria activa es una función ejecutiva por excelencia de la vida mental, que hace posible todos los otros esfuerzos intelectuales, desde pronunciar una frase hasta desentrañar una compleja proposición lógica.[2] La corteza prefrontal ejecuta la memoria activa, y el recuerdo es el punto en el que se unen sensaciones y emociones.[3] Cuando el circuito límbico que converge en la corteza prefrontal se encuentra sometido a la perturbación emocional, queda afectada la eficacia de la memoria activa: no podemos pensar correctamente, como descubrí durante aquel espantoso examen de cálculo.

Por otra parte, consideremos el papel que ejerce la motivación positiva —el ordenamiento de los sentimientos de entusiasmo, celo y confianza— en los logros. Estudios realizados con atletas olímpicos, músicos de nivel mundial, y grandes maestros del ajedrez demuestran que el rasgo que los une es la capacidad de motivarse ellos mismos para llevar a cabo una rutina de entrenamiento implacable.[4] Y con el firme aumento del grado de excelencia necesario para alcanzar un lugar a nivel mundial, cada vez es más evidente que estas rigurosas rutinas de entrenamiento deben empezar en la infancia. Durante los Juegos Olímpicos de 1992, los miembros del equipo chino de saltos de trampolín —que rondaban los doce años— habían dedicado tantas horas de práctica como los miembros del equipo norteamericano, jóvenes de veintitantos años: los chinos habían comenzado su riguroso entrenamiento a la edad de cuatro años. De igual forma, los más grandes virtuosos del violín del siglo veinte empezaron a estudiar el instrumento alrededor de los cinco años; los campeones internacionales de ajedrez se iniciaron en ese juego a una edad promedio de siete años, mientras aquellos que sólo alcanzaron importancia nacional comenzaron a los diez. El inicio temprano ofrece una ventaja de por vida: los mejores alumnos de violín de la mejor academia de música de Berlín, todos ellos a principios de la veintena, habían dedicado diez mil horas de su vida a la práctica, mientras los alumnos de segundo nivel habían alcanzado un promedio de unas siete mil quinientas horas.

Lo que, al parecer, separa a quienes se encuentran en el nivel competitivo más elevado de aquellos que poseen una capacidad aproximadamente igual es el grado en el que, tras un inicio temprano, pueden perseguir durante años y años una ardua rutina de entrenamiento. Y esa obstinación depende de los rasgos emocionales —el entusiasmo y la persistencia ante los contratiempos—, por encima de todo lo demás.

La compensación añadida por el éxito que se obtiene gracias a la motivación, aparte de otras habilidades innatas, puede comprobarse en el notable desempeño de los alumnos asiáticos en las escuelas norteamericanas y en profesiones. Un profundo estudio de las evidencias sugiere que los niños norteamericanos de origen asiático pueden tener una ventaja en su CI de sólo dos o tres puntos con respecto a los blancos.[5] Sin embargo, en el campo de las profesiones como la abogacía y la medicina a las que se dedican tantos norteamericanos de origen asiático, como grupo se comportan como si su CI fuera mucho más elevado: el equivalente de un CI de 110 para los norteamericanos de origen japonés y de 120 para los chino-norteamericanos.[6] La razón parece ser que desde los primeros años de la escuela, los niños asiáticos trabajan más arduamente que los blancos. Sanford Dorenbusch, un sociólogo de Stanford que estudió a más de diez mil alumnos de escuela secundaria, descubrió que los norteamericanos de origen asiático dedicaban un cuarenta por ciento de tiempo más que otros alumnos a las tareas escolares. "Si bien la mayoría de los padres norteamericanos están dispuestos a aceptar los puntos débiles de un niño y a acentuar los puntos fuertes, entre los asiáticos la actitud es que si uno no se desempeña bien lo que debe hacer es estudiar hasta altas horas de la noche y, si aún así, no obtiene buenos resultados, debe levantarse más temprano para estudiar. Creen que cualquiera puede desempeñarse bien en la escuela si hace el esfuerzo adecuado." En resumen, una férrea ética cultural con respecto al trabajo se traduce en mayor motivación, celo y persistencia: una ventaja emocional.

En la medida en que nuestras emociones entorpecen o favorecen nuestra capacidad para pensar y planificar, para llevar a cabo el entrenamiento con respecto a una meta distante, para resolver problemas y conflictos, definen el límite de nuestra capacidad para utilizar nuestras habilidades mentales innatas, y así determinar nuestro desempeño en la vida. Y en la medida en que estamos motivados por sentimientos de entusiasmo y placer con respecto a lo que hacemos —o incluso por un grado óptimo de ansiedad—, esos sentimientos nos conducen a los logros. Es en este sentido que la inteligencia emocional es una aptitud superior, una capacidad que afecta profundamente a todas las otras habilidades, facilitándolas o interfiriéndolas.

Control del impulso: la prueba del bombón

Imagínese que tiene cuatro años y alguien le hace la siguiente proposición: Si espera a que esa persona termine la tarea que está haciendo, podrá recibir dos bombones de obsequio. Si no puede esperar sólo conseguirá uno, pero podrá recibirlo de inmediato. Este es un desafío que sin duda pone a prueba el alma de cualquier criatura de cuatro años, un microcosmos de la eterna batalla que existe entre el impulso y la restricción, el yo y el ego, el deseo y el autocontrol, la gratificación y la postergación. La elección que hace el niño constituye una prueba reveladora; ofrece una rápida interpretación no sólo del carácter, sino también de la trayectoria que probablemente seguirá a lo largo de su vida.

Tal vez no existe herramienta psicológica más importante que la de resistir el impulso. Es la raíz de todo autocontrol emocional, dado que las emociones —por su naturaleza misma— llevan a uno u otro impulso a entrar en acción. Recordemos que el origen de la palabra *emoción* es "mover". La capacidad de resistirse a ese impulso, de sofocar el movimiento incipiente, probablemente traduce el nivel de la función cerebral en inhibición de las señales límbicas enviadas al motor de la corteza, aunque esta interpretación debe considerarse, de momento, una mera especulación.

En cualquier caso, un importante estudio en el que el desafío del bombón se planteó a niños de cuatro años muestra lo fundamental que resulta la capacidad de contener las emociones y, de ese modo, demorar el impulso. Iniciado por el psicólogo Walter Mischel en la década del sesenta en un jardín de infantes del campus de la Universidad de Stanford en el que participaron sobre todo niños de la Facultad de Stanford, alumnos graduados y otros empleados, el estudio siguió la trayectoria de los niños de cuatro años hasta que concluyeron la escuela secundaria.[7]

Algunos de esos niños fueron capaces de esperar los interminables quince o veinte minutos que el experimentador tardó en regresar. Con el fin de ayudarse en su lucha se taparon los ojos para no tener que ver la fuente de la tentación, o apoyaron la cabeza en los brazos, hablaron solos, cantaron, jugaron con las manos y los pies e incluso intentaron dormir. Estos valientes niños en edad preescolar consiguieron la recompensa de dos bombones. Pero otros, más impulsivos, se apoderaron del único bombón, casi siempre pocos segundos después de que el experimentador saliera de la habitación para terminar su "tarea".

El poder diagnóstico de la forma en que se manejó ese impulso resultó evidente unos doce o catorce años más tarde, cuando esos mismos chicos fueron observados durante su adolescencia. La diferencia emocional y social entre los niños que se apoderaron del bombón y sus compañeros que demoraron la gratificación fue notable. Los que habían resistido la tentación a los cuatro años, como adolescentes eran más competentes en el plano social: personalmente eficaces, seguros de sí mismos, y más capaces de enfrentarse a las frustraciones de la vida. Tenían menos probabilidades de derrumbarse, paralizarse o experimentar una regresión en situaciones de tensión, o ponerse nerviosos y desorganizarse cuando eran sometidos a presión; aceptaban desafíos y procuraban resolverlos en lugar de renunciar, incluso ante las dificultades; confiaban en ellos mismos y eran confiables; tomaban iniciativas y se comprometían en proyectos. Y más de una década después aún eran capaces de postergar la gratificación para lograr sus objetivos.

Sin embargo, aproximadamente la tercera parte de los chicos, los que se quedaron con el bombón, mostraron estas cualidades en menor medida y, en cambio, compartían rasgos psicológicos relativamente más conflictivos. Durante la adolescencia mostraron más inclinación a rehuir los contactos sociales; a ser tercos e indecisos; a sentirse fácilmente perturbados por las frustraciones; a considerarse "malos" o inútiles; a adoptar actitudes regresivas o quedar paralizados por el estrés; a ser desconfiados y resentidos por no "obtener lo suficiente"; a ser propensos a los celos y a la envidia; a reaccionar de forma exagerada ante la irritación con actitudes bruscas, provocando así discusiones y peleas. Y aún después de todos esos años seguían siendo incapaces de postergar la gratificacion.

Lo que se manifiesta de forma leve en los primeros años de vida alcanza una amplia gama de capacidades sociales y emocionales a medida que pasan los años. La capacidad de retrasar el impulso es la base de una serie de esfuerzos, desde comenzar una dieta hasta obtener el título de médico. Algunos chicos, incluso a los cuatro años, habían dominado lo esencial: eran capaces de interpretar la situación social como una situación donde la postergación resultaba beneficiosa, de apartar su atención de la tentación que tenían a mano, y de distraerse mientras conservaban la necesaria perseverancia con respecto a su objetivo: los dos bombones.

Lo más sorprendente es que cuando los niños participantes del experimento fueron evaluados nuevamente al terminar la escuela secundaria, aquellos que a los cuatro años habían esperado pacientemente eran alumnos superiores a aquellos que habían actuado según su capricho. Según las evaluaciones de sus padres, eran más competentes académicamente: más capaces de expresar sus ideas en palabras, de utilizar y responder a la razón, de concentrarse, de hacer planes y llevarlos a cabo, y más deseosos de aprender. Aún más asombroso resultó el hecho de que tenían puntajes increíblemente más altos en sus pruebas de aptitud académica. La tercera parte que a los cuatro años había tomado el bombón más ansiosamente tenía una puntuación promedio de 524 en el campo verbal y una puntuación de 528 en el campo cuantitativo (o en matemáticas); el tercio que había esperado más tiempo para tomar el bombón tenía una puntuación promedio de 610 y 652 respectivamente, una diferencia de 210 puntos en la puntuación total.[8]

A los cuatro años, la forma en que los chicos se desempeñan en este *test* de demora de la gratificación es un pronosticador dos veces tan poderoso como su CI a los cuatro años de cuáles serán sus puntuaciones en las pruebas de aptitud académica; el CI se convierte en un pronosticador más poderoso de estas puntuaciones sólo después de que los chicos aprenden a leer.[9] Esto sugiere que la capacidad para postergar la gratificación contribuye poderosamente al potencial intelectual como algo separado del CI mismo. (El control deficiente del impulso en la infancia también es un pronosticador poderoso de la posterior delincuencia, también más poderoso que el CI.[10]) Como veremos en la Quinta Parte de este libro, mientras algunos afirman que el CI no puede ser modificado y, por tanto, representa una limitación insuperable del potencial de la vida de un niño, existen diversas pruebas que demuestran que las habilidades emocionales como el control del impulso y la interpretación exacta de una situación social pueden aprenderse.

Lo que Walter Mischel —autor del estudio— describe con la desafortunada frase "demora de la gratificación autoimpuesta y dirigida a un objetivo" es tal vez la esencia de la autorregulación emocional: la capacidad para rechazar un impulso al servicio de un objetivo; sea este construir una empresa, resolver una ecuación algebraica o conseguir un premio importante. Su descubrimiento pone de relieve el papel de la inteligencia emocional como una metacapacidad, determinando lo positiva o negativamente que la gente puede utilizar sus otras capacidades mentales.

Mal humor, pensamiento retorcido

> Estoy preocupada por mi hijo. Acaba de empezar a jugar en el equipo de fútbol de la universidad, de modo que corre el riesgo de lesionarse en cualquier momento. Me resulta tan crispante verlo jugar que he dejado de asistir a los partidos. Estoy segura de que le decepciona que yo no vaya a verlo jugar, pero para mí es sencillamente insoportable.

La narradora sigue una terapia para la ansiedad; se da cuenta de que su preocupación no le permite llevar el tipo de vida que le gustaría.[11] Pero cuando llega el momento de tomar una simple decisión, por ejemplo si irá a ver a su hijo jugar al fútbol, su mente se ve invadida por pensamientos catastróficos. No es libre de elegir; las preocupaciones anulan su capacidad de razonar.

Como hemos visto, la preocupación es el núcleo del efecto dañino que la ansiedad ejerce sobre cualquier clase de desempeño mental. Por supuesto, en un sentido la preocupación es una respuesta útil que sale mal: una preparación mental excesivamente celosa por una amenaza anticipada. Pero tal ensayo mental constituye una interferencia cognitiva catastrófica cuando queda atrapada en una pesada rutina que acapara la atención inmiscuyéndose en todos los demás intentos por concentrarse en otro asunto.

La ansiedad mina el intelecto. En una tarea compleja, intelectualmente exigente y que implica someterse a una elevada presión, como la de un controlador aéreo, por ejemplo, padecer de ansiedad crónica es una señal casi infalible de que la persona finalmente fracasará durante el entrenamiento o en el desarrollo de la tarea. Las personas ansiosas tienen más probabilidades de fracasar incluso cuando presentan puntuaciones superiores en pruebas de inteligencia, como se descubrió en un estudio de 1790 alumnos que se entrenaban para ocupar el puesto de controlador aéreo.[12] La ansiedad también sabotea cualquier tipo de rendimiento académico: 126 estudios diferentes de más de 36.000 personas descubrieron que cuanto más propensa es la persona a las preocupaciones, más bajo es su rendimiento académico, al margen de cómo se mida este: notas en pruebas, promedio de calificaciones o pruebas de logros.[13]

Cuando a las personas propensas a la preocupación se les pide que lleven a cabo una tarea cognitiva como separar objetos ambiguos en dos categorías, y que digan lo que surge en su mente mientras lo hacen, son los pensamientos negativos —"no podré hacerlo", "no soy bueno para este tipo de pruebas", y frases por el estilo— los que parecen interrumpir más directamente su toma de decisión. En efecto, cuando a un grupo comparativo de personas que no suelen preocuparse se le pidió que se preocupara adrede durante quince minutos, su capacidad para llevar a cabo la misma tarea se deterioró notablemente. Y cuando a las personas propensas a preocuparse se les permitió tomarse una pausa de quince minutos para relajarse antes de emprender la tarea —lo cual redujo su nivel de preocupación—, no tuvieron problemas para realizarla.[14]

El test de ansiedad fue estudiado científicamente por primera vez en la década del sesenta por Richard Alpert, que me confesó que su interés comenzó porque cuando era estudiante los nervios solían jugarle malas pasadas durante las pruebas; sin embargo, su colega Ralph Haber descubrió que la presión anterior a un examen realmente lo ayudaba a desempeñarse mejor.[15] La investigación desarrollada por ambos, entre otros estudios, demostró que existen dos tipos de alumnos ansiosos: aquellos cuya ansiedad anula su rendimiento académico, y aquellos que son capaces de desempeñarse bien a pesar de la tensión o, tal vez, a causa de ella.[16] La ironía del test de ansiedad es que el temor mismo con respecto al buen desempeño durante la prueba, que idealmente puede motivar a alumnos como Haber a estudiar a fondo y así lograr un buen desempeño, puede sabotear el éxito en otros. Para las personas que son demasiado ansiosas como Alpert, el temor anterior a la prueba interfiere la capacidad de pensar con claridad y la memoria necesaria para estudiar con eficacia, mientras durante la prueba perturba la claridad mental esencial para desempeñarse bien.

El número de preocupaciones que la gente informa mientras se somete a una prueba predice directamente lo mal que se desempeñará en ella.[17] Los recursos mentales dedicados a una tarea cognitiva —la preocupación— simplemente restan valor a los recursos disponibles para procesar otra información; si estamos absortos en la preocupación de que vamos a fracasar en la prueba que estamos haciendo, podremos dedicar mucha menos atención a dilucidar las respuestas. Nuestras preocupaciones se convierten en profecías que se autocumplen, empujándonos al desastre que predicen.

Por otra parte, las personas expertas en aprovechar sus emociones pueden utilizar la ansiedad anticipada —por ejemplo la que surge ante un discurso o una prueba inminentes— para motivarse y prepararse bien, con lo que consiguen un buen desempeño. La literatura clásica sobre temas psicológicos describe la relación entre ansiedad y desempeño, incluido el desempeño mental, en términos de una U invertida. En la parte superior de la U invertida se encuentra la relación óptima entre ansiedad y desempeño, con un mínimo de nervios que impulsan un logro notable. Pero muy poca ansiedad —el primer trazo de la U— provoca apatía o demasiado poca motivación para esforzarse en el buen desempeño, mientras demasiada ansiedad —el segundo trazo de la U— sabotea cualquier intento en este sentido.

Un estado levemente eufórico —la *hipomanía*, como se la denomina técnicamente— parece óptimo para escritores y otras personas que ejercen profesiones creativas que les exigen fluidez y diversidad imaginativa; este se encuentra en algún punto cercano a la parte superior de la U invertida. Pero dejemos que la euforia se descontrole hasta convertirse en auténtica manía, como ocurre en los cambios de humor que experimentan los maníaco-depresivos, y la agitación socavará la capacidad de pensar con coherencia suficiente para escribir bien, aunque las ideas fluyan libremente; en realidad, tan libremente que resultará imposible perseguirlas el tiempo suficiente para elaborar un producto acabado.

El buen humor, mientras dura, favorece la capacidad de pensar con flexibilidad y con mayor complejidad, haciendo que resulte más fácil encontrar soluciones a los problemas, ya sean intelectuales o interpersonales. Esto sugiere que una forma de ayudar a alguien a analizar un problema es contarle un chiste. La risa, en tanto euforia, parece ayudar a las personas a pensar con mayor amplitud y a asociar más libremente, notando las relaciones que de otro modo podrían habérseles escapado: una habilidad mental importante no sólo para la creatividad, sino para reconocer relaciones complejas y para prever las consecuencias de una decisión determinada.

Los beneficios intelectuales de una buena carcajada son más sorprendentes cuando se trata de resolver un problema que requiere una solución creativa. Un estudio descubrió que las personas que acababan de ver por televisión un video de *bloopers* resolvieron mejor un rompecabezas que los psicólogos utilizan hace tiempo para evaluar el pensamiento creativo. En la prueba se da a las personas una vela, fósforos y una caja de chinches, y se les pide que sujeten la vela a una pared de corcho para que arda sin que la cera caiga al suelo. La mayor parte de las personas a las que se plantea este problema incurren en una "rigidez funcional", y piensan en utilizar los objetos de la forma más convencional. Pero aquellos que acababan de ver el vídeo de los *bloopers* —comparados con otros que habían visto una película sobre un tema de matemáticas, o que habían trabajado en ellas— tuvieron más probabilidades de encontrar un uso alternativo para la caja de las chinches y así alcanzaron una solución creativa: con las chinches sujetaron la caja a la pared y la utilizaron como candelabro.

Incluso los cambios leves de humor pueden influir en el pensamiento. Al hacer planes o tomar decisiones las personas que están de buen humor tienen una inclinación perceptiva que las lleva a ser más comunicativas y positivas en su forma de pensar. Esto se debe en parte a que la memoria depende de nuestro estado particular, de modo que cuando estamos de buen humor recordamos acontecimientos más positivos; cuando pensamos en los pros y los contras de un rumbo a tomar mientras nos sentimos bien, la memoria influye en nuestra evaluación de las evidencias en una dirección positiva, haciendo que resulte más probable que hagamos algo ligeramente arriesgado, por ejemplo.

Por la misma razón, estar de mal humor influye a la memoria a tomar una dirección negativa, haciendo que resulte más probable que adoptemos una decisión temerosa y excesivamente cautelosa. Las emociones descontroladas obstaculizan el intelecto. Pero, como hemos visto en el Capítulo 5, podemos volver a encarrilarlas; esta competencia emocional es la aptitud maestra que facilita cualquier otra clase de inteligencia. Consideremos algunos casos puntuales: los beneficios de la esperanza y el optimismo, y aquellos momentos sublimes en los que la gente se supera a sí misma.

La caja de Pandora y el optimismo a ultranza: el poder del pensamiento positivo

Se presentó la siguiente situación hipotética a alumnos de una facultad:

> Aunque usted se fija la meta de obtener un segundo puesto, cuando recibe la puntuación de su primer examen —que supone el 30% de sus calificaciones finales— se entera de que ha obtenido el cuarto puesto. Ya ha pasado una semana desde que usted se enteró de que ha obtenido ese cuarto puesto. ¿Qué hace?[18]

La esperanza fue lo que marcó la diferencia. La respuesta dada por los alumnos que mostraban un elevado nivel de esperanza fue trabajar más arduamente y pensar en una variedad de cosas que podían intentar para levantar su nota final. Los alumnos con niveles moderados de esperanza pensaron en diversas formas mediante las cuales podían levantar su nota, pero mostraron mucha menos decisión para llevarlas a cabo. Y, como resulta fácil comprender, los alumnos con bajo nivel de esperanza renunciaron a ambas posibilidades, desmoralizados.

Sin embargo, la cuestión no es sólo teórica. Cuando C. R. Snyder —el psicólogo de la Universidad de Kansas que llevó a cabo este estudio— comparó los logros académicos reales de los alumnos de primer año que tenían un nivel elevado y un nivel bajo de esperanza, descubrió que la esperanza era un mejor pronosticador de las notas de su primer semestre de lo que habían sido sus puntuaciones en las pruebas de aptitud, que supuestamente pueden prever cómo se desenvolverán los alumnos en la facultad (y muy relacionadas con el CI). Una vez más, dada aproximadamente la misma gama de capacidades intelectuales, las aptitudes emocionales marcan la diferencia crítica.

La explicación de Snyder es la siguiente: "Los alumnos que abrigan muchas esperanzas se fijan metas más elevadas y saben cómo trabajar arduamente para alcanzarlas. Cuando se comparan los logros académicos de alumnos que poseen aptitudes intelectuales equivalentes, lo que los distingue es la esperanza".[19]

Según la conocida leyenda, Pandora —princesa de la antigua Grecia— recibió una misteriosa caja que le enviaron de regalo los dioses celosos de su belleza. Le dijeron que jamás debía abrir el regalo. Pero un día, dominada por la curiosidad y la tentación, Pandora levantó la tapa para espiar, dejando en libertad las grandes aflicciones del mundo: la enfermedad, los malestares y la locura. Pero un dios compasivo le permitió cerrar la caja justo a tiempo para atrapar el único antídoto que hace soportables las desdichas de la vida: la esperanza.

La esperanza, según están descubriendo los modernos investigadores, hace algo más que ofrecer un poco de solaz en medio de la aflicción; juega un papel increíblemente poderoso en la vida al ofrecer una ventaja en ámbitos tan diversos como los logros académicos y la aceptación de trabajos pesados. En un sentido técnico, la esperanza es algo más que el punto de vista alegre de que todo saldrá bien. Snyder lo define de una manera más específica como "creer que uno tiene la voluntad y también los medios para alcanzar sus objetivos, sean estos cuales fueran".

La gente suele discrepar con respecto al grado general en que abrigan esperanzas en este sentido. Algunos piensan en ellos mismos como capaces de salir de un atolladero o de encontrar la forma de solucionar problemas, mientras otros sencillamente no se consideran poseedores de la energía, la habilidad ni los medios para alcanzar sus objetivos. Las personas que muestran niveles elevados de esperanza, descubrió Snyder, comparten ciertas características, entre otras la de ser capaces de motivarse ellos mismos, sentirse lo suficientemente hábiles para encontrar formas de alcanzar sus objetivos, asegurarse cuando se encuentran en un aprieto que las cosas van a mejorar, ser lo suficientemente sensibles para encontrar diversas maneras de alcanzar sus metas o modificarlas si se vuelven imposibles, y tener la sensación de reducir una tarea monumental en fragmentos más pequeños y manejables.

Desde la perpectiva de la inteligencia emocional, abrigar esperanzas significa que uno no cederá a la ansiedad abrumadora, a una actitud derrotista ni a la depresión cuando se enfrente a desafíos o contratiempos. En efecto, las personas que abrigan esperanzas muestran menos depresión que las demás ya que actúan para alcanzar sus objetivos, son menos ansiosas en general y tienen menos dificultades emocionales.

Optimismo: el gran motivador

Los norteamericanos que siguen de cerca la natación tenían grandes esperanzas depositadas en Matt Biondi, un miembro del equipo olímpico estadounidense de los Juegos de 1988. Algunos comentaristas deportivos pronosticaban que Biondi tenía posibilidades de igualar la hazaña que había logrado Mark Spitz en 1972 al obtener siete medallas de oro. Pero Biondi terminó con un desalentador tercer puesto en su primera actuación, los doscientos metros libres. En su siguiente participación, los cien metros mariposa, Biondi perdió el oro por un mínimo margen ante otro nadador que hizo un esfuerzo mayor en el último metro.

Los pronosticadores deportivos supusieron que las derrotas desalentarían a Biondi en sus siguientes actuaciones. Pero Biondi se recuperó de la derrota y obtuvo una medalla de oro en cada una de sus cinco carreras siguientes. Un observador que no se sorprendió por la recuperación de Biondi fue Martin Seligman, psicólogo de la Universidad de Pensilvania que ese mismo año había sometido a Biondi a pruebas de optimismo. En un experimento llevado a cabo con Seligman, el entrenador de natación le dijo a Biondi durante un evento especial destinado a exhibir el mejor rendimiento de Biondi que había hecho una marca peor que la que realmente había conseguido. A pesar de su abatimiento, cuando se le pidió a Biondi que descansara y volviera a intentarlo, su rendimiento —que en realidad ya era muy bueno— fue aún mejor. Pero cuando otros miembros del equipo a los que se informó erróneamente que habían hecho una marca mala —y cuyas puntuaciones en el test demostraban que eran pesimistas— lo intentaron otra vez, su rendimiento fue aún peor.[20]

Ser optimista, al abrigar esperanzas, significa tener grandes expectativas de que, en general, las cosas saldrán bien en la vida a pesar de los contratiempos y las frustraciones. Desde el punto de vista de la inteligencia emocional, el optimismo es una actitud que evita que la gente caiga en la apatía, la desesperanza o la depresión ante la adversidad. Y, al igual que la esperanza, su prima hermana, el optimismo reporta beneficios en la vida (por supuesto, siempre y cuando sea un optimismo realista; un optimismo demasiado ingenuo puede resultar catastrófico).[21]

Seligman define el optimismo en función de la forma en que la gente se explica a sí misma sus éxitos y sus fracasos. Las personas optimistas consideran que el fracaso se debe a algo que puede ser modificado de manera tal que logren el éxito en la siguiente oportunidad, mientras los pesimistas asumen la culpa del fracaso, adjudicándolo a alguna característica perdurable que son incapaces de cambiar. Estas explicaciones distintas tienen profundas implicaciones en cuanto a la forma en que la gente reacciona ante la vida. Por ejemplo, en respuesta a una decepción como la de ser rechazado para un trabajo, los optimistas suelen reaccionar activa y esperanzadamente, formulando un plan de acción, por ejemplo, o buscando ayuda y consejo; consideran el contratiempo como algo que tiene remedio. En contraste, los pesimistas reaccionan ante esos contratiempos suponiendo que no pueden hacer nada para que las cosas salgan mejor la próxima vez, y por lo tanto no pueden hacer nada con respecto al problema; consideran que el contratiempo se debe a alguna deficiencia personal que siempre los afectará.

Como ocurre con la esperanza, el optimismo predice el éxito académico. En un estudio en el que participaron quinientos alumnos de primer año de la clase 1984 de la Universidad de Pensilvania, las puntuaciones de estos en un test de optimismo fueron un mejor pronosticador de sus notas reales que las puntuaciones de las pruebas de aptitud a las que habían sido sometidos cuando asistían a la escuela secundaria. Seligman, que fue quien los estudió, dijo: "Los exámenes de ingreso a la facultad evalúan el talento, mientras el estilo explicativo revela quién abandona. Es la combinación de talento razonable y la capacidad de seguir adelante ante las derrotas lo que conduce al éxito. Lo que falta en las pruebas de habilidad es motivación. Lo que uno necesita saber con respecto a alguien es si seguirá adelante cuando las cosas resulten frustrantes. Tengo el presentimiento de que para un nivel de inteligencia determinado, su logro real reside no sólo en el talento sino también en la capacidad para soportar la derrota".[22]

Una de las demostraciones más reveladoras del poder del optimismo para motivar a la gente es un estudio llevado a cabo por Seligman sobre los vendedores de seguros de la empresa MetLife. Ser capaz de aceptar un rechazo con elegancia es esencial en cualquier clase de venta, sobre todo cuando se trata de un producto como un seguro, en el que la proporción de respuestas negativas puede ser desalentadoramente elevada comparada con la de respuestas positivas. Por esta razón, alrededor de tres cuartas partes de vendedores de seguros abandonan la actividad en los tres primeros años. Seligman descubrió que los vendedores nuevos que eran optimistas por naturaleza vendían el 37% más de seguros en los dos primeros años de trabajo que los pesimistas. Y durante el primer año, los pesimistas abandonaban en doble proporción que los optimistas.

Más aún, Seligman convenció a MetLife de que contratara a un grupo especial de aspirantes que habían obtenido una puntuación elevada en un test de optimismo, pero que fracasaban en las pruebas normales de selección (que comparaban una serie de actitudes de los candidatos con un perfil estándar basado en respuestas de agentes que habían tenido éxito). Este grupo especial superó a los pesimistas en un 21% durante el primer año, y en un 57% durante el segundo.

Que el optimismo marque semejante diferencia en el éxito de las ventas confirma la noción de que es una actitud emocionalmente inteligente. Cada negativa que obtiene un vendedor es una pequeña derrota. La reacción emocional a esa derrota es crucial para la capacidad de reunir la motivación suficiente para continuar. A medida que las negativas aumentan, la moral se deteriora haciendo que resulte cada vez más difícil levantar el teléfono para hacer una nueva llamada. Este rechazo es especialmente difícil de aceptar para un pesimista, para el que significa: "En esto soy un fracaso; jamás haré una venta", una interpretación que sin duda acarreará apatía y una actitud derrotista, cuando no depresión. Los optimistas, por otra parte, se dicen: "estoy utilizando el planteo incorrecto", o "la última persona con la que hablé estaba de mal humor". Al no considerarse ellos mismos el motivo del fracaso y pensar que este se debe a algún factor de la situación, pueden cambiar su enfoque en la llamada siguiente. Mientras la estructura mental del pesimista conduce a la desesperación, la del optimista genera esperanzas.

Una fuente de un punto de vista positivo o negativo puede muy bien ser el temperamento innato; algunas personas, por naturaleza, tienen tendencia a una u otra actitud. Pero como veremos también en el Capítulo 14, el temperamento puede ser suavizado por la experiencia. El optimismo y la esperanza —al igual que la impotencia y la desesperación— pueden aprenderse. Apoyar ambos es un concepto que los psicólogos llaman *autoeficacia*, la creencia de que uno tiene dominio sobre los acontecimientos de su vida y puede aceptar los desafíos tal como se presentan. Desarrollar una competencia de cualquier clase refuerza la noción de autoeficacia, haciendo que la persona esté más dispuesta a correr riesgos y a buscar mayores desafíos. Y superar esos desafíos a su vez aumenta la noción de autoeficacia. Esta actitud hace que la gente tenga más probabilidades de utilizar de manera óptima sus habilidades... o que haga lo necesario para desarrollarlas.

Albert Bandura, un psicólogo de Stanford que ha llevado a cabo gran parte de la investigación sobre autoeficacia, lo resume muy bien: "las convicciones de la gente con respecto a sus habilidades ejercen un profundo efecto en esas habilidades. La habilidad no es una propiedad fija; existe una enorme variabilidad en la forma en que uno se desempeña. Las personas que tienen una idea de autoeficacia se recuperan de los fracasos; abordan las cosas en función de cómo manejarlas en lugar de preocuparse por lo que puede salir mal".[23]

Flujo: la neurobiología de la excelencia

Un compositor describe los momentos en que su trabajo alcanza el punto óptimo:

> Uno mismo se encuentra en un estado extático hasta el punto de que siente que casi no existe. He experimentado esto una y otra vez. Mi mano parece desprovista de mi propio ser, y yo no tengo nada que ver con lo que está sucediendo. Simplemente me quedo sentado, en un estado de admiración y desconcierto. Y todo fluye por sí mismo.[24]

Su descripción es notablemente parecida a las de cientos de hombres y mujeres diversos —alpinistas, campeones de ajedrez, cirujanos, jugadores de básquet, ingenieros, gerentes e, incluso, archivistas— cuando hablan de una época en la que se superaban ellos mismos en alguna actividad preferida. El estado que describen recibe el nombre de "flujo" en los trabajos de Mihaly Csikszentmihalyi, el psicólogo de la Universidad de Chicago que ha reunido durante dos décadas de investigación estos testimonios de desempeño óptimo.[25] Los atletas conocen este estado de gracia como "la zona", en la que la excelencia no requiere ningún esfuerzo, la multitud y los competidores desaparecen, felizmente absorbidos por ese momento. Diane Roffe-Steinrotter, que obtuvo una medalla de oro en esquí en los Juegos Olímpicos de Invierno de 1994, dijo al concluir su participación en una carrera de esquí que no recordaba nada salvo estar inmersa en la relajación: "Me sentía como una cascada".[26] Ser capaz de entrar en el así llamado flujo es el punto óptimo de la inteligencia emocional; el flujo representa tal vez lo fundamental en preparar las emociones al servicio del desempeño y el aprendizaje. En el flujo, las emociones no sólo están contenidas y canalizadas, sino que son positivas, están estimuladas y alineadas con la tarea inmediata. Quedar atrapado en el aburrimiento de la depresión o en la agitación de la ansiedad significa quedar excluido del flujo. Sin embargo, el flujo (o un microflujo más tenue) es una experiencia que casi todo el mundo tiene de vez en cuando, sobre todo cuando alcanza el desempeño óptimo o llega más allá de sus límites iniciales. Tal vez queda mejor captado por el extático acto amoroso, la fusión de dos seres en uno fluidamente armonioso.

Esa es una experiencia magnífica: el sello del flujo es una sensación de deleite espontáneo, incluso de embeleso. Debido a que el flujo provoca una sensación tan agradable, es intrínsecamente gratificante. Es un estado en el que la gente queda profundamente absorta en lo que está haciendo, dedica una atención exclusiva a la tarea y su conciencia se funde con sus actos. En efecto, reflexionar demasiado sobre lo que está ocurriendo interrumpe el flujo; el sólo pensar "estoy haciendo esto maravillosamente bien" puede interrumpir la sensación de flujo. La atención queda tan concentrada que la persona sólo es consciente de la estrecha gama de percepción relacionada con la tarea inmediata y pierde la noción de tiempo y espacio. Un cirujano, por ejemplo, recordó una desafiante operación durante la cual se encontraba en ese estado de flujo; cuando concluyó la operación vio un montón de cascotes en el suelo de la sala de operaciones y preguntó qué había ocurrido. Quedó sorprendido al enterarse de que mientras él estaba tan concentrado en la operación, se había derrumbado parte del techo... Y él no se había dado cuenta de nada.

El flujo es un estado de olvido de sí mismo, lo opuesto a la cavilación y la preocupación: en lugar de quedar perdida en una nerviosa preocupación, la persona que se encuentra en un estado de flujo está tan absorta en la tarea que tiene entre manos que pierde toda conciencia de sí misma y abandona las pequeñas preocupaciones —la salud, las cuentas, incluso la preocupación por hacer las cosas bien— de la vida cotidiana. En este sentido, el estado de flujo se caracteriza por la ausencia del yo. Paradójicamente, la persona que se encuentra en este estado muestra un perfecto control de lo que está haciendo y sus respuestas guardan perfecta sintonía con las exigencias cambiantes de la tarea. Y aunque la persona alcanza un desempeño óptimo mientras se encuentra en este estado, no le preocupa cómo está actuando ni piensa en el éxito o en el fracaso: lo que la motiva es el puro placer del acto mismo.

Existen varias maneras de alcanzar el estado de flujo. Una es concentrarse intencionadamente en la tarea a realizar; la concentración elevada es la esencia del estado de flujo. A las puertas de esta zona parece existir un circuito de retroalimentación: serenarse y concentrarse lo suficiente para comenzar la tarea puede exigir un esfuerzo considerable, y este primer paso exige cierta disciplina. Pero una vez que la concentración empieza a consolidarse, exige una fuerza propia que ofrece al mismo tiempo el alivio de la turbulencia emocional y hace que la tarea resulte fácil.

La entrada en esta zona también puede producirse cuando la persona encuentra una tarea para la que tiene habilidades y se compromete en ella a un nivel que en cierto modo pone a prueba su capacidad. Como me comentó Csikszentmihalyi, "la gente parece concentrarse mejor cuando las exigencias son un poco mayores de lo habitual, y son capaces de dar más de lo habitual. Si se le exige demasiado poco, la gente se aburre. Si tiene que ocuparse de demasiadas cosas, se vuelve ansiosa. El estado de flujo se produce en esa delicada zona entre el aburrimiento y la ansiedad".[27]

El placer espontáneo, la gracia y la efectividad que caracterizan al estado de flujo son incompatibles con los asaltos emocionales, en los que el ataque límbico se apodera del resto del cerebro. La calidad de atención durante el estado de flujo es relajada aunque sumamente concentrada. Se trata de una intensidad muy distinta del esfuerzo que hacemos para prestar atención cuando estamos cansados o aburridos o cuando nuestra concentración se ve acosada por sentimientos inesperados como la ansiedad o la ira.

El estado de flujo carece de estática emocional, salvo por un sentimiento irresistible y sumamente motivador de suave éxtasis. Ese éxtasis parece ser un producto derivado de la atención, que es un prerrequisito del estado de flujo. En efecto, la literatura clásica de las tradiciones contemplativas describe estados de ensimismamiento que se viven como pura beatitud: un estado de flujo inducido exclusivamente por la concentración intensa.

Al observar a alguien que se encuentra en estado de flujo se tiene la impresión de que lo difícil resulta fácil; el desempeño óptimo parece natural y corriente. Esta impresión es comparable con lo que ocurre dentro del cerebro, donde se repite una paradoja similar: las tareas más desafiantes se realizan con un gasto mínimo de energía mental. En el estado de flujo, el cerebro está "fresco", su excitación e inhibición del circuito nervioso está en sintonía con la exigencia del momento. Cuando la persona está ocupada en una actividad que capta y retiene su atención sin esfuerzo, su cerebro se "tranquiliza" en el sentido de que se produce una disminución de la excitación cortical.[28] Ese descubrimiento es notable, teniendo en cuenta que el estado de flujo permite a la persona emprender las tareas más desafiantes en un campo determinado, ya sea jugar contra un maestro del ajedrez o resolver un complejo problema de matemáticas. Se supone que esas tareas desafiantes exigirían más actividad cortical, no menos. Pero una clave del estado de flujo es que se produce sólo cuando la capacidad está en su apogeo, las habilidades están bien ensayadas y los circuitos nerviosos son absolutamente eficientes.

Una concentración esforzada —alimentada por la preocupación— produce un aumento de la activación cortical. Pero la zona del estado de flujo y del desempeño óptimo parece ser un oasis de la eficiencia cortical, con un gasto mínimo de energía mental. Esto tiene sentido, tal vez, en función de la práctica especializada que permite a la persona alcanzar el estado de flujo: haber dominado los pasos de una tarea, ya sea una actividad física como el alpinismo o una actividad mental como la programación de computadoras, significa que el cerebro puede ser más eficiente para realizarlas. Los movimientos bien practicados exigen mucho menos esfuerzo cerebral que aquellos que simplemente se aprenden, o que aquellos que aún resultan demasiado difíciles. Asimismo, cuando el cerebro trabaja menos eficazmente debido a la fatiga o a los nervios, como ocurre al final de un largo día de tensión, la precisión del esfuerzo cortical queda desdibujada y quedan activadas demasiadas áreas superfluas: un estado nervioso experimentado como algo sumamente confuso.[29] Lo mismo ocurre con el aburrimiento. Pero cuando el cerebro funciona en su punto óptimo de eficiencia, como en el estado de flujo, existe una relación precisa entre las zonas activas y las exigencias de la tarea. En este estado, incluso el trabajo difícil puede resultar refrescante o reparador en lugar de agotador.

Aprendizaje y flujo: un nuevo modelo de educación

Debido a que el estado de flujo surge en la zona en que una actividad desafía a la persona a desarrollar el máximo de sus capacidades, a medida que sus habilidades aumentan, la entrada en el estado de flujo supone un desafío más elevado. Si una tarea es demasiado sencilla, resulta aburrida; si supone un desafío demasiado grande, el resultado es la ansiedad en lugar del estado de flujo. Se puede argumentar que el dominio de un arte o una habilidad se ve estimulado por la experiencia del estado de flujo; que la motivación para mejorar cada vez más en algo —ya sea tocar el violín, bailar o manipular genes— es al menos en parte permanecer en estado de flujo mientras se desarrolla la tarea. De hecho, en un estudio llevado a cabo con doscientos artistas dieciocho años después de que salieran de la escuela de arte, Csikszentmihalyi descubrió que los que se habían convertido en pintores serios eran aquellos que en su época de estudiantes habían disfrutado del deleite que les proporcionaba el hecho de pintar. Los que en la escuela de arte se habían sentido motivados por sueños de fama y riquezas, en su mayor parte abandonaban el arte después de graduarse.

Csikszentmihalyi concluye: "Los pintores deben sentir deseos de pintar por encima de todas las cosas. Si el artista que está delante del lienzo empieza a preguntarse por cuánto lo venderá, o qué pensarán los críticos de su obra, no logrará seguir un camino original. Los logros creativos dependen de la inmersión en un único objetivo".[30]

Así como el estado de flujo es un prerrequisito para el dominio de un oficio, una profesión, o un arte, lo mismo ocurre con el aprendizaje. Los alumnos que alcanzan el estado de flujo mientras estudian se desempeñan mejor, al margen del potencial que indiquen los tests. Los alumnos de una escuela secundaria especial de Chicago dedicada a las ciencias —que habían alcanzado el puntaje máximo en una prueba de habilidad matemática— fueron calificados por sus profesores como alumnos con alto o bajo rendimiento. Después se estudió la forma en que esto alumnos empleaban su tiempo: cada alumno llevaba un *beeper* que sonaba al azar durante el día, momento en el cual debía anotar lo que estaba haciendo y cuál era su estado de ánimo. No es sorprendente que los alumnos de bajo rendimiento pasaran sólo quince horas semanales estudiando en casa, y sus compañeros de alto rendimiento dedicaran veintisiete horas en el mismo período. Los de bajo rendimiento pasaban la mayor parte de las horas en las que no estudiaban en actividades sociales, frecuentando a sus amigos y a su familia.

Cuando se analizaron sus estados de ánimo, surgió una conclusión reveladora. Tanto los de alto como los de bajo rendimiento pasaban gran parte de la semana aburridos con actividades como ver televisión, que no suponía ningún desafío a sus habilidades. Después de todo, así son gran parte de los adolescentes. Pero la diferencia clave estaba en su experiencia con respecto al estudio. Para los de alto rendimiento, estudiar les proporcionaba el agradable y absorbente desafío del estado de flujo durante el 40% de las horas que dedicaban a ello. Pero para los de bajo rendimiento, el estudio les permitía acceder al estado de flujo sólo el 16% de las veces; en la mayor parte de los casos, provocaba ansiedad y las exigencias superaban sus capacidades. Los de bajo rendimiento encontraban placer y estado de flujo en la socialización, no en el estudio. En resumen, los alumnos que alcanzan el nivel de su potencial académico y algo más, se ven atraídos al estudio con mayor frecuencia porque este los coloca en estado de flujo. Lamentablemente, al no lograr agudizar las habilidades que podrían llevarlos al estado de flujo, los de bajo rendimiento pierden el deleite del estudio y al mismo tiempo corren el riesgo de limitar el nivel de las tareas intelectuales que les resultarán agradables en el futuro.[31]

Howard Gardner, el psicólogo de Harvard que desarrolló la teoría de las inteligencias múltiples, considera el estado de flujo y los estados positivos que lo caracterizan como parte de la forma más saludable de enseñar a los chicos, motivándolos desde el interior más que amenazándolos u ofrenciéndoles una recompensa. "Deberíamos utilizar los estados positivos de los niños para incitarlos a aprender en los campos donde ellos puedan desarrollar sus capacidades", me explicó Gardner. "El estado de flujo es un estado interno que significa que un niño está ocupado en una tarea adecuada. Uno debe encontrar algo que le guste y ceñirse a eso. Es el aburrimiento en la escuela lo que hace que los chicos peleen y alboroten, y la sensación abrumadora de un desafío lo que les provoca ansiedad con respecto a la tarea escolar. Pero uno aprende de forma óptima cuando tiene algo que le interesa y obtiene placer ocupándose de ello."

La estrategia utilizada en muchas de las escuelas que están poniendo en práctica el modelo de Gardner de las inteligencias múltiples, gira en torno a la identificación del perfil de las capacidades naturales de un niño y al aprovechamiento de sus puntos fuertes así como al intento de apuntalar sus debilidades. Un niño que posee talento natural para la música o el movimiento, por ejemplo, entrará en el estado de flujo más fácilmente en esa esfera que en aquellas para las que es menos capaz. Conocer el perfil de un niño puede ayudar al maestro a sintonizar la forma en que se presenta el tema y se ofrecen lecciones al nivel que más probablemente proporcionará un desafío óptimo, desde el correctivo hasta el sumamente avanzado. Esto hace que el aprendizaje resulte más placentero, en lugar de atemorizante o aburrido. "Lo que se espera es que cuando los chicos alcancen el estado de flujo gracias al aprendizaje se sentirán estimulados a aceptar desafíos en nuevas áreas", afirma Gardner, y añade que la experiencia sugiere que las cosas son así.

En un sentido más general, el modelo del estado de flujo sugiere que, idealmente, alcanzar el dominio de una habilidad o un conjunto de conocimientos debería ocurrir con naturalidad, mientras el niño es atraído a aspectos que lo comprometen espontáneamente y que, en esencia, son de su agrado. Esa pasión inicial puede ser la semilla de niveles elevados de realización, mientras el niño llega a comprender que dedicarse a ese campo —ya sea la danza, las matemáticas o la música— es una forma de experimentar la dicha que proporciona el estado de flujo. Y dado que es necesario forzar los límites de la propia capacidad para sustentar el estado de flujo, esto se convierte en un motivador esencial para hacer las cosas cada vez mejor; con lo cual el niño se siente feliz. Esto, por supuesto, es un modelo más positivo de aprendizaje y educación del que la mayoría de nosotros encontramos en la escuela. ¿Quién no recuerda que la escuela, al menos en parte, significaba interminables horas de aburrimiento matizadas por momentos de gran ansiedad? Buscar el estado de flujo a través del aprendizaje es una forma más humana, más natural y muy probablemente más eficaz de ordenar las emociones al servicio de la educación.

Esto habla del sentido más general en que canalizar las emociones hacia un fin productivo es una aptitud magistral. Controlar el impulso y postergar la gratificación, regular nuestros estados de ánimo para que faciliten el pensamiento en lugar de impedirlo, motivarnos para persistir y seguir intentándolo a pesar de los contratiempos, o encontrar maneras de alcanzar el estado de flujo y así desempeñarnos más eficazmente, todo esto demuestra el poder de la emoción para guiar el esfuerzo efectivo.

7

LAS RAICES DE LA EMPATIA

Volvamos a Gary, el brillante pero alexitímico cirujano que tanto perturbó a su novia Ellen al mostrarse tan inconsciente no sólo de sus propios sentimientos sino también de los de ella. Al igual que la mayoría de los alexitímicos, carecía de empatía así como de comprensión. Si Ellen decía que se sentía decaída, Gary no la comprendía; si ella hablaba de amor, él cambiaba de tema. Gary formulaba críticas "útiles" de las cosas que Ellen hacía, sin darse cuenta que esas críticas lograban que ella se sintiera agredida en lugar de ayudada.

La empatía se construye sobre la conciencia de uno mismo; cuanto más abiertos estamos a nuestras propias emociones, más hábiles seremos para interpretar los sentimientos.[1] Los alexitímicos como Gary, que no tienen idea de sus propios sentimientos, se sienten totalmente perdidos cuando se trata de saber lo que siente alguien que está con ellos. Son emocionalmente sordos. Las notas y acordes emocionales que se deslizan en las palabras y las acciones de las personas —el revelador tono de voz o el cambio de postura, el elocuente silencio o el revelador temblor— pasan inadvertidas.

Confundidos con respecto a sus propios sentimientos, los alexitímicos se sienten igualmente desconcertados cuando otras personas les expresan los suyos. Esta imposibilidad de registrar los sentimientos de otro es un déficit importante de la inteligencia emocional, y un trágico fracaso en lo que significa ser humano. Porque toda compenetración, la raíz del interés por alguien, surge de la sintonía emocional, de la capacidad de empatía.

Esa capacidad —la habilidad de saber lo que siente otro— entra en juego en una amplia gama de situaciones de la vida, desde las ventas y la administración hasta el idilio y la paternidad, pasando por la compasión y la actividad política. La ausencia de empatía también es reveladora. Existe en psicópatas criminales, raptores y abusadores de niños.

Las emociones de la gente rara vez se expresan en palabras; con mucha mayor frecuencia se manifiestan a través de otras señales. La clave para intuir los sentimientos de otro está en la habilidad para interpretar los canales no verbales: el tono de voz, los ademanes, la expresión facial y cosas por el estilo. Tal vez la investigación más profunda con respecto a la capacidad de la gente para interpretar estos mensajes no verbales es la que llevó a cabo Robert Rosenthal, un psicólogo de Harvard, y sus alumnos. Rosenthal ideó un test de empatía, el PONS (Perfil de Sensibilidad No Verbal), una serie de vídeos en los que aparecía una joven expresando sentimientos diversos, desde desprecio hasta amor maternal.[2] Las escenas abarcan el espectro que va desde un ataque de celos hasta pedir perdón, desde una muestra de gratitud hasta una seducción. El vídeo ha sido editado de manera tal que en cada imagen, uno o más canales de comunicación no verbal quedan sistemáticamente anulados; además de hacer que las palabras queden tapadas, por ejemplo, en algunas escenas quedan bloqueadas todas las otras pistas salvo la expresión facial. En otras sólo se muestra el movimiento del cuerpo, a través de los principales canales de comunicación no verbal, de modo que los espectadores deben detectar la emoción a partir de una u otra pista específica no verbal.

En pruebas llevadas a cabo con más de siete mil personas en Estados Unidos y en otros dieciocho países, los beneficios de ser capaz de interpretar los sentimientos a partir de pistas no verbales incluían el estar mejor adaptado emocionalmente, ser más popular, más sociable y —tal vez lo más sorprendente— más sensible. En general, las mujeres son mejores que los hombres para esta clase de empatía. Las personas cuyo desempeño mejoró en el curso del test de cuarenta y cinco minutos —una señal de que tienen talento para incorporar la habilidad de la empatía— también tenían mejores relaciones con el sexo opuesto. No debería sorprendernos el hecho de que la empatía favorezca la vida romántica.

De acuerdo con los descubrimientos acerca de otros elementos de la inteligencia emocional, hubo una relación sólo fortuita entre las puntuaciones según esta medida de la agudeza empática y las puntuaciones de las pruebas de aptitud o del CI, o de las pruebas de rendimiento escolar. La independencia que la empatía tiene de la inteligencia académica se ha descubierto también al probar una versión del PONS destinada a niños. En pruebas realizadas con 1.011 niños, aquellos que mostraban una aptitud para interpretar los sentimientos de forma no verbal eran los más populares en la escuela y los más estables en el plano emocional.[3] También se desempeñaban mejor en la escuela aunque, como promedio, su CI no era más elevado que el de aquellos niños que tenían menos capacidad para interpretar mensajes no verbales; lo cual indica que dominar esta habilidad empática allana el camino para la efectividad en el aula (o, sencillamente, hace que ellos les gusten más a los maestros).

Así como la mente racional se expresa a través de palabras, la expresión de las emociones es no verbal. En efecto, cuando las palabras de una persona discrepan con lo que se manifiesta a través del tono de voz, los ademanes u otros canales no verbales, la verdad emocional está en *la forma* en que la persona dice algo en lugar de *aquello* que dice. Una regla empírica utilizada en la investigación de las comunicaciones es que el 90% o más de un mensaje emocional es no verbal. Y estos mensajes —la ansiedad en el tono de voz de alguien, la irritación en la brusquedad de un ademán— casi siempre se perciben inconscientemente, sin prestar atención específica a la naturaleza del mensaje, pero recibiéndola y respondiendo tácitamente. Las habilidades que nos permiten hacer esto bien o mal también son, en su mayor parte, aprendidas en forma tácita.

Cómo se desarrolla la empatía

Cuando Hope, de sólo nueve meses de edad, vio que otro bebé se caía, se le llenaron los ojos de lágrimas y gateó hasta su madre para que ella lo consolara, como si fuera él quien se había lastimado. Y Michael, de quince meses de edad, fue a buscar su osito de peluche para dárselo a su amigo Paul, que estaba llorando; como Paul siguió llorando, Michael lo tapó con la manta. Estos dos sencillos actos de solidaridad y cuidado fueron observados por madres entrenadas para registrar tales episodios de empatía en acción.[4] Los resultados del estudio indican que las raíces de la empatía pueden rastrearse hasta la infancia. Prácticamente desde el día en que nacen, los niños se sienten perturbados cuando oyen llorar a otro bebé, respuesta que algunos consideran un temprano precursor de la empatía.[5]

Los psicólogos del desarrollo han descubierto que los bebés sienten una preocupación solidaria incluso antes de darse cuenta plenamente de que existen como seres separados de los demás. Incluso pocos meses después del nacimiento, los bebés reaccionan ante la perturbación de quienes los rodean como si esa perturbación fuera algo propio, llorando cuando ven las lágrimas de otro niño. Cuando llegan al año, aproximadamente, empiezan a darse cuenta de que la congoja no es la de ellos sino la de otra persona, aunque aún parecen confundidos y no saben qué hacer al respecto. En una investigación llevada a cabo por Martin L. Hoffman, de la Universidad de Nueva York, por ejemplo, un niño de un año hizo que su propia madre consolara a un amigo que lloraba haciendo caso omiso de la madre del niño, que también estaba en esa habitación. Esta confusión también se ve cuando los niños de un año imitan la aflicción de otra persona, tal vez para comprender mejor lo que sienten; por ejemplo, si otro bebé se lastima los dedos, un niño de un año podría llevarse los dedos a la boca para comprobar si a él también le duelen. Al ver llorar a su madre, un bebé se secó los ojos, aunque él no había llorado.

Esta *mimetización motriz*, como se suele llamar, es el sentido técnico original de la palabra "empatía", tal como fue utilizada por primera vez en los años veinte por E. B. Titchener, un psicólogo norteamericano. Este sentido es ligeramente diferente de su introducción original en el idioma inglés a partir de la palabra griega *empatheia*, "sentir dentro", término utilizado en un principio por los teóricos de la estética para designar la capacidad de percibir la experiencia subjetiva de otra persona. La teoría de Titchener afirmaba que la empatía surgía de una especie de imitación física de la aflicción de otro, que evoca entonces los mismos sentimientos en uno mismo. Buscaba una palabra distinta de *simpatía*, que puede experimentarse por la situación crítica de otra persona sin compartir nada de lo que la otra persona siente.

El mimetismo motriz desaparece del repertorio de los niños aproximadamente a partir de los dos años y medio, momento en que se dan cuenta de que el dolor de los demás es diferente del de ellos, y son más capaces de consolarlos. Un episodio típico, extraído del diario de una madre, es el siguiente:

> Un bebé vecino llora... y Jenny se acerca e intenta darle unas galletitas. Lo sigue y también ella empieza a lloriquear. Entonces intenta acariciarle el pelo, pero él se aparta... Se serena, pero Jenny aún parece preocupada. Sigue dándole juguetes y palmeándole la cabeza y los hombros.[6]

En este momento de su desarrollo, los niños empiezan a diferenciarse en su sensibilidad general ante las aflicciones emocionales de otras personas; algunos, como Jenny, son profundamente concientes y otros se desentienden. Una serie de estudios efectuados por Marian Radke-Yarrow y Carolyn Zahn-Waxler en el National Institute of Mental Health mostraron que una gran parte de esta diferencia con respecto a la empatía tenía que ver con la disciplina que los padres imponían a sus hijos. Descubrieron que los chicos eran más empáticos cuando la disciplina incluía notorias llamadas de atención sobre la aflicción que su mala conducta provocaba en alguna otra persona: "mira lo triste que la has puesto", en lugar de "eso fue horrible". También descubrieron que la empatía de los niños se modela al ver cómo reaccionan los demás cuando alguien está afligido; al imitar lo que ven, los niños desarrollan un repertorio de respuestas empáticas, sobre todo ayudando a otras personas que están afligidas.

El niño con buena sintonía

Sarah tenía veinticinco años cuando dio a luz mellizos, Mark y Fred. Tenía la impresión de que Mark se parecía más a ella y Fred a su padre. Esa impresión debió de ser la semilla de una reveladora aunque sutil diferencia en la forma de tratar a cada niño. Cuando estos alcanzaron los tres meses de edad, a menudo Sarah intentaba mirar a los ojos a Fred, y cuando él apartaba la cara ella volvía a intentarlo; Fred respondía apartando la mirada con mayor énfasis. Cuando ella miraba hacia otro lado, Fred se volvía para mirarla, y el circuito de búsqueda y rechazo volvía a comenzar y a menudo Fred acababa llorando. Pero a Mark ella nunca intentaba imponerle un contacto visual, como hacía con Fred. Mark podía interrrumpir el contacto visual cada vez que quería, y ella no lo obligaba.

Un acto insignificante, pero revelador. Un año más tarde, Fred era notablemente más temeroso y dependiente que Mark; una forma en que mostraba su temor era interrumpiendo el contacto visual con otras personas, como había hecho con su madre a los tres meses de edad, bajando la vista o apartándola. Mark, por su parte, miraba a la gente directamente a los ojos; cuando quería interrumpir el contacto, movía la cabeza ligeramente hacia arriba y al costado, con una encantadora sonrisa.

Los mellizos y su madre fueron observados de cerca cuando tomaron parte en una investigación llevada a cabo por Daniel Stern, un psiquiatra que en ese momento trabajaba en la Cornell University School of Medicine.[7] Stern está fascinado por los pequeños y repetidos intercambios que tienen lugar entre padres e hijos. Piensa que las lecciones básicas de la vida emocional se asientan en esos momentos de intimidad. De todos los momentos, los más críticos son aquellos que hacen que el niño sepa que sus emociones son recibidas con empatía, aceptadas y correspondidas, en un proceso que Stern llama *sintonía.* La madre de los mellizos tenía buena sintonía con Mark, pero no sintonizaba en nada con Fred. Stern afirma que los momentos de sintonía o falta de sintonía que se repiten interminablemente entre padres e hijos modelan las expectativas emocionales que los adultos ponen en sus relaciones íntimas, tal vez mucho más que los más dramáticos acontecimientos de la infancia.

La sintonía se produce de forma tácita, como parte del ritmo de la relación. Stern la ha estudiado con precisión microscópica en horas de grabaciones en las que aparecen madres con sus hijos. Considera que mediante la sintonía las madres hacen saber a sus hijos que tienen idea de lo que ellos sienten. El bebé grita con deleite, por ejemplo, y la madre confirma ese deleite dándole al niño un suave golpecito, arrullándolo o emitiendo un sonido parecido al grito del bebé. O el bebé agita su sonajero, y ella emite una rápida vibración. En una interacción de este tipo, el mensaje de afirmación está en el hecho de que la madre iguale más o menos el nivel de excitación del bebé. Estas pequeñas sintonías le proporcionan al bebé la tranquilizadora sensación de que está emocionalmente comunicado, un mensaje que, según Stern, las madres emiten aproximadamente una vez por minuto cuando interactúan con sus bebés.

La sintonía es muy distinta de la simple imitación. "Si uno se limita a imitar al bebé", me comentó Stern, "eso sólo muestra que uno sabe lo que él hizo, y no lo que sintió. Para hacerle saber que uno percibe lo que él siente, tiene que representar los sentimientos más íntimos de él de otra forma. Entonces el bebé sabe que lo comprenden."

Hacer el amor es quizá la actividad de la vida adulta que más se parece a la sintonía íntima que existe entre la madre y el niño. El acto amoroso, escribe Stern, "incluye la experiencia de sentir el estado subjetivo del otro: deseo compartido, intenciones alineadas y estados mutuos de excitación que cambian simultáneamente", en la que los amantes responden mutuamente en una sincronía que proporciona la tácita sensación de una profunda compenetración.[8] El acto amoroso es, en el mejor de los casos, un acto de empatía mutua; en el peor, carece de esa correspondencia emocional.

Los costos de la falta de sintonía

Stern afirma que a partir de las repetidas sintonías, el niño empieza a desarrollar la noción de que otras personas pueden compartir y compartirán sus sentimientos. Esta noción parece surgir alrededor de los ocho meses, cuando el chico empieza a darse cuenta de que es una persona separada de los demás, y continúa tomando forma a través de las relaciones íntimas a lo largo de la vida. Que los padres no tengan sintonía con el niño resulta profundamente perturbador. En un experimento, Stern hizo que las madres deliberadamente dieran una respuesta excesiva o deficiente a sus hijos, en lugar de hacerlo de una manera armónica; los niños respondieron de inmediato con desesperación y perturbación.

La ausencia prolongada de sintonía entre padres e hijos supone un enorme perjuicio emocional para estos últimos. Cuando un padre sistemáticamente deja de mostrar empatía en un aspecto especial de las emociones del niño —alegrías, llantos, necesidad de mimos—, este empieza a dejar de expresar, y tal vez incluso sentir, esas emociones. Se supone que de esta forma pueden quedar anuladas diversas emociones del repertorio de relaciones íntimas, sobre todo si a lo largo de la infancia esas emociones siguen siendo oculta o abiertamente desalentadas.

Del mismo modo, los niños pueden llegar a favorecer una desafortunada serie de emociones, según el estado de ánimo en que son correspondidos. Incluso los más pequeños "captan" los estados de ánimo: los bebés de tres meses de madres deprimidas, por ejemplo, reflejaban el estado de ánimo de sus madres mientras jugaban con ellas, mostrando más sentimientos de ira y tristeza, y curiosidad e interés mucho menos espontáneos, comparados con los niños cuyas madres no estaban deprimidas.[9]

Una madre del estudio de Stern mostró una reacción sistemáticamente deficiente al nivel de actividad de su bebé; con el tiempo, el pequeño aprendió a ser pasivo. "Un niño tratado de esa forma piensa: cuando estoy entusiasmado, no logro que mi madre sienta lo mismo, así que será mejor que ni siquiera lo intente", afirma Stern. Pero existe esperanza en las relaciones "reparadoras": "Las relaciones a lo largo de la vida —con amigos o parientes, por ejemplo, o en psicoterapia— remodelan constantemente el modelo operativo de las relaciones. Un desequilibrio de un momento determinado puede corregirse más tarde; es un proceso continuo que se desarrolla a lo largo de la vida".

En efecto, diversas teorías del psicoanálisis consideran la relación terapéutica como una relación que proporciona un correctivo emocional, como una experiencia reparadora de la sintonía. *"Reflejo"* (mirroring) es el término utilizado por algunos teóricos del psicoanálisis para la respuesta comprensiva que el terapeuta ofrece al paciente con respecto a su estado interior, como haría una madre que está en sintonía con su hijo. La sincronización emocional es la conciencia externa y no expresada, aunque el paciente puede disfrutar con la sensación de que es profundamente reconocido y comprendido.

El costo emocional por la falta de sintonía en la infancia puede ser elevado, y no sólo para el niño. Un estudio de delincuentes que cometieron los crímenes más crueles y violentos descubrió que la única característica de sus primeros años de vida que los diferenciaba de otros criminales era que habían pasado de un hogar adoptivo a otro, o habían crecido en orfanatos... historias de vida que muestran una negligencia emocional y pocas oportunidades de sintonía.[10]

Mientras la negligencia emocional parece entorpecer la empatía, se produce un resultado paradójico a partir del abuso emocional intenso y sostenido, incluidas las humillaciones y las amenazas crueles y sádicas y la simple mezquindad. Los chicos que soportan estos abusos se vuelven hiperalertas a las emociones de quienes los rodean, lo que equivale a una vigilancia postraumática ante indicios que señalan una amenaza. Esta preocupación obsesiva por los sentimientos de los demás es típica de niños que han soportado abusos psicológicos y que en la edad adulta sufren los intensos altibajos emocionales que a veces se diagnostican como "trastorno fronterizo de la personalidad". Muchas de estas personas tienen talento para percibir lo que sienten quienes los rodean, y es bastante común que informen haber sufrido abusos emocionales durante la infancia.[11]

La neurología de la empatía

Como suele ocurrir en neurología, los informes de casos extravagantes y extraños estaban entre las primeras pistas de la base cerebral de la empatía. Un informe de 1975, por ejemplo, revisaba varios casos en los que los pacientes con determinadas lesiones en la zona derecha de los lóbulos frontales presentaban un curioso déficit: eran incapaces de comprender el mensaje emocional en el tono de voz de la persona, aunque eran perfectamente capaces de comprender sus palabras. Un "Gracias" expresado con sarcasmo, otro con gratitud y un tercero con ira tenían para ellos el mismo significado neutro. En contraste, un informe de 1979 hablaba de pacientes con lesiones en zonas distintas al hemisferio derecho, que tenían una brecha muy distinta en su percepción emocional. Estos pacientes eran incapaces de expresar sus propias emociones a través de su tono de voz o de sus gestos. Sabían lo que sentían, pero simplemente no podían expresarlo. Todas estas regiones cerebrales corticales, señalaron los diversos autores, tenían fuertes conexiones con el sistema límbico.

Estos estudios fueron revisados como introducción para un trabajo fundamental realizado por Leslie Brothers, psiquiatra del California Institute of Technology sobre la biología de la empatía.[12] Al revisar tanto los descubrimientos neurológicos como los estudios comparativos con animales, Brothers señala la amígdala y sus conexiones con la zona de asociación de la corteza visual como parte del circuito cerebral clave en el que subyace la empatía.

Gran parte de la investigación neurológica pertinente es la que se obtiene del trabajo con animales, sobre todo con primates no humanos. Que estos primates muestran empatía —o "comunicación emocional", como prefiere decir Brothers— resulta claro no sólo a partir de informes anecdóticos, sino también de estudios como el siguiente: monos Rhesus fueron entrenados primero para temer a cierto tono oyéndolo mientras recibían una descarga eléctrica. Luego aprendieron a evitar la descarga eléctrica accionando una palanca cada vez que oían ese tono. A continuación, parejas de estos monos fueron colocados en jaulas separadas y la única comunicación que tenían era a través de un circuito cerrado de TV, lo que les permitía ver la imagen del rostro del otro mono. El primer mono, pero no el segundo, oyó entonces el sonido temido, tras lo cual su rostro adoptó una expresión de temor. En ese momento, el segundo mono, al ver el temor en el rostro del primero, accionó la palanca que evitaba la descarga eléctrica: un acto de empatía, si no de altruismo.

Al haber establecido que primates no humanos efectivamente interpretan emociones a partir del rostro de sus pares, los investigadores insertaron electrodos alargados y de punta fina en el cerebro de los monos. Estos electrodos permitían grabar la actividad de una sola neurona. Los electrodos que grababan las neuronas en la corteza visual y en la amígdala mostraban que cuando un mono veía el rostro de otro, esa información hacía que una neurona disparara primero la corteza visual y luego la amígdala. Esta ruta, por supuesto, es una ruta estándar para la información que se provoca emocionalmente. Pero lo sorprendente con respecto a los resultados de estos estudios es que también han identificado neuronas en la corteza visual que parece dispararse *sólo* en respuesta a expresiones o gestos faciales específicos, como una amenazadora abertura de la boca, una mueca atemorizante, o una dócil postura agachada. Estas neuronas son distintas a las demás que se encuentran en la misma región que reconoce rostros familiares. Esto parecería significar que el cerebro está diseñado desde un principio para responder a expresiones emocionales específicas, es decir que la empatía es algo que proporciona la biología.

Otra prueba del papel clave del camino amígdala-corteza para interpretar y responder a las emociones, sugiere Brothers, es la investigación en la que monos en estado salvaje tenían cortadas las conexiones a y desde la amígdala y la corteza. Cuando fueron liberados nuevamente, estos monos fueron capaces de enfrentarse a tareas corrientes como alimentarse solos y trepar a los árboles. Pero los desdichados monos habían perdido toda noción de cómo responder emocionalmente a otros monos de su grupo. Incluso cuando alguno intentó un acercamiento amistoso, salieron corriendo y acabaron viviendo aislados, perdiendo contacto con sus pares.

Las regiones mismas de la corteza donde se concentran las neuronas específicas de las emociones también son, según señala Brothers, las que tienen conexión más directa con la amígdala; la interpretación de las emociones incluye el circuito amígdalo-cortical, que juega un papel clave en la orquestación de las respuestas adecuadas. "El valor de supervivencia de este sistema es evidente" para los primates no humanos, afirma Brothers. "La percepción del enfoque de otro individuo debería dar origen a otra pauta específica [de respuesta fisiológica], adaptada a que el intento sea morder, dedicarse al aseo o a la cópula."[13]

Una base fisiológica similar para la empatía en los humanos aparece sugerida en la investigación llevada a cabo por Robert Levenson, psicólogo de la Universidad de California de Berkeley, que ha estudiado a parejas casadas que intentaban averiguar lo que sentía su pareja durante una discusión acalorada.[14] Su método es sencillo: la pareja es grabada en vídeo y sus respuestas fisiológicas medidas mientras hablan acerca de algún tema conflictivo de su matrimonio, cómo disciplinar a los chicos, los hábitos de gastos, y cosas por el estilo. Cada miembro de la pareja ve la grabación y explica lo que estaba sintiendo en cada instante. Después vuelve a verla intentando interpretar los sentimientos del *otro.*

La exactitud más enfática fue la que mostraron aquellos esposos y esposas *cuya propia fisiología seguía la del cónyuge* al que observaban. Es decir, cuando su pareja respondía con una sudoración elevada, a ellos les ocurría lo mismo; cuando disminuía el ritmo cardíaco de su pareja, también disminuía el de ellos. En resumen, su cuerpo imitaba las sutiles e instantáneas reacciones físicas de su cónyuge. Si las pautas fisiológicas del observador simplemente repetían las de ellos mismos durante la interacción original, eran muy ineficaces para imaginar lo que su pareja estaba sintiendo. Sólo cuando su cuerpo estaba en sintonía, había empatía.

Esto sugiere que cuando el cerebro emocional envía al cuerpo una reacción intensa —por ejemplo, el acaloramiento de la ira— puede haber poca empatía o ninguna. La empatía exige suficiente calma y sensibilidad para que las señales sutiles de los sentimientos de otra persona puedan ser recibidas e imitadas por el propio cerebro emocional.

Empatía y ética: las raíces del altruismo

Una de las más famosas frases de la literatura inglesa dice: "No preguntes por quién doblan las campanas; están doblando por ti". El sentimiento de John Donne expresa el núcleo del vínculo que existe entre empatía y preocupación: el dolor del otro en carne propia. Sentir lo mismo que otro es preocuparse. En este sentido, lo opuesto de *empatía* es *antipatía.* La actitud empática interviene una y otra vez en los juicios morales, porque los dilemas morales implican víctimas en potencia: ¿Mentiría usted para no herir los sentimientos de un amigo? ¿Cumpliría la promesa de visitar a un amigo enfermo, o en lugar de eso aceptaría una invitación de último momento para ir a cenar? ¿Cuándo un sistema de conservación de la vida debería seguir aplicándose a alguien que, de otro modo, moriría?

Estas cuestiones morales están planteadas por Martin Hoffman, investigador de la empatía, que afirma que las raíces de la moralidad deben encontrarse en aquella, ya que es el hecho de empatizar con las víctimas en potencia —alguien que sufre un dolor, un peligro o una privación, por ejemplo— y de compartir su aflicción lo que mueve a la gente a actuar para ayudarlas.[15] Más allá de este vínculo inmediato entre empatía y altruismo en los encuentros personales, Hoffman propone que la misma capacidad para el afecto empático, para ponerse uno mismo en el lugar de otro, lleva a la gente a seguir determinados principios morales. Hoffman ve una progresión natural en la empatía, desde la infancia en adelante. Como hemos visto, al año de edad el niño siente aflicción cuando ve que otro cae y empieza a llorar; su compenetración es tan fuerte e inmediata que se lleva el pulgar a la boca y hunde la cabeza en el regazo de su madre, como si fuera él el que se ha hecho daño. Después del primer año, cuando los niños tienen más conciencia de que son distintos de los demás, intentan activamente consolar a otro niño que llora, por ejemplo ofreciéndoles su osito de peluche. Ya a los dos años los niños empiezan a darse cuenta de que los sentimientos de otra persona son distintos de los de ellos, y así se vuelven más sensibles a los indicios que revelan lo que en realidad siente otra persona; en este punto pueden, por ejemplo, reconocer que el orgullo de otro chico podría significar que la mejor manera de ayudarlo cuando llora es no llamar indebidamente la atención sobre él.

En la etapa final de la infancia aparece el nivel más avanzado de empatía, a medida que los chicos son capaces de comprender la aflicción más allá de la situación inmediata, y de ver que la condición de alguien en la vida puede ser una fuente de aflicción crónica. En este punto, pueden compadecerse del aprieto que sufre todo un grupo, como los pobres, los oprimidos o los marginados. En la adolescencia, esa comprensión puede reforzar convicciones morales centradas en el deseo de aliviar los infortunios y la injusticia.

La empatía es algo subyacente a diversas facetas del juicio y la acción morales. Una de estas facetas es la "ira empática", que John Stuart Mill describió como "el sentimiento natural de la represalia... reflejado por el intelecto y la simpatía aplicable a... aquellas heridas que nos lastiman al lastimar a otros". Mill llamó a esto el "guardián de la justicia". Otro ejemplo en el que la empatía conduce a la acción moral se presenta cuando un transeúnte decide intervenir en ayuda de una víctima; la investigación muestra que cuanta más empatía siente el transeúnte por la víctima, más probabilidades existen de que intervenga. Algunas pruebas demuestran que el nivel de empatía que sienten las personas también matiza sus juicios morales. Por ejemplo, diversos estudios llevados a cabo en Alemania y Estados Unidos demostraron que cuanto más empática es la persona más favorece el principio moral de que los recursos deberían repartirse según las necesidades de cada uno.[16]

Vida sin empatía: la mente del abusador sexual, la moral sociópata

Eric Eckardt se vio implicado en un crimen de triste fama: como guardaespaldas de la patinadora Tonya Harding, Eckardt había dispuesto lo necesario para que unos criminales atacaran a Nancy Kerrigan, archirrival de Harding para la medalla de oro femenina en patinaje que se disputarían en los Juegos Olímpicos de 1994. Durante el ataque, la rodilla de Kerrigan quedó destrozada, con lo que se vio obligada a permanecer inactiva durante los cruciales meses del entrenamiento. Pero cuando Eckardt vio por televisión la imagen de la llorosa Kerrigan, sintió un súbito arranque de remordimiento y buscó a un amigo a quien revelar su secreto, iniciando así la secuencia que llevó al arresto de los agresores. Tal es el poder de la empatía.

Pero esto está típica y trágicamente ausente en aquellos que cometen los crímenes más viles. La actitud psicológicamente errónea es común a violadores, abusadores de niños y diversos autores de violencia familiar: son incapaces de experimentar empatía. Esta incapacidad para sentir el dolor de sus víctimas les permite decirse mentiras que estimulan su crimen. En el caso de los violadores, las mentiras incluyen, entre otras, "las mujeres realmente quieren ser violadas", o "si ella se resiste, lo que hace es esforzarse por acabar"; en el caso de los abusadores de niños, las mentiras pueden ser: "No estoy haciéndole daño a la criatura, sólo mostrándole amor", o "esto sólo es otra forma de afecto"; en el caso de los padres que maltratan físicamente a sus hijos, "esto sólo es disciplina". Todas estas autojustificaciones están extraídas de lo que las personas tratadas por estos problemas dicen haberse dicho mientras agredían brutalmente a sus víctimas o se preparaban para hacerlo.

La supresión de la empatía mientras estas personas infligen daño a sus víctimas es casi siempre parte de un ciclo emocional que precipita sus crueles actos. Lo que da prueba de la secuencia emocional que conduce típicamente a un crimen sexual como el abuso de niños.[17] El ciclo comienza cuando el abusador se siente perturbado: furioso, deprimido, solitario. Estos sentimientos podrían ser activados, por ejemplo, al ver parejas felices en la televisión y a continuación sentirse deprimido por estar solo. Entonces el abusador busca solaz en una fantasía favorita, que suele ser la de una cálida amistad con un niño; la fantasía se convierte en una fantasía sexual y termina en masturbación. Posteriormente, el abusador siente un alivio pasajero de la tristeza, pero ese alivio es fugaz; la depresión y el sentimiento de soledad vuelven, aún más acentuados. El abusador empieza a pensar en convertir la fantasía en realidad, dándose justificaciones como: "No estoy causando ningún daño real si el chico no resulta dañado físicamente" y "Si un niño no quisiera realmente tener una relación sexual conmigo, podría evitarlo".

En este punto, el abusador ve a la criatura a través de la lente de la fantasía perversa, y sin empatía por lo que un niño real sentiría en esa situación. Ese desapego emocional caracteriza todo lo que sigue, desde el consiguiente plan para encontrar a la criatura a solas, hasta el cuidadoso ensayo de lo que sucederá, y luego la ejecución del plan. Todo esto es perseguido como si la criatura en cuestión no tuviera sentimientos propios; en lugar de eso, en su fantasía el abusador imagina la actitud cooperativa de aquella y no tiene en cuenta sus sentimientos de repulsión, temor y disgusto. Si estos se manifestaran, las cosas quedarían "arruinadas" para el abusador.

Esta absoluta falta de empatía con sus víctimas es uno de los focos principales de los nuevos tratamientos concebidos para abusadores de niños y otros agresores por el estilo. En uno de los más prometedores programas de tratamiento, los agresores leyeron informes desoladores sobre crímenes como los que ellos mismos habían cometido, narrados desde la perspectiva de la víctima. También miraron vídeos de víctimas llorosas que contaban lo que significaba sufrir abusos. Luego los agresores escribieron sobre su propia agresión desde el punto de vista de la víctima, imaginando lo que esta sentía. Leyeron este relato a un grupo de terapia e intentaron contestar a las preguntas sobre la agresión desde el punto de vista de la víctima. Finalmente, el agresor hace un simulacro del delito, esta vez interpretando el papel de víctima.

William Pithers, el psicólogo de prisiones de Vermont que desarrolló esta terapia de toma de perspectiva, me dijo: "La empatía con la víctima cambia la percepción de modo tal que la negación del dolor, incluso en las propias fantasías, se vuelve difícil" y de ese modo refuerza la motivación de los hombres a combatir sus urgencias sexuales perversas. Los abusadores sexuales que se sometieron al programa en la cárcel sólo presentaron la mitad de agresiones consiguientes después de ser liberados, comparados con aquellos que no habían recibido ese tratamiento. Sin esta motivación inicial inspirada en la empatía, el resto del tratamiento no funciona.

Aunque puede haber pocas esperanzas de inculcar la noción de empatía en agresores como abusadores de niños, existen muchas menos para otro tipo de criminal, el psicópata (más recientemente llamado *sociópata* en los diagnósticos psiquiátricos). Los psicópatas se destacan por ser encantadores y al mismo tiempo totalmente carentes de remordimientos incluso por los actos más crueles y despiadados. La psicopatía, la incapacidad de sentir la menor empatía o compasión, o el menor remordimiento, es el más desconcertante de los defectos emocionales. El núcleo de la frialdad del psicópata parece asentarse en una incapacidad para hacer algo más que conexiones emocionales absolutamente superficiales. Los criminales más crueles, como los sádicos asesinos en serie que se deleitan con el sufrimiento que sus víctimas experimentan antes de morir, son la personificación de la psicopatía.[18]

Los psicópatas son también redomados mentirosos, dispuestos a decir cualquier cosa para conseguir lo que quieren, y manipulan las emociones de sus víctimas con el mismo cinismo. Consideremos la actuación de Faro, un miembro de diecisiete años de una banda de Los Angeles que dejó tullida a una madre y a su bebé durante un tiroteo, acción que describió con más orgullo que remordimiento. Mientras viaja en coche con Leon Bing, que estaba escribiendo un libro sobre los Crip y los Blood —bandas callejeras de Los Angeles—, Faro quiere alardear. Le dice a Bing que va a "hacerse el loco" con los "dos tipos" que viajan en el coche de al lado. Bing relata el encuentro:

> El conductor, al notar que alguien lo mira, echa un vistazo a mi coche. Sus ojos tropiezan con los de Faro, y durante un instante quedan desorbitados. Entonces el individuo baja la mirada y luego mira hacia otro lado. No tengo duda de que lo que vi en sus ojos era miedo.

Faro le hace a Bing una demostración de la mirada que le lanza al individuo del otro coche:

> Me mira fijamente y en su cara todo cambia, como si se tratara de un truco fotográfico. Se convierte en un rostro de pesadilla, y da miedo verlo. Te dice que si le devuelves la mirada, si desafías a este sujeto, será mejor que te mantengas en tus trece. Su expresión te dice que no le importa nada, ni tu vida ni la suya.[19]

Por supuesto, en una conducta tan compleja como la criminal, existen muchas explicaciones plausibles que no evocan una base biológica. Una podría ser que un tipo perverso de habilidad emocional —intimidar a otras personas— tiene un valor de supervivencia en los barrios violentos, como podría tenerlo el dedicarse al crimen; en estos casos, demasiada empatía podría ser contraproducente. En efecto, una oportunista falta de empatía puede ser una "virtud" en muchos papeles de la vida, desde el "poli malo" que interviene en los interrogatorios policiales, hasta el asaltante que actúa con una banda. Los hombres que han sido torturadores de estados terroristas, por ejemplo, describen cómo aprenden a disociarse de los sentimientos de sus víctimas con el fin de hacer su "trabajo". Existen muchas vías para la manipulación.

Una de las formas más siniestras en que esta ausencia de empatía puede mostrarse fue descubierta accidentalmente en un estudio de los maridos golpeadores más atroces. La investigación reveló una anomalía fisiológica entre varios de los esposos más violentos, que regularmente azotaban a sus esposas o las amenazaban con cuchillos o revólveres: los maridos adoptan esta conducta en un estado frío y calculador, en lugar de hacerlo mientras están dominados por el apasionamiento de la ira.[20] La anomalía surge a medida que la ira aumenta: el ritmo cardíaco *disminuye* en lugar de elevarse, como suele ocurrir con la furia creciente. Esto significa que se están volviendo fisiológicamente más serenos, aunque adopten una actitud más beligerante y abusiva. Su violencia parece un calculado acto de terrorismo, un método para controlar a sus esposas inculcándoles temor.

Estos esposos fríamente brutales son una raza distinta de la mayoría de los otros hombres que golpean a sus esposas. Por un lado, tienen muchas más probabilidades de ser violentos también fuera del matrimonio, metiéndose en peleas y riñas con compañeros de trabajo y otros miembros de la familia. Y mientras la mayoría de los hombres que se vuelven violentos con sus esposas lo hacen impulsivamente, por rabia al sentirse rechazados o celosos, o por temor al abandono, estos golpeadores calculadores azotarán a sus esposas al parecer sin motivo y, una vez que empiezan, nada de lo que ellas hagan —ni siquiera el intento de marcharse— parece contener su violencia.

Algunos investigadores que estudian a los psicópatas criminales sospechan que su fría manipulación, esa ausencia de empatía o preocupación, puede a veces surgir de un defecto nervioso.* Una posible base fisiológica de la psicopatía inhumana se ha mostrado en dos sentidos, que sugieren la participación de sendas nerviosas al cerebro límbico. En una, las ondas cerebrales de la persona se miden mientras esta intenta descifrar palabras que han sido mezcladas. Las palabras aparecen en rá-

* Una nota de advertencia: Si hay alguna clase de criminalidad en juego —como un defecto nervioso en la empatía— eso no significa que todos los criminales tengan algun defecto biológico, o que exista alguna manera biológica del crimen. Se ha planteado una polémica en este tema, y la opinión general es que no existe una marca biológica y, sin duda, tampoco un "gen criminal". Aunque exista una base biológica para una falta de empatía en algunos casos, eso no significa que todos los que la padezcan se dedicarán al crimen. La mayoría no lo hará. La falta de empatía debería considerarse un factor junto a todas las demás fuerzas psicológicas, económicas y sociales que contribuyan a un vector hacia la criminalidad.

pidos flashes, durante una décima de segundo, aproximadamente. La mayor parte de la gente reacciona ante palabras emocionales como *matar* de manera distinta que ante palabras neutrales como *silla:* pueden decidir más rápidamente si la palabra emocional estaba mezclada, y su cerebro muestra una pauta definida en respuesta a las palabras emocionales, pero no a las neutras. Pero los psicópatas no muestran ninguna de estas respuestas: su cerebro no muestra la pauta definida en respuesta a las palabras emocionales, y no responden más rápidamente a ellas, sugiriendo una interrupción en los circuitos entre la corteza verbal, que reconoce la palabra, y el cerebro límbico, que le añade un sentimiento.

Robert Hare, el psicólogo de la Universidad de la Columbia Británica que ha efectuado esta investigación, interpreta que estos resultados significan que los psicópatas tienen una comprensión superficial de las palabras emocionales, una reflexión de su superficialidad más general en el reino afectivo. En opinión de Hare, la insensibilidad de los psicópatas está basada en parte en otra pauta fisiológica que descubrió en una investigación anterior, una pauta que también permite suponer una irregularidad en el funcionamiento de la amígdala y los circuitos relacionados: los psicópatas que están a punto de recibir una descarga eléctrica no muestran señales de dar la respuesta de temor que es normal en las personas que están a punto de experimentar dolor.[21]

8

LAS ARTES SOCIALES

Como suele ocurrirles a los chicos de cinco años con sus hermanos menores, Len ha perdido la paciencia con Jay, su hermano de dos años y medio, que está revolviendo todos los bloques Lego con los que han estado jugando. Impulsado por un arranque de ira, Len muerde a Jay, que se echa a llorar. Al oír los gritos de dolor de Jay, su madre se acerca a toda prisa, reprende a Len y le ordena que guarde los objetos que son motivo de pelea, los bloques Lego. Ante esto —que seguramente le parece una terrible injusticia— Len se echa a llorar. Todavía irritada, su madre se niega a consolarlo.

Pero Len recibe consuelo de una fuente inesperada: Jay, que —aunque fue el que recibió el daño originalmente— ahora está tan preocupado por las lágrimas de su hermano mayor que se embarca en la tarea de consolarlo. La conversación es, aproximadamente, como sigue:[1]

—Len, no —implora Jay—. No llores más. No llores más.

Pero Len sigue llorando. Como su súplica directa ha fracasado, Jay le implora a su madre en nombre de Len:

—¡Len llora, mami! Len llora. Mira. Te lo mostraré. Len llora.

A continuación, volviéndose hacia Len, Jay adopta una actitud maternal y le da unos golpecitos a su hermano en la espalda mientras le dice en tono tranquilizador:

—Mira, Len. Basta de llorar.

Pero los sollozos de Len continúan, a pesar de las palabras de consuelo. Entonces Jay recurre a otra táctica: le ofrece ayuda a su hermano para guardar los bloques de Lego en la bolsa mientras le dice en tono amistoso:

—Ya está, Len. Yo los guardo para Lennie, ¿sí?

A pesar de todo, el llanto continúa. El ingenioso Jay prueba con otra nueva táctica, la de la distracción. Mientras le muestra a su hermano un coche de juguete, Jay intenta distraerlo de la tragedia menor que ha caído sobre él.

—Aquí está el hombre. ¿Qué es esto, Len? ¿Qué es esto, Len?

A Len no le interesa. No tiene consuelo; su llanto es irrefrenable. Su madre pierde la paciencia y recurre a la clásica amenaza:

—¿Quieres que te pegue?

Len responde con un tembloroso:

—No.

—Entonces cállate, por favor —dice la madre con firmeza, aunque un poco exasperada.

Entre sollozos, Len logra responder en tono jadeante:

—Trato de hacerlo.

Esto impulsa la última estratagema de Jay: imitando la firmeza y la voz de autoridad de su madre, amenaza a su hermano:

—Basta de llorar, Len. ¡Te pego en el trasero!

Este microdrama revela la notable sofisticación emocional que un chico de sólo treinta meses puede mostrar en su intento de manejar las emociones de otra persona. En su urgente intento por calmar a su hermano, Jay es capaz de desarrollar un enorme repertorio de tácticas, desde la sencilla súplica, hasta buscar la alianza con su madre (que no le sirve de nada), el consuelo físico, el ofrecimiento de ayuda, hasta las distracciones, las amenazas y las órdenes directas. No cabe duda de que Jay cuenta con un arsenal que ha sido aplicado con él en momentos de aflicción. No importa. Lo que cuenta es que él puede utilizarlo rápidamente en un caso de apuro, a pesar de su corta edad.

Por supuesto, como saben los padres que tienen hijos más pequeños, la muestra de empatía y consuelo de Jay no es en modo alguno universal. Es probable que un chico de su edad considere la aflicción de un hermano como una oportunidad de vengarse, y que haga todo lo posible para que la aflicción sea aún peor. Esas mismas habilidades pueden utilizarse para importunar o atormentar a un hermano. Pero incluso esa actitud mezquina expresa la aparición de una aptitud emocional fundamental: la capacidad de conocer los sentimientos de otro y de actuar de una manera que dé nueva forma a esos sentimientos. Ser capaz de manejar las emociones de otro es la esencia del arte de mantener relaciones.

Para manifestar este poder interpersonal, los niños primero deben alcanzar parámetros de autodominio, el comienzo de la capacidad de aliviar su propia ira y aflicción, sus impulsos y excitación, aunque esa habilidad a menudo se tambalea. La sintonía con otros exige un mínimo de serenidad en uno mismo. Las señales tentativas de esta habilidad para manejar su propias emociones surgen aproximadamente en esta misma etapa: el niño que da los primeros pasos comienza a ser capaz de esperar sin quejarse, de discutir o engatusar para conseguir lo que quiere en lugar de usar la fuerza... Aunque no siempre elige usar esta habilidad. La paciencia surge como una alternativa a las rabietas, al menos de vez en cuando. Y las señales de empatía surgen alrededor de los dos años; fue la empatía de Jay, la raíz de la compasión, lo que lo llevó a intentar tan arduamente alegrar a su lloroso hermano, Len. Manejar así las emociones de otro —el arte de las relaciones— exige la madurez de otras dos habilidades emocionales, autogobierno y empatía.

Sobre esta base, las "habilidades de la persona" maduran. Estas son las capacidades que contribuyen a la eficacia en el trato con los demás; aquí los déficits conducen a la ineptitud en el mundo social o a los desastres interpersonales repetidos. En efecto, es precisamente la ausencia de estas habilidades lo que puede hacer que incluso los más brillantes intelectualmente fracasen en sus relaciones, apareciendo como arrogantes, desagradables o insensibles. Estas habilidades sociales le permiten a uno dar forma a un encuentro, movilizar o inspirar a otros, prosperar en las relaciones íntimas, persuadir e influir, tranquilizar a los demás.

Mostrar alguna emoción

Una competencia social clave es lo bien o mal que la gente expresa sus propios sentimientos. Paul Ekman utiliza la expresión *reglas de demostración* para el consenso social acerca de qué sentimientos pueden mostrarse adecuadamente y cuándo. Las culturas a veces varían enormemente en este sentido. Por ejemplo, Ekman y sus colegas de Japón estudiaron las reacciones faciales de alumnos ante una horrenda película acerca de la circuncisión ritual de adolescentes aborígenes. Cuando los estudiantes japoneses vieron la película en presencia de una figura de autoridad, sus rostros mostraron sólo reacciones leves. Pero cuando creyeron que estaban solos (aunque estaban siendo filmados por una cámara oculta) sus facciones se contrajeron en vívidas mezclas de aflicción angustiada, temor y disgusto.

Existen varias clases básicas de *reglas de demostración.*[2] Una es *minimizar* las muestras de emoción: esta es la norma japonesa para los sentimientos de aflicción en presencia de alguien con autoridad, que los alumnos estaban siguiendo cuando ocultaron su perturbación con una expresión inmutable. Otra es *exagerar* lo que uno siente magnificando la expresión emocional; esta es la táctica utilizada por el niño de seis años que contorsiona la cara dramáticamente con el ceño fruncido, los labios temblorosos, mientras corre hacia su madre para quejarse del tormento al que lo somete su hermano mayor. La tercera es *reemplazar* un sentimiento por otro; esto entra en juego en algunas culturas asiáticas en las que es descortés decir que no, y en lugar de eso se hacen promesas positivas (aunque falsas). Lo bien que uno emplee estas estrategias, y sepa cuándo hacerlo, es un factor de la inteligencia emocional.

Aprendemos estas reglas de demostración muy pronto, en parte mediante la instrucción explícita. Una educación en las reglas de demostración es impartida cuando le indicamos al niño que no se muestre decepcionado y que en lugar de eso sonría y dé las gracias cuando su abuelo le ha hecho un regalo de cumpleaños espantoso aunque bienintencionado. Esta educación en las reglas de demostración, sin embargo, se realiza con mayor frecuencia dando el ejemplo: los chicos aprenden a hacer lo que ven hacer. Al educar los sentimientos, las emociones son al mismo tiempo el medio y el mensaje. Si un padre le dice a su hijo "sonríe y da las gracias" y lo hace en una actitud dura, exigente y fría, mascullando el mensaje en lugar de susurrarlo cariñosamente, es más probable que el niño aprenda una lección muy distinta, y en realidad responda a su abuelo con el ceño fruncido y con un "gracias" lacónico e inexpresivo. El efecto que produce en el abuelo es muy diferente: en el primer caso, se siente feliz (aunque engañado), y en el segundo queda herido por el mensaje confuso.

Las demostraciones emocionales, por supuesto, tienen consecuencias inmediatas en el impacto que producen en la personas que las recibe. La regla que aprende el niño es algo así como: "Disfraza tus verdaderos sentimientos cuando pueden lastimar a alguien a quien amas; en lugar de eso sustitúyelo por un sentimiento falso pero menos hiriente". Estas reglas para expresar emociones son algo más que una parte del léxico de los cánones sociales; dictan el impacto que nuestros sentimientos producen a los demás. Seguir bien estas reglas es tener un impacto óptimo; hacerlo deficientemente supone fomentar un desastre emocional.

Por supuesto, los actores son artistas de la demostración emocional; su expresividad es lo que provoca respuesta en el público y, sin duda, algunos de nosotros entramos en la vida como actores naturales. Pero en parte porque las lecciones que aprendemos sobre las reglas de demostración varían de acuerdo con los modelos que hemos conocido, la pericia difiere enormemente de una persona a otra.

Expresividad y contagio emocional

Eran los comienzos de la guerra de Vietnam cuando los soldados de un pelotón norteamericano estaban en cuclillas en medio de un arrozal, en pleno tiroteo con el Vietcong. De repente, una fila de seis monjes empezó a caminar a lo largo de las pequeñas elevaciones que separaban un arrozal de otro. Con serenidad y porte perfecto, los monjes caminaban directamente hacia la línea de fuego.

"No miraban a la derecha ni a la izquierda. Caminaban en línea recta", recuerda David Busch, uno de los soldados norteamericanos. "Fue realmente extraño, porque nadie les disparó. Y después que terminaron de caminar por los montículos, de pronto el deseo de lucha me abandonó. Ya no tenía ganas de seguir haciendo eso, al menos ese día. Debió de ser así para todos, porque todos abandonaron. Simplemente dejamos de combatir".[3]

El poder del sereno coraje de los monjes para apaciguar a los soldados en el fragor de la batalla ilustra un principio básico de la vida social: las emociones son contagiosas. Sin duda, este relato marca un extremo. La mayor parte del contagio emocional es mucho más sutil, parte de un intercambio tácito que se produce en cada encuentro. Transmitimos y captamos estados de ánimo unos de otros en lo que equivale a una economía subterránea de la psiquis en la que algunos encuentros son tóxicos y algunos nutritivos. Este intercambio emocional se produce típicamente en un nivel sutil y casi imperceptible; la forma en que un vendedor le da a uno las gracias puede hacer que se sienta pasado por alto, ofendido o verdaderamente bienvenido y apreciado. Nos contagiamos mutuamente los sentimientos como si se tratara de una especie de virus social.

Enviamos señales emocionales en cada encuentro, y esas señales afectan a aquellas personas con las que estamos. Cuanto más hábiles somos socialmente, mejor controlamos las señales que emitimos; la reserva de la sociedad cortés es, después de todo, sólo un medio de asegurar que ninguna perturbadora filtración emocional alterará el encuentro (una regla social que, cuando entra en la esfera de las relaciones íntimas, resulta sofocante). La inteligencia emocional incluye el manejo de este intercambio, "popular" y "encantadora" son términos que utilizamos para referirnos a la persona con la que nos gusta estar porque sus habilidades emocionales nos ayudan a sentirnos bien. La gente que es capaz de ayudar a otros a calmar sus sentimientos posee un producto social especialmente valioso; son las almas a quienes otros recurren cuando padecen alguna importante necesidad emocional. Todos formamos parte de la caja de herramientas del otro para el cambio emocional, para bien o para mal.

Consideremos esta notable demostración de la sutileza con la que las emociones pasan de una persona a otra. En un sencillo experimento, dos voluntarios llenaron una lista acerca de los estados de ánimo que experimentaban en ese momento y luego sencillamente se sentaron uno frente al otro, en silencio, mientras esperaban que la experimentadora regresara a la habitación. Dos minutos más tarde volvió y les pidió que llenaran nuevamente una lista de estados de ánimo. La pareja estaba expresamente formada por una persona que manifestaba muy abiertamente sus emociones y otra que era inexpresiva. Invariablemente, el estado de ánimo de la persona más expresiva había sido transferido a la más pasiva.[4]

¿Cómo se produce esta transmisión mágica? La respuesta más verosímil es que inconscientemente imitamos las emociones que vemos en otra persona, a través de una mímica motriz de su expresión facial, sus gestos, su tono de voz y otras marcas no verbales de emoción. Mediante esta imitación, las personas recrean en ellas mismas el humor del otro, una versión en tono menor del método de Stanislavsky, en el que los actores recuerdan gestos, movimientos y otras expresiones de una emoción que han experimentado intensamente en el pasado con el fin de evocar nuevamente esos sentimientos.

La imitación cotidiana de los sentimientos es comúnmente bastante sutil. Ulf Dimberg, un investigador sueco de la Universidad de Uppsala, descubrió que cuando la gente ve un rostro sonriente o un rostro airado, el suyo da muestras de ese mismo estado de ánimo a través de ligeros cambios en los músculos faciales. Los cambios son evidentes a través de sensores electrónicos pero no pueden percibirse a simple vista.

Cuando dos personas interactúan, la dirección en que se transmite el estado de ánimo es del que es más enérgico para expresar sus sentimientos al que es más pasivo. Pero algunas personas son especialmente susceptibles al contagio emocional; su sensibilidad innata hace que su sistema nervioso autónomo (una marca de actividad emocional) se dispare más fácilmente. Esta característica parece hacerlos más impresionables; los anuncios comerciales sentimentales pueden provocarles lágrimas, mientras una charla fugaz con alguien que se siente feliz puede estimularlos (también puede hacerlos más empáticos, ya que se sienten más fácilmente conmovidos por los sentimientos de los demás).

John Cacioppo, el psicofisiólogo de la Universidad Estatal de Ohio que ha estudiado este sutil intercambio emocional, comenta: "El solo hecho de ver que alguien expresa una emoción puede provocar ese estado de ánimo, tanto si uno se da cuenta o no de que imita la expresión facial. Esto nos ocurre constantemente, hay una danza, una sincronía, una transmisión de emociones. Esta sincronía del estado de ánimo determina que uno sienta que una interacción salió bien o no".

El grado de compenetración emocional que las personas sienten en un encuentro queda reflejado por la exactitud con que se combinan sus movimientos físicos mientras hablan, un indicador de cercanía del que típicamente no se tiene conciencia. Una persona asiente con la cabeza cuando otra hace una observación, o ambas se mueven en su silla al mismo tiempo, o una se echa hacia adelante mientras la otra se mueve hacia atrás. La combinación puede ser sutil hasta el punto de que ambas personas se balanceen en sus sillas giratoria al mismo ritmo. Como descubrió

Daniel Stern al observar la sincronía entre madres con sintonía y sus hijos, la misma reciprocidad une los movimientos de las personas que experimentan compenetración emocional.

Esta sincronía parece facilitar el envío y recepción de estados de ánimo, incluso si estos son negativos. Por ejemplo, en un estudio de sincronía física, mujeres deprimidas se presentaron en un laboratorio con sus parejas y discutieron un problema que se presentaba en su relación. Cuánta mayor sincronía existía entre ambos a nivel no verbal, peor se sentían después de la discusión las parejas de las mujeres deprimidas: ellos se habían contagiado el mal humor de sus novias.[5] En resumen, tanto si la persona se siente abatida como optimista, cuanto más físicamente sintonizado es su encuentro, más similares terminarán siendo sus estados de ánimo.

La sincronía entre profesores y alumnos indica en qué medida se sienten compenetrados; estudios efectuados en aulas muestran que cuanto mayor es la coordinación de movimientos entre profesor y alumno, más amigables, contentos, entusiasmados, interesados y sociables se muestran mientras interactúan. En general, un elevado nivel de sincronía en la interacción significa que las personas que participan se caen bien. Frank Bernieri, el psicólogo de la Universidad Estatal de Oregon que llevó a cabo estos estudios, me dijo: "La comodidad o incomodidad que uno siente con alguien es en cierto modo física. Es necesario tener un ritmo compatible, coordinar los movimientos, sentirse cómodo. La sincronía refleja la profundidad del compromiso entre los miembros de la pareja; si uno está muy comprometido, los estados de ánimo empiezan a confundirse, ya sean los positivos o los negativos".

En resumen, la coordinación de los estados de ánimo es la esencia de la compenetración, la versión adulta de la sintonía que una madre experimenta con su hijo. Un determinante de la efectividad interpersonal, plantea Cacioppo, es la habilidad con que la gente desarrolla su sincronía emocional. Si son hábiles para sintonizar con el estado de ánimo de otra persona, o logran dominar fácilmente a otros, entonces sus interacciones serán más parejas a nivel emocional. La marca de un líder o actor poderoso es ser capaz de influir en una audiencia de miles de personas en ese sentido. Del mismo modo, Cacioppo señala que las personas que no logran percibir o transmitir emociones son propensas a tener problemas en sus relaciones, dado que los demás suelen sentirse incómodos con ellas, aunque no pueden expresar por qué.

Fijar el tono emocional de una interacción es, en cierto sentido, una señal de dominio en un nivel íntimo y profundo: significa guiar el estado emocional de la otra persona. Este poder de determinar la emoción está relacionado con lo que se conoce en biología como un *zeitgeber* (literalmente, "tomador de tiempo"), un proceso (como el ciclo día-no che, o las fases mensuales de la luna) que interviene en los ritmos biológicos. En el caso de una pareja que baila, la música es un *zeitgeber* físico. En lo que se refiere a los encuentros personales, la persona que tiene la mayor fuerza expresiva —o el mayor poder— es típicamente aquella cuyas emociones influyen en la otra. Los miembros dominantes de la pareja hablan más, mientras el subordinado observa más el rostro del otro, lo cual supone una disposición para la transmisión del afecto. De la misma forma, la fuerza de un buen orador —un político o un evangelista, digamos— actúa para influir en la emoción del público.[6] A eso nos referimos cuando decimos: "Se los metió en el bolsillo". La influencia emocional es el núcleo de la influencia.

Los rudimientos de la inteligencia social

Es el recreo en un preescolar, y un grupo de chicos corre por la hierba. Reggie tropieza, se lastima la rodilla y empieza a llorar, pero los demás chicos siguen corriendo; todos salvo Roger, que se detiene. Mientras los sollozos de Reggie se calman, Roger se agacha y se frota la rodilla mientras dice: "¡Yo también me lastimé la rodilla!".

Roger aparece mencionado como un niño de ejemplar inteligencia interpersonal por Thomas Hatch, colega de Howard Gardner en Spectrum, la escuela basada en el concepto de las inteligencias múltiples.[7] Al parecer, Roger es inusualmente experto en reconocer los sentimientos de sus compañeros y hacer rápidas y fáciles conexiones con ellos. Roger fue el único que reparó en la situación y el dolor de Reggie, y el único que intentó proporcionarle cierto alivio, aunque lo único que pudo hacer fue frotar su propia rodilla. Este pequeño gesto demuestra un talento para la compenetración, una habilidad emocional esencial para la preservación de las relaciones íntimas, ya sea en el matrimonio, en la amistad o en una sociedad comercial. Estas habilidades en un niño que está en edad preescolar son el capullo de los talentos que madurarán a lo largo de la vida.

El talento de Roger representa una de las cuatro capacidades que Hatch y Gardner identifican como componentes de la inteligencia interpersonal:

- *Organización de grupos:* esencial en un líder, esta habilidad incluye esfuerzos iniciadores y coordinadores de una red de personas. Es el talento que se ve en los directores y productores de teatro, en los oficiales militares, y en los directores efectivos de organizaciones y unidades de todo tipo. En el patio de juegos, este es el niño que toma la iniciativa y decide a qué jugarán todos, o se convierte en el capitán del equipo.

- *Negociación de soluciones:* es el talento del mediador, que previene conflictos o resuelve aquellos que han estallado. Las personas que tienen esta habilidad se destacan en la realización de acuerdos, en arbitrar o mediar en disputas; podrían hacer carrera en la diplomacia, en el arbitraje o en la ley, o como intermediarios o administradores de adquisiciones. Son los niños que resuelven las disputas en el patio de juegos.
- *Conexión personal:* es el talento de Roger, el de la empatía y la conexión. Hace que resulte fácil participar en un encuentro o reconocer y responder adecuadamente a los sentimientos y las preocupaciones de la gente... el arte de las relaciones. Estas personas son ideales para el "trabajo en equipo", son esposas confiables, buenos amigos o socios comerciales; en el mundo comercial se desempeñan bien como vendedores o administradores, y pueden ser excelentes maestros. Los chicos como Roger se llevan bien con casi todo el mundo, les resulta fácil jugar con los demás y se sienten felices al hacerlo. Estos niños suelen ser excelentes para interpretar las emociones a partir de las expresiones faciales, y son apreciados por sus compañeros.
- *Análisis social:* supone ser capaz de detectar y mostrar comprensión con respecto a los sentimientos, los motivos y las preocupaciones de la gente. Este conocimiento de cómo se sienten los demás puede conducir a una fácil intimidad o sentido de la compenetración. En su mayor expresión, esta capacidad convierte a la persona en un competente terapeuta o consejero o, combinado con algún talento literario, en un talentoso novelista o dramaturgo.

Tomadas en conjunto, estas habilidades son la materia del refinamiento interpersonal, los ingredientes necesarios del encanto, el éxito social, incluso el carisma. Aquellos que son expertos en la inteligencia social pueden relacionarse con las demás personas bastante fácilmente, ser sagaces en la interpretación de sus reacciones y sentimientos, dirigir y organizar y aclarar las disputas que pueden desencadenarse en cualquier actividad humana. Son los líderes naturales, las personas que pueden expresar los sentimientos colectivos tácitos y articularlos de tal manera que guíen al grupo hacia sus objetivos. Son la clase de personas con las que los demás quieren estar porque resultan emocionalmente enriquecedores: ponen a los demás de buen humor y provocan comentarios como: "Qué placer estar con alguien así".

Estas habilidades interpersonales se basan en otras inteligencias emocionales. Las personas que causan una excelente impresión social, por ejemplo, son expertas en dominar su propia expresión de las emociones, están finamente sintonizadas con las reacciones de los demás, y son capaces de sintonizar continuamente su desempeño social, adaptándolo para asegurarse de que logran el efecto deseado. En ese sentido, son como actores expertos.

Sin embargo, si estas habilidades interpersonales no están equilibradas por un astuto sentido de las propias necesidades y sentimientos y cómo satisfacerlos, pueden conducir a un éxito social vacío, una popularidad ganada a costa de la verdadera satisfacción propia. Tal es el argumento de Mark Snyder, psicólogo de la Universidad de Minnesota que ha estudiado a las personas cuyas habilidades sociales las convierten en camaleones sociales de primera línea, campeones en causar una buena impresión.[8] Su credo psicológico podría ser una observación de W. H. Auden, que dijo que la imagen íntima que tenía de sí mismo era "muy diferente de la imagen que procuro crear en la mente de los demás con la intención de que me amen". Ese equilibrio puede existir si las habilidades sociales sobrepasan la capacidad de conocer y honrar los propios sentimientos: con el fin de ser amado —o al menos de caer bien— el camaleón social parecerá ser lo que aquellos que están con él quieren que sea. La señal de que alguien entra dentro de esta pauta, afirma Snyder, es que causa una excelente impresión, aunque tienen pocas relaciones íntimas estables o satisfactorias. Una pauta más saludable, por supuesto, es encontrar el equilibrio siendo fiel a uno mismo con las habilidades sociales, usándolas con integridad.

Sin embargo, a los camaleones sociales no les importa en lo más mínimo decir una cosa y hacer otra, si eso les permite ganarse la aprobación social. Simplemente viven con la discrepancia existente entre su rostro público y su realidad privada. Helena Deutsch, psicoanalista, se refirió a estas personas como "la personalidad como-si", que cambia con notable plasticidad a medida que recibe señales de quienes la rodean. "Para alguna gente", me comentó Snyder, "la persona pública y la privada encajan perfectamente, mientras para otras parece haber sólo un caleidoscopio de apariencias cambiantes. Son como Zelig, el personaje de Woody Allen: intentan desesperadamente encajar con cualquiera."

Antes de dar una respuesta, estas personas intentan observar al otro buscando un indicio de lo que se espera de ellos, en lugar de decir lo que sienten realmente. Para llevarse bien y gustar están dispuestos a hacer que las personas que les desagradan piensen que son amistosos con ellas. Y utilizan sus habilidades sociales para moldear sus acciones como exigen las dispares situaciones sociales, de modo tal que pueden actuar como personas muy distintas según con quién estén, pasando de la sociabilidad burbujeante, por ejemplo, al reservado aislamiento. Sin duda, en la medida en que estas características conducen a un eficaz manejo de la impresión, son muy valoradas en ciertas profesiones, sobre todo la actuación, la abogacía, las ventas, la diplomacia y la política.

Otra clase de autocontrol, tal vez más importante, parece ser la diferencia entre aquellos que acaban siendo camaleones sociales sin estabilidad, que intentan impresionar a todo el mundo, y aquellos que pueden utilizar su refinamiento social en consonancia con sus verdaderos sentimientos. Esa es la capacidad de ser fiel, como dice la frase, "a uno mismo", lo que permite actuar de acuerdo con los valores y los sentimientos más profundos de uno, al margen de cuáles sean las consecuencias sociales. Esta integridad emocional podría conducir, digamos, a la provocación deliberada de una confrontación con el fin de aclarar una duplicidad o una negativa, aclaración que un camaleón social jamás intentaría.

La creación de un incompetente social

No cabía duda de que Cecil era brillante: experto en lenguas extranjeras, excelente como traductor. Pero había aspectos cruciales en los que era absolutamente inepto. Cecil parecía carecer de las más sencillas habilidades sociales. Le resultaba imposible mantener una conversación informal compartiendo un café; en resumen, parecía incapaz de mantener el intercambio social más rutinario. Dado que su falta de elegancia social era más profunda cuando estaba con mujeres, Cecil recurrió a la terapia preguntándose si tenía "tendencias homosexuales de naturaleza oculta", como él lo expresó, aunque no tenía fantasías de esa clase.

El verdadero problema, le confió Cecil a su terapeuta, era que temía que lo que él pudiera decir no resultara interesante para nadie. Este temor subyacente sólo le provocaba una profunda escasez de elegancia social. El nerviosismo durante los encuentros lo llevaba a sonreír torpemente y reír en los momentos más inoportunos, aunque no lograba reír cuando alguien decía algo realmente divertido. Esa torpeza, le confió Cecil a su terapeuta, se remontaba a su infancia; durante toda su vida se había sentido socialmente cómodo sólo cuando estaba con su hermano mayor, que en cierto modo ayudaba a facilitarle las cosas. Pero cuando abandonó el hogar paterno, su ineptitud fue abrumadora; estaba paralizado en el aspecto social.

Este relato pertenece a Lakin Phillips, psicólogo de la Universidad George Washington, que plantea que la situación de Cecil se origina en el fracaso de aprender durante la infancia las lecciones más elementales de la interacción social:

> ¿Qué se le podría haber enseñado antes a Cecil? Hablar directamente a los demás cuando le hablaban; iniciar el contacto social, no esperar siempre que lo hicieran los demás; mantener una conversación y no limitarse a decir sí o no, o a responder con monosílabos; expresar gratitud hacia los demás, ceder el paso a otra persona; esperar hasta que le sirvieran algo...

dar las gracias, decir "por favor", compartir, y todas las otras interacciones elementales que enseñamos a los chicos a partir de los dos años de edad.[9]

No está claro si la deficiencia de Cecil se debía a que los demás no le habían enseñado los rudimentos de la cortesía social o a su propia incapacidad para aprender. Pero fuera cual fuese el motivo, el caso de Cecil resulta instructivo porque señala la naturaleza crucial de la infinidad de lecciones que los chicos reciben en la interacción y las reglas tácitas de la armonía social. El efecto que provoca el no seguir estas reglas es el malestar de quienes nos rodean. La función de estas reglas, por supuesto, es que las personas involucradas en un intercambio social se sientan cómodas; la torpeza provoca ansiedad. Las personas que carecen de estas habilidades son ineptas no sólo en las sutilezas sociales sino en el manejo de las emociones de aquellos con quienes tratan; inevitablemente crean la perturbación a su paso.

Todos hemos conocido a personas como Cecil, personas con una molesta falta de elegancia social, personas que parecen no saber cuándo poner fin a una conversación o a una llamada telefónica y que siguen hablando, sin tener en cuenta las insinuaciones de despedida de su interlocutor; personas cuya conversación se centra constantemente en ellos mismos, sin el menor interés en los demás, y que pasan por alto los intentos de cambiar de tema; personas que se entrometen o hacen preguntas "inoportunas". Esta forma de apartarse de la tranquila trayectoria social revela un déficit en los rudimentarios bloques de la interacción.

Los psicólogos han acuñado el término *disemia* (del griego *dis*, que significa "dificultad", y *semes,* que significa "señal"), lo que equivale a una incapacidad de aprendizaje en la esfera de los mensajes no verbales; alrededor de un niño cada diez tiene algún problema en ese aspecto.[10] El problema puede estar en una noción deficiente del espacio personal, que hace que el niño esté demasiado cerca mientras conversa o distribuye sus pertenencias en el territorio del otro; en interpretár o utilizar pobremente el lenguaje corporal; en hacer una mala interpretación o un mal uso de las expresiones faciales, por ejemplo al no establecer un contacto visual; o en una noción deficiente de la prosodia, la cualidad emocional del habla, que hace que hable en un tono demasiado chillón o demasiado inexpresivo.

Gran parte de la investigación se ha centrado en observar a niños que muestran señales de deficiencia social, niños cuya torpeza hace que sean olvidados o rechazados por sus compañeros. Además de los chicos que son despreciados por su actitud agresiva, aquellos a los que los demás niños evitan presentan invariablemente una deficiencia en los rudimentos de la interacción cara a cara, sobre todo en las reglas tácitas que rigen los encuentros. Si los niños se desempeñan de forma deficiente en relación al lenguaje, la gente supone que no son inteligentes, o que poseen escasa educación; pero cuando se desempeñan de forma deficiente en las reglas no verbales de la interacción, los demás —sobre todo sus compañeros— los consideran "raros" y los evitan. Estos son los niños que no saben cómo sumarse con elegancia a un juego, que tocan a los demás de una forma que resulta molesta en lugar de mostrar camaradería; en resumen, que resultan "inadecuados". Son chicos que no logran dominar el lenguaje mudo de las emociones y que emiten involuntariamente mensajes que crean malestar.

Como afirma Stephen Nowicki, psicólogo de la Emory University que estudia las habilidades no verbales de los niños: "Los niños que no saben interpretar ni expresar las emociones correctamente se sienten siempre frustrados. Esencialmente, no comprenden lo que ocurre. Esta clase de comunicación es un subtexto constante de todo lo que uno hace; no se puede dejar de mostrar la expresión facial o la postura, ni ocultar el tono de voz. Si uno comete errores en el mensaje emocional que emite, verá que la gente reacciona de forma extraña; uno es rechazado y no sabe por qué. Si uno cree que está mostrándose contento pero en realidad parece demasiado nervioso o furioso, descubrirá que los otros chicos a su vez se ponen furiosos con uno, y no sabrá por qué. Estos chicos acaban sintiendo que no tienen idea de cómo controlar la forma en que los tratan los demás y que sus actos no tienen ningún efecto en lo que les ocurre. Eso hace que se sientan impotentes, deprimidos y apáticos".

Aparte de quedar socialmente aislados, estos niños también sufren en su actividad académica. El aula, por supuesto, representa tanto una situación social como académica; el niño socialmente torpe tiene tantas probabilidades como cualquier otro chico de malinterpretar o responder mal al maestro. La ansiedad y el desconcierto resultantes pueden interferir en su capacidad para aprender con eficacia. En efecto, como han demostrado pruebas sobre la sensibilidad no verbal de los niños, aquellos que interpretan mal las claves emocionales suelen desempeñarse mal en la escuela en comparación con su potencial académico tal como queda reflejado en los tests de CI.[11]

"Te odiamos": en el umbral

La ineptitud social resulta tal vez más dolorosa y explícita cuando ocurre en uno de los momentos más peligrosos en la vida de un niño: quedar al margen de un grupo al que quiere unirse. Es un momento de peligro, en el que agradar o resultar odiado, pertenecer o no, es demasiado público. Por esa razón, ese momento crucial ha sido objeto de un profundo estudio por parte de quienes investigan el desarrollo infantil, revelando un fuerte contraste en las estrategias de aproximación utilizadas por niños populares y marginados sociales. Los descubrimientos arrojan luz sobre lo fundamental que resulta para la competencia social el hecho de notar, interpretar y responder a las claves emocionales e interpersonales. Aunque resulta conmovedor ver a un chico revolotear alrededor de otros que están jugando, deseoso de unirse a ellos pero desdeñado, se trata de una situación difícil muy común. Incluso los chicos más populares en ocasiones son rechazados: un estudio de niños de segundo y tercer grado mostró que el 26% de las veces los chicos más aceptados eran rechazados cuando intentaban entrar en un grupo que ya estaba jugando.

Los más pequeños son cruelmente ingenuos con respecto al juicio emocional que está implícito en estos rechazos. Observemos el siguiente diálogo entre chicos de cuatro años en un preescolar.[12] Linda quiere unirse a Barbara, Nancy y Bill, que están jugando con animales de juguete y con bloques. Los observa durante un instante, inicia el acercamiento sentándose junto a Barbara y empieza a jugar con los animales. Barbara se vuelve hacia ella y le dice: "¡No puedes jugar!".

—Sí, puedo —replica Linda—. Yo también puedo usar algunos animales.

—No, no puedes —dice Barbara en tono brusco—. Hoy no te queremos.

Cuando Bill protesta para defender a Linda, Nancy se une al ataque:

—Hoy la odiamos.

Debido al riesgo de que se le diga, explícita o implícitamente, "te odiamos", los chicos son comprensiblemente cautos en el momento de aproximarse a un grupo. Por supuesto, esa ansiedad no se diferencia demasiado de lo que siente un adulto en una fiesta con desconocidos que vacila en unirse a un grupo que conversa animadamente y que parece estar compuesto por amigos íntimos. Debido a que este momento de aproximación a un grupo resulta tan trascendental para un niño, también es —como expresó un investigador— "altamente sintomático... revela rápidamente diferencias en la destreza social".[13] La actitud típica de los recién llegados es buscar el momento y unirse muy tentativamente al principio, y adquiriendo seguridad luego de dar algunos pasos muy cautelosos. Lo más importante para que un chico sea aceptado o no es su capacidad para entrar en el marco de referencia del grupo, percibiendo qué clase de juego se está llevando a cabo y cuál resultaría fuera de lugar.

Los dos pecados capitales que casi siempre provocan rechazo son el intento de dominar demasiado rápidamente y no coincidir con el marco de referencia. Pero esto es exactamente lo que los chicos impopulares suelen hacer: se abren paso en un grupo, intentan cambiar el tema demasiado brusca o rápidamente, u ofrecer sus propias opiniones o sencillamente discrepan con los demás de inmediato... Todos estos son intentos evidentes de llamar la atención. Paradójicamente, esto hace que sean desdeñados o rechazados. En contraste, antes de entrar en un grupo, los chicos populares pasan un tiempo observándolo para comprender lo que está ocurriendo, y luego hacen algo que sin duda ellos aceptarán; esperan a que su lugar en el grupo esté confirmado antes de tomar la iniciativa de sugerir lo que el grupo debería hacer.

Volvamos al caso de Roger, el chico de cuatro años al que Thomas Hatch vio exhibir un elevado nivel de inteligencia interpersonal.[14] La táctica de Roger para entrar en un grupo consistió en observar primero, luego imitar lo que hacía otro chico y finalmente hablarle a este y unirse de lleno a la actividad... una estrategia vencedora. La habilidad de Roger quedó demostrada, por ejemplo, cuando él y Warren jugaban a poner "bombas" (en realidad, piedritas) en sus medias. Warren le pregunta a Roger si quiere estar en un helicóptero o en un avión. Antes de pronunciarse Roger pregunta: "¿Tú estás en un helicóptero?".

Este momento aparentemente inocuo revela sensibilidad por las preocupaciones del otro y la capacidad de actuar según ese conocimiento de una forma que mantenga la relación. Hatch comenta con respecto a Roger: "el niño 'consulta' con su compañero para que el juego y ellos pueden seguir relacionados. He visto muchos otros chicos que simplemente deciden por el helicóptero o el avión y, literal o figuradamente, se separan y salen volando".

Brillantez emocional: informe de un caso

Si la prueba de la habilidad social es la capacidad de aliviar las emociones alteradas de los demás, enfrentarse a alguien que está en pleno arranque de ira es tal vez la medida definitiva de la supremacía. Los datos sobre autorregulación de la ira y contagio emocional sugieren que una estrategia eficaz podría ser distraer a la persona iracunda, mostrar empatía con sus sentimientos y su perspectiva y luego atraer su atención a un foco alternativo, algo que le permita armonizar con una gama de sentimientos más positiva... una especie de judo emocional.

Esta refinada habilidad en el fino arte de la influencia emocional está tal vez mejor ejemplificada por una historia narrada por un viejo amigo, el difunto Terry Dobson, que en la década del cincuenta fue uno de los primeros en estudiar el arte marcial aikido en Japón. Una tarde viajaba a su casa en un tren suburbano de Tokio cuando subió un trabajador robusto, agresivo, borracho y sucio. El hombre se tambaleó y empezó a aterrorizar a los pasajeros: mientras maldecía en voz alta golpeó a una mujer que sostenía un bebé en brazos y la hizo caer encima de una pareja de ancianos, que a su vez se levantaron de un salto y corrieron hasta el otro extremo del vagón. El borracho dio algunos golpes más (que no dieron en el blanco), agarró con fuerza la barra de metal que estaba en el medio del vagón e intentó arrancarla.

En ese momento Terry, que estaba en plena forma física gracias al entrenamiento de ocho horas diarias de aikido, sintió que debía intervenir para evitar que alguien resultara gravemente herido. Pero recordó las palabras de su maestro: "el aikido es el arte de la reconciliación. El que tenga la intención de luchar habrá quebrado su conexión con el universo. Si intentas dominar a la gente, ya estás derrotado. Lo que estudiamos es cómo resolver el conflicto, no cómo iniciarlo".

En efecto, al comenzar las clases, Terry había acordado con su maestro que jamás provocaría una pelea y siempre usaría sus habilidades en el arte marcial sólo para defenderse. Ahora, por fin, vio la oportunidad de probar sus habilidades con el aikido en la vida real. De modo que mientras los demás pasajeros estaban paralizados en sus asientos, Terry se puso de pie lenta y deliberadamente.

Al verlo, el borracho rugió: "¡Ajá! ¡Un extranjero! ¡Lo que necesitas es una lección sobre modales japoneses!", y se dispuso a lanzarse sobre Terry.

Pero en el preciso instante en que el borracho estaba a punto de avanzar, alguien lanzó un grito ensordecedor y extrañamente alegre: "¡Eh!".

El grito tenía el tono alegre de alguien que acaba de tropezar con un querido amigo. El borracho, sorprendido, dio media vuelta y vio a un diminuto japonés, de unos setenta años, sentado y vestido con kimono. El anciano le sonrió con deleite al borracho y le hizo señas con la mano mientras le decía: "Ven aquí".

El borracho avanzó mientras decía en tono beligerante: "¿Por qué demonios debería hablar contigo?". Entretanto, Terry estaba preparado para derribar al borracho en cuanto hiciera el menor movimiento violento.

—¿Qué has estado bebiendo? —preguntó el anciano mientras miraba al trabajador borracho con una sonrisa.

—He estado bebiendo *sake*, y no es asunto tuyo —repuso el borracho.

—Oh, es maravilloso, absolutamente maravilloso —respondió el anciano en tono amistoso—. ¿Sabes? A mí también me encanta el *sake*. Todas las noches mi esposa y yo... ahora ella tiene setenta y seis años... calentamos una pequeña botella de *sake*, la llevamos al jardín y nos sentamos en un viejo banco de madera... —siguió hablando del caqui que tenía en el patio trasero, de las delicias de su jardín y de cómo disfrutaba del *sake* por la noche.

El rostro del borracho empezó a suavizarse mientras escuchaba al anciano; aflojó los puños.

—Sí... a mí también me gustan los caquis... —dijo arrastrando la voz.

—Sí —contestó el anciano en tono animado—, y estoy seguro de que tienes una esposa maravillosa.

—No —dijo el trabajador—. Mi esposa murió... —entre sollozos empezó a contar la triste historia de cómo había perdido a su esposa, su hogar, su trabajo, y se sentía avergonzado de sí mismo.

En ese momento el tren llegó a la parada de Terry y mientras este bajaba, se volvió y oyó que el anciano invitaba al borracho a que se quedara con él y le contara todo, y vio como el borracho se tendía en el asiento y apoyaba la cabeza en el regazo del anciano.

Eso es brillantez emocional.[15]

Tercera Parte

INTELIGENCIA EMOCIONAL APLICADA

9

Enemigos intimos

Amar y trabajar, le dijo en una ocasión Sigmund Freud a su discípulo Erik Erikson, son las capacidades gemelas que marcan la plena madurez. Si es así, entonces la madurez puede ser un peligroso apeadero en la vida... y las actuales tendencias en cuanto a matrimonio y divorcio hacen que la inteligencia emocional sea más crucial que nunca.

Consideremos el índice de divorcios. El índice *anual* se ha estabilizado en cierto modo. Pero existe otra forma de calcular el índice de divorcios, una forma que sugiere un peligroso aumento: tener en cuenta las posibilidades que una pareja recién casada tendrá de que su matrimonio, *con el tiempo*, acabe en divorcio. Aunque la proporción general de divorcios ha dejado de aumentar, el *riesgo* de divorcio ha pasado a los recién casados.

El cambio se hace más claro al comparar los índices de divorcio en parejas casadas en un año determinado. Para los matrimonios norteamericanos que se formaron en 1890, alrededor del 10% acabó en divorcio. Para aquellos que se casaron en 1920, el índice fue aproximadamente del 18%; para las parejas casadas en 1950, el 30%. Las parejas que se casaron en 1970 tenían el 50% de probabilidades de separarse o seguir unidas. Y para las parejas casadas en 1990, las posibilidades de que su matrimonio acabaría en divorcio estaban cerca de un asombroso 67%.[1] Si el cálculo se mantiene, sólo tres de cada diez matrimonios recientes pueden contar con que seguirán unidos a su nueva pareja.

Se puede afirmar que gran parte de este aumento no se debe tanto a una disminución de la inteligencia emocional como a una constante erosión de las presiones sociales —el estigma que rodea el divorcio, o la dependencia económica de las esposas con respecto a los maridos— que solían mantener unidas a las parejas incluso en la más miserable de las uniones. Pero si las presiones sociales ya no son el pegamento que mantiene unido al matrimonio, las fuerzas emocionales entre marido y mujer son mucho más cruciales si la unión debe sobrevivir.

Estos vínculos entre marido y mujer —y los errores emocionales que pueden separarlos— han sido examinados en los últimos años con una precisión jamás vista. Tal vez el mayor progreso en la comprensión de lo que mantiene unido a un matrimonio o lo separa ha surgido del uso de mediciones fisiológicas sofisticadas que permiten rastrear paso a paso los matices emocionales del encuentro de una pareja. Los científicos son ahora capaces de detectar los de otro modo invisibles picos de adrenalina de un esposo y los aumentos de la presión sanguínea, y observar las fugaces pero reveladoras microemociones que aparecen en el rostro de una esposa. Estas mediciones fisiológicas revelan un subtexto biológico oculto de las dificultades de una pareja, un nivel crítico de la realidad emocional típicamente imperceptible para la pareja misma o descartado por esta. Estas mediciones dejan al descubierto las fuerzas emocionales que hacen que una relación se mantenga o quede destruida. Los errores tienen su inicio en las diferencias entre el mundo emocional de las nenas y de los varones.

El matrimonio de él y el de ella: las raíces en la infancia

Hace algunas noches, mientras entraba en un restaurante, un joven salía a toda prisa con una expresión al mismo tiempo pétrea y taciturna. Una joven corría pisándole los talones, golpeándole la espalda desesperadamente mientras le gritaba: "¡Maldito seas! ¡Ven aquí y sé amable conmigo!". Esa patética y contradictoria súplica lanzada a la espalda del hombre resume la pauta más común en las parejas cuya relación está alterada: ella busca la unión y él se aparta. Los terapeutas de pareja han señalado durante mucho tiempo que cuando una pareja entra en el consultorio, se encuentra en esta fase de unión-separación, y que él se queja de las demandas y estallidos "irracionales" de ella, y ella se lamenta de la indiferencia de él ante lo que ella dice.

Este final marital refleja el hecho de que, en efecto, en una pareja existen dos realidades emocionales, la de él y la de ella. Las raíces de estas diferencias emocionales, aunque pueden ser en parte biológicas también pueden remontarse a la infancia, y a los mundos emocionales separados en los que viven varones y nenas mientras crecen. Existen muchas investigaciones sobre estos mundos separados en que las barreras están reforzadas no sólo por los juegos diferentes que prefiere cada uno, sino por el temor de las criaturas a ser ridiculizadas por tener "novio" o "no via".[2] Un estudio sobre las amistades de los niños reveló que las criaturas de tres años dicen que aproximadamente la mitad de sus amigos son del sexo opuesto; en los de cinco años es aproximadamente el 20% y a los siete años casi ningún chico o chica dice que su mejor amigo es del sexo opuesto.[3] Estos universos sociales separados se cruzan escasamente hasta que los adolescentes empiezan a salir.

Entre tanto, a los varones y a las nenas se les enseñan lecciones muy distintas acerca de cómo manejar las emociones. En general, los padres hablan de estas —con la única excepción de la ira— más con las nenas que con los varones.[4] Las nenas están más expuestas que los varones a la información sobre las emociones: cuando los padres inventan historias para contarles a sus hijos en edad preescolar utilizan más palabras que expresan emociones cuando hablan con sus hijas que cuando lo hacen con sus hijos. Cuando las madres juegan con los pequeños, muestran una gama de emociones más amplia con las nenas que con los varones; cuando hablan con las hijas de sentimientos, discuten más detalladamente el estado emocional mismo que cuando lo hacen con los hijos, aunque con estos entran en más detalles acerca de las causas y las consecuencias de emociones como la ira (probablemente como moraleja).

Leslie Brody y Judith Hall, que han resumido la investigación sobre las diferencias en las emociones de uno y otro sexo, proponen que debido a que las nenas desarrollan la facilidad con respecto al lenguaje más rápidamente que los chicos, son más expertas en expresar sus sentimientos y más hábiles que los varones para usar palabras que exploran y sustituyen reacciones emocionales tales como peleas físicas; en contraste, señalan, "los varones, para los que la verbalización de los afectos queda menos enfatizada, pueden ser absolutamente inconscientes de los estados emocionales, tanto los propios como los de los demás".[5]

A los diez años, aproximadamente el mismo porcentaje de varones que de nenas es abiertamente agresivo, dado a la confrontación directa cuando está furioso. Pero a los trece surge una reveladora diferencia entre ambos sexos: las nenas se vuelven más expertas que los varones en ingeniosas tácticas agresivas como el ostracismo, el chismorreo malévolo, y las venganzas indirectas. En general, los varones sencillamente siguen siendo discutidores cuando están furiosos, y pasan por alto estas estrategias más ocultas.[6] Esta es sólo una de las muchas formas en que los varones —y más tarde los hombres— son menos expertos que el sexo opuesto en los vericuetos de la vida emocional.

Cuando las nenas juegan juntas lo hacen en grupos pequeños e íntimos, poniendo el acento en minimizar la hostilidad y potenciar al máximo la cooperación, mientras los juegos de los varones se desarrollan en grupos más grandes y ponen el acento en la competición. Una diferencia clave es la que surge cuando los juegos que desarrollan varones o nenas quedan interrumpidos porque alguien se lastima. Si un varón que se ha lastimado se siente mal, se espera que salga de en medio y deje de llorar para que el juego pueda continuar. Si ocurre lo mismo en un grupo de nenas, *el juego se interrumpe* mientras todas se reúnen para ayudar a la nena que llora. Esta diferencia entre varones y nenas representa lo que Carol Gilligan, de Harvard, señala como la diferencia clave entre los sexos: los varones se enorgullecen de su autonomía y su independencia inflexible, mientras las nenas se consideran parte de una red de relaciones. Así, los varones se ven amenazados por cualquier cosa que pueda desafiar su independencia, mientras las nenas sienten lo mismo cuando se produce una ruptura en sus relaciones. Y, como ha señalado Deborah Tannen en su libro *Tú no me entiendes (You just don't understand)* estas perspectivas diferentes significan que hombres y mujeres desean y esperan cosas muy distintas de una conversación: los hombres se contentan con hablar de "cosas", mientras las mujeres buscan la conexión emocional.

En resumen, estos contrastes en el aprendizaje de las emociones favorecen habilidades muy distintas: las chicas se vuelven "expertas en interpretar las señales emocionales verbales y no verbales y en expresar y comunicar sus sentimientos", y los chicos en "minimizar las emociones que tienen que ver con la vulnerabilidad, la culpabilidad, el temor y el daño".[7] En la literatura científica aparecen varias pruebas de estas posturas diferentes. Centenares de estudios han descubierto, por ejemplo, que como promedio las mujeres muestran más empatía que los hombres, al menos como queda establecido por la capacidad de interpretar a partir de la expresión facial, el tono de voz y otros indicios no verbales los sentimientos no expresados de alguien. Del mismo modo, suele ser más fácil interpretar los sentimientos observando el rostro de una mujer que el de un hombre; aunque no existe diferencia en la expresión facial entre los varones y las nenas más pequeños, a medida que avanzan en la escuela primaria los varones se vuelven menos expresivos que las nenas. Esto puede reflejar en parte otra diferencia clave: como promedio, las mujeres expresan toda la gama de emociones con mayor intensidad y más inconstancia que los hombres; en este sentido, las mujeres son más "emocionales" que los hombres.[8]

Todo esto significa que, en general, las mujeres llegan al matrimonio preparadas para jugar el papel de administradora emocional, mientras los hombres llegan con mucha menos apreciación de la importancia de esta tarea para ayudar a que la relación sobreviva. En efecto, el elemento más importante para las mujeres —pero no para los hombres— en la satisfacción de su relación mencionado en un estudio de 264 parejas fue la noción de que la pareja tiene "buena comunicación".[9] Ted Huston, psicólogo de la Universidad de Texas que ha estudiado a las parejas en profundidad, señala: "Para las esposas, la intimidad significa hablar de las cosas profundamente, sobre todo hablar de la relación misma. Los hombres, en general, no comprenden lo que las esposas quieren de ellos. Ellos dicen: 'Yo quiero hacer cosas con ella, y lo único que quiere ella es hablar'". Durante el noviazgo, descubrió Huston, los hombres estaban mucho más dispuestos a hablar de formas adecuadas al deseo de intimidad de sus futuras esposas. Pero una vez casados, a medida que pasa el tiempo, los hombres —sobre todo en las parejas más tradicionales— pasaban cada vez menos tiempo hablando de esta forma con sus esposas y encontraban la intimidad sencillamente en cosas como dedicarse juntos al jardín en lugar de hablar.

Este creciente silencio por parte de los esposos puede deberse en parte al hecho de que, en todo caso, los hombres son eternos optimistas con respecto a la situación de su matrimonio, mientras sus esposas son más sensibles a los problemas; en un estudio llevado a cabo con matrimonios, los hombres mostraban una visión más optimista que sus esposas acerca de los distintos aspectos de su relación: el acto amoroso, las finanzas, los vínculos con la familia política, la forma en que se escuchan mutuamente, cuántos de sus defectos tienen importancia.[10] Las esposas, por lo general, son más ruidosas que los esposos con respecto a sus quejas, sobre todo entre las parejas desdichadas. Combinemos la visión optimista de los hombres con respecto al matrimonio con su aversión a las confrontaciones emocionales, y es evidente por qué las esposas se quejan tan a menudo de que sus maridos intentan esquivar la discusión de los temas conflictivos de la relación. (Por supuesto, esta diferencia de género es una generalización, y no es real en todos los casos; un amigo psiquiatra se quejaba de que su esposa es reacia a discutir los problemas emocionales que existen entre ellos, y es él quien debe plantearlos.)

La lentitud de los hombres para plantear los problemas de la relación se combina sin duda con su relativa falta de habilidad cuando se trata de interpretar la expresión facial de las emociones. Las mujeres, por ejemplo, son más sensibles a una expresión de tristeza del hombre que ellos para detectar la tristeza de una mujer.[11] Así, la mujer tiene que estar muy triste para que un hombre note sus sentimientos de inmediato, sin mencionar que plantee la pregunta de cuál es el motivo de su tristeza.

Consideremos las implicaciones de esta brecha emocional entre ambos sexos con respecto a la forma en que las parejas se enfrentan a las quejas y desacuerdos que cualquier relación íntima inevitablemente provoca. De hecho, temas específicos tales como con cuánta frecuencia hacer el amor, cómo disciplinar a los hijos o cuántas deudas y ahorros resultan aceptables, no son los que unen o rompen un matrimonio. En todo caso, es *la forma* en que una pareja discute esos temas críticos lo más importante para el destino del matrimonio. El simple hecho de haber alcanzado un acuerdo acerca de *cómo* discrepar es clave para la supervivencia marital; hombres y mujeres tienen que superar las diferencias innatas de género para abordar las emociones más fuertes. Si no lo logran, las parejas son vulnerables a la escisión emocional que finalmente puede quebrar su relacion. Como veremos, estas grietas tienen muchas más probabilidades de desarrollarse si uno o ambos miembros de la pareja presentan ciertos déficits en su inteligencia emocional.

Errores maritales

Fred: ¿Recogiste mi ropa de la tintorería?

Ingrid (en tono burlón): "¿Recogiste mi ropa de la tintorería?" Vete tú a buscar tu maldita ropa. ¿Yo que soy, tu sirvienta?

Fred: De ninguna manera. Si fueras una sirvienta, al menos sabrías lavar.

Si este fuera un diálogo de una comedia, podría resultar divertido. Pero este intercambio dolorosamente cáustico tuvo lugar en una pareja que (aunque no resulte sorprendente) se divorció al cabo de pocos años.[12] El encuentro se produjo en un laboratorio dirigido por John Gottman, psicólogo de la Universidad de Washington, que ha hecho el análisis tal vez más detallado del pegamento emocional que une a las parejas y los sentimientos corrosivos que pueden destruir los matrimonios.[13] En su laboratorio, las conversaciones de las parejas están grabadas en vídeo y luego sometidas a horas de microanálisis diseñado para revelar las corrientes emocionales subterráneas en juego. Este mapa de los errores que pueden conducir a una pareja al divorcio demuestra el importante papel de la inteligencia emocional en la supervivencia de un matrimonio.

Durante las dos últimas décadas, Gottman ha seguido la pista de los altibajos de más de doscientas parejas, algunas recién casadas, y otras desde hace décadas. Gottman ha trazado un mapa de la ecología emocional del matrimonio con tanta precisión que, en un estudio, fue capaz de predecir qué parejas observadas en su laboratorio (como Fred e Ingrid, cuya discusión a causa de la tintorería fue tan cáustica) se divorciarían al cabo de tres años con una *precisión del 94%*, precisión que no se conoce en ningún estudio sobre el matrimonio.

El poder del análisis de Gottman surge de su esforzado método y de la minuciosidad de sus tanteos. Mientras las parejas hablan, unos sensores registran el más mínimo cambio de su fisiología; un análisis detallado de sus expresiones faciales (utilizando el sistema de interpretación de las emociones desarrollado por Paul Ekman) detecta los más fugaces y sutiles matices de sentimiento. Después de la sesión, cada miembro de la pareja va por separado al laboratorio y observa un vídeo de la conversación, y habla de sus pensamientos durante los momentos acalorados del intercambio. El resultado es semejante a una radiografía emocional del matrimonio.

Una temprana señal de advertencia de que el matrimonio está en peligro, señala Gottman, es la crítica áspera. En un matrimonio saludable, el marido y la mujer se sienten libres de manifestar una queja. Pero con demasiada frecuencia, en el calor de la discusión, las quejas se manifiestan de una forma destructiva, como un ataque a la personalidad del cónyuge. Por ejemplo, Pamela y su hija fueron a comprar zapatos mientras Tom, su esposo, entraba en una librería. Acordaron reunirse delante del correo una hora después, y luego ir al cine. Pamela fue puntual pero no encontró señales de Tom. "¿Dónde está? La película empieza dentro de diez minutos", se quejó Pamela a su hija. "Si existe alguna forma de que tu padre estropee las cosas, lo hará."

Cuando Tom apareció, diez minutos más tarde, feliz por haberse encontrado con un amigo y disculpándose por llegar tarde, Pamela le espetó con sarcasmo: "Está bien... Nos dio la posibilidad de comentar tu increíble habilidad para arruinar todos los planes que hacemos. ¡Eres tan desconsiderado y egocéntrico!".

La queja de Pamela es más que una queja: es un asesinato del carácter, una crítica de la persona, no del hecho. En realidad, Tom se había disculpado. Pero debido a su error, Pamela lo califica de "desconsiderado y egocéntrico". La mayoría de las parejas atraviesan momentos como este de vez en cuando, en los que una queja con respecto a algo que uno de los dos ha hecho se expresa como un ataque contra la persona más que contra el acto. Pero esta áspera crítica personal tiene un impacto emocional mucho más corrosivo que las quejas más razonadas. Y tales ataques, quizá comprensiblemente, se vuelven más probables cuanto más siente uno de los miembros de la pareja que sus quejas son pasadas por alto.

Las diferencias entre quejas y críticas personales son sencillas. En una queja, la esposa afirma específicamente qué es lo que la perturba, y critica la *acción* de su esposo, y no a su esposo, diciendo lo que le hizo sentir: "Cuando te olvidaste de recoger mi ropa de la tintorería sentí que no te preocupabas por mí". Es una expresión de inteligencia emocional básica: positiva, no beligerante ni pasiva. Pero en una crítica personal ella utiliza la queja específica que lanza un ataque global sobre su esposo: "Siempre eres tan egoísta y desconsiderado. Esto demuestra que no puedo confiar en que hagas nada bien". Este tipo de crítica hace que la persona que la recibe se sienta avergonzada, disgustada, inculpada y defectuosa... todo lo cual, probablemente, conducirá a una respuesta defensiva más que a un intento por mejorar las cosas.

Sobre todo cuando la crítica está cargada de desdén, una emoción particularmente destructiva. El desdén surge fácilmente con la ira; suele expresarse no sólo en las palabras utilizadas, sino también en un tono de voz y en una expresión airada. Su forma más evidente, por supuesto, es la burla o el insulto: "Idiota", "Bruja", "Imbécil". Pero igualmente dañino es el lenguaje corporal que expresa desdén, sobre todo la sonrisa burlona o el labio torcido que son las señales faciales universales del disgusto, o el poner los ojos en blanco, como diciendo "¡Dios mío!".

La rúbrica del desprecio facial es una contracción del "risorio", el músculo que mueve las comisuras de la boca a un costado (por lo general el izquierdo) mientras los ojos se ponen en blanco. Cuando un cónyuge muestra esta expresión, el otro, en un intercambio emocional tácito, registra un salto en el ritmo cardíaco de dos o tres latidos por minuto. Esta conversación oculta produce su efecto negativo; si un esposo muestra desdén con regularidad, descubrió Gottman, su esposa será más propensa a una serie de problemas de salud desde los frecuentes resfríos y gripes hasta las infecciones de vejiga, así como síntomas gastrointestinales. Y cuando una esposa expresa disgusto, primo hermano del desdén, cuatro o más veces durante una conversación de quince minutos, se trata de una señal silenciosa de que la pareja probablemente se separará al cabo de cuatro años.

Por supuesto, una muestra de desdén o disgusto de vez en cuando no romperá un matrimonio. En todo caso, estos torrentes emocionales son semejantes al hábito de fumar y al colesterol elevado como factores de riesgo del ataque cardíaco: cuanto más intenso y prolongado, mayor es el peligro. En el camino al divorcio, uno de estos factores predice al siguiente en una creciente escala de desdichas. La crítica y el desdén o disgusto habituales son señales de peligro porque indican que un marido o una esposa han hecho un juicio mudo desfavorable con respecto a su pareja. En sus pensamientos, el cónyuge es el sujeto de una condena constante. Este pensamiento negativo y hostil conduce naturalmente a ataques que hacen que la persona que los recibe se vuelva defensiva o esté dispuesta a contraatacar a modo de respuesta.

Las dos variables de la respuesta de ataque o huida representan las formas en que un cónyuge puede responder a un ataque. Lo más evidente es atacar, estallando en ira. Ese camino concluye típicamente en un inútil combate a gritos. Pero la respuesta alternativa, la de fuga, puede ser más perniciosa, sobre todo cuando la "huida" es una retirada hacia el total silencio.

El bloqueo es la defensa última. El que lo sufre simplemente se queda en blanco, en una retirada efectiva de la conversación respondiendo con una expresión pétrea y con silencio. El bloqueo envía un mensaje poderoso y desconcertante, algo así como una combinación de distancia glacial, superioridad y aversión. El bloqueo se manifestó sobre todo en matrimonios con futuros problemas; en el 85% de estos casos, era el esposo el que se bloqueaba en respuesta a la esposa que lo atacaba con críticas y desdén.[14] Como respuesta habitual, el bloqueo es devastador para la salud de una relación: anula toda posibilidad de resolver los desacuerdos.

Pensamientos tóxicos

Los chicos alborotan y Martin, su padre, empieza a molestarse. Se vuelve hacia su esposa, Melanie y le dice en tono áspero: "Cariño, ¿no te parece que los niños podrían calmarse un poco?".

Lo que piensa realmente es: "Ella es demasiado permisiva con los niños".

Como reacción a la ira de Martin, Melanie siente un arrebato de furia. Su rostro se pone tenso, sus cejas se crispan en una expresión ceñuda y responde: "Los niños lo están pasando bien. De todos modos, se irán a dormir enseguida".

Lo que piensa realmente es: "Otra vez lo mismo, siempre quejándose".

Ahora Martin está visiblemente furioso. Se inclina hacia adelante amenazadoramente, con los puños apretados, y dice en tono de fastidio: "¿Tengo que ir yo a acostarlos?".

Lo que piensa realmente es: "Ella se opone a mí en todo. Sería mejor que yo tomara las riendas".

Repentinamente preocupada por la cólera de Martin, Melanie dice en tono dócil: "No, enseguida iré yo".

Lo que piensa realmente es: "Está perdiendo el control... podría lastimar a los niños. Será mejor que yo ceda".

Estas conversaciones paralelas —la verbalizada y la muda— son mencionadas por Aaron Beck, el fundador de la terapia cognitiva, como un ejemplo de las clases de pensamiento que pueden envenenar un matrimonio.[15] El verdadero intercambio emocional entre Melanie y Martin está modelado por sus pensamientos, y esos pensamientos, a su vez, están determinados por otra capa más profunda que Beck llama "pensamientos automáticos": suposiciones fugaces y en segundo plano acerca de uno mismo y de la gente relacionada con uno que reflejan nuestras actitudes emocionales más profundas. Para Melanie, el pensamiento en segundo plano es algo así como: "El siempre me está tiranizando con su ira". Para Martin, el pensamiento clave es: "Ella no tiene derecho a tratarme así". Melanie siente que es una víctima inocente en el matrimonio, y Martin siente absoluta indignación ante lo que considera un tratamiento injusto.

La idea de ser una víctima inocente o la de la indignación absoluta son típicas de los cónyuges con problemas, que alimentan constantemente la ira y el daño.[16] Una vez que los pensamientos perturbadores como la indignación absoluta se vuelven automáticos, son autoconfirmadores: el cónyuge que se siente victimizado está analizando constantemente todo lo que su pareja hace, con el fin de confirmar el punto de vista de que es una víctima; pasa por alto o deja de lado cualquier acto amable por parte de su cónyuge que pudiera cuestionar o negar ese punto de vista.

Estos pensamientos son poderosos; confunden el sistema nervioso de alarma. Una vez que el pensamiento del esposo acerca de que es victimizado dispara un asalto emocional, fácilmente pensará o cavilará sobre una lista de quejas que le recordarán las formas en que ella lo victimiza, al tiempo que no recuerda nada de lo que ella pueda haber hecho a lo largo de toda la relación que niegue el punto de vista de que él es una víctima inocente. Esto pone a su esposa en una situación desfavorable: incluso las cosas que ella hace y que son intencionadamente amables pueden ser reinterpretadas cuando son vistas a través de una lente tan negativa y descartadas como débiles intentos por negar que ella lo victimiza.

Los cónyuges que están libres de estos puntos de vistas perturbadores pueden considerar una interpretación más benigna de lo que está ocurriendo en las mismas situaciones, y de este modo es menos probable que sufran este tipo de asalto emocional; y, si lo sufren, suelen recuperarse más fácilmente. La plantilla general para los pensamientos que mantienen o alivian la aflicción sigue la pauta perfilada en el Capítulo 6 por el psicólogo Martin Seligman con respecto a la visión pesimista y la optimista. El punto de vista pesimista es que el cónyuge tiene un defecto inherente en un sentido que no puede cambiar y que garantiza la desdicha: "El es egoísta y sólo piensa en sí mismo; así lo educaron y así será siempre; pretende que sea su esclava y no le importa nada de lo que yo siento". El contrastante punto de vista optimista sería algo así como: "Ahora se muestra exigente, pero antes era atento; tal vez está de mal humor... me pregunto si le preocupa algo relacionado con su trabajo". Este es un punto de vista que no califica al esposo (ni el matrimonio) de inútil e irrecuperable. En lugar de eso considera un mal momento como algo debido a circunstancias que pueden cambiar. La primera actitud provoca aflicción constante; la segunda la suaviza.

Los cónyuges que tienen una postura pesimista son sumamente propensos a los asaltos emocionales; se ponen furiosos: se sienten dañados o, de lo contrario, disgustados por las cosas que hace el otro miembro de la pareja, y quedan perturbados una vez que el episodio comienza. Su aflicción interna y su actitud pesimista, por supuesto, hacen que resulte mucho más probable que recurran a la crítica y al desdén en el enfrentamiento con su pareja, lo que a su vez aumenta las posibilidades de una actitud defensiva y de bloqueo.

Tal vez los más virulentos pensamientos tóxicos se encuentran en esposos que son físicamente violentos con sus esposas. Un estudio de esposos violentos llevado a cabo por un psicólogo de la Universidad de Indiana demostró que estos hombres piensan como los niños que se convierten en los tiranos del patio de recreo: ven intentos hostiles incluso en los actos más neutros de sus esposas, y utilizan esta interpretación errónea para justificar ante ellos mismos su propia violencia (los hombres que son sexualmente agresivos con sus novias hacen algo similar, considerando a las mujeres con suspicacia y despreciando de ese modo sus objeciones).[17] Como vimos en el Capítulo 7, estos hombres están especialmente amenazados por desaires, rechazo o ridiculización por parte de sus esposas. Un escenario típico que dispara los pensamientos que "justifican" la violencia en los maridos golpeadores es: "Estás en una reunión social y te das cuenta de que durante media hora tu esposa ha estado conversando y riendo con el mismo hombre atractivo. El parece coquetear con ella". Cuando estos hombres creen que sus esposas hacen algo que sugiere rechazo o abandono, su reacción se convierte en indignación y ultraje. Supuestamente, los pensamientos automáticos como "ella va a abandonarme" son los que disparan un asalto emocional en el que los esposos golpeadores responden impulsivamente, como lo expresan los investigadores, con "respuestas de conducta incompetente"... se vuelven violentos.[18]

Desbordamiento: el hundimiento de un matrimonio

El efecto neto de estas perturbadoras actitudes es crear una crisis incesante, ya que disparan el asalto emocional más frecuentemente y hacen que resulte más difícil recuperarse del daño y la furia resultantes. Gottman utiliza el acertado término *desbordamiento* para esta susceptibilidad a la frecuente perturbación emocional; los esposos o las esposas desbordados están tan abrumados por la negatividad de su pareja y por sus propias reacciones ante esta que se sienten hundidos por sentimientos espantosos y fuera de control. Las personas que están desbordadas no pueden oír sin distorsión ni responder con lucidez; les resulta difícil organizar su pensamiento y caen en reacciones primitivas. Simplemente quieren que las cosas se detengan, o quieren salir corriendo o, a veces, devolver los golpes. El desbordamiento es el asalto emocional que se perpetúa a sí mismo.

Algunas personas tienen un elevado umbral para el desbordamiento y soportan fácilmente la ira y el desdén, mientras otras pueden dispararse en el momento en que su cónyuge formula una leve crítica. La descripción técnica del desbordamiento se hace en función del aumento del ritmo cardíaco a partir del nivel de serenidad.[19] En estado de reposo, el ritmo cardíaco de la mujer es de aproximadamente 82 latidos por minuto, y el del hombre de unos 72 (el ritmo cardíaco específico varía principalmente de acuerdo con el tamaño de cada persona). El desbordamiento comienza aproximadamente a los 10 latidos por minuto por encima del ritmo de una persona en estado de reposo; si el ritmo cardíaco alcanza los 100 latidos por minuto (como puede ocurrir fácilmente durante los momentos de ira o llanto), el organismo está bombeando adrenalina y otras hormonas que mantienen durante un tiempo un nivel elevado de congoja. El momento del asalto emocional es evidente a partir del ritmo cardíaco: puede elevarse 10, 20 o incluso 30 latidos por minuto entre uno y otro latido. Los músculos se tensan; puede resultar difícil respirar. Se produce un anegamiento de sentimientos tóxicos, un desagradable aluvión de temor e ira que parece inevitable y, subjetivamente, lleva "una eternidad" superarlo. En este punto —del asalto total— las emociones de una persona son tan intensas, su perspectiva tan reducida y su pensamiento tan confuso que no hay esperanzas de adoptar el punto de vista del otro ni de resolver las cosas de una forma razonable.

Por supuesto, la mayoría de los esposos y esposas padecen estos intensos momentos cuando pelean... cosa muy natural. El problema de un matrimonio comienza cuando uno u otro cónyuge se siente desbordado casi constantemente. Entonces se siente abrumado por su pareja, está siempre en guardia por si surge algún asalto emocional o una injusticia, adopta una actitud de extrema alerta ante cualquier señal de ataque, insulto o queja, y seguramente reaccionará excesivamente ante la menor señal. Si un esposo se encuentra en ese estado, la esposa dice: "Querido, tenemos que hablar", con lo que puede provocar como reacción el siguiente pensamiento: "Otra vez está buscando una pelea", y así disparar el desbordamiento. Resulta cada vez más difícil recuperarse de la excitación fisiológica que, a su vez, hace más fácil que los intercambios inofensivos sean vistos bajo una luz siniestra que dispara una vez más el desbordamiento.

Este es tal vez el momento más peligroso del matrimonio, un cambio catastrófico en la relación. El cónyuge desbordado ha llegado a pensar lo peor de su pareja prácticamente todo el tiempo, interpretando bajo una luz negativa todo lo que hace. Los temas insignificantes se convierten en terribles batallas; los sentimientos quedan constantemente heridos. Con el tiempo, el cónyuge que se ve desbordado empieza a ver todos y cada uno de los problemas del matrimonio como algo grave e imposible de arreglar, ya que el desbordamiento mismo sabotea cualquier intento de resolver las cosas. A medida que esto continúa empieza a parecer inútil hablar de los temas, y los cónyuges intentan aliviar sus sentimientos conflictivos por su cuenta. Comienzan llevando vidas paralelas, viviendo esencialmente aislados uno del otro, y se sienten solos dentro del matrimonio. Con demasiada frecuencia, deduce Gottman, el siguiente paso es el divorcio.

En esta trayectoria hacia el divorcio, las trágicas consecuencias de los déficits en las competencias emocionales son evidentes. A medida que una pareja queda atrapada en el reverberante ciclo de la crítica y el desdén, de la defensa y el bloqueo, de los pensamientos perturbadores y el desbordamiento emocional, el ciclo mismo refleja una desintegración de la conciencia de uno mismo y el autocontrol emocional, de la empatía y las habilidades para calmarse mutuamente y a uno mismo.

Hombres: el sexo vulnerable

Volvamos a ocuparnos de las diferencias de género en la vida emocional, lo que resulta ser un estímulo oculto a los derrumbes matrimoniales. Consideremos este descubrimiento: incluso después de treinta y cinco años de matrimonio o más, existe una distinción básica en la forma en que esposos y esposas consideran los encuentros emocionales. En general, a las mujeres no les importa zambullirse en la desagradable situación de una riña matrimonial tanto como a los hombres. Esa conclusión, a la que se llegó en un estudio llevado a cabo por Robert Levenson, de la Universidad de California, en Berkeley, se basa en el testimonio de 151 parejas con muchos años de matrimonio. Levenson descubrió que los esposos consideraban desagradable, incluso repugnante, sentirse trastornados durante un desacuerdo matrimonial, mientras que a sus esposas no les importaba demasiado.[20]

Los esposos son propensos al desbordamiento ante una intensidad de negatividad menor que sus esposas; más hombres que mujeres reaccionan con el desbordamiento ante las críticas de su pareja. Una vez desbordados, los esposos segregan más adrenalina en el torrente sanguíneo y el flujo de adrenalina es disparado por niveles más bajos de negatividad por parte de sus esposas; a los esposos les lleva más tiempo recuperarse fisiológicamente del desbordamiento.[21] Esto sugiere la posibilidad de que la imperturbabilidad masculina típica del estoico Clint Eastwood represente una defensa contra el hecho de sentirse emocionalmente abrumado.

La razón por la que los hombres tienen tantas probabilidades de bloquearse, propone Gottman, es que se protegen del desbordamiento; su investigación demostró que una vez que ellos empezaban a bloquearse, su ritmo cardíaco disminuía alrededor de diez latidos por minuto, proporcionando una sensación de alivio subjetiva. Pero —y esta es la paradoja— cuando los hombres empezaban a bloquearse era el ritmo cardíaco de las esposas el que se elevaba a niveles que señalaban una aflicción elevada. Este contrapunto límbico, en el que cada sexo busca el consuelo en tácticas opuestas, conduce a una postura muy diferente con respecto a las confrontaciones emocionales: los hombres quieren evitarlas con el mismo fervor con que sus esposas se sienten compelidad a buscarlas.

Así como los hombres tienen muchas más probabilidades de quedar bloqueados, es más probable que las mujeres critiquen a sus esposos.[22] Esta asimetría surge como consecuencia de que las esposas buscan desempeñar el papel de administradoras emocionales. Mientras ellas intentan plantear y resolver desacuerdos y quejas, sus esposos son más reacios a participar en lo que sin duda se convertirá en una discusión acalorada. A medida que la esposa ve que él se niega a esta participación, eleva el volumen y la intensidad de su queja, empezando a criticarlo. A medida que él se vuelve defensivo o responde con el bloqueo, ella se siente frustrada y furiosa y añade desdén para subrayar la fuerza de su frustración. A medida que el esposo se considera el objeto de la crítica y el desdén de su esposa, empieza a caer en pensamientos de víctima inocente o indignación absoluta que disparan cada vez más fácilmente el desbordamiento. Para protegerse de esta situación, se vuelve cada vez más defensivo o sencillamente se bloquea. Pero recordemos que cuando los esposos se bloquean esta actitud dispara el desbordamiento en sus esposas, que se sienten totalmente frustradas. Y a medida que el ciclo de las disputas matrimoniales aumenta puede quedar muy fácilmente fuera de control.

El y ella: consejo matrimonial

Dado el nefasto resultado potencial de las diferencias en la forma en que hombres y mujeres se enfrentan a los sentimientos perturbadores de la relación, cabe preguntarse qué pueden hacer las parejas para proteger el amor y el afecto mutuos; en resumen, qué es lo que protege el matrimonio. Sobre la base de observar la interacción de las parejas cuyos matrimonios han seguido progresando a lo largo de los años, los investigadores ofrecen consejos específicos para hombres y para mujeres, y algunas sugerencias generales para ambos.

En general hombres y mujeres necesitan diferente sintonía emocional. En el caso de los hombres, el consejo consiste en que no soslayen el conflicto sino que se den cuenta de que cuando la esposa plantea alguna queja o desacuerdo tal vez lo está haciendo como un acto de amor, intentando mantener la salud y el desarrollo de la relación (aunque pueden muy bien existir otros motivos para la hostilidad de una esposa). Cuando las quejas fermentan, aumentan de intensidad hasta que se produce una explosión; cuando son ventiladas y se resuelven, disminuye la presión. Pero los esposos deben comprender que la ira y el descontento no son sinónimos de ataque personal: las emociones de las esposas a menudo son simples llamadas de atención que enfatizan la fuerza de sus sentimientos con respecto al problema.

Los hombres también deben estar en guardia para no crear un cortocircuito en la discusión al ofrecer una solución práctica prematura: es típicamente más importante para una esposa sentir que el esposo escucha su queja y empatiza con sus sentimientos sobre el tema (aunque él no necesita estar de acuerdo con ella). Ella puede interpretar que el consejo que él le ofrece es una forma de considerar intrascendentes sus sentimientos. Los esposos que son capaces soportar el calor de la ira en lugar de desdeñar las quejas de ellas como algo insignificante ayudan a sus esposas a sentirse escuchadas y respetadas. Más aún, las esposas quieren que sus sentimientos sean reconocidos y respetados como válidos, aunque sus esposos discrepen. Con mucha frecuencia, cuando una esposa siente que su punto de vista es escuchado y sus sentimientos registrados, se serena.

En cuanto a las mujeres, el consejo es bastante similar. Dado que el problema principal de los hombres es que sus esposas son demasiado intensas al expresar sus quejas, ellas deben hacer un esfuerzo y tener el cuidado de no atacar a sus esposos: quejarse de lo que él hizo, pero no criticarlo como persona ni expresar desdén. Las quejas no son ataques al carácter, sino más bien una clara afirmación de que un acto determinado resulta perturbador. Un ataque personal airado conseguirá casi con certeza que el esposo adopte una actitud defensiva o se bloquee, lo cual resultará aún más frustrante y sólo logrará intensificar la disputa. También ayuda que la queja de la esposa se coloque en un contexto más amplio que tranquilice al esposo con respecto al amor que ella siente por él.

La pelea buena

El diario de la mañana ofrece una lección acerca de cómo no resolver diferencias en el matrimonio. Marlene Lenick tuvo una disputa con su esposo Michael. El quería ver el partido Dallas Cowboys-Filadelfia Eagles y ella las noticias. Mientras él se acomodaba, la señora Lenick le dijo que estaba "harta del fútbol", entró en el dormitorio para buscar el revólver calibre 38 y le disparó dos veces mientras él miraba el partido. La señora Lenick fue acusada de agresión calificada y puesta en libertad con una fianza de 50.000 dólares. El señor Lenick fue dado de alta y se recuperó de los disparos que le rozaron el abdomen y perforaron el omóplato izquierdo y el cuello.[23]

Aunque pocas peleas matrimoniales son tan violentas —y tan gravosas— estas ofrecen una posibilidad óptima de incorporar la inteligencia emocional al matrimonio. Por ejemplo, las parejas con muchos años de matrimonio suelen ceñirse a un tema, y dar a cada cónyuge la posibilidad de afirmar su punto de vista desde el principio.[24] Pero estas parejas van un paso más allá: se demuestran mutuamente que son escuchadas. Dado que sentirse escuchado a menudo es exactamente lo que busca el cónyuge agraviado, un acto de empatía emocional es un reductor magistral de la tensión.

Lo que más notoriamente falta en las parejas que acaban divorciándose son los intentos por parte de cualquiera de sus miembros por reducir la tensión durante una disputa. La presencia o ausencia de formas de reparar una desavenencia es una diferencia crucial entre las disputas de parejas que tienen un matrimonio saludable y las de aquellas que finalmente acaban en divorcio.[25] Los mecanismos de reparación que evitan que una discusión acabe en una espantosa explosión son simples movimientos tales como mantener la discusión encarrilada, la empatía y la reducción de la tensión. Estos movimientos básicos son una especie de termostato emocional que evita que los sentimientos expresados entren en ebullición y abrumen la capacidad de los cónyuges para centrarse en el tema en cuestión.

Una estrategia general para lograr que un matrimonio funcione consiste en no concentrarse en los temas específicos —la crianza de los hijos, el sexo, el dinero, las tareas de la casa— por los que discuten las parejas sino, en todo caso, en cultivar una inteligencia emocional compartida, mejorando así las posibilidades de resolver los problemas. Un puñado de competencias emocionales —sobre todo el ser capaz de serenarse (y serenar al cónyuge), la empatía y el saber escuchar— puede hacer más probable que una pareja dirima sus desacuerdos con eficacia. Esto hace posible desacuerdos saludables, las "peleas buenas" que permiten a un matrimonio florecer y que superan las negatividades que, si se dejan crecer, pueden destruir un matrimonio.[26]

Por supuesto, ninguno de estos hábitos emocionales cambia del día a la noche; hacen falta, como mínimo, persistencia y una actitud alerta. Las parejas serán capaces de llevar a cabo los cambios clave en proporción directa con lo motivados que se sientan para intentarlo. Muchas respuestas emocionales activadas tan fácilmente en el matrimonio han sido forjadas desde la infancia, aprendidas en nuestras relaciones más íntimas o modeladas por nuestros padres, y luego llevadas al matrimonio plenamente conformadas. Y así estamos preparados para ciertos hábitos emocionales —la reacción excesiva ante los desaires, digamos, o el cerrarnos ante la primera señal de confrontación—, aunque es posible que hayamos jurado que jamás actuaríamos como nuestros padres.

Serenarse

Cada emoción fuerte tiene en su raíz un impulso hacia la acción; manejar esos impulsos resulta básico para la inteligencia emocional. Esto puede resultar especialmente difícil, sin embargo, en las relaciones amorosas, en las que hay tantas cosas en juego. Las reacciones que intervienen aquí alcanzan algunas de nuestras necesidades más profundas: ser amados y sentirnos respetados, los temores de abandono o de quedar privados emocionalmente. No es de extrañar que durante una pelea matrimonial actuemos como si estuviera en juego nuestra supervivencia misma.

Aún así, nada se resuelve positivamente cuando el esposo o la esposa se encuentran en medio de un asalto emocional. Una competencia matrimonial clave es que los cónyuges aprendan a aplacar sus propios sentimientos de aflicción. Esencialmente, esto significa dominar la capacidad de recuperarse rápidamente del desbordamiento provocado por un asalto emocional. Dado que la capacidad de escuchar, pensar y hablar con claridad se disuelve durante un pico emocional semejante, serenarse es un paso sumamente constructivo, sin el cual no puede haber más progreso en la solución del problema en cuestión.

Las parejas ambiciosas pueden aprender a dominar su pulso cada cinco minutos aproximadamente durante un encuentro conflictivo palpándolo en la carótida, pocos centímetros por debajo del lóbulo de la oreja y la mandíbula (las personas que hacen ejercicios aeróbicos aprenden a hacer esto fácilmente).[27] Contar el pulso durante quince segundos y multiplicarlo por cuatro da como resultado el promedio por minuto. Hacerlo mientras se está en calma da una base; si el pulso se eleva más de unos diez latidos por minuto por encima de ese nivel, indica el comienzo del desbordamiento. Si el pulso aumenta de esta forma, la pareja necesita separarse durante unos veinte minutos para calmarse antes de reanudar la discusión. Aunque una pausa de cinco minutos puede parecer suficiente, el tiempo real de recuperación fisiológica es más gradual. Como vimos en el Capítulo 5, la ira residual provoca más ira; una espera más prolongada da al organismo más tiempo para recuperarse de la excitación anterior.

Para las parejas a las que, comprensiblemente, les resulta difícil controlar el ritmo cardíaco durante una pelea, es más sencillo tener un acuerdo preestablecido que permita a uno u otro cónyuge hacer una interrupción ante las primeras señales de desbordamiento. Durante esa pausa puede resultar útil dedicarse a una técnica de relajación o un ejercicio aeróbico (o cualquiera de los otros métodos que analizamos en el Capítulo 5) que puedan ayudar a los cónyuges a recuperarse del asalto emocional.

La desintoxicante charla con uno mismo

Debido a que el desbordamiento queda activado por los pensamientos negativos con respecto a la pareja resulta útil que el esposo o la esposa que se siente perturbado por estos juicios ásperos los enfrente directamente. Sentimientos como "No voy a aceptar esto nunca más", o "No me merezco este tipo de trato" son frases típicas de la víctima inocente o la indignación absoluta. Como señala el terapeuta cognitivo Aaron Beck, al captar estos pensamientos y desafiarlos —en lugar de simplemente sentirse furioso o herido por ellos— el esposo o la esposa pueden empezar a sentirse libres de su dominio.[28]

Esto exige el control de tales pensamientos, comprendiendo que uno no debe creerlos y haciendo el esfuerzo intencional de pensar en pruebas o perspectivas que los cuestionen. Por ejemplo, una esposa que siente que "a él no le importan mis necesidades... siempre es tan egoísta" podría desafiar el pensamiento recordándose una serie de cosas que el esposo ha hecho y que, en realidad, demuestran su cuidado. Esto le permite a ella reformular el pensamiento como: "Bueno, de vez en cuando se preocupa por mí, aunque lo que acaba de hacer fue desconsiderado y desquiciante para mí". La última formulación abre la posibilidad de cambiar y de alcanzar una resolución positiva; la anterior sólo sirve para fomentar la ira y el daño.

Escuchar y hablar sin estar a la defensiva

El: "¡Estás gritando!".

Ella: "Claro que estoy gritando... No has oído una palabra de lo que he dicho. ¡No me escuchas!".

Escuchar es una habilidad que mantiene a la pareja unida. Incluso en el fragor de una discusión, cuando ambos están dominados por el asalto emocional, uno u otro —y a veces los dos— pueden hacer el esfuerzo de escuchar más allá de la ira, y oír y responder al gesto reparador del otro miembro de la pareja. Sin embargo, las parejas destinadas al divorcio quedan inmersas en la ira y aferradas a las cuestiones específicas del tema en discusión y no logran oír —para no hablar de responder— ningún ofrecimiento de paz que pudiera estar implícito en lo que su pareja dice. La actitud defensiva en el que escucha adopta la forma de pasar por alto o rechazar de inmediato la queja del cónyuge, reaccionando a esta como si fuera un ataque en lugar de un intento por cambiar la conducta. Por supuesto, en una discusión lo que un cónyuge dice suele adoptar la forma de un ataque, o es pronunciado con tanta negatividad que resulta difícil oír algo distinto de un ataque.

Incluso en el peor de los casos es posible que una pareja modifique deliberadamente lo que escucha, pasando por alto las partes negativas u hostiles del intercambio —el tono desagradable, el insulto, la crítica desdeñosa— para escuchar el mensaje principal. Con este fin, resulta útil que los cónyuges vean la negatividad mutua como una afirmación implícita de lo importante que es el tema para ellos: una exigencia para que se preste atención. Entonces, si ella grita: "¡Maldita sea! ¿Vas a dejar de interrumpirme?", él podría responder sin hostilidad: "De acuerdo, sigue y termina lo que estabas diciendo".

La forma más poderosa de atención no defensiva, por supuesto, es la empatía: escuchar realmente los sentimientos que hay detrás de lo que se dice. Como vimos en el Capítulo 7, el hecho de que un cónyuge empatice realmente con el otro exige que sus propias reacciones emocionales se serenen hasta el punto en que él sea lo suficientemente receptivo para que su propia fisiología logre reflejar los sentimientos de su pareja. Sin esta sintonía fisiológica, la noción que un cónyuge tiene de lo que está sintiendo el otro probablemente carecerá de todo fundamento. La empatía se deteriora cuando los propios sentimientos son tan intensos que no permiten una armonización fisiológica sino que simplemente dominan todo lo demás.

Un método para la escucha emocional eficaz, llamado "reflejo" *(mirroring)* se utiliza comúnmente en la terapia matrimonial. Cuando un cónyuge formula una queja, el otro la repite con sus propias palabras, intentando captar no sólo la idea sino también los sentimientos que encierra. Este último cónyuge consulta con el otro para asegurarse de que la repetición es correcta y, en caso contrario, vuelve a intentarlo hasta que lo logra... Algo que parece simple pero es sorprendentemente difícil de ejecutar.[29] El efecto de verse reflejado exactamente no es sólo el de sentirse comprendido sino tener la sensación añadida de estar sintonizado emocionalmente. Eso mismo puede en ocasiones desbaratar un ataque inminente y logra evitar que la discusión sobre las quejas se convierta en pelea.

El arte de hablar de una manera no defensiva en el caso de las parejas se centra en mantener lo que se dice en el plano de una queja específica en lugar de convertirlo en un ataque personal. El psicólogo Haim Ginott, el abuelo de los programas de comunicación efectiva, sugirió que la mejor fórmula para una queja es "XYZ": "Cuando tú hiciste X me sentí Y, y habría preferido que en lugar de eso hubieras hecho Z". Por ejemplo: "Cuando no me llamaste para decirme que ibas a llegar tarde a la cita que teníamos para cenar, me sentí despreciada y furiosa. Ojalá me hubieras llamado para avisarme que llegarías tarde" en lugar de "Eres un desconsiderado y egocéntrico bastardo", que es la forma en que el tema se plantea con frecuencia en las discusiones de las parejas. En resumen, en la comunicación abierta no hay intimidación, amenazas ni insultos. Tampoco da lugar a ninguna de las innumerables formas de actitud defensiva: excusas, negación de la responsabilidad, contraataque con críticas y cosas por el estilo. También en este caso la empatía es una herramienta poderosa.

Finalmente, el respeto y el amor desbaratan la hostilidad en el matrimonio, como en cualquier otro aspecto de la vida. Una forma poderosa de atenuar una pelea es hacer que el cónyuge sepa que uno puede ver las cosas desde otra perspectiva, y que este punto de vista puede tener validez, incluso si uno no está de acuerdo. Otra es asumir la responsabilidad o incluso disculparse si uno se da cuenta de que está equivocado. Como mínimo, esta convalidación significa la manifestación de que uno está escuchando y puede reconocer las emociones que se expresan a pesar de no estar de acuerdo con el argumento: "Me doy cuenta de que estás preocupada". Y en otras ocasiones, cuando no está planteada una pelea, la convalidación adopta la forma de un cumplido, el descubrir algo que uno aprecia auténticamente y expresar algún elogio. La convalidación, por supuesto, es una forma de aliviar al cónyuge, o de construir un capital emocional bajo la forma de pensamientos positivos.

Práctica

Debido a que estas maniobras deben realizarse durante el fragor de una confrontación, cuando la excitación emocional seguramente es elevada, para que resulten accesibles cuando más las necesitamos deben estar incorporadas a nuestra formación. Esto se debe a que el cerebro emocional adopta esas rutinas de respuesta que fueron aprendidas en las primeras etapas de la vida, durante momentos repetidos de ira y dolor, y por eso se vuelven dominantes. Dado que la memoria y la respuesta son específicas de la emoción, en tales situaciones las reacciones asociadas con momentos más serenos son menos fáciles de recordar y de llevar a la práctica. Si una respuesta emocional más productiva resulta poco familiar o no está muy practicada, es sumamente difícil intentarla en medio de un malestar. Pero si una respuesta es practicada de modo tal que se convierte en algo automático tiene mejores posibilidades de encontrar expresión durante una crisis emocional. Por estas razones, las estrategias mencionadas anteriormente deben ser puestas en práctica y ensayadas durante aquellos encuentros que no estén dominados por la tensión, así como en el fragor de la batalla, si queremos que tengan la posibilidad de convertirse en una primera respuesta adquirida (o, al menos, en una segunda respuesta no demasiado postergada) en el repertorio del circuito emocional. En esencia, estos antídotos de la desintegración matrimonial son una breve educación reparadora en la inteligencia emocional.

10

MANEJARSE CON EL CORAZON

Melburn McBroom era un jefe dominante, y su temperamento intimidaba a quienes trabajaban con él. Este hecho podría haber pasado inadvertido si McBroom hubiera trabajado en una oficina o en una fábrica. Pero McBroom era piloto de una línea aérea.

Un día de 1978 el avión de McBroom se acercaba a Portland, Oregón, cuando él notó que había un problema en el tren de aterrizaje. De modo que decidió sobrevolar la pista en círculos, a una altura elevada, mientras manipulaba el mecanismo.

Mientras McBroom se obsesionaba con el tren de aterrizaje, los indicadores del combustible del avión se acercaban sin pausa al nivel del cero. Pero sus copilotos estaban tan asustados por la furia de McBroom que no dijeron nada, ni siquiera cuando el desastre fue inminente. El avión se estrelló y resultaron muertas diez personas.

En la actualidad, la historia de ese accidente se cuenta como una advertencia durante el entrenamiento de seguridad de los pilotos aéreos.[1] En el 80% de los accidentes aéreos, los pilotos cometen errores que podrían haberse evitado, sobre todo si la tripulación hubiera trabajado en conjunto y más armoniosamente. El trabajo en equipo, las líneas abiertas de comunicación, la cooperación, el escuchar y expresar las opiniones —rudimentos de la inteligencia social— están ahora acentuados en el entrenamiento de pilotos, además de la habilidad técnica.

La cabina del piloto es un microcosmos de cualquier organización de trabajo. Pero al carecer de la dramática realidad vivida en un accidente de aviación, los efectos destructivos de la moral miserable, los trabajadores intimidados, los jefes arrogantes —o cualquiera de las docenas de otras permutaciones de deficiencias emocionales en el lugar de trabajo— pueden pasar totalmente inadvertidos por aquellos que se encuentran fuera de la escena inmediata. Pero los costos pueden ser interpretados en señales tales como la disminución de la productividad, un aumento en el incumplimiento de fechas tope, errores y contratiempos y un éxodo de empleados a escenarios más acogedores. Inevitablemente existe un costo en la base de los bajos niveles de inteligencia emocional en el trabajo. Cuando es elevado, las empresas pueden derrumbarse.

La idea de costo-efectividad de la inteligencia emocional es relativamente nueva para las empresas, algo que a algunos gerentes puede resultarles difícil de aceptar. Un estudio de 250 ejecutivos demostró que la mayoría sentía que su trabajo les exigía que aplicaran "su cabeza, pero no su corazón". Muchos dijeron que temían que sentir empatía o compasión por aquellos con quienes trabajaban los colocaría en conflicto con sus metas organizativas. Uno opinó que la idea de percibir los sentimientos de aquellos que trabajaban para él era absurda, y dijo que sería "imposible tratar con la gente". Otros protestaron diciendo que si no eran emocionalmente reservados, les resultaría imposible tomar las "duras" decisiones que exige la profesión, aunque lo más probable es que transmitieran esas decisiones de una manera más humana.[2]

Ese estudio se llevó a cabo en los años setenta, cuando el entorno de las empresas era muy distinto. En mi opinión, esas actitudes son anticuadas y son un lujo de tiempos pasados; una nueva realidad competitiva está dando un enorme valor a la inteligencia emocional en el lugar de trabajo y en el mercado. Como me comentó Shoshona Zuboff, psicóloga de la Facultad de Ciencias Empresariales de Harvard, "las empresas han sufrido una revolución radical en este siglo, y con esto se ha producido una correspondiente transformación del paisaje emocional. Hubo un largo período de dominación administrativa de la jerarquía corporativa, cuando el jefe manipulador y agresivo fue recompensado. Pero esa jerarquía rígida empezó a quebrarse en los años ochenta, bajo la presión combinada de la globalización y la tecnología de la información. El agresivo simboliza el lugar donde ha estado la corporación; el virtuoso en habilidades interpersonales es el futuro corporativo".[3]

Algunos de los motivos son evidentes: imaginemos las consecuencias que tiene para un grupo de trabajo el que alguien sea incapaz de evitar un estallido de ira o no tenga la menor sensibilidad con respecto a lo que siente la gente que lo rodea. Todos los efectos nocivos de la agitación con respecto al pensamiento analizados en el Capítulo 6 operan también en el lugar de trabajo: cuando la persona está emocionalmente perturbada, no puede recordar, atender, aprender ni tomar decisiones con claridad. Como dijo un asesor administrativo: "El estrés hace que la gente se vuelva estúpida".

En el aspecto positivo imaginemos los beneficios que tiene para el trabajo el ser hábil en las competencias emocionales básicas: estar sintonizados con los sentimientos de aquellas personas con quienes tratamos, ser capaces de resolver desacuerdos para que no se agudicen, tener la habilidad de atravesar estados de fluidez mientras trabajamos. Liderazgo no es dominación, sino el arte de persuadir a la gente a trabajar hacia un objetivo común. Y en términos del manejo de nuestra propia carrera, puede no haber nada más fundamental que reconocer nuestros más profundos sentimientos con respecto a lo que hacemos... y los cambios que podrían hacernos sentir más auténticamente satisfechos con nuestro trabajo.

Algunas de las razones menos evidentes por las que las aptitudes emocionales están poniéndose a la vanguardia de las habilidades empresariales reflejan los cambios radicales que se están produciendo en los lugares de trabajo. Permítaseme aclarar mi punto de vista describiendo las diferencias que existen en las tres aplicaciones de la inteligencia emocional: ser capaz de ventilar las quejas como críticas útiles, crear una atmósfera donde la diversidad resulta valiosa en lugar de ser motivo de fricción y trabajar eficazmente en equipo.

La crítica es el trabajo principal

> El era un ingeniero avezado que dirigía un proyecto de desarrollo de *software* y presentaba al vicepresidente de desarrollo de productos de la empresa el resultado de meses de trabajo junto a su equipo. Los hombres y mujeres que habían trabajado durante varias horas al día, semana tras semana, estaban allí con él, orgullosos de presentar el fruto de su dura tarea. Pero cuando el ingeniero concluyó la presentación, el vicepresidente se volvió hacia él y le preguntó en tono sarcástico: "¿Cuánto tiempo hace que terminó la escuela para graduados? Estas especificaciones son ridículas. No tienen la menor posibilidad de ir más allá de mi escritorio".
>
> El ingeniero, absolutamente incómodo y desalentado, guardó silencio y mostró una expresión taciturna durante el resto de la reunión. Los hombres y mujeres de su equipo hicieron algunas observaciones desganadas —y algunas hostiles— para defender su esfuerzo. El vicepresidente recibió una llamada y la reunión se interrumpió bruscamente, dejando una sensación de amargura e ira.
>
> Durante las dos semanas siguientes, el ingeniero se sintió obsesionado por los comentarios del vicepresidente. Desalentado y deprimido, estaba convencido de que jamás le asignarían otro proyecto de importancia en la compañía, y

estaba pensando en renunciar a pesar de que disfrutaba trabajando allí.

Finalmente, el ingeniero fue a ver al vicepresidente y le recordó la reunión, sus comentarios críticos y el efecto desmoralizante que habían tenido. Después planteó cuidadosamente la siguiente pregunta: "Estoy un poco confundido con respecto a lo que usted quiere conseguir. Supongo que no pretendía avergonzarme, simplemente. ¿Tenía alguna otra intención?". El vicepresidente quedó atónito. No había notado que su comentario, que había sido hecho al pasar, hubiera tenido un efecto tan devastador. En realidad, pensaba que el plan de *software* era prometedor, pero que necesitaba más elaboración. En ningún momento había sido su intención descartarlo como algo inútil. Simplemente no se había dado cuenta, dijo, de lo inadecuada que había sido su reacción, ni había querido herir los sentimientos de nadie. Y, aunque tardíamente, se disculpó.[4]

En realidad se trata de una cuestión de retroalimentación, de que la gente reciba la información esencial para seguir adelante con sus esfuerzos. Según su sentido original en teoría de sistemas, el término *retroalimentación* se refería al intercambio de datos acerca de cómo está funcionando una parte de un sistema, teniendo en cuenta que una parte afecta a todas las demás que pertenecen al sistema, de modo que cualquier parte que se desvíe del curso pueda ser modificada en un sentido positivo. En una empresa todo el mundo forma parte del sistema, de modo que la retroalimentación es el alma de la organización; el intercambio de información que permite a la gente saber si el trabajo que están haciendo está saliendo bien o necesita algún ajuste, alguna mejora o un planteo totalmente nuevo. Sin retroalimentación, la gente está en las tinieblas; no tiene idea de cómo tratar con su jefe, con sus pares, ni qué se espera de ella, con lo que cualquier problema empeora a medida que pasa el tiempo.

En cierto sentido, la crítica es una de las tareas más importantes de un gerente. Sin embargo, es también una de las más temidas y postergadas. Y, como el sarcástico vicepresidente, demasiados gerentes han manejado inadecuadamente el fundamental arte de la retroalimentación. Esta deficiencia tiene un gran costo: así como la salud emocional de una pareja depende de lo bien que ventilen sus quejas, la efectividad, la satisfacción y la productividad de la gente en el trabajo depende de cómo se les hable de los problemas acuciantes. De hecho, la manera en que se dan y se reciben las críticas es muy importante para determinar lo satisfecha que está la gente con su trabajo, con las personas con quienes trabaja, y con las personas ante quienes es responsable.

La peor manera de motivar a alguien

Las vicisitudes emocionales presentes en el matrimonio también funcionan en el lugar de trabajo, donde adoptan formas similares. Las críticas se expresan como ataques personales más que como quejas sobre las que se puede actuar; existen acusaciones *ad hominem* con dosis de disgusto, sarcasmo y desdén; ambas cosas dan origen a la actitud defensiva y la evasión de la responsabilidad y, finalmente, al bloqueo o a la amarga resistencia pasiva que se produce al sentirse injustamente tratado. En efecto, una de las formas más comunes de crítica destructiva en el lugar de trabajo, dice un asesor empresarial, es una afirmación global y generalizada como "Estás estropeando las cosas", manifestada en tono duro, sarcástico y furioso, sin permitir la posibilidad de responder ni dar ninguna sugerencia acerca de cómo hacer las cosas mejor. Deja impotente y furiosa a la persona que la recibe. Desde el ventajoso punto de vista de la inteligencia emocional, esta crítica muestra una ignorancia de los sentimientos que provocará en aquellos que la reciben, y del efecto devastador que esos sentimientos tendrán en su motivación, su energía y su confianza para hacer el trabajo.

Esta destructiva dinámica se puso de manifiesto en un estudio de gerentes a quienes se les pidió que recordaran los tiempos en que se enfurecían con sus empleados y, en el calor de la discusión, hacían algún ataque personal.[5] Los ataques airados tenían efectos como los que habrían tenido en una pareja casada: los empleados que los recibían reaccionaban más a menudo adoptando una actitud defensiva, dando excusas o eludiendo la responsabilidad. O se bloqueaban, es decir, procuraban evitar el contacto con el gerente que se había enfurecido con ellos. Si hubieran sido objeto del mismo microscopio emocional que John Gottman utilizó con las parejas casadas, estos empleados amargados sin duda habrían mostrado que pensaban como las víctimas inocentes o con la indignación absoluta típica de los maridos o las esposas que se sienten injustamente atacados. Si su fisiología hubiera sido medida, probablemente también habrían mostrado el desbordamiento que refuerza tales pensamientos. Y sin embargo los gerentes sólo se sentían más furiosos y provocados por estas respuestas, lo que sugiere el comienzo de un ciclo que, en el mundo empresarial, termina logrando que el empleado renuncie o quede despedido: el equivalente al divorcio.

En efecto, en un estudio de 108 gerentes y trabajadores administrativos, la crítica torpe estaba delante de la desconfianza, las luchas de personalidad y las disputas por el poder y la remuneración como motivo de conflicto en el trabajo.[6] Un experimento llevado a cabo en el Rensselaer Polytechnic Institute muestra lo dañina que puede resultar en las relaciones de trabajo una crítica hiriente. Durante una simulación, se asignó a los voluntarios la tarea de crear un anuncio para un nuevo champú. Otro voluntario (que actuaba en combinación con el investigador) supuestamente juzgaba los anuncios propuestos; los voluntarios recibían una de las dos críticas acordadas de antemano. Una era considerada y específica. Pero la otra incluía amenazas y culpaba a la persona de tener deficiencias innatas, con observaciones como "Ni siquiera lo intentaste; parece que no puedes hacer nada bien", y "Tal vez sólo se trata de falta de talento. Intentaré que lo haga otra persona".

Como es comprensible, aquellos que eran atacados se volvieron tensos, furiosos y hostiles, y dijeron que se negarían a colaborar o cooperar en futuros proyectos con la persona que hacía la crítica. Muchos señalaron que deseaban evitar todo contacto; en otras palabras, se sentían bloqueados. Las duras críticas hacían que aquellos que las recibían quedaran tan desmoralizados que ya no se esforzaban tanto en su trabajo, y lo más grave era que decían que ya no se sentían capaces de hacer las cosas bien. El ataque personal era devastador para su moral.

Muchos gerentes están muy dispuestos a criticar pero son parcos con los elogios, lo que deja a sus empleados con la sensación de que reciben comentarios sólo cuando cometen algún error. Esta tendencia a la crítica se ve exacerbada por gerentes que postergan durante largos períodos el ofrecer retroalimentación. "La mayoría de los problemas del desempeño de un empleado no son repentinos; se desarrollan lentamente con el tiempo", comenta J. R. Larson, psicólogo de la Universidad de Illinois, en Urbana. "Cuando el jefe no logra expresar con prontitud sus sentimientos, la frustración se acumula lentamente. Entonces, un día, estalla. Si la crítica se hubiera expresado con anterioridad, el empleado habría sido capaz de corregir el problema. Con demasiada frecuencia la gente critica sólo cuando las cosas se descontrolan, cuando están tan furiosos que ya no pueden contenerse. Y es entonces cuando pronuncian la crítica de la peor manera, con un tono de amargo sarcasmo, recordando una lista de quejas que se habían callado, o profiriendo amenazas. Estos ataques obtienen respuesta. Son recibidos como una afrenta, de modo que el receptor también se enfurece. Es la peor manera de motivar a alguien."

La crítica ingeniosa

Consideremos la otra posibilidad.

Una crítica ingeniosa puede ser uno de los mensajes más útiles que envíe un gerente. Por ejemplo, lo que el desdeñoso vicepresidente podría haberle dicho al ingeniero de *software* —pero no hizo— es algo así como: "La principal dificultad en esta etapa es que su plan llevaría demasiado tiempo y aumentaría los costos. Me gustaría que elaborara más su propuesta, sobre todo las especificaciones del diseño para el desarrollo del *software,* y viera si puede idear una forma de hacer el mismo trabajo más rápidamente". Un mensaje como este tiene un impacto opuesto al de la crítica destructiva: en lugar de crear impotencia, ira y rebelión, mantiene la ilusión de mejorar y sugiere el comienzo de un plan para lograrlo.

Una crítica ingeniosa se centra en lo que la persona ha hecho y puede hacer en lugar de convertir un rasgo del carácter en un trabajo mal hecho. Como señala Larson, "Un ataque al carácter —llamar a alguien estúpido o incompetente— es un verdadero error. Quien lo recibe se pone de inmediato a la defensiva y deja de mostrarse receptivo a lo que se le tiene que decir acerca de cómo hacer las cosas mejor". Ese consejo, por supuesto, es exactamente el mismo para las parejas que ventilan sus quejas.

Y, en términos de motivación, cuando la gente cree que los fracasos se deben a algún déficit inalterable que hay en ellos, pierden la esperanza y dejan de intentarlo. La convicción básica que lleva al optimismo es que los contratiempos o los fracasos se deben a circunstancias que nosotros podemos cambiar o mejorar.

Harry Levinson, un psicoanalista que se convirtió en asesor de una empresa, da el siguiente consejo sobre el arte de la crítica, que está intrínsecamente vinculado al arte del elogio:

- *Ser específico.* Tomemos un incidente significativo, un episodio que ilustra un problema clave que necesita modificación, o una pauta de deficiencia como es la incapacidad de hacer bien ciertos aspectos de un trabajo. Para la gente es desmoralizante escuchar sólo que están haciendo "algo" mal sin saber cuáles son los detalles y poder cambiar. Centrarse en los detalles, diciendo qué es lo que la persona hizo bien, qué es lo que hizo mal, y cómo podría modificarse. No hablar con rodeos ni ser indirecto ni evasivo; eso empañaría el mensaje real. Por supuesto, esto es similar al consejo dado a las parejas acerca de la declaración "XYZ" de una queja: decir exactamente cuál es el problema, qué ocurre con él o cómo se siente uno al respecto, y qué se podría cambiar.
  "La especificidad", señala Levinson, "es tan importante para el elogio como para la crítica. No diré que el elogio vago no tiene absolutamente ningún efecto, pero no tiene demasiado, y no se puede aprender de él."[7]
- *Ofrecer una solución.* La crítica, como toda retroalimentación útil, debería señalar una forma de corregir el problema. De lo contrario, deja al receptor frustrado, desmoralizado o desmotivado. La crítica puede abrir la puerta a posibilidades y alternativas que la persona no advertía que existían, o simplemente sensibilizarla a las deficiencias que necesitan atención: pero deberían incluir sugerencias acerca de cómo ocuparse de estos problemas.

- *Estar presente.* Las críticas, al igual que los elogios, resultan más eficaces si se expresan cara a cara y en privado. Las personas que se sienten incómodas al manifestar una crítica —o al ofrecer un elogio— probablemente sienten alivio al hacerlo poniendo distancia de por medio, por ejemplo con un memorándum. Pero esto hace que la comunicación resulte demasiado impersonal, y le quita a la persona que la recibe la posibilidad de dar una respuesta o una aclaración.
- *Mostrarse sensible.* Esta es una apelación a la empatía, a estar sintonizado con el impacto que provoca en el receptor lo que uno dice y la forma en que lo dice. Los gerentes que tienen poca empatía, señala Levinson, son más propensos a proporcionar la retroalimentación de una forma hiriente, como el menosprecio mordaz. El efecto neto de este tipo de crítica es destructivo: en lugar de abrir el camino para una reparación, crea un contragolpe emocional de resentimiento, amargura, actitud defensiva y distancia.

Levinson también ofrece algunos consejos emocionales para aquellos que reciben las críticas. Uno es considerarla como una información valiosa acerca de cómo hacer las cosas mejor, en lugar de tomarla como un ataque personal. Otra es esperar el impulso hacia la actitud defensiva en lugar de asumir la responsabilidad. Y, si resulta demasiado perturbador, pedir que se reanude la reunión más tarde, después de dedicar un rato a absorber el mensaje difícil y serenarse un poco. Finalmente, aconseja a la gente que consideren la crítica como una oportunidad de trabajar conjuntamente con el crítico para resolver el problema, no como si fuera un adversario. Todos estos sabios consejos, por supuesto, son sugerencias para las parejas casadas que intentan enfrentarse a sus quejas sin infligir un daño permanente a la relación. Lo mismo vale para el matrimonio y para el trabajo.

Enfrentarse a la diversidad

Sylvia Skeeter, que a los treinta años había sido capitán del ejército, era gerente de turno de un restaurante Denny's en Columbia, Carolina del Sur. Una tranquila tarde, cuatro clientes negros —un sacerdote, un pastor asistente y dos fieles que cantaban en los servicios religiosos— entraron a comer y estuvieron largo rato esperando mientras las mozas pasaban junto a su mesa sin hacerles caso. Las mozas, recuerda Skeeter, "de vez en cuando echaban un vistazo, con las manos apoyadas en las caderas, y empezaban a hablar entre ellas, como si los negros que estaban a un metro y medio de distancia no existieran".

Indignada, Skeeter se enfrentó a las mozas y se quejó al dueño, que quitó importancia a la conducta de las mozas diciendo: "Así han sido educadas, y yo no puedo hacer nada al respecto". Skeeter renunció en el acto: es negra.

Si hubiera sido un incidente aislado, ese momento de flagrante prejuicio podría haber pasado inadvertido. Pero Sylvia Skeeter fue una de los cientos de personas que salieron a atestiguar por el extendido patrón de prejuicios raciales observado en la cadena de restaurantes Denny's, pauta que dio como resultado un pago de cincuenta y cuatro millones de dólares en un juicio por demanda colectiva a favor de miles de clientes negros que habían sufrido tales indignidades.

Entre los demandantes se encontraban siete agentes del servicio secreto afroamericano —que se encontraban allí para brindar protección al presidente Clinton, que visitaba la Academia Naval de Estados Unidos en Annapolis—, que estuvieron esperando su desayuno durante una hora mientras sus colegas blancos de la mesa contigua fueron atendidos de inmediato. También había una chica negra paralítica, de Tampa, Florida, que una noche, tarde, estuvo sentada en su silla de ruedas durante dos horas esperando su comida. La pauta de discriminación, afirmaba la demanda colectiva, respondía a la extendida convicción de la cadena Denny's —sobre todo en el nivel del gerente de distrito y sucursal— de que los clientes negros perjudicaban el negocio. En la actualidad, sobre todo como resultado de la demanda y de la publicidad que alcanzó, la cadena Denny's está reparando su conducta con la comunidad negra. Y todos los empleados, especialmente los gerentes, deben asistir a cursos en los que se habla de las ventajas de tener una clientela multirracial.

Estos seminarios se han convertido en un ingrediente básico del entrenamiento en las empresas de todo el país, con la creciente convicción por parte de los gerentes de que aunque la gente tenga prejuicios, debe aprender a actuar como si no los tuviera. Las razones, vinculadas a la decencia humana, son pragmáticas. Una es el cambiante aspecto de la fuerza laboral: los hombres blancos, que solían ser el grupo dominante, se están convirtiendo en una minoría. Un estudio de varios cientos de compañías norteamericanas descubrió que más de las tres cuartas partes de los nuevos empleados eran no blancos, un cambio demográfico que también se ve reflejado en gran medida en el cambiante grupo de los clientes.[8] Otra razón es la creciente necesidad de las compañías internacionales de tener empleados que no sólo dejen de lado cualquier inclinación y valoren a la gente de las diversas culturas (y mercados) sino que también conviertan esa apreciación en una ventaja competitiva. Una tercera motivación es el potencial fruto de la diversidad, en términos de creatividad colectiva elevada y energía emprendedora.

Todo esto significa que la cultura de una organización debe cambiar para favorecer la tolerancia, aunque las tendencias individuales sigan siendo las mismas. ¿Pero cómo puede lograr esto una compañía? La triste realidad es que los cursos de un día, un vídeo, o "entrenamiento para la diversidad" de un fin de semana no parecen cambiar realmente las tendencias de aquellos empleados que asisten a los mismos con profundos prejuicios contra uno u otro grupo, ya sean blancos contra negros, negros contra asiáticos o asiáticos contra hispanos. En realidad, el efecto de los cursos —que crean falsas expectativas al prometer demasiado, o simplemente crean una atmósfera de confrontación en lugar de crear comprensión— puede ser intensificar las tensiones que dividen a los grupos en los lugares de trabajo, llamando aún más la atención sobre estas diferencias. Para comprender lo que se puede hacer, es útil comprender primero la naturaleza del prejuicio mismo.

Las raíces del prejuicio

El doctor Vamik Volkan es en la actualidad psiquiatra de la Universidad de Virginia, pero recuerda lo que fue crecer en el seno de una familia turca en la isla de Chipre, en aquel entonces encarnizadamente disputada por turcos y griegos. De niño, Volkan oía rumores según los cuales el cíngulo del sacerdote griego del lugar tenía un nudo por cada niño turco que había estrangulado, y recuerda el tono de desesperación con que le contaron que sus vecinos griegos comían cerdos, cuya carne era considerada repugnante por la cultura turca. Ahora, como estudioso del conflicto étnico, Volkan señala aquellos recuerdos de la infancia que muestran cómo los odios entre los grupos se mantienen vivos a lo largo de los años, a medida que cada nueva generación está inmersa en tendencias hostiles como estas.[9] El precio psicológico de la lealtad al propio grupo puede ser la antipatía hacia otro, sobre todo cuando existe una larga historia de enemistad entre los grupos.

Los prejuicios son una especie de aprendizaje emocional que tiene lugar en las primeras etapas de la vida, haciendo que estas reacciones sean difíciles de erradicar por completo, incluso en la gente que, en la edad adulta, considera erróneo mostrarlas. "Las emociones del prejuicio se forman en la infancia, mientras las convicciones que se utilizan para justificarlo surgen después", explicó Thomas Pettigrew, un psicólogo social de la Universidad de California en Santa Cruz, que ha estudiado durante décadas el tema del prejuicio. "Más tarde uno puede sentir deseos de cambiar los prejuicios, pero es mucho más fácil cambiar las convicciones intelectuales que los sentimientos profundos. Muchos sureños me han confesado, por ejemplo, que aunque mentalmente ya no tienen prejuicios contra los negros, sienten aprensión cuando le estrechan la mano a uno. Esos sentimientos son lo que les queda de lo que aprendieron de niños, en su familia."[10]

El poder de los estereotipos que refuerzan el prejuicio surge en parte de una dinámica más neutral de la mente que hace que todos los estereotipos sean autoconfirmadores.[11] La gente recuerda con más facilidad ejemplos que apoyan el estereotipo y suele descartar aquellos que lo desafían. Al encontrar en una fiesta a un inglés emocionalmente abierto y cálido que no responde al estereotipo del británico frío y reservado, la gente puede pensar que sencillamente es poco habitual, o que "ha estado bebiendo".

La tenacidad de los prejuicios sutiles puede explicar por qué, mientras en los cuarenta últimos años las actitudes raciales de los blancos americanos hacia los negros se han vuelto cada vez más tolerantes, persisten formas más sutiles de prejuicios: la gente niega las actitudes racistas mientras sigue actuando con prejuicios ocultos.[12] Cuando se le pregunta, esta gente dice que no siente intolerancia, pero en situaciones ambiguas sigue actuando de una forma prejuiciosa, aunque dé una explicación que no tiene nada que ver con el prejuicio. Este prejuicio puede expresarse, por ejemplo, en la forma en que un gerente blanco —que cree que no tiene prejuicios— rechaza a un aspirante negro, aparentemente no por su raza sino porque su educación y experiencia "no son del todo adecuadas" para el puesto, mientras contrata a un aspirante blanco que tiene aproximadamente la misma experiencia. También podría expresarse proporcionando una serie de consejos útiles e instrucciones a un vendedor blanco que está a punto de hacer una llamada, pero no haciendo lo mismo con un vendedor negro o un hispano.

Cero tolerancia para la intolerancia

Si los viejos prejuicios de la gente no pueden ser fácilmente suprimidos, lo que sí puede modificarse es lo que hagan con respecto a ellos. En Denny's, por ejemplo, rara vez se reprendía a las meseras o gerentes de sucursal que decidían discriminar a los negros, si es que alguna vez se lo hacía. En lugar de eso, algunos gerentes parecen haberlas estimulado, al menos de forma tácita, a practicar la discriminación, incluso sugiriendo políticas tales como exigir el pago de la comida por adelantado sólo a los clientes negros, negando a estos las comidas gratuitas el día del cumpleaños —ampliamente publicitadas— o cerrando las puertas y afirmando que estaba cerrado si el que estaba a punto de entrar era un grupo de clientes negros. Como dijo John P. Relman, un abogado que denunció a Denny's en representación de los agentes negros del Servicio Secreto: "La administración de Denny's cerró los ojos a lo que estaba haciendo el personal. Debe de haber existido algún tipo de mensaje... que liberó las inhibiciones de los gerentes locales para que actuaran movidos por sus impulsos racistas".[13]

Pero todo lo que sabemos acerca de las raíces del prejuicio y cómo combatirlo eficazmente sugiere que precisamente esa actitud —hacer la vista gorda a las muestras de prejuicio— permite que la discriminación aumente. No hacer nada, en este contexto, es un acto que tiene consecuencias en sí mismo y permite que el virus del prejuicio se extienda sin encontrar oposición. Más pertinente que los cursos de entrenamiento para la diversidad —o tal vez esencial para que surtan efecto— es el hecho de que las normas de un grupo sean decididamente modificadas adoptando una postura activa contra cualquier acto de discriminación, desde los niveles gerenciales más elevados hacia abajo. Las tendencias pueden no ceder, pero los actos de prejuicio pueden ser reprimidos si el clima se modifica. Como manifestó un ejecutivo de IBM: "No toleramos los desaires ni los insultos de ningún tipo; el respeto por el individuo es fundamental para la cultura de IBM".[14]

Si la investigación sobre el prejuicio puede dar alguna lección para hacer que una cultura corporativa sea más tolerante, esta es la de estimular a la gente a expresarse contra los actos de discriminación u hostigamiento más sutiles: chistes ofensivos, por ejemplo, o la colocación de calendarios con chicas humillantes para las compañeras mujeres. Un estudio descubrió que cuando las personas de un grupo oían que alguien pronunciaba insultos étnicos, esto las estimulaba a hacer lo mismo. El simple hecho de nombrar un prejuicio como ese o criticarlo en el momento crea una atmósfera social que lo desalienta; el no decir nada sirve para permitir que continúe.[15] En este empeño, los que se encuentran en una posición de autoridad juegan un papel fundamental: el hecho de que no condenen actos prejuiciosos expresa el mensaje tácito de que tales actos son correctos. El llevar a cabo alguna acción, como una reprimenda, envía el poderoso mensaje de que el prejuicio no es banal sino que tiene consecuencias reales y negativas.

También aquí las habilidades de la inteligencia emocional suponen una ventaja, sobre todo porque proveen el don social de saber no sólo cuándo sino también cómo expresarse productivamente contra el prejuicio. Esta retroalimentación debería ser disimulada con toda la elegancia de una crítica eficaz, para que pueda ser escuchada sin adoptar una actitud defensiva. Si gerentes y trabajadores hacen esto con naturalidad, o aprenden a hacerlo, es más probable que los incidentes desaparezcan.

Los cursos más efectivos de entrenamiento para la diversidad establecen una nueva regla básica y explícita a nivel organizativo que hace que el prejuicio en cualquiera de sus formas quede descartado, y así estimula a quienes han sido testigos silenciosos o espectadores a expresar su malestar y sus objeciones. Otro ingrediente activo de los cursos sobre la diversidad es la posibilidad de ver las cosas con perspectiva, una postura que estimula la empatía y la tolerancia. En la medida en que la gente llega a comprender el dolor de aquellos que se sienten discriminados, tiene más posibilidades de expresarse contra esto.

En resumen, resulta más práctico tratar de suprimir la expresión del prejuicio que intentar eliminar la actitud en sí misma; los estereotipos cambian muy lentamente, cuando lo hacen. El solo hecho de reunir a personas de diferentes grupos hace poco o nada por disminuir la intolerancia, como lo demuestran los casos de segregación en la escuela, en los que la hostilidad intergrupal aumentó en lugar de disminuir. Para la gama de programas de entrenamiento para la diversidad que inundan el mundo corporativo, esto significa que una meta realista es cambiar las "normas" de un grupo para mostrar prejuicio u hostigamiento; estos programas pueden hacer mucho para inculcar en la conciencia colectiva la idea de que el fanatismo o el hostigamiento no son aceptables y no serán tolerados. Pero esperar que un programa de ese carácter desarraigue los prejuicios profundamente establecidos es poco realista.

Sin embargo, dado que los prejuicios son una variedad del aprendizaje emocional, el reaprendizaje es posible, aunque lleva tiempo y no debería esperarse que sea el resultado de un taller de una sola sesión de entrenamiento en la diversidad. Sin embargo, lo que puede marcar una diferencia es la camaradería constante y los esfuerzos diarios hacia una meta común realizados por personas de diferente preparación. Aquí, la lección es la que ofrece la segregación en la escuela: cuando un grupo no logra mezclarse socialmente, y en lugar de eso forma camarillas hostiles, los estereotipos negativos se intensifican. Pero cuando los alumnos han trabajado conjuntamente como iguales para alcanzar un objetivo común, por ejemplo en un equipo deportivo o en una banda, sus estereotipos se derrumban, como puede ocurrir naturalmente en el lugar de trabajo cuando la gente trabaja combinadamente y como iguales a lo largo de los años.[16]

Pero dejar de combatir el prejuicio en el lugar de trabajo es perder una oportunidad más importante: la de sacar ventaja de las posibilidades creativas y emprendedoras que puede ofrecer una fuerza de trabajo diversa. Como veremos, si un grupo de trabajo que cuenta con diversas fuerzas y perspectivas puede operar de forma armónica, es probable que llegue a soluciones mejores, más creativas y más eficaces que si esas mismas personas trabajan aisladamente.

Comprensión organizativa y CI grupal

A finales de siglo, un tercio de la fuerza de trabajo norteamericana estará formada por "trabajadores del conocimiento", personas cuya productividad se caracteriza por añadir valor a la información, ya sean analistas de mercado, escritores o programadores de computadoras. Peter Drucker, el eminente y experto empresario que acuñó el término "trabajador del conocimiento" señala que la pericia de estos trabajadores es altamente especializada, y que su productividad depende de que sus esfuerzos sean coordinados como parte de un equipo organizativo: los escritores no son editores; los programadores de computadoras no son distribuidores de *software*. Aunque la gente siempre ha trabajado en conjunto, señala Drucker, con el trabajo del conocimiento "la unidad de trabajo son los equipos más que el individuo mismo".[17] Y eso indica por qué la inteligencia emocional, las habilidades que ayudan a la gente a vivir en armonía, deberían valorarse cada vez más como una ventaja laboral en los años venideros.

Tal vez la forma más rudimentaria de equipo de trabajo organizativo es la reunión, esa parte insoslayable de las actividades de un ejecutivo: en la sala de juntas, en el despacho de alguien. Las reuniones —cuerpos en la misma habitación— sólo son el ejemplo más obvio y en cierto modo anticuado del sentido en el que el trabajo es compartido. Redes de trabajo electrónicas, teleconferencias, equipos de trabajo, redes de trabajo informales y cosas por el estilo están surgiendo como las nuevas entidades funcionales en las organizaciones. En la medida en que la jerarquía explícita como gráfico organizativo es el esqueleto de una organización, estos puntos de contacto humanos son su sistema nervioso central.

Cada vez que la gente se une para colaborar, ya sea en una reunión de planeamiento ejecutivo o como equipo que trabaja para obtener un producto compartido, existe un sentido muy real en el que tienen un CI grupal, la suma total de los talentos y habilidades de todos los que participan. Y la eficacia con que realicen su tarea estará determinada por lo elevado que sea su CI. El único elemento más importante en la inteligencia grupal, como se ha visto, no es el CI en el sentido académico sino más bien en términos de inteligencia emocional. La clave para un elevado CI grupal es la armonía social. Es esta capacidad de armonizar la que, si todos los otros elementos son iguales, hará que un grupo sea especialmente talentoso, productivo y satisfactorio, y que otro —formado por miembros cuyo talento y habilidades sean iguales en otros aspectos— se desempeñe deficientemente.

La idea de que existe una inteligencia grupal fue propuesta por Robert Sternberg, el psicólogo de Yale, y por Wendy Williams, estudiante de una escuela para graduados, que querían entender por qué algunos grupos son mucho más eficaces que otros.[18] Después de todo, cuando la gente se une para trabajar como grupo, cada uno aporta ciertos talentos; por ejemplo, una elevada fluidez verbal, creatividad, empatía, o pericia técnica. Aunque un grupo no puede ser "más inteligente" que la suma total de todas sus fuerzas específicas, puede ser mucho más torpe si su funcionamiento interno no permite a las personas compartir su talento. Esta máxima se hizo evidente cuando Sternberg y Williams reclutaron gente para que participara en grupos a los que se planteaba el desafío creativo de proponer una eficaz campaña publicitaria para un edulcorante que prometía convertirse en el sustituto del azúcar.

Una sorpresa fue que la gente que estaba *demasiado* ansiosa por participar representaba un estorbo para el grupo y disminuía el desempeño general; estas personas entusiastas eran demasiado dominantes. Parecían carecer de un elemento básico de la inteligencia social, la capacidad para reconocer qué es adecuado y qué es inadecuado en el proceso de dar y tomar. Otro factor negativo era el lastre que representaban los miembros que no participaban.

El único factor más importante para aumentar la excelencia del producto de un grupo era el grado en que los miembros eran capaces de crear un estado de armonía interna, lo que les permite aprovechar al máximo el talento de sus miembros. El desempeño general de grupos armoniosos quedaba facilitado por el hecho de tener un miembro que era especialmente talentoso; los grupos con más fricciones eran mucho menos capaces de aprovechar el hecho de contar con miembros de gran capacidad. En grupos en los que hay elevados niveles de estática emocional y social —ya sea por temor o ira, por rivalidades o resentimientos— la gente no puede ofrecer lo mejor que tiene. Pero la armonía permite a un grupo obtener la máxima ventaja de las habilidades más creativas y dotadas de sus miembros.

Mientras la moraleja de esta historia es bastante evidente para los grupos de trabajo, por ejemplo, tiene una implicación más general para cualquiera que trabaja dentro de una organización. Muchas cosas que la gente hace en el trabajo dependen de su habilidad para recurrir a una red formada por compañeros de trabajo; diferentes tareas pueden significar recurrir a diferentes miembros de la red de trabajo. En efecto, esto crea la posibilidad de que existan grupos ad hoc, cada uno con una membresía destinada a ofrecer una serie óptima de talentos, pericia y aptitud. La eficacia con que la gente puede "operar" en una red de trabajo —en efecto, convertirla en un equipo transitorio y ad hoc— es el factor fundamental en el éxito del trabajo.

Consideremos, por ejemplo, un estudio llevado a cabo con los principales trabajadores de Bell Labs, el mundialmente famoso depósito de pensamiento científico cercano a Princeton. El laboratorio está formado por ingenieros y científicos que se encuentran en el nivel más elevado de las pruebas académicas de CI. Pero en este pozo de talentos algunos se destacan como estrellas mientras otros sólo tienen un rendimiento mediocre. La diferencia entre las estrellas y los demás no está en su CI académico sino en su CI emocional. Son más capaces de motivarse y de hacer funcionar sus redes de trabajo informales en los equipos ad hoc.

Las "estrellas" fueron estudiadas en una división del laboratorio, una unidad que crea y diseña los interruptores electrónicos que controlan el sistema de teléfonos: una pieza de ingeniería electrónica sumamente refinada y exigente.[19] Debido a que el trabajo está más allá de la capacidad de cualquier persona para abordarlo, se realiza en equipos que pueden estar formados por un número de ingenieros que oscila entre los cinco y los ciento cincuenta. Ningún ingeniero sabe individualmente lo suficiente para hacer el trabajo él solo; hacer las cosas exige recurrir a la pericia de otros. Para descubrir cuál era la diferencia entre aquellos sumamente productivos y aquellos que sólo eran mediocres, Robert Kelley y Janet Caplan hicieron que gerentes y pares propusieran entre el diez y el quince por ciento de los ingenieros que se destacaban como estrellas.

Cuando compararon a las estrellas con todos los demás, el descubrimiento más dramático que se hizo en un principio fue la falta de diferencias entre ambos grupos. "Basados en una amplia gama de mediciones cognitivas y sociales, desde pruebas corrientes de CI hasta cuestionarios de personalidad, existen pocas diferencias significativas en las habilidades innatas", escribieron Kelley y Caplan en la *Harvard Business Review*. "Tal como se demostró, el talento académico no era un factor adecuado para predecir la productividad en el trabajo", y tampoco lo era el CI.

Pero después de entrevistas exhaustivas, surgieron diferencias fundamentales en las estrategias internas e interpersonales que las "estrellas" utilizaban para llevar a cabo su trabajo. Una de las más importantes resultó ser la compenetración con una red de personas clave. Las cosas avanzan más facilmente para aquellos que se destacan porque invierten tiempo en cultivar las buenas relaciones con aquellas personas cuyos servicios pueden resultar necesarios en un momento decisivo como parte de un equipo ad hoc para resolver un problema o enfrentar una crisis. "Un trabajador medio de Bell Labs dijo que estaba estancado en un problema técnico", comentaron Kelley y Caplan. "Se tomó el trabajo de llamar a varios gurús técnicos y luego esperó, perdiendo un tiempo valioso mientras las llamadas y los mensajes quedaban sin respuesta. Sin embargo, los trabajadores estrella rara vez enfrentan esas situaciones porque se toman el trabajo de construir redes confiables antes de necesitarlas realmente. Cuando llaman a alguien para pedir consejo, casi siempre obtienen una respuesta rápida."

Las redes informales son especialmente importantes para manejar los problemas que surgen imprevistamente. "La organización formal se crea para enfrentar con facilidad los problemas previsibles", señala un estudio de estas redes. "Pero cuando surgen problemas inesperados, interviene la organización informal. Su compleja red de vínculos sociales se forma cada vez que los colegas se comunican, y se solidifica a lo largo del tiempo en redes sorprendentemente estables. Sumamente adaptables, las redes informales se mueven en diagonal y elípticamente, omitiendo funciones enteras para lograr que las cosas se hagan.[20]

El análisis de las redes informales muestra que por el solo hecho de que las personas trabajen juntas día tras día no necesariamente se confiarán entre sí información importante (como el deseo de cambiar de trabajo, o el resentimiento por la conducta de un gerente o un compañero) ni recurrirán unos a otros en momentos de crisis. En efecto, una visión más elaborada de las redes de trabajo informales muestra que existen al menos tres variedades: redes de comunicación (quién le habla a quién), redes expertas, basadas en saber a qué personas se recurre en busca de consejo, y redes de confianza. Ser un núcleo importante en la red experta significa que alguien se destacará por su excelencia técnica, lo que a menudo lleva a un ascenso. Pero no existe prácticamente ninguna relación entre el hecho de ser un experto y ser considerado como alguien en quien la gente puede confiar sus secretos, sus dudas y sus vulnerabilidades. Un mezquino tirano de una oficina o un microgerente puede ser sumamente experto pero será tan poco digno de la confianza de los demás que eso socavará su capacidad de dirigir, y lo excluirá efectivamente de las redes informales. Las estrellas de una organización suelen ser aquellas que tienen fuertes relaciones en todas las redes, ya sea en la comunicación, la pericia o la confianza. Más allá del dominio de estas redes esenciales, otras formas de sabiduría organizativa que las estrellas de Bell Labs han dominado, incluyen la coordinación eficaz de sus esfuerzos en el trabajo en equipo; el ser líderes en el logro de consenso; el ser capaces de ver las cosas desde la perspectiva de los demás, ya sean clientes u otras personas de un equipo de trabajo; la persuasión, y el promover la cooperación mientras se evitan los conflictos. Mientras todo esto depende de las habilidades sociales, las estrellas también mostraban otro tipo de talento: la toma de iniciativa, el estar lo suficientemente automotivados para asumir responsabilidades más allá del trabajo que les ha sido encomendado, y el saber administrarse solos en el sentido de regular eficazmente su tiempo y sus compromisos de trabajo. Por supuesto, todas estas habilidades son aspectos de la inteligencia emocional.

Existen marcadas señales de que lo que ocurre en Bell Labs es un síntoma del futuro de la vida corporativa, un mañana en el que las habilidades básicas de la inteligencia emocional serán cada vez más importantes en los equipos de trabajo, en la cooperación, en ayudar a las personas a aprender juntas cómo trabajar con mayor eficacia. Mientras los servicios basados en el conocimiento y el capital intelectual se vuelven más importantes para las corporaciones, mejorar la forma en que la gente trabaja será una manera fundamental de influir en el capital intelectual, marcando una diferencia competitiva esencial. Para mejorar, si no para sobrevivir, las corporaciones harían bien en elevar su inteligencia emocional colectiva.

11

MENTE Y MEDICINA

—¿Quién le enseñó todo esto, Doctor?
La respuesta fue instantánea:
—El sufrimiento.

ALBERT CAMUS, *La peste*

Un leve dolor en la ingle me llevó a consultar al médico. No parecía haber nada anormal hasta que miró los resultados de un análisis de orina: la misma tenía restos de sangre.

—Quiero que vaya al hospital y se haga algunas pruebas... de funcionamiento del riñón, citología... —dijo en tono formal.

No sé qué dijo a continuación. Mi mente quedó paralizada al oír la palabra *citología*. Cáncer.

Recuerdo vagamente que me explicó dónde y cuándo hacerme los análisis. Eran instrucciones sumamente sencillas, pero tuve que pedirle que me las repitiera tres o cuatro veces. *Citología*... Mi mente no podía dejar la palabra de lado. Su sola mención me hacía sentir como si me hubieran asaltado en la puerta misma de mi casa.

¿Por qué tuve que reaccionar tan exageradamente? Mi médico sólo estaba actuando concienzuda y competentemente, controlando las ramas del árbol de decisión que representa un diagnóstico. Existía una remota posibilidad de que el problema fuera el cáncer. Pero este análisis racional estaba fuera de lugar en ese momento. En el reino de la enfermedad, las emociones son soberanas y el temor es un pensamiento dominante. Podemos ser tan emocionalmente frágiles mientras estamos enfermos porque nuestro bienestar mental se basa, en parte, en la ilusión de la invulnerabilidad. La enfermedad —sobre todo una enfermedad grave— hace estallar esa ilusión, atacando la premisa de que nuestro mundo privado está a salvo y seguro. De pronto nos sentimos débiles, impotentes y vulnerables.

El problema surge cuando el personal médico pasa por alto la forma en que los pacientes reaccionan a nivel emocional, incluso mientras se ocupan de su estado físico. Este descuido por la realidad emocional de la enfermedad deja de lado un conjunto creciente de pruebas que demuestran que los estados emocionales de las personas pueden jugar a veces un papel significativo en su vulnerabilidad ante la enfermedad y en el curso de su recuperación. Los cuidados médicos modernos a menudo carecen de inteligencia emocional.

Para el paciente, cualquier encuentro con una enfermera o un médico puede ser una oportunidad para obtener información, consuelo y tranquilidad; y, si se maneja inadecuadamente, una invitación a la desesperación. Pero con demasiada frecuencia quienes se ocupan de los cuidados médicos actúan con precipitación o son indiferentes a la aflicción del paciente. Por supuesto, existen enfermeras y médicos compasivos que se ocupan de tranquilizar e informar, además de administrar medicamentos. Pero existe una tendencia a un universo profesional en el que los imperativos institucionales pueden hacer que el personal médico pase por alto la vulnerabilidad del paciente, o se sienta demasiado presionado para hacer algo por él. Debido a que las crudas realidades del sistema médico están cada vez más reguladas por los contadores, las cosas parecen empeorar día a día.

Más allá del argumento humanitario de que los médicos deben mostrar preocupación además de ofrecer una cura, existen otras razones apremiantes para considerar la realidad psicológica y social de los pacientes como algo que pertenece al reino médico en lugar de estar separado del mismo. En la actualidad, se puede afirmar que existe un margen de eficacia médica, tanto en la prevención como en el tratamiento, que puede lograrse tratando el estado emocional de las personas junto con su estado físico. Por supuesto, no en todos los casos ni en todos los estados. Pero si observamos los datos de centenares y centenares de casos, existe en general, en promedio, un aumento suficiente de las prestaciones médicas como para inferir que una intervención *emocional* debería ser una parte corriente de la atención médica de todas las enfermedades graves.

Históricamente, la medicina en la sociedad moderna ha definido su misión en términos de curación de la *patología (disease)* —el trastorno médico— mientras pasaba por alto la *enfermedad (illness)*, la experiencia que el paciente tiene del mal que lo aqueja.* Al adherir a esta

---

* En castellano no hay un equivalente preciso de la distinción que el autor señala entre *disease* e *illness*. Se habla de enfermedad y de enfermar tanto en el sentido de trastorno médico como en el sentido de la experiencia del paciente. De todas maneras, en el primer caso se tradujo como "patología" que, si bien no es un término del todo exacto, se aproxima al espíritu de la diferenciación que se señala. (N. del Ed.).

visión de su problema, los pacientes se unen a la muda conspiración que deja de lado la forma en que reaccionan a nivel emocional a sus problemas médicos... O que hace caso omiso de esas reacciones por considerarlas inoportunas para el desarrollo del problema mismo. Esa actitud se ve reforzada por un modelo médico que desdeña por completo la idea de que la mente influye en el organismo de una forma fundamental.

Sin embargo, existe una ideología igualmente improductiva en sentido opuesto: la noción de que la gente puede curarse sola incluso de la enfermedad más dañina simplemente haciendo lo posible para sentirse feliz o pensando de forma positiva, o que en cierto modo son los culpables de haber contraído la enfermedad. El resultado de esta actitud que todo lo cura ha sido crear una extendida confusión y equívoco acerca del grado en que la enfermedad puede quedar afectada por la mente y, tal vez lo peor, a veces hacer sentir a la gente culpable por padecer una enfermedad, como si eso fuera una señal de algún desliz moral o una indignidad espiritual.

La verdad se encuentra en algún punto entre estos dos extremos. Al seleccionar los datos científicos, mi intención es aclarar las contradicciones y reemplazar los disparates con una comprensión más clara del grado en que nuestras emociones —y la inteligencia emocional— intervienen en la salud y en la enfermedad.

La mente del cuerpo: cómo influyen las emociones en la salud

En 1974 un descubrimiento realizado en un laboratorio de la Facultad de Medicina y Odontología de la Universidad de Rochester reescribió el mapa biológico del organismo: el psicólogo Robert Ader descubrió que el sistema inmunológico, al igual que el cerebro, podía aprender. Su conclusión causó gran impacto; el saber predominante en medicina había sido que sólo el cerebro y el sistema nervioso central podían responder a la experiencia cambiando su manera de comportarse. El descubrimiento de Ader llevó a la investigación de lo que resulta ser una infinidad de modos en que el sistema nervioso central y el sistema inmunológico se comunican: sendas biológicas que hacen que la mente, las emociones y el cuerpo no estén separados sino íntimamente interrelacionados.

En su experimento, se había proporcionado a ratas blancas un medicamento que suprimía artificialmente la cantidad de células T, las que combaten la enfermedad, que circulaban en su sangre. Cada vez que recibían el medicamento, lo ingerían con agua edulcorada con sacarina.

Pero Ader descubrió que si administraba a las ratas únicamente agua con sacarina, sin el medicamento supresor, aun así se producía una disminución en el recuento de células T, hasta el punto de que algunas de las ratas empezaron a enfermar y a morir. Su sistema inmunológico había aprendido a suprimir las células T en respuesta al agua edulcorada. Según la comprensión científica de ese momento, esto no debería haber sucedido.

El sistema inmunológico es el "cerebro del organismo", como dice el neurólogo Francisco Varela, de la École Polytechnique de París, al definir la noción que el organismo tiene de sí mismo: de lo que le pertenece y de lo que no le pertenece.[1] Las células del sistema inmunologico se desplazan en el torrente sanguíneo por todo el organismo, poniendo prácticamente en contacto a todas las otras células. Al encontrar células que reconocen, las dejan en paz; cuando encuentran células a las que no reconocen, atacan. El ataque nos defiende contra los virus, las bacterias y el cáncer o, si las células del sistema inmunológico no logran reconocer algunas de las células del propio organismo, crean una enfermedad autoinmune como la alergia o el lupus. Hasta el día en que Ader hizo su inesperado descubrimiento, todos los anatomistas, todos los médicos y todos los biólogos creían que el cerebro (con las extensiones que posee en todo el cuerpo gracias al sistema nervioso central) y el sistema inmunológico eran entidades separadas, y que ninguna de ellas era capaz de influir en el funcionamiento de la otra. No existía ninguna vía que pudiera conectar los centros del cerebro que controlaban lo que la rata probaba con las zonas de la médula que fabrican las células T. Al menos eso era lo que se creyó durante un siglo.

Desde entonces el modesto descubrimiento de Ader ha obligado a echar una nueva mirada a los vínculos que existen entre el sistema inmunológico y el sistema nervioso central. El campo que estudia esto, la psiconeuroinmunología, o PNI, es en la actualidad un pionero en la ciencia médica. Su nombre mismo reconoce las relaciones: *psico*, o "mente"; *neuro*, que se refiere al sistema neuroendocrino (que incluye el sistema nervioso y los sistemas hormonales); e *inmunología*, que se refiere al sistema inmunológico.

Una red de investigadores está descubriendo que los mensajeros químicos que operan más ampliamente en el cerebro y en el sistema inmunológico son aquellos que son más densos en las zonas nerviosas que regulan la emoción.[2] Algunas de las pruebas más patentes de una vía física directa que permite que las emociones afecten el sistema inmunológico son las que ha aportado David Felten, un colega de Ader. Felten comenzó notando que las emociones ejercen un efecto poderoso en el sistema nervioso autónomo, que regula todo, desde cuánta insulina se segrega, hasta los niveles de presión sanguínea. Felten, trabajando con su esposa Suzanne y otros colegas, detectó un punto de reunión en donde el sistema nervioso autónomo se comunica directamente con los linfocitos y los macrófagos, células del sistema inmunológico.[3]

En estudios realizados con microscopio electrónico se descubrieron contactos semejantes a sinapsis en los que las terminales nerviosas del sistema autónomo tienen terminaciones que se apoyan directamente en estas células inmunológicas. Este contacto físico permite que las células nerviosas liberen neurotransmisores para regular las células inmunológicas; en efecto, estas envían y reciben señales. El descubrimiento es revolucionario. Nadie había imaginado que las células inmunológicas podían ser blanco de los mensajes enviados desde los nervios.

Para probar lo importantes que eran estas terminaciones nerviosas en el funcionamiento del sistema inmunológico, Felten fue un paso más allá. En experimentos con animales eliminó algunos nervios de los ganglios linfáticos y del bazo —donde se almacenan o se elaboran las células inmunológicas— y luego utilizó los virus para desafiar al sistema inmunológico. El resultado fue una marcada disminución de la respuesta inmunológica al virus. Su conclusión es que sin esas terminaciones nerviosas el sistema inmunológico sencillamente no responde como debería al desafío de las bacterias o los virus invasores. En resumen, el sistema nervioso no sólo se conecta con el sistema inmunológico, sino que es esencial para la función inmunológica adecuada.

Otra vía clave que relaciona las emociones y el sistema inmunológico es la influencia de las hormonas que se liberan con el estrés. Las catecolaminas (epinefrina y norepinefrina, también conocidas como adrenalina y noradrenalina), el cortisol y la prolactina, y los opiáceos naturales beta-endorfina y encefalina se liberan durante el aumento del estrés. Cada una ejerce un poderoso impacto en las células inmunológicas. Mientras las relaciones son complejas, la principal influencia es que mientras estas hormonas aumentan en todo el organismo, la función de las células inmunológicas se ve obstaculizada: el estrés anula la resistencia inmunológica, al menos de una forma pasajera, supuestamente en una conservación de energía que da prioridad a la emergencia más inmediata, que es una mayor presión para la supervivencia. Pero si el estrés es constante e intenso, esta anulación puede volverse duradera.[4]

Los microbiólogos y otros científicos descubren cada vez más conexiones entre el cerebro y los sistemas cardiovascular e inmunológico, aunque primero tuvieron que aceptar la noción en otros tiempos radical de que existen.[5]

Emociones negativas: los datos clínicos

A pesar de estas pruebas, muchos médicos, o la mayoría de ellos, siguen siendo escépticos en cuanto a que las emociones tengan alguna importancia clínica. Uno de los motivos es que aunque muchos estudios han descubierto que las emociones negativas y el estrés debilitan la eficacia de las diversas células inmunológicas, no siempre queda claro que el alcance de estos cambios es lo suficientemente amplio para tener importancia médica.

Aun así, cada vez son más los médicos que reconocen el lugar que las emociones tienen en la medicina. Por ejemplo, el Dr. Camran Nezhat, eminente ginecólogo laparoscópico de la Universidad de Stanford, dice: "Si alguien que debe someterse a una operación me dice que ese día siente pánico y no quiere pasar por ella, cancelo la intervención". Y explica: "Cualquier cirujano sabe que las personas que están muy asustadas tienen problemas durante la operación. Sufren hemorragias abundantes y más infecciones y complicaciones. Tardan más tiempo en recuperarse. Es mucho mejor si están serenas".

La razón es evidente: el pánico y la ansiedad elevan la presión sanguínea, y las venas dilatadas por la presión sangran más abundantemente cuando el cirujano practica la incisión con el bisturí. La hemorragia excesiva es una de las complicaciones quirúrgicas más molestas y a veces puede provocar la muerte.

Más allá de estas anécdotas médicas, las pruebas de la importancia clínica de las emociones han ido aumentando incesantemente. Tal vez los datos más evidentes de la importancia médica de la emoción surgen de un análisis que combina resultados de 101 estudios en uno sólo más amplio de varios miles de hombres y mujeres. El estudio confirma que las emociones perturbadoras son malas para la salud, hasta cierto punto.[6] Se descubrió que las personas que experimentaban ansiedad crónica, prolongados períodos de tristeza y pesimismo, tensión continua u hostilidad incesante, cinismo o suspicacia implacables, tenían el doble de riesgo de contraer una enfermedad, incluidas asma, artritis, dolores de cabeza, úlceras pépticas y problemas cardíacos (cada una de ellas representativa de categorías amplias de enfermedad). Esta magnitud hace que las emociones perturbadoras sean un factor de riesgo tan dañino como lo son, por ejemplo, el hábito de fumar o el colesterol elevado para los problemas cardíacos: en otras palabras, una importante amenaza a la salud.

Por supuesto, este es un vínculo estadístico de carácter general y en modo alguno indica que todos aquellos que tengan estos sentimientos crónicos serán presas más fáciles de la enfermedad. Pero hay muchas más pruebas del papel importante de la emoción en la enfermedad que las que brinda este estudio de estudios. Si hacemos un análisis más detallado de los datos acerca de emociones específicas, sobre todo las tres más importantes —la ira, la ansiedad y la depresión—, quedan más claras algunas formas específicas en que los sentimientos tienen importancia médica, aunque los mecanismos biológicos mediante los que estas emociones ejercen su efecto aún deben ser comprendidos.[7]

Cuando la ira es suicida

> Un tiempo atrás, dijo el hombre, un golpe en el costado de su coche hizo que el viaje resultara inútil y frustrante. Después de infinidad de trámites con la compañía de seguros y de recorrer talleres mecánicos que lo único que hacían era seguir estropeándolo, él aún debía 800 dólares. Y ni siquiera era culpa suya. Estaba tan harto que cada vez que subía al coche se sentía abrumado por el disgusto. Finalmente, frustrado, lo vendió. Años más tarde, los recuerdos aún hacen que el hombre quede pálido a causa de la furia.

Este amargo recuerdo fue provocado deliberadamente, como parte de un estudio sobre la ira llevado a cabo con pacientes cardíacos en la Facultad de Medicina de la Universidad de Stanford. Todos los pacientes que participaban en el estudio habían sufrido al menos un ataque cardíaco —igual que este hombre resentido— y la pregunta era si la ira podía tener algún impacto significativo en su función cardíaca. El efecto resultó sorprendente: mientras los pacientes recordaban episodios que los hacía sentirse furiosos, la eficacia de bombeo de su corazón descendía un cinco por ciento.[8] Algunos de los pacientes revelaron una disminución del siete por ciento o más en la eficacia de bombeo: una escala que los cardiólogos consideran señal de isquemia miocárdica, un peligroso descenso del flujo sanguíneo al corazón mismo.

La disminución de la eficacia de bombeo no se observó con otros sentimientos perturbadores como la ansiedad, ni durante el esfuerzo físico; la ira parece ser la emoción que más daño causa al corazón. Al recordar el incidente perturbador, los pacientes dijeron que sólo estaban la mitad de enfurecidos de lo que habían estado mientras aquel sucedía, con lo que sugerían que su corazón se habría visto aún más obstaculizado durante un momento de ira real.

Este descubrimiento forma parte de una red más amplia de pruebas que surge de diversos estudios que señalan el poder de la ira para dañar el corazón.[9] No ha prosperado la antigua idea de que una personalidad de Tipo A, apresurada y de alta presión tiene más riesgo de sufrir una enfermedad cardíaca, pero de esa teoría fracasada ha surgido un nuevo descubrimiento: es la hostilidad lo que pone en situación de riesgo a la gente.

Gran parte de los datos sobre la hostilidad ha surgido de la investigación llevada a cabo por el Dr. Redford Williams de la Duke University.[10] Por ejemplo, Williams descubrió que esos médicos que habían obtenido los puntajes más elevados en un test de hostilidad cuando todavía se encontraban en la facultad de medicina tenían siete veces más probabilidades de haber muerto a los cincuenta años que aquellos que tenían bajo puntaje: la tendencia a la ira era un pronosticador más certero de jóvenes agonizantes que otros factores de riesgo tales como el hábito de fumar, la presión sanguínea elevada o el alto nivel de colesterol. Y los descubrimientos hechos por un colega, el Dr. John Barefoot de la Universidad de Carolina del Norte, mostraron que en los pacientes cardíacos sometidos a la angiografía, en los que se insertaba un tubo en la arteria coronaria para medir las lesiones, el puntaje de un test de hostilidad está relacionado con el alcance y la gravedad de la enfermedad de la arteria coronaria.

Por supuesto, nadie está diciendo que la ira por sí sola provoque una enfermedad en la arteria coronaria; sólo es uno de varios factores interactivos. Como me explicó Peter Kaufman, jefe en funciones de la Behavioral Medicine Branch, del National Heart, Lung, and Blood Institute: "Aún no podemos decidir si la ira y la hostilidad juegan un papel causal en el desarrollo temprano de la enfermedad de la arteria coronaria, o si esta intensifica el problema una vez que la enfermedad cardíaca ha comenzado, o si ocurren ambas cosas. Pero tomemos el caso de un joven de veinte años que se enfurece repetidas veces. Cada episodio de ira añade una tensión adicional al corazón aumentando su ritmo cardíaco y su presión sanguínea. Cuando eso se repite una y otra vez, puede causar un daño", sobre todo debido a que la turbulencia con que la sangre fluye a través de la arteria coronaria con cada latido "puede provocar microdesgarramientos en los vasos, donde se desarrolla la placa. Si su ritmo cardíaco es más rápido y su presión sanguínea más elevada porque usted está furioso habitualmente, superados los treinta años eso puede conducir a una formación más rápida de placa y así producirse la enfermedad de la arteria coronaria".[11]

Una vez que se desarrolla la enfermedad cardíaca, los mecanismos disparados por la ira afectan la eficacia misma del corazón como bomba, tal como se demostró en el estudio de los recuerdos airados de los pacientes cardíacos. La consecuencia es que la ira resulta especialmente letal en aquellos que ya padecen la enfermedad cardíaca. Por ejemplo, un estudio de la Facultad de Medicina de la Universidad de Stanford llevado a cabo con 1.012 hombres y mujeres que habían sufrido el primer ataque cardíaco y de quienes se hizo un seguimiento durante ocho años, demostró que los hombres que eran más agresivos y hostiles al principio padecían el más elevado índice de segundos ataques cardíacos.[12] Hubo resultados similares en un estudio de la Facultad de Medicina de Yale realizado con 929 hombres que habían sobrevivido al ataque cardíaco y de quienes se hizo un seguimiento durante diez años.[13] Aquellos que fueron catalogados como personas que se enfurecen fácilmente tenían tres veces más probabilidades de morir por paro cardíaco que aquellas que tenían un temperamento más sereno. Si también tenían elevados niveles de colesterol, el riesgo añadido por la ira era cinco veces más alto.

Los investigadores de Yale señalaron que puede no ser la ira sola la que aumenta el riesgo de muerte por enfermedad cardíaca, sino más bien la intensa emocionalidad negativa de cualquier clase que envía regularmente a todo el organismo ataques hormonales causados por el estrés. Pero en general los vínculos científicos más fuertes entre emociones y enfermedad cardíaca son los que existen con la ira: un estudio de la Facultad de Medicina de Harvard pidió a más de mil quinientos hombres y mujeres que habían sufrido un ataque cardíaco que describieran su estado emocional en las horas anteriores al mismo. El hecho de estar furiosos duplicó con creces el riesgo de paro cardíaco en personas que ya sufrían enfermedad cardíaca; el riesgo elevado se prolongaba durante unas dos horas después de provocada la ira.[14]

Estos descubrimientos no significan que se debería intentar suprimir la ira cuando esta es adecuada. En efecto, existen pruebas de que tratar de suprimir completamente tales sentimientos en el calor del momento hace que aumente la agitación del cuerpo y que pueda aumentar la presión sanguínea.[15] Por otra parte, como vimos en el Capítulo 5, el efecto de ventilar la ira en cada ocasión sencillamente es alimentarla, convirtiéndola en una respuesta más probable a cualquier situación fastidiosa. Williams resuelve esta paradoja al llegar a la conclusión de que el hecho de que la ira se exprese o no resulta menos importante que el hecho de saber si es crónica o no. Una muestra ocasional de hostilidad no es peligrosa para la salud; el problema surge cuando la hostilidad se vuelve tan constante que define un estilo personal antagonista, un estilo marcado por repetidos sentimientos de desconfianza y cinismo y por la tendencia a los comentarios desdeñosos y a los desprecios, así como a arranques temperamentales y ataques de ira más evidentes.[16]

La noticia esperanzadora es que la ira crónica no es necesariamente una sentencia de muerte: la hostilidad es un hábito que puede modificarse. Un grupo de pacientes cardíacos de la Facultad de Medicina de la Universidad de Stanford participó en un programa destinado a ayudarlos a suavizar las actitudes que les provocaban mal humor. Este entrenamiento de control de la ira dio como resultado un 44% menos del índice de un segundo ataque cardíaco que en aquellos que no habían intentado cambiar su hostilidad.[17] Un programa diseñado por Williams había tenido resultados igualmente beneficiosos.[18] Al igual que el programa de Stanford, este enseñaba los elementos básicos de la inteligencia emocional, sobre todo el tener conciencia de la ira cuando esta empieza a producirse, la habilidad para regularla una vez que ha comenzado, y la empatía. Se pide a los pacientes que tomen nota de las ideas cínicas u hostiles a medida que reparan en ellas. Si estos pensamientos persisten, intentan cortarlos diciendo (o pensando): "¡Basta!". Y se los estimula a reemplazar expresamente los pensamientos cínicos y recelosos por otros razonables durante estas situaciones: por ejemplo, si un ascensor se retrasa, deben buscar una razón positiva en lugar de acumular ira contra alguna persona supuestamente desconsiderada que puede ser responsable de la demora. En el caso de encuentros frustrantes, aprenden a ver las cosas desde la perspectiva de la otra persona: la empatía es un bálsamo para la ira.

Como me dijo Williams: "El antídoto para la hostilidad es desarrollar un corazón más confiado. Lo único que hace falta es la motivación adecuada. Cuando la gente se da cuenta de que su hostilidad puede llevarla prematuramente a la tumba, está dispuesta a intentarlo".

Estrés: la ansiedad desproporcionada y fuera de lugar

> Me siento constantemente ansiosa y tensa. Todo empezó en la escuela secundaria. Yo era una buena alumna, y siempre estaba preocupada por mis notas, por si los otros chicos y los maestros me querían, por llegar puntual a las clases, y cosas por el estilo. Recibía una enorme presión de mis padres para que me desempeñara bien en la escuela y fuera un modelo. Supongo que me derrumbé ante toda esa presión, porque mis problemas estomacales empezaron en mi segundo año de la escuela secundaria. Desde entonces tengo que cuidarme con el café y con las comidas condimentadas. Cuando estoy preocupada o tensa siento que el estómago me va a estallar, y como siempre estoy preocupada por algo, siempre tengo náuseas.[19]

La ansiedad —la perturbación provocada por las presiones de la vida— es tal vez la emoción con mayor peso como prueba científica al relacionarla con el inicio de la enfermedad y el curso de la recuperación. Cuando la ansiedad nos ayuda a prepararnos para enfrentarnos a algún peligro (una supuesta utilidad en evolución), nos ha prestado un buen servicio. Pero en la vida moderna, es más frecuente que la ansiedad sea desproporcionada y esté fuera de lugar; la perturbación se produce ante situaciones con las que debemos vivir o que son evocadas por la mente, no por peligros reales que debemos enfrentar. Los ataques de ansiedad repetidos señalan niveles de estrés elevados. La mujer cuya preocupación constante le provoca un problema gastrointestinal es un ejemplo típico de cómo la ansiedad y el estrés agudizan los problemas médicos.

En un estudio aparecido en 1993 en *Archives of Internal Medicine* donde hace un profundo análisis del vínculo estrés-enfermedad, Bruce McEwen —psicólogo de Yale— señaló una amplia gama de efectos: la alteración de la función inmunológica hasta el punto de que puede acelerar la metástasis de cáncer; el aumento de la vulnerabilidad a las infecciones virales; el exacerbar la formación de placa que conduce a la arterioesclerosis y la coagulación sanguínea que provoca el infarto de miocardio; la aceleración del inicio de la diabetes de Tipo I y el curso de la diabetes de Tipo II, y el empeoramiento y desencadenamiento de los ataques de asma.[20] El estrés también puede provocar la ulceración del aparato gastrointestinal, ocasionando síntomas de la colitis ulcerosa y de la inflamación intestinal. El cerebro mismo es susceptible a los efectos a largo plazo del estrés prolongado, incluido el daño al hipocampo y por lo tanto a la memoria. En general, dice McEwen, "cada vez existen más pruebas de que el sistema nervioso está sujeto a un 'desgarramiento' como resultado de las experiencias que provocan estrés".[21]

Pruebas especialmente claras del impacto médico de la aflicción han surgido de estudios sobre enfermedades infecciosas tales como resfríos, gripes y herpes. Estamos constantemente expuestos a esos virus, pero normalmente nuestro sistema inmunológico los combate, sin embargo, con el estrés emocional esas defensas fallan a menudo. En experimentos en los que la resistencia del sistema inmunológico ha sido evaluada directamente, se ha descubierto que el estrés y la ansiedad se debilitan, pero en la mayoría de esos resultados no está claro si el alcance del debilitamiento inmunológico tiene importancia clínica, es decir, si es suficiente para abrir el camino a la enfermedad.[22] Por ese motivo, las relaciones científicas más fuertes del estrés y la ansiedad con la vulnerabilidad médica surgen de estudios a futuro: aquellos que empiezan con personas sanas y primero controlan un aumento de la aflicción seguida por un debilitamiento del sistema inmunológico y el inicio de la enfermedad.

En uno de los estudios más decisivos desde el punto de vista científico, Sheldon Cohen, psicólogo de la Carnegie-Mellon University, que trabajó con científicos en una unidad especializada de investigación sobre el resfrío, en Sheffield, Inglaterra, evaluó cuidadosamente la cantidad de estrés que esas personas sentían en su vida, y luego los expuso sistemáticamente a un virus del resfrío. No todas las personas expuestas de esa forma contraen el resfrío; un sistema inmunológico robusto puede

—y lo logra constantemente— resistir al virus del resfrío. Cohen descubrió que cuanto más estrés había en sus vidas, más probabilidades tenían de contraer un resfrío. Entre aquellos que tenían poco estrés, el 27% contrajo el resfrío después de quedar expuesto al virus; entre aquellos que más estrés padecían, contrajo el resfrío un 47%, prueba evidente de que el estrés en sí mismo debilita el sistema inmunológico.[23] (Aunque este puede ser uno de esos resultados científicos que confirman lo que todo el mundo ha observado o supuesto todo el tiempo, está considerado como uno de los resultados decisivos debido a su rigor científico.)

Del mismo modo, las parejas casadas que durante tres meses llevaron listas diarias de peleas y episodios perturbadores como peleas matrimoniales mostraron una pauta marcada: tres o cuatro días después de una serie especialmente intensa de preocupaciones, cayeron enfermos de un resfrío o una infección del aparato respiratorio superior. Ese período es precisamente el tiempo de incubación de muchos virus comunes del resfrío, lo que sugiere que estar expuestos mientras tenían las mayores preocupaciones y trastornos los hizo especialmente vulnerables.[24]

La misma pauta estrés-infección sirve para el virus del herpes: tanto el tipo que provoca llagas en el labio como el tipo que origina lesiones genitales. Cuando la gente ha quedado expuesta al virus del herpes, este permanece latente en el organismo y se manifiesta de vez en cuando. La actividad del virus del herpes puede ser rastreada por los niveles de anticuerpos del mismo que hay en la sangre. Utilizando esta medición, la reactivación del virus del herpes se ha encontrado en estudiantes de medicina que se encuentran rindiendo exámenes de fin de año, en mujeres recién separadas, y entre personas que se encuentran sometidas a una presión constante debido al cuidado de un miembro de la familia que padece el mal de Alzheimer.[25]

El precio de la ansiedad no sólo es que disminuye la respuesta inmunológica; otra investigación está mostrando efectos adversos en el sistema cardiovascular. Mientras la hostilidad crónica y los episodios repetidos de ira parecen poner a los hombres en un gran riesgo de enfermedad cardíaca, las emociones más mortales en las mujeres pueden ser la ansiedad y el temor. En una investigación de la Facultad de Medicina de la Universidad de Stanford con más de mil hombres y mujeres que habían sufrido un primer ataque cardíaco, las mujeres que sufrieron un segundo ataque presentaban elevados niveles de temor y ansiedad. En muchos casos, el temor adoptó la forma de fobias paralizantes: después de su primer ataque cardíaco, los pacientes dejaron de manejar vehículos, abandonaron el trabajo y evitaron las salidas.[26]

Los insidiosos efectos físicos del estrés mental y la ansiedad —del tipo de los producidos por los trabajos que suponen una presión elevada, o por una vida sometida a presiones elevadas como la de una madre soltera que hace malabarismos con los cuidados del hijo y el trabajo— son localizados en un nivel anatómicamente sutil. Por ejemplo, Stephen Manuck, psicólogo de la Universidad de Pittsburgh, estudió a treinta voluntarios durante una rigurosa prueba de laboratorio en la que los sometió a un alto nivel de ansiedad mientras controlaba la sangre de los hombres probando una sustancia segregada por las plaquetas sanguíneas, llamada trifosfato adenosina (TFA) que puede provocar cambios en los vasos sanguíneos que podrían conducir a ataques cardíacos y de apoplejía. Mientras los voluntarios se encontraban bajo ese intenso estrés, su nivel de TFA se elevó bruscamente, lo mismo que su ritmo cardíaco y su presión sanguínea.

Como es comprensible los riesgos de salud parecen mayores para aquellos cuyos trabajos suponen una "tensión" elevada: tener exigencias de una gran presión en el desempeño mientras se tiene poco o ningún control acerca de cómo hacer el trabajo (una situación que, por ejemplo, provoca un alto índice de hipertensión en los conductores del transporte colectivo de pasajeros). Por ejemplo, en un estudio de 569 pacientes de cáncer de colon y recto y un grupo de control, aquellos que decían que en los diez años anteriores habían experimentado serias exasperaciones en el trabajo tenían cinco veces y media más probabilidades de haber desarrollado el cáncer comparados con aquellos que no sufrían ese tipo de tensión.[27]

Debido a que el costo médico de la aflicción es tan alto, las técnicas de relajación —que se oponen directamente a la excitación fisiológica del estrés— se utilizan clínicamente para aliviar los síntomas de una amplia variedad de enfermedades crónicas. Estas incluyen la enfermedad cardiovascular, algunos tipos de diabetes, artritis, asma, alteraciones gastrointestinales y dolor crónico, por nombrar sólo algunos. En la medida en que cualquier síntoma se ve empeorado por el estrés y la perturbación emocional, ayudar a los pacientes a sentirse más relajados y capaces de manejar sus turbulentos sentimientos a menudo puede ofrecer cierto alivio.[28]

Los costos médicos de la depresión

> A ella se le había diagnosticado un cáncer de mama con metástasis, una recidiva y una propagación de la malignidad varios años después de lo que ella pensó que había sido una operación que había acabado con la enfermedad. Su médico ya no podía hablar de cura y la quimioterapia, como máximo, podía ofrecerle sólo unos meses más de vida. Como era comprensible, estaba deprimida, tanto que cada vez que iba al oncólogo acababa llorando. En cada ocasión, la respuesta del oncólogo era la misma: pedirle que abandonara el consultorio de inmediato.

Aparte de lo dañina que resultaba la frialdad del oncólogo, ¿tenía importancia en el aspecto médico que él no pudiera enfrentarse a la constante tristeza de su paciente? Cuando una enfermedad se ha vuelto tan virulenta es improbable que una emoción tenga un efecto apreciable en su avance. Mientras la depresión de la mujer seguramente disminuyó la calidad de sus últimos meses de vida, aún no hay pruebas concluyentes de que la melancolía pueda afectar el curso del cáncer.[29] Pero si dejamos de lado el cáncer, un rápido vistazo a los estudios permite inferir el papel que juega la depresión en muchas otras circunstancias médicas, sobre todo en el empeoramiento de una enfermedad una vez que ha comenzado. Los estudios muestran que sería conveniente tratar la depresión de los pacientes que sufren enfermedades graves y que están deprimidos.

Una complicación al tratar la depresión de los pacientes es que los síntomas de aquella, incluida la falta de apetito y el letargo, son fácilmente confundidos con los de otras enfermedades, sobre todo por médicos que tienen poco entrenamiento en el diagnóstico psiquiátrico. La incapacidad para diagnosticar la depresión puede en sí misma sumarse al problema, dado que supone que la depresión de un paciente —como la de la llorosa paciente de cáncer de mama— pasa inadvertida y no es tratada. Y el fracaso en diagnosticarla y tratarla puede sumarse al riesgo de muerte en la enfermedad grave.

Por ejemplo, de 100 pacientes que recibieron transplantes de médula, 12 de los 13 que se habían sentido deprimidos murieron durante el primer año del transplante, mientras 34 de los restantes 87 seguían vivos dos años más tarde.[30] Y en pacientes con fallo renal crónico que estaban recibiendo diálisis, aquellos a los que se le diagnosticó depresión grave tenían más posibilidades de morir dentro de los dos años posteriores; la depresión fue un pronosticador más decisivo de muerte que ninguna otra señal médica.[31] Aquí, la ruta que conecta la emoción con el nivel médico no era biológica sino referida a la actitud: los pacientes deprimidos eran mucho más incumplidores de su régimen médico, por ejemplo, no respetaban las dietas, lo cual los colocaba en un mayor riesgo.

La enfermedad cardíaca también parece exacerbarse por la depresión. En un estudio de 2.832 hombres y mujeres de edad mediana a los que se controló durante doce años, los que tenían una sensación de quejosa desesperación e impotencia presentaban un índice elevado de muerte por enfermedad cardíaca.[32] Y para el tres por ciento, aproximadamente, que estaba muy deprimido, el índice de muerte por enfermedad cardíaca —comparado con el índice de aquellos que no tenían sentimientos de depresión— era cuatro veces mayor.

La depresión parece plantear un riesgo médico especialmente grave para los sobrevivientes del ataque cardíaco.[33] En un estudio de pacientes de un hospital de Montreal que fueron dados de alta después de ser tratados por un primer ataque cardíaco, los pacientes deprimidos tenían un riesgo claramente más alto de morir en el plazo de los seis meses siguientes. En uno de cada ocho pacientes que se sentían gravemente deprimidos, el índice de mortalidad era cinco veces más elevado que en otros con una enfermedad comparable: un efecto tan marcado como el de riesgos médicos importantes de muerte cardíaca, tal como la disfunción ventricular izquierda o una historia de anteriores ataques cardíacos. Entre los mecanismos posibles que explicarían por qué la depresión aumenta tan notoriamente las posibilidades de un posterior ataque cardíaco se encuentran sus efectos sobre la variabilidad del ritmo cardíaco, aumentando el riesgo de arritmias fatales.

También se ha descubierto que la depresión complica la recuperación de una fractura de cadera. En un estudio en el que participaron ancianas aquejadas de fractura de cadera, varios miles fueron evaluadas psiquiátricamente al ingresar en el hospital. Las que estaban deprimidas al llegar se quedaron un promedio de ocho días más que aquellas que tenían una lesión comparable pero no estaban deprimidas, y tenían sólo un tercio de probabilidades de volver a caminar. Pero las mujeres deprimidas que recibieron ayuda psiquiátrica para su depresión, junto con otros cuidados médicos necesitaron menos terapia física para volver a caminar y fueron rehospitalizadas en menos ocasiones en los tres meses posteriores a su regreso a casa.

Asimismo, en un estudio de pacientes cuyo estado era tan grave que se encontraban entre el 10% de aquellos que utilizan más servicios médicos —a menudo porque tienen enfermedades múltiples, por ejemplo enfermedad cardíaca y también diabetes— aproximadamente uno de cada seis tenían depresión grave. Cuando estos pacientes fueron tratados por su problema, el número de días por año que estuvieron imposibilitados descendió de 79 a 51 en el caso de los que tenían depresión grave, y de 62 días por año a sólo 18 en aquellos que habían sido tratados por depresión leve.[34]

Los beneficios médicos de los sentimientos positivos

La prueba acumulativa de los efectos médicos adversos de la ira, la ansiedad y la depresión es innegable. Tanto la ira como la ansiedad, cuando son crónicas, pueden hacer que la gente sea más propensa a una serie de enfermedades. Y aunque la depresión puede no hacer a la gente más vulnerable a la enfermedad, sí parece impedir la recuperación médica y elevar el riesgo de muerte, sobre todo en pacientes más frágiles que padecen enfermedades más graves.

Pero si la perturbación emocional crónica en sus diversas formas es nociva, la variedad opuesta de emociones puede resultar tónica... hasta cierto grado. Esto en modo alguno indica que la emoción positiva es curativa, o que la risa o la felicidad solas cambiarán el curso de una enfermedad grave. La ventaja que las emociones positivas puede ofrecer parece sutil pero, utilizando estudios con gran cantidad de personas, puede deducirse de la masa de variables complejas que afectan el curso de la enfermedad.

El precio del pesimismo, y las ventajas del optimismo

Al igual que con la depresión, existen costos médicos del pesimismo... y los correspondientes beneficios del optimismo. Por ejemplo, 122 hombres que tuvieron su primer ataque cardíaco fueron evaluados para determinar su grado de optimismo o pesimismo. Ocho años más tarde, de los 25 hombres más pesimistas, 21 habían muerto; de los 25 más optimistas, sólo 6 habían muerto. Su visión mental demostró ser un mejor pronosticador de la supervivencia que cualquier otro factor de riesgo, incluido el grado de daño sufrido por el corazón en el primer ataque, bloqueo de arterias, nivel de colesterol o presión sanguínea. Y en otra investigación, los pacientes que se sometían a un *bypass* arterial y que eran más optimistas tuvieron una recuperación mucho más rápida y menos complicaciones durante y después de la operación que los pacientes más pesimistas.[35]

Al igual que su primo cercano el optimismo, la esperanza tiene un poder curativo. La gente que tiene muchas esperanzas es, como resulta comprensible, más capaz de resistir en circunstancias penosas, incluidas las dificultades médicas. En un estudio de personas paralizadas por lesiones de columna, aquellos que tenían más esperanzas eran capaces de alcanzar mayores niveles de movilidad física comparados con otros pacientes con similares grados de lesión, pero que se sentían menos esperanzados. La esperanza es especialmente reveladora en las parálisis por lesión de columna, dado que esta tragedia típicamente incluye a hombres que quedan paralíticos a los veintitantos años por un accidente y seguirán así durante el resto de su vida. La forma en que reaccione emocionalmente tendrá enormes consecuencias para el grado en que hará esfuerzos que puedan proporcionarle un mejor funcionamiento físico y social.[36]

Por qué una visión optimista o pesimista tendría consecuencias para la salud es una cuestión abierta a diversas explicaciones. Una teoría propone que el pesimismo conduce a la depresión, que a su vez interfiere en la resistencia del sistema inmunológico a los tumores y la infección, una especulación no demostrada aún. Puede tratarse también de que los pesimistas descuidan su propia persona; algunos estudios han descubierto que los pesimistas fuman y beben más, y hacen menos ejercicios que los optimistas, y son en general mucho más descuidados con respecto a sus hábitos de salud. Podría resultar que la fisiología del optimismo es en sí misma de cierta utilidad biológica para la lucha del organismo contra la enfermedad.

Con una pequeña ayuda de mis amigos: el valor médico de las relaciones

Añadamos los sonidos del silencio a la lista de riesgos emocionales para la salud, y los vínculos emocionales estrechos a la lista de factores protectores. Los estudios llevados a cabo durante dos décadas y que incluyen a más de treinta y siete mil personas muestran que el aislamiento social —la noción de que no se tiene con quién compartir los sentimientos íntimos o mantener un contacto estrecho— duplican las posibilidades de enfermedad o muerte.[37] El aislamiento mismo, concluyó un informe publicado en *Science* en 1987, "es tan significativo para los índices de mortalidad como el hábito de fumar, la presión sanguínea elevada, el colesterol alto, la obesidad y la falta de ejercicio físico". En efecto, el hábito de fumar aumenta el riesgo de mortalidad en un factor de sólo 1.6, mientras el aislamiento social lo hace en un factor de 2.0, convirtiéndolo en un riesgo mayor para la salud.[38]

El aislamiento es más duro entre los hombres que entre las mujeres. Los hombres aislados tuvieron de dos a tres veces más probabilidades de morir que los que tenían fuertes vínculos sociales; para las mujeres aisladas, el riesgo fue de una vez y media más grande que para las mujeres más conectadas socialmente. La diferencia entre hombres y mujeres en el impacto del aislamiento puede deberse a que las relaciones de las mujeres suelen ser emocionalmente más estrechas que las de los hombres; algunos cabos de tales vínculos sociales en el caso de una mujer pueden ser más reconfortantes que el mismo número reducido de amistades en el caso de un hombre.

Por supuesto, soledad no es lo mismo que aislamiento; muchas personas que viven por su cuenta o ven pocos amigos viven contentas y sanas. Más bien, es el sentido subjetivo de estar apartado de la gente y no tener a quién recurrir lo que supone un riesgo para la salud. Este descubrimiento es inquietante a la luz del creciente aislamiento provocado por la solitaria actividad de ver televisión y el abandono de hábitos sociales como las actividades de los clubes y las visitas en las sociedades urbanas modernas, y sugiere un valor agregado a los grupos de autoayuda como Alcohólicos Anónimos como comunidades sustitutas.

El poder del aislamiento como factor de riesgo de mortalidad —y el poder curativo de los vínculos estrechos— pueden comprobarse en un estudio de cien pacientes que recibieron transplantes de médula ósea.[39] Entre los pacientes que sentían que recibían apoyo emocional de su esposa, su familia o sus amigos, el 54% sobrevivió al transplante después de dos años, contra sólo el 20% entre aquellos que no contaban con ese apoyo.[40]

Tal vez el testimonio más revelador de la capacidad curativa de los vínculos emocionales es un estudio sueco publicado en 1993.[41] Todos los hombres que vivían en la ciudad sueca de Göteborg y que habían nacido en 1933 fueron sometidos a un examen médico gratuito; siete años más tarde, los 752 hombres que se habían presentado al examen fueron convocados nuevamente. De estos, 41 había muerto en los años transcurridos.

Los hombres que originalmente habían informado que se encontraban sometidos a una intensa tensión emocional tenían un índice de mortalidad tres veces mayor que aquellos que decían que su vida era serena y plácida. La aflicción emocional se debía a acontecimientos tales como un grave problema financiero, sentirse inseguro en el trabajo o quedar despedido del empleo, ser objeto de una acción legal o divorciarse. Haber tenido tres o más de estos problemas en el curso del año anterior al examen fue un pronosticador más claro de muerte dentro de los siete años siguientes de lo que fueron indicadores médicos tales como la elevada presión sanguínea, las altas concentraciones de triglicéridos en la sangre, o los niveles elevados de serum colesterol.

Sin embargo, entre los hombres que dijeron que tenían una red confiable de intimidad —una esposa, amigos íntimos, etc.— no existía ningún tipo de relación entre los niveles elevados de estrés y el índice de mortalidad. Tener a quién recurrir y con quién hablar, alguien que podía ofrecer consuelo, ayuda y sugerencias, los protegía del mortal impacto de los rigores y los traumas de la vida.

La calidad de las relaciones, además de su número, parece clave para aliviar el estrés. Las relaciones negativas tienen su precio. Las discusiones matrimoniales, por ejemplo, ejercen un impacto negativo en el sistema inmunológico.[42] Un estudio de universitarios que eran compañeros de habitación descubrió que cuanto más antipatía mutua sentían, más susceptibles eran a los resfríos y la gripe, y con más frecuencia iban al médico. John Cacioppo, el psicólogo de la Universidad del Estado de Ohio que hizo el estudio, me comentó: "Son las relaciones más importantes de la vida, las personas que uno ve día tras día, las que parecen cruciales para la salud. Y cuanto más significativa es la relación en su vida, más importancia tiene para su salud".[43]

El poder curativo del apoyo emocional

En *Las locas aventuras de Robin Hood,* Robin le aconseja a un joven seguidor: "Cuéntanos tus problemas y habla con libertad. Un torrente de palabras siempre alivia las penas del corazón; es como abrir las compuertas cuando el molino está rebosante". Esta muestra de sabiduría popular posee un gran mérito; aliviar un corazón atribulado parece ser un buen remedio. La confirmación científica del consejo de Robin surge de James Pennebaker, psicólogo de la Southern Methodist University, que ha demostrado en una serie de experimentos que hacer que la gente hable de los pensamientos que más la afligen tiene un beneficioso efecto médico.[44] Su método es notablemente sencillo: le pide a la gente que escriba entre quince y veinte minutos al día, durante aproximadamente cinco días, por ejemplo sobre "la experiencia más traumática de toda su vida", o sobre alguna preocupación dominante en ese momento. Cada uno puede conservar en secreto lo que escribe, si así lo prefiere.

El efecto de esta confesión es sorprendente: mejora la función inmunológica, disminuyen considerablemente las visitas a centros de salud en los seis meses posteriores, disminuye el ausentismo laboral, e incluso mejora la función enzimática del hígado. Además, aquellos cuyos escritos presentaban más pruebas de sentimientos turbulentos mostraban las más marcadas mejorías de la función inmunológica. Una pauta específica surgía como la forma "más sana" de ventilar los sentimientos conflictivos: al principio expresando un elevado nivel de tristeza, de ansiedad, de ira... de cualquier sentimiento que el tema pueda provocar; luego, en el curso de los días siguientes, tejiendo una narración y encontrando cierto significado en el trauma o el tormento.

Por supuesto, ese proceso parece relacionado con lo que sucede cuando la gente explora esos conflictos en la psicoterapia. En efecto, de los descubrimientos de Pennebaker surge una razón por la que otros estudios muestran que los pacientes médicos a los que se administra psicoterapia, además de una cirugía o del tratamiento médico, suelen mejorar más notoriamente *desde el punto de vista médico* que aquellos que sólo reciben tratamiento médico.[45]

Tal vez la demostración más patente del poder clínico del apoyo emocional resultó de los grupos de la Facultad de Medicina de la Universidad de Stanford para mujeres con cáncer avanzado de mama con metástasis. Después de un tratamiento inicial, que a menudo incluye la cirugía, el cáncer de estas mujeres había reaparecido y se estaba extendiendo a todo su cuerpo. En términos clínicos, que el cáncer las matara sólo era una cuestión de tiempo. El propio Dr. David Spiegel, que dirigió el estudio, y toda la comunidad médica estaban sorprendidos por los descubrimientos: las mujeres que padecían de cáncer de mama avanzado y que asistían a reuniones semanales con otras pacientes sobrevivieron el doble de tiempo que las mujeres que padecían la misma enfermedad y que la enfrentaban solas.[46]

Todas las mujeres recibieron cuidados médicos corrientes; la única diferencia fue que algunas también asistieron a las reuniones de los grupos, donde pudieron desahogarse con otras que comprendían lo que les pasaba y estaban dispuestas a escuchar sus temores, su dolor y su ira. A menudo este era el único lugar donde las mujeres podían expresar sus emociones, porque las otras personas de su vida temían hablar con ellas sobre el cáncer y su muerte inminente. Las mujeres que asistían a los grupos vivieron treinta y siete meses más, como promedio, mientras aquellas que padecían la enfermedad y no asistieron a los grupos murieron, como promedio, al cabo de diecinueve meses... lo que supone un aumento en la esperanza de vida de esas pacientes más allá del alcance de cualquier medicación o cualquier otro tratamiento médico. Como me comentó el Dr. Jimmie Holland, jefe de psiquiatría del departamento de oncología del Sloan-Kettering Memorial Hospital, un centro de tratamiento del cáncer de la ciudad de Nueva York: "Todos los pacientes de cáncer deberían formar parte de un grupo como este". En efecto, si hubiera sido una nueva droga la que producía el aumento de la esperanza de vida, las compañías farmacéuticas competirían por producirla.

Aplicar la inteligencia emocional a los cuidados médicos

El día en que un chequeo de rutina detectó cierta cantidad de sangre en mi orina, mi médico me envió a que me hiciera un examen diagnóstico en el que me inyectaron una tintura radiactiva. Me tendí en la mesa mientras un aparato de rayos X colocado por encima de mi cabeza tomaba imágenes sucesivas del avance de la tintura por mis riñones y mi vejiga. Había ido acompañado a hacerme esa prueba: un íntimo amigo, que también es médico, estaba pasando unos días en mi casa y se ofreció a acompañarme al hospital. Se quedó sentado mientras el aparato de rayos X, que se deslizaba sobre una pista automatizada, giraba tomando nuevos ángulos, zumbaba y chasqueaba; giraba, zumbaba y chasqueaba.

La prueba llevó una hora y media. Finalmente, un especialista en riñón entró a toda prisa en la habitación, se presentó rápidamente y desapareció para estudiar los rayos X. No volvió para decirme qué mostraban.

Al salir de la sala de exámenes, mi amigo y yo tropezamos con el nefrólogo. Afectado y en cierto modo aturdido por la prueba, no tuve la presencia de ánimo necesaria para hacerle la única pregunta que había rondado mi cabeza toda la mañana. Pero mi amigo, el médico, le preguntó: "Doctor, el padre de mi amigo murió de cáncer de vejiga. Y él está ansioso por saber si usted vio alguna señal de cáncer en los rayos X".

"Nada anormal", fue la parca respuesta del neurólogo, que entró a toda prisa a ver al siguiente paciente.

Mi incapacidad para hacer la única pregunta que me preocupaba se repite un millar de veces al día en hospitales y clínicas de todas partes. Un estudio de pacientes en las salas de espera de los médicos descubrió que cada uno tenía un promedio de tres o más preguntas en mente para preguntar al médico al que estaban a punto de ver. Pero cuando los pacientes salieron del consultorio del médico, un promedio de sólo una y media de esas preguntas había sido contestado.[47] Este descubrimiento confirma una de las muchas formas en que las necesidades emocionales de los pacientes quedan insatisfechas por la medicina actual. Las preguntas sin respuesta alimentan la incertidumbre, el temor y la sensación de catástrofe. Y llevan a los pacientes a negarse a seguir tratamientos que no comprenden totalmente.

Existen muchas formas en que la medicina puede expandir su visión de la salud para incluir las realidades emocionales de la enfermedad. Por un lado, como parte de una rutina, se podría ofrecer a los pacientes mayor información esencial para las decisiones que deben tomar con respecto a sus cuidados; algunos servicios ofrecen ahora a cualquiera que lo solicite las más novedosas investigaciones de la literatura médica con respecto a lo que los aflige, de modo que los pacientes pueden estar en igualdad de condiciones que sus médicos para tomar decisiones informadas.[48] Otro enfoque es el de los programas que, en unos pocos minutos, enseñan a los pacientes a cuestionar eficazmente a sus médicos, de modo que cuando tienen tres preguntas en mente mientras esperan al médico, saldrán del consultorio con tres respuestas.[49]

Los momentos en que los pacientes se enfrentan a una cirugía o exámenes invasivos o dolorosos están cargados de ansiedad, y son una oportunidad excelente para ocuparse de la dimensión emocional. Algunos hospitales han desarrollado un instructivo programa prequirúrgico para pacientes que los ayuda a aliviar los miedos y a abordar las molestias; por ejemplo, enseñándoles técnicas de relajación, respondiendo a sus preguntas antes de una operación y diciéndoles varios días antes de la operación exactamente qué les ocurrirá durante la recuperación. El resultado es que los pacientes se recuperan de la cirugía un promedio de dos o tres días más pronto.[50]

Ser paciente de un hospital puede ser una experiencia terriblemente solitaria y desesperante. Pero algunos hospitales han comenzado a diseñar habitaciones para que algún miembro de la familia pueda quedarse con el paciente, cocinando para él y cuidándolo como lo harían en su casa: un avance que, por irónico que pueda parecer, constituye una rutina en todo el Tercer Mundo.[51]

El entrenamiento en la relajación puede ayudar a los pacientes a enfrentar parte de la aflicción que provocan sus síntomas, además de las emociones que pueden originar o exacerbar los síntomas. Un modelo ejemplar es la Clínica de Reducción del Estrés, de Jon Kabat-Zinn, en el Centro Médico de la Universidad de Massachusetts, que ofrece a los pacientes un curso de diez semanas de atención y yoga; el acento está puesto en tener conciencia de los episodios emocionales mientras ocurren, y en cultivar una práctica diaria que ofrece una relajación profunda. Los hospitales han preparado grabaciones con instrucciones sobre el curso, que pueden verse en los aparatos de televisión de los pacientes... para los que están postrados en una cama es una dieta emocional mucho mejor que las habituales comedias y series.[52]

La relajación y el yoga también forman el núcleo del programa innovador, desarrollado por el Dr. Dean Ornish para tratar la enfermedad cardíaca.[53] Después de un año de este programa, que incluía una dieta baja en grasas, los pacientes cuya enfermedad cardíaca era suficientemente grave para justificar un *bypass* coronario en realidad cambiaron la formación de placa obstructora de las arterias. Ornish me dice que el entrenamiento en la relajación es una de las partes más importantes del programa. Al igual que el de Kabat-Zinn, tiene la ventaja de lo que el Dr. Herbert Benson llama "la respuesta de relajación", el opuesto fisiológico de la aparición del estrés que contribuye a una gama tan amplia de problemas médicos.

Finalmente, está el valor médico agregado de un médico o una enfermera empáticos, que tienen sintonía con los pacientes, capaces de escuchar y de ser escuchados. Esto supone fomentar el "cuidado basado en la relación", reconociendo que la relación entre médico y paciente es en sí misma un factor significativo. Tales relaciones deberían ser fomentadas más rápidamente si la educación médica incluyera algunas herramientas básicas para la inteligencia emocional, sobre todo la conciencia de uno mismo y las artes de la empatía y del saber escuchar.[54]

Hacia una medicina que se preocupa

Estos pasos son un comienzo. Pero para que la medicina amplíe su visión para abarcar el impacto de las emociones, deben tenerse en cuenta dos grandes supuestos de los descubrimientos científicos:

1. *Ayudar a la gente a manejar mejor sus sentimientos perturbadores —la ira, la ansiedad, la depresión, el pesimismo y la soledad— es una forma de prevención de la enfermedad.* Teniendo en cuenta que los datos muestran que la toxicidad de estas emociones, cuando son crónicas, se encuentra al mismo nivel que el hábito de fumar, ayudar a la gente a enfrentarse mejor a ellas podría representar para la salud una recompensa tan grande como lograr que los fumadores abandonaran el hábito. Una forma de hacerlo que podría tener notables efectos para la salud pública sería inculcar en los niños las habilidades más básicas de la inteligencia emocional para que se convirtieran en un hábito de por vida. Otra estrategia preventiva sería enseñar el manejo de la emoción a personas que llegan a la edad en que deben jubilarse, ya que el bienestar emocional es un factor que determina si una persona mayor se debilita rápidamente o tiene buena salud. Un tercer grupo considerado como objetivo podrían constituirlo las así llamadas poblaciones de riesgo —los indigentes, las madres solteras trabajadoras, los residentes en barrios con alto nivel de delincuencia, y personas con problemas similares—, que viven diariamente bajo una presión extraordinaria, y que podrían mejorar su salud si se los ayudara a enfrentarse al costo emocional de tanta tensión.
2. *Muchos pacientes pueden beneficiarse notablemente cuando sus necesidades psicológicas son atendidas al mismo tiempo que las puramente médicas.* Si bien que un médico o una enfermera ofrezcan a un paciente afligido consuelo y alivio ya es un paso importante, se pueden dar otros. Pero la oportunidad de brindar un cuidado emocional se pierde a menudo debido a la forma en que se practica la medicina en la actualidad; es un punto ciego para la medicina. A pesar de los datos cada vez más numerosos sobre la utilidad médica de atender las necesidades emocionales, además de las pruebas con respecto a las relaciones entre el centro emocional del cerebro y el sistema inmunológico, muchos médicos se muestran escépticos con respecto a que las emociones de sus pacientes tengan importancia clínica y desechan las pruebas en este sentido como triviales y anecdóticas, como algo de margen reducido o, peor aún, como las exageraciones de unos pocos que buscan autopromoverse.

Aunque son cada vez más los pacientes que buscan una medicina más humana, esta se encuentra en peligro. Por supuesto, aún existen enfermeras y médicos consagrados a su profesión, que dan a sus pacientes ternura y comprensión. Pero la cambiante cultura de la medicina misma, a medida que se vuelve más sensible a los imperativos de la profesión, está haciendo que cada vez resulte más difícil encontrar esos cuidados.

Por otra parte, puede existir una ventaja comercial en la medicina humana: tratar la aflicción emocional de los pacientes, como sugieren las pruebas, puede ahorrar dinero, sobre todo en la medida en que previene o retrasa el inicio de la enfermedad, o ayuda a los pacientes a curarse más rápidamente. En un estudio de pacientes ancianos aquejados de fractura de cadera, realizado en la Facultad de Medicina de Mt. Sinai, en la ciudad de Nueva York, y en la Northwestern University, los que recibían terapia por su depresión —además de los normales cuidados ortopédicos—, abandonaron el hospital dos días antes como promedio; los ahorros totales para el centenar de pacientes fueron de 97.361 dólares en costos médicos.[55]

Estos cuidados también hacen que los pacientes se sientan más satisfechos con su médico y su tratamiento. En el nuevo mercado médico, donde los pacientes a menudo tienen la posibilidad de elegir entre competitivos planes de salud, los niveles de satisfacción sin duda formarán parte de estas decisiones personales: las experiencias amargas pueden llevar a los pacientes a buscar otro lugar donde atenderse, mientras las agradables suscitan lealtad.

Finalmente, la ética médica puede exigir un enfoque semejante. Un editorial del *Journal of the American Medical Association,* en un comentario sobre un informe según el cual la depresión quintuplica las probabilidades de morir después de ser tratado por un ataque cardíaco, señala: "La clara demostración de que factores psicológicos como la depresión y el aislamiento social distinguen a los pacientes de enfermedad cardíaca coronaria de más alto riesgo significa que sería poco ético no empezar a tratar estos factores".[56]

Si los descubrimientos sobre emociones y salud significan algo, es que el cuidado médico que pasa por alto lo que la gente *siente* mientras lucha con una enfermedad grave o crónica ya no es adecuado. Ha llegado el momento de que la medicina saque un provecho más metódico de la relación que existe entre emoción y salud. Lo que ahora es la excepción podría —y debería— formar parte de la corriente principal, de modo tal que todos tuviéramos acceso a una medicina más cuidadosa. Al menos eso convertiría a la medicina en algo más humano. Y para algunos podría acelerar el ritmo de la recuperación. "La compasión", como le dijo un paciente a su cirujano en una carta abierta, "no sólo consiste en tomar a alguien de la mano. También es una buena medicina."[57]

Cuarta Parte

Oportunidades

12

El crisol familiar

Es una tragedia familiar de tono menor. Carl y Ann le están enseñando a su hija Leslie, de sólo cinco años, a jugar con un nuevo videojuego. Pero cuando Leslie empieza a jugar, los intentos exageradamente ansiosos de sus padres por "ayudarla" sólo parecen entorpecer su desempeño. Surgen distintas órdenes contradictorias.

—A la derecha, a la derecha... ¡Para! ¡Para! —dice Ann, la madre, en un tono cada vez más intenso y ansioso mientras Leslie, mordiéndose el labio y mirando fijamente la pantalla, lucha por seguir esas instrucciones.

—Mira, no estás en línea recta... ¡Ponte a la izquierda! ¡A la izquierda! —ordena bruscamente Carl, el padre de la niña.

Entretanto Ann, con los ojos en blanco por la frustración, grita con la intención de taparle la voz:

—¡Para! ¡Para!

Leslie, incapaz de complacer a su padre y a su madre, tensa la mandíbula y las lágrimas empiezan a nublarle la vista.

Sus padres empiezan a discutir, pasando por alto las lágrimas de Leslie.

—¡No está moviendo el control como corresponde! —le grita Ann a Carl, exasperada.

Las lágrimas empiezan a rodar por las mejillas de Leslie, y ni su padre ni su madre dan muestras de darse cuenta o de que eso les importe. Cuando Leslie levanta la mano para secarse las lágrimas, su padre le grita:

—De acuerdo, vuelve a poner la mano en el control... vas a prepararte para disparar. ¡De acuerdo, adelante!

Su madre gruñe:

—¡De acuerdo, muévela apenas unos centímetros!

Pero a estas alturas, Leslie está sollozando, a solas con su angustia.

En esos momentos, los chicos aprenden lecciones decisivas. Para Leslie, una conclusión de este doloroso intercambio podría ser que ni su padre ni su madre, ni nadie —si a eso vamos— se preocupa por sus sentimientos.[1] Cuando momentos como este se repiten infinidad de veces a lo largo de la infancia, inculcan algunos de los mensajes emocionales más fundamentales de toda una vida: lecciones que pueden definir el curso de la misma. La vida en familia es nuestra primera escuela para el aprendizaje emocional; en esta caldera aprendemos cómo sentirnos con respecto a nosotros mismos y cómo los demás reaccionarán a nuestros sentimientos; a pensar sobre estos sentimientos y qué alternativas tenemos; a interpretar y expresar esperanzas y temores. Esta escuela emocional no sólo opera a través de las cosas que los padres dicen o hacen directamente a los niños, sino también en los modelos que ofrecen para enfrentarse a sus propios sentimientos y a los que se producen entre marido y mujer. Algunos padres son dotados maestros emocionales, otros son desastrosos.

Cientos de estudios muestran que la forma en que los padres tratan a sus hijos —ya sea con una disciplina dura o una comprensión empática, con indiferencia o cariño, etc.— tiene consecuencias profundas y duraderas en la vida emocional del hijo. Sin embargo, sólo hace poco tiempo han aparecido datos innegables que muestran que tener padres emocionalmente inteligentes es, en sí mismo, un enorme beneficio para el niño. Las formas en que una pareja lidia con los sentimientos recíprocos —además de sus tratos directos con el niño— imparten poderosas lecciones a los hijos, que son alumnos astutos y sintonizados con los intercambios emocionales más sutiles que se producen en la familia. Cuando los equipos de investigación dirigidos por Carole Hooven y John Gottman, de la Universidad de Washington, llevaron a cabo un microanálisis de las interacciones que se producen en las parejas sobre la forma en que los esposos trataban a sus hijos, descubrieron que las parejas más competentes en el matrimonio desde el punto de vista emocional eran también las más eficaces cuando se trataba de ayudar a sus hijos en sus altibajos emocionales.[2]

Las familias fueron observadas por primera vez cuando uno de los hijos tenía sólo cinco años de edad, y nuevamente cuando el niño había llegado a los nueve años. Además de observar a los padres mientras hablaban entre ellos, el equipo de investigación también observó a las familias (incluida la de Leslie) mientras el padre o la madre intentaban enseñar a su hijo cómo operar un nuevo videojuego, una interacción aparentemente inofensiva, pero bastante reveladora de las emociones que suelen producirse entre padres e hijos.

Algunas madres y padres eran como Ann y Carl: mostraban una actitud autoritaria, perdían la paciencia ante la ineptitud de sus hijos, levantaban la voz disgustados o exasperados, algunos incluso calificaban a su hijo de "estúpido"; en resumen, eran presa de las mismas tendencias hacia el desdén y el disgusto que corroen un matrimonio. Otros, sin embargo, eran pacientes con los errores de su hijo y lo ayudaban a resolver el juego por sus propios medios en lugar de imponerle su voluntad. La sesión de videojuego resultó un barómetro sorprendentemente poderoso del estilo emocional de los padres.

Los tres estilos más comunes de paternidad emocionalmente inepta resultaron ser:

- *Ignorar los sentimientos en general.* Los padres que tienen este estilo tratan las aflicciones emocionales de sus hijos como un problema trivial o aburrido, algo que deben esperar que pase. No logran utilizar los momentos emocionales como una oportunidad para acercarse a su hijo o ayudarlo a aprender una lección en el aspecto emocional.
- *Mostrarse demasiado liberal.* Estos padres se dan cuenta de lo que siente el niño pero afirman que sea cual fuere, la forma en que el niño se enfrenta a una tormenta emocional siempre es adecuada... incluso si es, por ejemplo, con golpes. Al igual que aquellos que ignoran los sentimientos del niño, estos padres rara vez intervienen, ni intentan mostrar a su hijo una respuesta emocional alternativa. Tratan de suavizar todas las perturbaciones y, por ejemplo, recurrirán a la negociación y a los sobornos para lograr que su hijo deje de estar triste o furioso.
- *Mostrarse desdeñoso, y no sentir respeto por lo que su hijo siente.* Estos padres son típicamente desaprobadores, duros tanto en sus críticas como en sus castigos. Pueden prohibir, por ejemplo, cualquier manifestación de la ira del niño y castigarlo a la menor señal de irritabilidad. Son los padres que gritan con enojo al niño que intenta dar su versión de los hechos: "¡No me contestes!".

Finalmente, hay padres que aprovechan la oportunidad de un trastorno del hijo para actuar como el equivalente de un mentor o entrenador emocional. Se toman los sentimientos de sus hijos con la seriedad suficiente para tratar de entender exactamente lo que les preocupa ("¿Estás furioso porque Tommy hirió tus sentimientos?") y ayudarlo a encontrar formas positivas de aliviar esos sentimientos ("En lugar de golpearlo, ¿por qué no buscas un juguete con el que jugar tú solo hasta que tengas ganas de jugar otra vez con él?").

Para que los padres sean eficaces entrenadores en este sentido, deben tener un buen dominio de los rudimentos mismos de la inteligencia emocional. Una de las lecciones emocionales básicas para un niño, por ejemplo, es cómo distinguir entre los sentimientos; un padre que no tiene sintonía con su propia tristeza, por ejemplo, no puede ayudar a su hijo a comprender la diferencia entre la aflicción por una pérdida, la tristeza que se siente con una película triste y la tristeza que surge cuando algo malo le ocurre a alguien a quien él quiere. Más allá de esta distinción, hay comprensiones más elaboradas, como la de que la ira suele ser provocada por el hecho de sentirse herido.

A medida que los chicos crecen, las lecciones emocionales específicas para las que están preparados —y que necesitan— cambian. Como vimos en el Capítulo 7, las lecciones de la empatía comienzan en la infancia, cuando los padres sintonizan con los sentimientos del bebé. Aunque algunas habilidades emocionales se afilan con los amigos a través de los años, los padres emocionalmente expertos pueden hacer mucho para ayudar a sus hijos con cada una de las cuestiones básicas de la inteligencia emocional: aprender a reconocer, elaborar y aprovechar sus sentimientos, a empatizar y enfrentarse a los sentimientos que surgen en las relaciones.

El impacto que este tipo de paternidad ejerce en los niños es extraordinariamente profundo.[3] El equipo de la Universidad de Washington descubrió que cuando los padres son emocionalmente expertos, comparados con aquellos que se enfrentan ineficazmente a los sentimientos, sus hijos —como es comprensible— se llevan mejor, se muestran más afectuosos y se muestran menos tensos con respecto a ellos. Pero más allá de eso, estos chicos también se desempeñan mejor en el manejo de sus propias emociones, son más eficaces a la hora de serenarse cuando están preocupados, y se preocupan con menor frecuencia. Los chicos también son más relajados en el plano biológico, y presentan niveles más reducidos de las hormonas del estrés y otros indicadores fisiológicos de la excitación emocional (una pauta que, de sustantarse a lo largo de la vida, podría muy bien augurar una mejor salud física, como vimos en el Capítulo 11). Otras ventajas son de tipo social: estos chicos son más populares y caen mejor a sus pares, y sus maestros los consideran más hábiles socialmente. Sus padres, lo mismo que sus maestros, consideran que tienen menos problemas de conducta, como la brusquedad o la agresividad. Finalmente, los beneficios son cognitivos; estos niños pueden prestar más atención y por lo tanto son alumnos más eficaces. Si tomamos la constante del CI, los chicos de cinco años cuyos padres eran buenos entrenadores tenían mayor puntuación en matemáticas y en lectura cuando llegaban al tercer grado (un argumento poderoso para enseñar las habilidades emocionales que ayudan a preparar a los niños tanto para el aprendizaje como para la vida). Así, la recompensa para los chicos cuyos padres son emocionalmente expertos es una sorprendente gama de ventajas que abarcan y van más allá del espectro de la inteligencia emocional.

El programa de educación de los sentimientos

El impacto de la paternidad en la competencia emocional comienza en la cuna. El Dr. T. Berry Brazelton, eminente pediatra de Harvard, tiene una sencilla prueba que utiliza como diagnóstico de la disposición básica de un niño con respecto a la vida. Ofrece dos bloques a un pequeño de ocho meses y luego le muestra cómo quiere que los ponga. El bebé que es optimista con respecto a la vida, que tiene confianza en sus propias habilidades, dice Brazelton,

> tomará uno de los bloques, se lo llevará a la boca, lo frotará contra su pelo, lo tirará a un costado de la mesa y esperará hasta comprobar si usted lo recoge y se lo da. Si usted lo hace, él completa la tarea solicitada, que consistía en colocar los dos bloques juntos. Luego levanta la vista y lo mira como diciendo: "¡Dime qué fantástico soy!".[4]

Los bebés como este han recibido en su vida una buena dosis de aprobación y estímulo de los adultos; esperan tener éxito en los pequeños desafíos de la vida. Por contraste, los bebés que se crían en hogares demasiado tristes, caóticos o negligentes abordan la misma tarea de una forma que demuestra que ya esperan fracasar. No se trata de que estos niños no puedan poner los bloques juntos; comprenden la instrucción recibida y poseen la coordinación necesaria para cumplirla. Pero aunque lo hagan, informa Brazelton, se comportan de una manera avergonzada y muestran una expresión que dice: "No soy bueno. Mira, he fallado". Estos niños probablemente vivirán con una visión derrotista, sin esperar ningún estímulo ni interés de sus maestros, la escuela les resultará triste y quizá con el tiempo la abandonen.

La diferencia entre las dos perspectivas —los chicos que son confiados y optimistas contra los que esperan fracasar— empieza a tomar forma en los primeros años de vida. Los padres, dice Brazelton, "deben comprender cómo sus actos pueden ayudar a generar la confianza, la curiosidad y el placer de aprender y la comprensión de los límites" que ayudan a los chicos a tener éxito en la vida. Su consejo está avalado por un creciente conjunto de pruebas que muestran que el éxito en la escuela depende en gran medida de las características emocionales formadas en los años anteriores a la entrada del niño en la escuela. Como vimos en el Capítulo 6, por ejemplo, la capacidad de los niños de cuatro años para controlar el impulso de tomar una golosina predijo una ventaja de 210 puntos en sus pruebas de aptitud catorce años más tarde.

La primera oportunidad para dar forma a los ingredientes de la inteligencia emocional son los primeros años de vida, aunque estas capacidades continúan formándose a través de los años de la escuela. Las capacidades emocionales que los niños adquieren en años posteriores se construyen sobre esos primeros años. Y estas capacidades, como hemos visto en el Capítulo 6, son la base esencial de todo aprendizaje. Un informe del Centro Nacional para Programas Clínicos Infantiles, señala que el éxito escolar no se pronostica a través del caudal de hechos de un niño o por la precoz habilidad de leer sino por parámetros emocionales y sociales: ser seguro de sí mismo y mostrarse interesado; saber qué tipo de conducta es la esperada y cómo dominar el impulso de portarse mal; ser capaz de esperar, seguir instrucciones y recurrir a los maestros en busca de ayuda; y expresar las propias necesidades al relacionarse con otros chicos.[5]

Casi todos los alumnos que se desempeñan pobremente en la escuela, dice el informe, carecen de uno o más de estos elementos de inteligencia emocional (al margen de si también tienen dificultades cognitivas, tales como dificultades de aprendizaje). La magnitud del problema no es menor; en algunos estados, cerca de uno cada cinco niños tienen que repetir el primer grado y luego, a medida que pasan los años, se retrasan con respecto a sus pares y se muestran cada vez más desalentados, resentidos y alborotadores.

La buena disposición de un niño para la escuela depende del más básico de todos los conocimientos, de *cómo* aprender. El informe presenta una lista de siete ingredientes clave de esta capacidad crucial, todos ellos relacionados con la inteligencia emocional:[6]

1. *Confianza.* La sensación de controlar y dominar el propio cuerpo, la sensación y el mundo; la sensación del niño de que lo más probable es que no fracase en lo que se propone, y de que los adultos serán amables.
2. *Curiosidad.* La sensación de que descubrir cosas es algo positivo y conduce al placer.
3. *Intencionalidad.* El deseo y la capacidad de producir un impacto, y de actuar al respecto con persistencia. Esto está relacionado con una sensación de competencia, de ser eficaz.
4. *Autocontrol.* La capacidad de modular y dominar las propias acciones de maneras apropiadas a la edad; una sensación de control interno.
5. *Relación.* La capacidad de comprometerse con otros, basada en la sensación de ser comprendido y de comprender a los demás.

6. *Capacidad de comunicación.* El deseo y la capacidad de intercambiar verbalmente ideas, sentimientos y conceptos con los demás. Esto está relacionado con una sensación de confianza en los demás y de placer en comprometerse con los demás, incluso con los adultos.
7. *Cooperatividad.* La capacidad de equilibrar las propias necesidades con las de los demás en una actividad grupal.

Que el niño llegue o no a la escuela con estas capacidades depende en gran medida de que sus padres —y sus maestros de preescolar— le hayan brindado el tipo de cuidados que puede equipararse a un "programa de educación de los sentimientos", el equivalente de los programas de educación preescolar.

Alcanzar los elementos emocionales básicos

Imaginemos que un bebé de dos meses se despierta a las tres de la mañana, llorando. Su madre se acerca y, durante la siguiente media hora, mama feliz en brazos de su madre mientras esta lo mira con amor y le dice lo contenta que está de verlo, incluso en mitad de la noche. El bebé, satisfecho con el amor de su madre, vuelve a quedarse dormido.

Ahora digamos que otro bebé de dos meses, que también se despierta llorando a altas horas de la noche, es atendido por una madre tensa e irritable, que se había quedado dormida hacía solo una hora después de una disputa con su esposo. El bebé empieza a sentirse tenso en cuanto su madre lo alza bruscamente y le dice: "¡Cállate, no aguanto más! Vamos, acabemos de una vez". Mientras da de mamar al bebé, y en lugar de mirarlo, la madre tiene la vista fija en otro punto y rememora la disputa con su esposo, y lo único que logra es sentirse más agitada. El bebé percibe la tensión, protesta, se pone rígido y deja de mamar. "¿Eso es todo lo que quieres?", dice su madre. "Entonces no comas." Con la misma brusquedad lo vuelve a poner en la cuna y sale de la habitación precipitadamente; el niño se queda llorando hasta que, exhausto, vuelve a dormirse.

Los dos escenarios están presentados en el informe del National Center for Clinical Infant Programs como ejemplos de los tipos de interacción que, si se repiten una y otra vez, inculcan sentimientos muy diferentes en un niño con respecto a sí mismo y a sus relaciones más íntimas.[7] El primer bebé está aprendiendo que puede confiar en que las personas repararán en sus necesidades, que él puede contar con su ayuda y que puede conseguirla con eficacia; el segundo está descubriendo que no le importa realmente a nadie, que con la gente no puede contar, y que sus esfuerzos por encontrar consuelo serán infructuosos. Por supuesto, la mayoría de los bebés tienen al menos una demostración de ambas clases de interacción. Pero en la medida en que una u otra es típica de cómo los padres tratan al niño a lo largo de los años, se inculcarán lecciones emocionales básicas acerca de lo seguro que el niño está en el mundo, de lo eficaz que se siente y de cómo depende de los demás. Erik Erikson lo expresa en función de si el niño llega a sentir una "confianza básica" o una desconfianza básica.

Este aprendizaje emocional comienza en los primeros momentos de la vida y se prolonga a lo largo de la infancia. Todos los pequeños intercambios entre padres e hijos tienen un subtexto emocional, y en la repetición de estos mensajes a lo largo de los años, los niños forman el núcleo de sus capacidades y de su concepción emocional. Una niña a la que un rompecabezas le resulta frustrante y le pide a su ajetreada madre que la ayude recibe un mensaje si la respuesta es el evidente placer de la madre, y otro muy distinto si escucha un brusco: "No me molestes... Tengo un trabajo importante que hacer". Cuando estos encuentros se convierten en algo típico entre padres e hijos, moldean las expectativas emocionales del niño con respecto a las relaciones, punto de vista que impregnará su manera de moverse en todos los ámbitos de la vida, para bien o para mal.

Los riesgos son mayores para aquellos niños cuyos padres son sumamente ineptos: inmaduros, consumidores de drogas, deprimidos o crónicamente airados, o sencillamente carentes de objetivos, que llevan vidas caóticas. Estos padres tienen muchas menos probabilidades de brindar un cuidado adecuado, para no hablar de la sintonía con las necesidades emocionales de su pequeño. La simple negligencia, deducen los estudiosos, puede ser más dañina que el abuso evidente.[8] Un estudio de niños maltratados descubrió que los jóvenes desatendidos eran los que peor se portaban: eran los más ansiosos, los que menos atención prestaban, los más apáticos, alternativamente agresivos y retraídos. El porcentaje de repetición del primer grado era entre ellos del 65%.

Los tres o cuatro primeros años de vida son una etapa en la que el cerebro del niño crece hasta aproximadamente los dos tercios de su tamaño definitivo, y evoluciona en complejidad a un ritmo mayor del que alcanzará jamás. Durante este período las claves de aprendizaje se presentan con mayor prontitud que en años posteriores, y el aprendizaje emocional es el más importante de todos. Durante este período el estrés grave puede dañar los centros de aprendizaje del cerebro (y por lo tanto resultar dañino para el intelecto). Aunque, como veremos —y esto puede ser solucionado en cierta medida por experiencias posteriores de la vida— el impacto de este primer aprendizaje es profundo. Como resume un informe, las consecuencias duraderas de la lección emocional clave de los cuatro primeros años de vida son notables:

> Un niño que no puede concentrar su atención, que es suspicaz en lugar de confiado, triste o airado en lugar de optimista, destructivo en lugar de respetuoso y se siente dominado por la ansiedad, preocupado por fantasías atemorizantes y en general descontento con respecto a sí mismo... ese niño tiene pocas oportunidades —para no hablar de la igualdad de oportunidades— de reivindicar las posibilidades del mundo como propias.[9]

Cómo educar a un pendenciero

Es mucho lo que se puede aprender acerca de los efectos que durante toda una vida ejerce una paternidad emocionalmente inepta —especialmente del papel que juega en volver agresivos a los chicos— a partir de estudios longitudinales, como el que se llevó a cabo con 870 niños del interior del estado de Nueva York, que fueron seguidos desde los ocho a los treinta años.[10] Entre los niños, los más beligerantes —los más rápidos para empezar una pelea y que habitualmente utilizaban la fuerza para conseguir lo que querían— eran los que tenían más probabilidades de abandonar la escuela y, al llegar a los treinta, tenían historiales de crímenes y violencia. También, al parecer, transmitían su propensión a la violencia: sus hijos eran en la escuela primaria tan conflictivos como habían sido sus padres delincuentes.

La forma en que la agresividad se transmite de una generación a otra entraña una lección. Dejando de lado cualquier propensión heredada, los revoltosos al llegar a adultos actuaban de una forma que hacía que la vida familiar funcionara como una escuela para la agresión. De niños, los revoltosos tenían padres que los disciplinaban con arbitraria e implacable severidad; como padres repetían la pauta. Esto era verdad ya fuera el padre o la madre quien había sido identificado como excesivamente agresivo durante la infancia. Las niñas agresivas crecieron y fueron tan arbitrarias y duramente castigadoras cuando se convirtieron en madres como los chicos agresivos lo fueron al convertirse en padres. Y mientras castigaban a sus hijos con especial severidad, por lo demás, se mostraban poco interesados en la vida de aquellos, dejándolos efectivamente de lado durante la mayor parte del tiempo. Al mismo tiempo, los padres ofrecían a estos chicos un vívido y violento ejemplo de agresividad, modelo que los niños llevaban consigo a la escuela y al patio de juegos, y seguían a lo largo de toda su vida. Los padres no eran necesariamente mezquinos, ni dejaban de desear lo mejor para sus hijos; más bien, parecían estar repitiendo el estilo de paternidad que había sido modelado para ellos por sus propios padres.

En este modelo de violencia, estos niños eran disciplinados de una manera caprichosa: si sus padres estaban de mal humor, ellos serían severamente castigados; si estaban de buen humor, ellos podían salir bien librados de cualquier desastre causado en el hogar. Así, el castigo llegaba no tanto por lo que el chico había hecho, sino en virtud de cómo se sentían los padres. Esta es una receta para fomentar sentimientos de inutilidad e impotencia, y para estimular la sensación de que hay amenazas en todas partes que pueden golpear en cualquier momento. Vista a la luz de la vida hogareña que la provoca, la postura combativa y desafiante de estos chicos con respecto al mundo en general tiene cierto sentido, por desafortunado que pueda parecer. Lo desalentador es lo pronto que estas lecciones pueden aprenderse, y cuán costosas pueden ser para la vida emocional de un niño.

Abuso: la extinción de la empatía

> En la agitada vida del centro de cuidados diurnos, Martin —de sólo dos años y medio— tropezó con una niñita que, inexplicablemente, se puso a llorar. Martin se estiró para tomarla de la mano, pero cuando la lloriqueante niña se apartó, Martin le dio un golpe en el brazo.
> Como la pequeña seguía llorando, Martin apartó la mirada y gritó: "¡Cállate!¡Cállate!", una y otra vez, cada vez más rápido y más fuerte.
> Cuando Martin hizo otro intento por consolarla, ella volvió a resistirse. Esta vez Martin le enseñó los dientes como un perro que gruñe al tiempo que le chistaba.
> Una vez más, Martin empezó a palmear a la llorosa niña, pero las palmadas en la espalda pronto se convirtieron en golpes, y Martin siguió golpeando una y otra vez a la pobre criatura a pesar de sus gritos.

Ese perturbador encuentro da testimonio de cómo los abusos —ser repetidamente golpeado según el humor de los padres— deforman la tendencia natural del niño hacia la empatía.[11] La espantosa y casi brutal respuesta de Martin a la aflicción de su compañera es típica de los niños como él, que han sido víctimas de palizas y otros abusos físicos desde la infancia. La respuesta contrasta notablemente con las habituales súplicas solidarias y los intentos por consolar a un compañero de juegos que llora, vistos en el Capítulo 7. La respuesta violenta de Martin a la aflicción en el centro de cuidados diurnos puede muy bien reflejar las lecciones que aprendió en su casa con respecto a las lágrimas y la angustia: el llanto recibe primero un gesto de consuelo autoritario, pero si continúa, la progresión va desde las miradas desagradables y los gritos hasta los golpes y las palizas. Quizá lo más problemático es que Martin ya parece carecer de la más primitiva clase de empatía, el instinto de interrumpir la agresión contra alguien que está lastimado. A los dos años y medio exhibe los impulsos morales de una bestia cruel y sádica.

La mezquindad de Martin que reemplaza a la empatía es típica de otros niños como él que a tan tierna edad están marcados por los abusos físicos y emocionales que sufren en el hogar. Martin formaba parte de un grupo de nueve niños como él, de edades comprendidas entre uno y tres años, observados durante dos horas en su centro de cuidados diurnos. Los niños maltratados fueron comparados con otros nueve niños del mismo centro, provenientes de hogares igualmente empobrecidos y sumamente conflictivos, pero que no eran maltratados físicamente. La forma en que los dos grupos de niños reaccionaron cuando otro fue lastimado o perturbado fueron absolutamente diferentes. En veintitrés de estos incidentes, cinco de los nueve niños no maltratados respondieron a la aflicción de un compañero con preocupación, tristeza o empatía. Pero en los veintisiete casos en que los niños maltratados podrían haberlo hecho, ni uno de ellos mostró la menor preocupación; en lugar de eso reaccionaron ante el llanto de un compañero con expresiones de temor, ira o, como Martin, con agresión física.

Una niña maltratada, por ejemplo, le mostró una expresión feroz y amenazante a otra que se había echado a llorar. Thomas, de un año, otro de los niños maltratados, quedó paralizado de terror al oír que otro niño lloraba en un extremo de la habitación; se quedó completamente mudo, con el rostro transfigurado por el temor, con la espalda rígida, mientras la tensión crecía en su interior ante el llanto... como si se preparara para lanzar él mismo un ataque. Y Kate, una pequeña de veintiún meses, mostró una reacción casi sádica: se acercó a Joey, un niño más pequeño, y lo tiró al suelo empujándolo con el pie; mientras el niño estaba allí tendido, lo miró tiernamente y empezó a darle suaves palmadas en la espalda... y a continuación aumentó la intensidad de las palmadas y empezó a golpearlo cada vez con más fuerza, pasando por alto su sufrimiento. Siguió golpeándolo y se inclinó a pegarle seis o siete veces más hasta que el pequeño se alejó gateando.

Por supuesto, estos niños tratan a los demás como los han tratado a ellos. Y la insensibilidad de estos niños maltratados es sencillamente una versión más extrema de la que se ve en niños cuyos padres son críticos, amenazadores y duros en los castigos que imponen. Estos niños también suelen mostrarse despreocupados cuando sus compañeros se lastiman o lloran; parecen representar un extremo de una serie continua de frialdad que alcanza su máxima expresión con la brutalidad de los niños maltratados. A medida que avanzan en la vida, como grupo tienen más probabilidades de encontrar dificultades cognitivas en el aprendizaje, más probabilidades de ser agresivos e impopulares entre sus pares (no es de extrañar, teniendo en cuenta que su crueldad en el preescolar es un presagio del futuro), son más propensos a la depresión y, como adultos, tienen más probabilidades de meterse en problemas con la ley y cometer más crímenes violentos.[12]

Este fracaso con respecto a la empatía se repite a veces, si no con frecuencia, de una generación a otra, con padres brutales que han sido maltratados por sus propios padres en la infancia.[13] Esto supone un dramático contraste con la empatía generalmente mostrada por hijos de padres cuidadosos, que los estimulan a mostrar preocupación por los demás y a comprender cómo se sienten otros chicos ante las actitudes mezquinas. Al carecer de estas lecciones con respecto a la empatía, estos chicos parecen no aprenderlas nunca.

Lo que tal vez es más conflictivo con respecto a los niños maltratados es lo pronto que parecen haber aprendido a responder como versiones en miniatura de sus propios padres. Pero dadas las palizas físicas que recibían, a veces como un régimen cotidiano, las lecciones emocionales son demasiado evidentes. Recordemos que es en los momentos en que las pasiones se exacerban o vivimos una crisis cuando la propensión primitiva de los centros del cerebro límbico asume un papel más dominante. En esos momentos, los hábitos que el cerebro emocional ha incorporado una y otra vez dominarán para bien o para mal.

El hecho de ver cómo el cerebro mismo queda modelado por la brutalidad —o por el amor— indica que la infancia representa una oportunidad especial para las lecciones emocionales. Estos niños golpeados han recibido una dieta prematura y constante de traumas. Tal vez el paradigma más instructivo para comprender el aprendizaje emocional que estos niños maltratados han experimentado es ver cómo los traumas pueden dejar una huella permanente en el cerebro, y cómo incluso estas crueles huellas pueden ser reparadas.

13

Trauma y reaprendizaje emocional

Som Chit, refugiado camboyano, sintió una gran frustración cuando sus tres hijos le pidieron que les comprara unas ametralladoras AK-47 de juguete. Sus hijos —de seis, nueve y once años— querían las armas de juguete para jugar a lo que algunos de los chicos de su escuela llamaban "Purdy". En el juego, Purdy —el malvado— utiliza una metralleta para matar a un grupo de niños y luego se pega un tiro. A veces, sin embargo, los chicos terminan el juego de una manera distinta: son ellos los que matan a Purdy.

Purdy era la macabra recreación que hacían algunos sobrevivientes de los catastróficos acontecimientos ocurridos el 17 de febrero de 1989 en la Cleveland Elementary School de Stockton, California. Allí, durante el último recreo de la mañana para primero, segundo y tercer grado, Patrick Purdy —que unos veinte años antes había cursado esos grados en esa misma escuela— se detuvo a un costado del patio y disparó una y otra vez sus balas de 7.22 milímetros sobre cientos de niños que jugaban. Durante siete minutos, Purdy descargó su arma contra el patio de juegos, luego apuntó a su cabeza y se disparó. Cuando llegó la policía, encontró cinco niños agonizantes y veintinueve heridos.

En los meses siguientes, el juego de Purdy apareció espontáneamente en el patio de la Cleveland Elementary School y se convirtió en una de las muchas señales de que aquellos siete minutos y sus secuelas quedaron grabados en la memoria de los niños. Cuando visité la escuela, que se encuentra a poca distancia del barrio cercano a la Universidad del Pacífico donde yo mismo me había criado, habían transcurrido cinco meses desde que Purdy había convertido aquel recreo en una pesadilla. Su presencia era aún palpable, aunque los restos más horrendos de la matanza —infinidad de agujeros de bala, charcos de sangre, fragmentos de carne, piel y cuero cabelludo— habían sido eliminados a la mañana siguiente.

En ese momento las marcas más profundas no eran las del edificio sino las de la psiquis de los niños y del personal de la escuela, que intentaban seguir viviendo como de costumbre.[1] Tal vez lo más sorprendente fue cómo el recuerdo de aquellos breves minutos era revivido una y otra vez por cualquier pequeño detalle mínimamente parecido. Por ejemplo, un maestro me contó que el pánico se había instalado en toda la escuela tras el anuncio de que se acercaba el día de St. Patrick; algunos niños creyeron que aquel día era para rendir homenaje al asesino Patrick Purdy.

"Cada vez que oímos que llega una ambulancia a la clínica que se encuentra en esta misma calle, todo se paraliza", me contó otro maestro. "Los chicos prestan atención para saber si se detendrá aquí o seguirá de largo." Durante varias semanas, muchos chicos se sintieron aterrorizados por los espejos de los baños; corrió el rumor de que allí aparecía la "Sangrienta Virgen María", una especie de monstruo fantástico. Varias semanas después de los disparos, una niña aterrorizada entró corriendo en el despacho de Pat Busher, el director de la escuela, gritando: "¡Oigo disparos! ¡Oigo disparos!". En realidad era el sonido de una cadena que se balanceaba en un poste.

Muchos niños se volvieron sumamente vigilantes, como si estuvieran constantemente en guardia contra la repetición del terror; algunos niños y niñas se quedaban durante el recreo cerca de la puerta del aula, y no se atrevían a salir al patio de juegos, donde había tenido lugar la matanza. Otros sólo jugaban en pequeños grupos mientras otro compañero hacía las veces de centinela. Muchos pasaron varios meses evitando las zonas "malas", donde habían muerto sus compañeros.

Los recuerdos siguieron vivos en forma de sueños perturbadores que invadían la mente de los niños mientras dormían. Además de las pesadillas en las que de alguna manera se repetían los disparos, los chicos eran acosados por sueños angustiantes que les hacían sentir el temor de que pronto morirían. Algunos niños intentaban dormir con los ojos abiertos para no soñar.

Todas estas reacciones son bien conocidas para los psiquiatras como los síntomas clave de los trastornos por estrés postraumático (TEP). En el núcleo de estos traumas, dice el Dr. Spencer Eth —psiquiatra infantil especializado en los TEP infantiles—, es "el recuerdo intrusivo de la violenta acción central: el golpe final con un puño, un cuchillo que se hunde, el disparo de un arma. Los recuerdos son intensas experiencias de la percepción: el aspecto, el sonido y el olor de un arma; el grito o el repentino silencio de la víctima; el charco de sangre, las sirenas de la policía".

Estos vívidos y terroríficos momentos —dicen ahora los neurólogos— se convierten en recuerdos grabados en el circuito emocional. Los síntomas son, en efecto, señales de una amígdala excesivamente excitada que impulsa los recuerdos vívidos de un momento traumático a continuar inmiscuyéndose en la conciencia. Así, los recuerdos traumáticos se convierten en gatillos mentales preparados para disparar la alarma al menor indicio de que el espantoso momento está a punto de producirse nuevamente. Este fenómeno del gatillo es el sello de todo trauma emocional, incluido el sufrimiento del repetido maltrato físico en la infancia.

Cualquier acontecimiento traumatizante puede implantar esos recuerdos gatillo en la amígdala: un incendio o un accidente automovilístico, o vivir una catástrofe natural como un terremoto o un huracán, ser violado o asaltado. Cientos de miles de personas al año soportan estos desastres, y muchos, o la mayoría, salen con la clase de herida emocional que deja su huella en el cerebro.

Los actos violentos son más dañinos que las catástrofes naturales como los huracanes porque, a diferencia de las víctimas de un desastre natural, las víctimas de la violencia sienten que han sido intencionadamente seleccionadas como blancos de la maldad. Ese hecho destruye las suposiciones acerca de la honradez de la gente y de la seguridad del mundo interpersonal, suposición que las catástrofes naturales dejan intacta. En un instante, el mundo social se convierte en un lugar peligroso, un lugar donde la gente es una amenaza potencial a la seguridad.

Las crueldades humanas graban en la memoria de sus víctimas un patrón que las hace mirar con miedo cualquier cosa vagamente similar al asalto mismo. Un hombre que recibió un golpe en la nuca y nunca vio a su agresor quedó tan atemorizado que cuando caminaba por la calle lo hacía delante de alguna anciana para sentirse a salvo de los golpes.[2] Una mujer que fue asaltada por un hombre que se metió con ella en el ascensor y la obligó a punta de cuchillo a bajar en un piso desocupado, pasó varias semanas sintiendo miedo no sólo a entrar a los ascensores sino también al subterráneo o a cualquier otro espacio cerrado donde pudiera sentirse atrapada; salió corriendo de su banco cuando vio que un hombre se metía la mano en la chaqueta, como había hecho el asaltante.

La huella que el horror deja en la memoria —y la consecuente actitud de hipervigilancia— puede durar toda una vida, como descubrió un estudio llevado a cabo entre los supervivientes del Holocausto. Cerca de cincuenta años después de soportar la inanición, la matanza de sus seres queridos y el horror constante de los campos de exterminio nazi, los atormentadores recuerdos seguían vivos. Un tercio de los participantes en el estudio dijo que se sentía atemorizado en general. Cerca de las tres cuartas partes dijeron que aún se sentían angustiados ante los detalles que recordaban la persecución nazi, como la visión de un uniforme, un golpe en la puerta, el ladrido de un perro o el humo que salía de una chimenea. Aproximadamente el 60% dijo que pensaba en el Holocausto casi a diario, incluso medio siglo después; de aquellos que tenían síntomas activos, ocho de cada diez seguían teniendo pesadillas recurrentes. Como dijo un superviviente: "Si uno ha estado en Auschwitz y no tiene pesadillas, no es normal".

El horror congelado en la memoria

Las siguientes palabras fueron pronunciadas por un veterano de Vietnam de cuarenta y ocho años, unos veinticuatro años después de soportar un espantoso momento en una tierra lejana:

> ¡No puedo borrar los recuerdos de mi mente! Las imágenes vuelven en detalles vívidos, disparados por las cosas más insignificantes, como una puerta que se cierra bruscamente, la visión de una mujer oriental, el contacto con una esterilla de bambú o el olor del cerdo frito. Anoche estaba soñando algo agradable. Por la mañana temprano se puso tormentoso y se oyó un trueno. Me desperté de inmediato, dominado por el pánico. Vuelvo a estar en Vietnam, en plena temporada del monzón, en mi puesto de guardia. Estoy seguro de que seré alcanzado por la siguiente descarga y me convenzo de que moriré. Se me están congelando las manos, aunque tengo todo el cuerpo empapado en sudor. Siento que se me erizan todos los pelos de la nuca. Me falta el aliento y el corazón me late aceleradamente. Siento olor a azufre húmedo. De pronto veo lo que queda de mi amigo Troy... sobre una fuente de bambú que el Vietcong ha enviado a nuestro campamento. El siguiente relámpago y el posterior trueno me hacen dar un salto tan brusco que estoy a punto de caer al suelo.[3]

Este espantoso recuerdo, vívidamente fresco y detallado a pesar de las dos décadas transcurridas, aún tiene el poder de provocar en este ex soldado el mismo temor que sintió aquel fatídico día. El TEP representa un peligroso descenso del punto nervioso donde se asienta la alarma, lo que hace que la persona reaccione ante los momentos corrientes de la vida como si fueran emergencias. El circuito de asalto al que nos referimos en el Capítulo 2 parece crucial en el sentido en que deja una marca poderosa en la memoria: cuanto más brutales, impactantes y horrendos son los acontecimientos que disparan el asalto de la amígdala, más indeleble es el recuerdo. La base nerviosa de estos recuerdos parece ser una profunda alteración de la química del cerebro puesta en marcha por una única muestra de terror abrumador.[4] Mientras los descubrimientos del TEP están típicamente basados en el impacto de un solo episodio, resultados similares pueden surgir de crueldades infligidas durante un período de varios años, como en el caso de los niños que son maltratados sexual, física o emocionalmente.

El trabajo más detallado sobre estos cambios cerebrales es el que se lleva a cabo en el Centro Nacional para el Trastorno por Estrés Postraumático de una red de lugares de investigación con base en los hospitales de la Administración de Veteranos donde hay un gran número de personas que sufren de TEP entre los veteranos de Vietnam y de otras guerras. La mayor parte de nuestro conocimiento sobre el TEP surge a partir de estudios llevados a cabo con esta clase de veteranos. Pero estas nociones se aplican también a los niños que han sufrido graves traumas emocionales, como los de la Cleveland Elementary.

"Las víctimas de un trauma devastador pueden no ser nunca más las mismas biológicamente", me comentó el Dr. Dennis Charney.[5] El psiquiatra de Yale es director de neurología clínica del Centro Nacional. "No importa si fue el incesante terror del combate, la tortura o los repetidos maltratos en la infancia, o una experiencia única, como quedar atrapado en un huracán o estar a punto de morir en un accidente automovilístico. Cualquier estrés incontrolable puede tener el mismo impacto biológico."

La palabra clave es *incontrolable.* Si la gente siente que hay algo que puede hacer en una situación catastrófica, si puede ejercer algún control, por pequeño que sea, se desempeña mucho mejor emocionalmente que aquellos que se sienten profundamente impotentes. El elemento de impotencia es lo que hace que un acontecimiento dado sea *subjetivamente* abrumador. Como me comentó el Dr. John Krystal, director del Laboratorio de Psicofarmacología Clínica del centro: "Imaginemos a alguien que es atacado con un cuchillo, que sabe defenderse y pone manos a la obra, mientras otra persona que se encuentra en la misma situación piensa: 'Estoy perdido'. La persona impotente es la más susceptible al posterior TEP. Es la sensación de que la propia vida está en peligro y de que *no hay nada que hacer para escapar a ello...* Es en ese momento cuando comienza el cambio del cerebro".

La impotencia como el imponderable que dispara el TEP ha sido mostrada en decenas de estudios llevados a cabo con pares de ratas de laboratorio, cada una en diferente jaula, cada una con una descarga eléctrica suave —aunque poderosa para una rata—, de idéntica intensidad. Sólo una de las ratas tiene una palanca en la jaula; cuando la rata toca la palanca, la descarga se interrumpe en ambas jaulas. Durante días y semanas, ambas ratas reciben exactamente la misma descarga. Pero la rata que tiene la posibilidad de interrumpirla acaba sin signos duraderos de estrés. Sólo en la rata impotente se producen los cambios cerebrales inducidos por el estrés.[6] Para un niño al que le disparan en el patio de juegos y ve a sus compañeros ensangrentados y agonizantes, o para el maestro que no puede impedir la carnicería, la impotencia debió de ser algo palpable.

El Trastorno por Estrés Postraumático como trastorno límbico

Habían pasado varios meses desde que un fuerte terremoto la obligó a salir de la cama y a correr por toda la casa, gritando, hasta encontrar a su hijo de cuatro años. Se quedaron durante horas acurrucados en la fría noche de Los Angeles, bajo la protección del marco de una puerta, sin alimentos, ni agua ni luz, mientras la tierra temblaba una y otra vez bajo sus pies. Ahora, varios meses más tarde, casi totalmente recuperada del pánico que la dominó durante los primeros días, una puerta que se golpea puede hacerla temblar de miedo. El único síntoma que persistía era su incapacidad para conciliar el suelo, un problema que la afectaba sólo en las noches en que su esposo estaba fuera de casa, como la noche del terremoto.

Los principales síntomas de este horror —incluido el tipo más intenso, el TEP— pueden ser explicados por los cambios que se producen en el circuito límbico y que se concentran en la amígdala.[7] Algunos de los cambios clave se producen en el locus cerúleo, una estructura que regula la secreción por parte del cerebro de dos sustancias llamadas *catecolaminas:* la adrenalina y la noradrenalina. Estas sustancias neuroquímicas mobilizan el organismo para una emergencia; la misma catecolamina graba los recuerdos con especial intensidad. En el TEP este sistema se vuelve hiperreactivo y segrega dosis elevadas de estas sustancias químicas cerebrales en respuesta a situaciones que encierran poca o ninguna amenaza pero que en cierto modo son recordatorios del trauma original, como los chicos de la Cleveland Elementary School que sentían pánico al oír la sirena de una ambulancia, que se parecía a la que habían oído en la escuela, después de los disparos.

El locus cerúleo y la amígdala están íntimamente relacionados, junto con otras estructuras límbicas como el hipocampo y el hipotálamo; el circuito de las catecolaminas se extiende a la corteza. Se piensa que los cambios en estos circuitos son subyacentes a los síntomas del TEP, que incluyen ansiedad, temor, hipervigilancia, el quedar fácilmente perturbado o excitado, la disposición para la reacción de ataque o fuga y la indeleble codificación de intensos recuerdos emocionales.[8] Según descubrió un estudio, los veteranos de Vietnam que sufrían de TEP tenían un 40% menos de receptores interruptores de la catecolamina que los hombres que no tenían síntomas, lo que sugiere que sus cerebros habían soportado un cambio duradero, con la secreción de catecolamina deficientemente controlada.[9]

Otros cambios son los que se producen en el circuito que une el cerebro límbico con la glándula pituitaria, que regula la liberación de

CRF, la principal hormona del estrés que segrega el organismo para movilizar la reacción de ataque o fuga. Los cambios hacen que esta hormona se segregue en exceso —sobre todo en la amígdala, el hipocampo y el locus cerúleo— alertando al organismo para una emergencia que no existe en la realidad.[10]

Como me dijo el Dr. Charles Nemeroff, psiquiatra de la Duke University: "Demasiada CRF hace que el individuo reaccione excesivamente. Por ejemplo, si usted es un veterano de Vietnam y sufre de TEP, y un coche se enciende prematuramente en un estacionamiento, es la activación de la CRF lo que le provoca los mismos sentimientos que el trauma original: empieza a transpirar, siente miedo, tiene escalofríos y tiembla, y tal vez tenga alguna escena retrospectiva. En las personas en las que hay una hipersecreción de CRF, la respuesta sobresaltada es excesivamente activa. Por ejemplo, si usted se desliza detrás de la gente y repentinamente da unas palmadas, verá que se sobresaltan la primera vez, pero no ocurrirá lo mismo después de la tercera o cuarta repetición. Pero las personas que tienen un exceso de CRF no se acostumbran: en la cuarta ocasión responderán igual que en la primera".[11]

Un tercer conjunto de cambios se produce en el sistema opioide del cerebro, que segrega endorfinas que embotan la sensación de dolor. El mismo también se vuelve hiperactivo. Este circuito nervioso implica una vez más a la amígdala, esta vez en combinación con una región de la corteza cerebral. Los opioides son sustancias químicas del cerebro que actúan como poderosos agentes paralizantes, como el opio y otros narcóticos que son primos químicos. Al experimentar altos niveles de opioides ("la morfina del cerebro"), la gente tiene una elevada tolerancia del dolor, un efecto que ha sido percibido por cirujanos en los campos de batalla, que descubrieron que los soldados gravemente heridos necesitaban dosis menores de narcóticos para soportar el dolor que los civiles que tenían heridas mucho menos graves.

Algo similar parece suceder con el TEP.[12] Los cambios de la endorfina añaden una nueva dimensión a la mezcla nerviosa activada por la nueva exposición al trauma: un entumecimiento de ciertos sentimientos. Esto parece explicar un conjunto de síntomas psicológicos "negativos" hace tiempo observados en el TEP: la anhedonia (la incapacidad de sentir placer) y una paralización emocional general, la sensación de estar escindido de la vida o de la preocupación por los sentimientos de los demás. Quienes se encuentran cerca de estas personas pueden considerar esta indiferencia como una falta de empatía. Otro efecto posible es la disociación, incluida la incapacidad de recordar minutos, horas e incluso días cruciales del traumático acontecimiento.

Los cambios nerviosos del TEP también parecen hacer a una persona más susceptible a nuevos traumas. Una serie de estudios con animales ha descubierto que cuando estos quedaban expuestos incluso a un estrés *suave* cuando eran jóvenes, en años posteriores eran mucho más vulnerables a los cambios cerebrales inducidos por los traumas que los animales que no padecían estrés (lo que sugiere la urgente necesidad de tratar a los niños que padecen de TEP). Una razón parece ser que, expuesta a la misma catástrofe, una persona desarrolla TEP y otra no: la amígdala está preparada para encontrar el peligro, y cuando la vida vuelve a presentar el peligro real, la alarma se enciende.

Todos estos cambios nerviosos ofrecen ventajas a corto plazo para enfrentarse a las espantosas emergencias que los provocan. Bajo coacción es normal mostrarse sumamente vigilante, excitado, preparado para cualquier cosa, insensible al dolor, con el cuerpo preparado para cualquier esfuerzo físico sostenido y —por el momento— indiferente a lo que de otro modo podrían ser acontecimientos sumamente perturbadores. Sin embargo, estas ventajas a corto plazo pasan a ser problemas duraderos cuando el cerebro cambia de modo tal que se convierten en predisposiciones, como un automóvil que se encuentra permanentemente en cuarta velocidad. Cuando la amígdala y las zonas cerebrales conectadas con ella ocupan un nuevo lugar duran te un momento de trauma intenso, este cambio en la excitabilidad —esta intensificada disposición a activar un asalto nervioso— significa que todo en la vida está a punto de convertirse en emergencia, e incluso un momento inocente puede llegar a provocar un estallido de temor.

Reaprendizaje emocional

Estos recuerdos traumáticos parecen permanecer como accesorios de la función cerebral porque interfieren el subsiguiente aprendizaje, específicamente el reaprendizaje de una respuesta más normal a esos acontecimientos traumatizantes. En el temor adquirido, como el del TEP, los mecanismos de aprendizaje y memoria funcionan mal; una vez más, es la amígdala la que tiene un papel clave entre las zonas del cerebro implicadas. Pero cuando se trata de superar el temor aprendido, la neocorteza es fundamental.

Condicionamiento al temor es la expresión que los psicólogos utilizan para referirse al proceso mediante el cual algo que no es en absoluto amenazante se convierte en algo temido porque queda asociado en la mente con algo atemorizante. Charney señala que cuando estos temores son provocados en animales de laboratorio, pueden durar años.[13] La zona clave del cerebro que aprende, retiene y actúa sobre esta respuesta temerosa es el circuito que existe entre el tálamo, la amígdala y el lóbulo prefrontal, el recorrido del asalto emocional.

Por lo general, cuando alguien aprende a tener miedo de algo a través del condicionamiento al temor, este se apacigua con el tiempo. Esto parece suceder a través de un reaprendizaje natural, ya que el objeto temido es encontrado nuevamente sin que haya algo realmente atemorizante. Así, un niño que adquiere miedo a los perros porque un pastor alemán lo abordó mostrándole los dientes, poco a poco y naturalmente pierde ese miedo si, por ejemplo, se muda y sus nuevos vecinos tienen un pastor cariñoso con el que pasa mucho tiempo jugando.

En el TEP no se produce el reaprendizaje espontáneo. Charney sugiere que esto puede deberse a los cambios cerebrales del TEP, que son tan fuertes que, en efecto, el asalto de la amígdala se produce cada vez que aparece algo evocador del trauma original, que refuerza la vía del temor. Esto significa que nunca existe un momento en que lo temido queda emparejado con un sentimiento de calma: la amígdala nunca reaprende una reacción más suave. "La desaparición" del temor, señala, "parece implicar un proceso activo de aprendizaje" que en sí mismo queda emparejado en las personas que padecen el TEP, "lo que conduce a una persistencia anormal de los recuerdos emocionales".[14]

Pero dadas las experiencias adecuadas, incluso el TEP puede superarse; los intensos recuerdos emocionales y las pautas de pensamiento y reacción que ponen en marcha pueden cambiar con el tiempo. Este reaprendizaje, sugiere Charney, es cortical. El temor original inculcado en la amígdala no desaparece por completo; en todo caso, la corteza prefrontal suprime activamente la orden de la amígdala al resto del cerebro para responder con temor.

"La pregunta es: ¿con qué rapidez se supera el temor adquirido?", interroga Richard Davidson, el psicólogo de la Universidad de Wisconsin que descubrió el papel de la corteza prefrontal izquierda en la disminución de la aflicción. En un experimento de laboratorio durante el que la gente primero adquiría aversión a un ruido intenso —un paradigma del temor adquirido y un paralelo en tono menor del TEP—. Davidson descubrió que la gente que tenía más actividad en la corteza prefrontal izquierda superaba más rápidamente el temor adquirido, lo que indica, una vez más, que la corteza juega un papel en la superación de la aflicción adquirida.[15]

Reeducar el cerebro emocional

Uno de los descubrimientos más alentadores con respecto al TEP surgió de un estudio llevado a cabo con los sobrevivientes del Holocausto, de los que, según quedó demostrado, aproximadamente las tres cuartas partes tenían síntomas activos de TEP, incluso medio siglo más tarde. El descubrimiento positivo fue que una cuarta parte de los sobrevivientes que en otros tiempos habían sufrido tales síntomas ya no los tenían; en cierto modo, los acontecimientos naturales de sus vidas habían contrarrestado el problema. Aquellos que aún tenían síntomas mostraban pruebas de los cambios cerebrales relacionados con las catecolaminas, típicos del TEP, pero los que se habían recuperado no mostraban tales cambios.[16] Este descubrimiento, y otros como este, ofrecen la promesa de que los cambios cerebrales que se producen con el TEP no son indelebles, y que la gente puede recuperarse incluso de las huellas emocionales más horribles, en resumen, que el circuito emocional puede ser reeducado. La buena noticia, entonces, es que traumas tan profundos como los que causan el TEP pueden curarse, y que el camino hacia esa cura es el reaprendizaje.

Una forma en que esta cura emocional parece producirse espontáneamente —al menos en los niños— es a través de juegos como el de Purdy. Estos juegos, desarrollados una y otra vez, dejan que los niños revivan el trauma de una forma segura y lúdica. Esto permite dos vías para la cura; por una parte, el recuerdo se repite en un contexto donde la ansiedad es reducida, desensibilizándolo y permitiendo que se asocien a él un conjunto de respuestas no traumatizadas. Otra vía para la cura es que, en su mente, los niños pueden dar a la tragedia, mágicamente, un resultado mejor: a veces, en el juego de Purdy, los chicos lo matan, aumentando su sentido del dominio por encima de ese traumático momento de impotencia.

Los juegos como el de Purdy son previsibles en los niños pequeños que han soportado ese tipo de violencia abrumadora. Estos juegos macabros en los niños traumatizados fueron analizados por primera vez por la Dra. Lenore Terr, psiquiatra infantil de San Francisco.[17] Encontró juegos de este tipo en niños de Chowchilla, California —a poco más de una hora de distancia bajando desde Stockton hasta Central Valley, donde Purdy causó tantos estragos—, que en 1973 habían sido secuestrados cuando volvían a casa en un transporte escolar después de pasar un día en el campo. Los secuestradores arrastraron el transporte y a los niños en una terrible experiencia que duró veintisiete horas.

Cinco años más tarde, Terr descubrió que el secuestro aún era recreado en los juegos de las víctimas. Las niñas, por ejemplo, jugaban a secuestros simbólicos con sus muñecas Barbie. Una de ellas, que había sentido repugnancia por la orina de otros chicos sobre su piel mientras permanecían acurrucados de terror, lavaba a su Barbie una y otra vez. Otra jugaba a la Barbie Viajera, un juego en el que Barbie viaja a algún sitio —no importa a dónde— y regresa sana y salva, que es el objetivo del juego. El juego favorito de una tercera niña era un escenario en el que la muñeca queda atrapada en un agujero y se asfixia.

Mientras los adultos que han sufrido un trauma abrumador pueden sufrir un entumecimiento psíquico y borrar el recuerdo o la sensación de la catástrofe, la psiquis de los niños suele enfrentarse a ello de otra manera. Es menos frecuente que ellos queden paralizados ante el trauma, señala Terr, porque utilizan la fantasía, juegan y sueñan despiertos para recordar y volver a pensar en la terrible experiencia. Estas recreaciones voluntarias del trauma parecen atajar la necesidad de contenerlas en potentes recuerdos que pueden estallar más tarde en forma de "flashbacks". Si el trauma es poco importante, como ir al dentista para un empaste, sólo una o dos veces pueden ser suficientes. Pero si se trata de algo abrumador, el niño necesita infinidad de repeticiones, volviendo a representar el trauma una y otra vez en un monótono y terrible ritual.

Una forma de lograr que la imagen quede congelada en la amígdala es mediante el arte, que es en sí mismo un medio de comunicación del inconsciente. El cerebro emocional está sumamente sintonizado con significados simbólicos y con lo que Freud llamaba "proceso primario": los mensajes de la metáfora, el relato, el mito, las artes. Esta vía es utilizada a menudo para tratar a niños traumatizados. A veces el arte puede abrir el camino para que los niños hablen de un momento de horror del que, de otro modo, no se atreverían a hablar.

Spencer Eth, el psiquiatra infantil de Los Angeles que se especializa en el tratamiento de esta clase de niños, comenta el caso de un niño de cinco años que había sido raptado con su madre por el ex amante de esta. El hombre los llevó a la habitación de un motel, donde ordenó al niño que se ocultara debajo de una manta mientras él golpeaba a la madre hasta matarla. Como es comprensible, el niño se mostró reacio a hablar con Eth de la mutilación criminal que había visto y oído mientras se encontraba debajo de la manta. De modo que Eth le pidió que dibujara algo... cualquier cosa.

Eth recuerda que el niño dibujó un piloto de coches de carrera que tenía unos ojos increíblemente grandes. Eth interpretó los enormes ojos como una referencia al desafío del niño al espiar al asesino. Estas referencias ocultas a la escena traumática casi siempre aparecen en las expresiones artísticas de los niños traumatizados; al intentar que dibujen los niños que tienen problemas de esa clase, Eth ha logrado una estratagema de apertura en la terapia. Los poderosos recuerdos que los preocupan se deslizan en su arte así como en sus pensamientos. Más allá de eso, el acto de dibujar es en sí mismo terapéutico, e inicia el proceso de dominar el trauma.

Reaprendizaje emocional y recuperación del trauma

Irene había acudido a una cita que acabó en un intento de violación. Aunque había rechazado al agresor, este siguió acosándola: la atormentaba con obscenas llamadas telefónicas, le hacía amenazas de violencia, la llamaba en mitad de la noche, la acechaba y vigilaba cada uno de sus movimientos. Una vez llamó a la policía para pedir ayuda pero su problema fue considerado algo poco importante, ya que "no había ocurrido nada, realmente". En el momento en que recurrió a la terapia, Irene tenía síntomas de TEP, había abandonado toda socialización y se sentía como una prisionera en su propia casa.

El caso de Irene aparece citado por la Dra. Judith Lewis Herman, psiquiatra de Harvard cuyo innovador trabajo describe los pasos para la recuperación del trauma. Herman diferencia tres etapas: adquirir una sensación de seguridad, recordar los detalles del trauma y lamentar la pérdida que ha provocado, y finalmente volver a hacer una vida normal. Como veremos, en el ordenamiento de estos pasos existe una lógica biológica: esta secuencia parece reflejar la forma en que el cerebro emocional aprende una vez más que la vida no tiene por qué ser considerada como una emergencia que está a punto de producirse.

El primer paso, recuperar una sensación de seguridad, supuestamente implica encontrar formas de aliviar los circuitos emocionales que ocasionan demasiado temor y que se activan con demasiada facilidad para permitir un reaprendizaje.[18] A menudo esto comienza ayudando a los pacientes a comprender que su nerviosismo y sus pesadillas, la hipervigilancia y el pánico, son parte de los síntomas del TEP. Esta comprensión hace que los síntomas mismos sean menos atemorizantes.

Otro paso inicial consiste en ayudar a los pacientes a recuperar cierto sentido del control sobre lo que les está ocurriendo, un desaprendizaje directo de la lección de impotencia que el trauma mismo impartió. Irene, por ejemplo, movilizó a sus amigos y a su familia para formar un paragolpes entre su perseguidor y ella, y fue capaz de conseguir que la policía interviniera.

El sentido en el que los pacientes de TEP se sienten "inseguros" va más allá de los temores que los acosan; su inseguridad comienza más íntimamente, en la sensación de que no tienen control sobre lo que les está ocurriendo a su cuerpo y a sus emociones. Esto es comprensible, dado el gatillo que crea el TEP para el asalto emocional al hipersensibilizar el circuito de la amígdala.

La medicación ofrece una forma de restaurar en los pacientes la noción de que no tienen por qué estar a merced de las alarmas emocionales que los invaden con ansiedad inexplicable, que les impide conciliar el sueño, o que salpica sus sueños con pesadillas. Los farmacólogos esperan que llegue el día en que se elaboren medicamentos que ataquen precisamente los efectos del TEP en la amígdala y los circuitos neurotransmisores conectados a esta. Por ahora, sin embargo, existen medicamentos que contraatacan sólo algunos de estos cambios, sobre todo los antidepresivos que actúan sobre el sistema de la serotonina, y los betabloqueadores como el propanolol, que bloquea la activación del sistema nervioso simpático. Los pacientes también pueden aprender técnicas de relajación que les proporcionen la capacidad de contraatacar su alteración y nerviosismo. Una calma psicológica abre una ventana para ayudar al torturado circuito emocional a descubrir nuevamente que la vida no es una amenaza, y para devolver a los pacientes parte de la sensación de seguridad que tenían antes de que sucediera el trauma.

Otro paso en la curación implica el hecho de volver a narrar y reconstruir la historia del trauma al amparo de esa seguridad, permitiendo al circuito emocional adquirir una comprensión nueva y más realista y una respuesta al recuerdo traumático y sus elementos activadores. Mientras los pacientes vuelven a narrar los horrendos detalles del trauma, el recuerdo empieza a quedar transformado, tanto en su significado emocional como en sus efectos sobre el cerebro emocional. El ritmo de esta nueva narración es delicado; idealmente imita el ritmo que se produce naturalmente en aquellas personas capaces de recuperarse del trauma sin sufrir TEP. En estos casos a menudo parece existir un reloj interno que "dosifica" a las personas con recuerdos que reviven el trauma, intercalados con semanas o meses en los que apenas recuerdan algo de los horribles acontecimientos.[19]

Esta alternancia de reinmersión y respiro parece permitir una revisión espontánea del trauma y un reaprendizaje de la respuesta emocional al mismo. Para aquellas personas cuyo TEP es más intratable, afirma Herman, volver a narrar el acontecimiento puede a veces activar temores abrumadores, en cuyo caso el terapeuta debería aminorar el ritmo para mantener las reacciones del paciente dentro de una gama tolerable que no interrumpa el reaprendizaje.

El terapeuta alienta al paciente a volver a relatar los acontecimientos traumáticos lo más vívidamente posible, como un vídeo de terror, recuperando hasta el más sórdido detalle. Esto incluye no sólo los datos concretos de lo que vieron, oyeron, olieron y tocaron, sino también sus reacciones: el espanto, el disgusto, la náusea. Aquí el objetivo consiste en expresar en palabras el recuerdo completo, lo que significa capturar partes del mismo que pueden haber quedado disociadas y por lo tanto ausentes de la evocación consciente. Expresando con palabras los detalles sensoriales y los sentimientos, los recuerdos están supuestamente más controlados por la neocorteza, donde las reacciones que provocan pueden ser más comprensibles y más manejables. El reaprendizaje emocional es en este punto realizado, en gran medida, al revivir los acontecimientos y sus emociones, pero esta vez en un entorno de seguridad, en compañía de un terapeuta confiable. Esto empieza a inculcar una lección reveladora para el circuito emocional: en lugar de provocar un terror incesante, esa seguridad puede ser experimentada en conjunto con los recuerdos del trauma.

El niño de cinco años que hizo el dibujo del hombre con los ojos enormes después de presenciar el espantoso asesinato de su madre no hizo ningún otro dibujo después de aquel; en lugar de eso, él y su terapeuta, Spencer Eth, desarrollaron diversos juegos creando un vínculo que favoreció la compenetración. Lentamente el niño empezó a relatar el asesinato, al principio de una forma estereotipada, recitando cada detalle exactamente de la misma forma en cada ocasión. Sin embargo, poco a poco su narración se hizo cada vez más abierta y fluida y el cuerpo del niño se mostró menos tenso. Al mismo tiempo, sus pesadillas sobre la escena se producían cada vez con menor frecuencia lo que, según Eth, indica cierto "dominio del trauma". Poco a poco la conversación entre ambos pasó de los temores provocados por el trauma a lo que le ocurría al niño en su vida diaria mientras se adaptaba a un nuevo hogar junto a su padre. Y finalmente, el niño fue capaz de hablar de su vida diaria mientras el trauma se desvanecía.

Finalmente, Herman descubrió que los pacientes necesitan lamentar la pérdida que el trauma ha ocasionado, ya sea una herida, la muerte de un ser amado o la ruptura de una relación, lamentar los pasos no dados para salvar a alguien o el haber defraudado la confianza de otras personas. El duelo que se produce al relatar esos acontecimientos dolorosos sirve a un propósito fundamental: señala la habilidad de despojarse del trauma mismo hasta cierto punto. Eso significa que en lugar de quedar permanentemente atrapado por aquel momento del pasado, el paciente puede empezar a mirar el futuro, incluso a abrigar esperanzas y a construir una nueva vida libre del dominio del trauma. Es como si el constante reciclaje y evocación del terror del trauma por parte del circuito emocional fuera un hechizo que finalmente puede quedar roto. Una sirena no necesariamente provocará un ataque de temor; un sonido en medio de la noche no necesariamente provocará un destello de terror.

Los efectos secundarios o las repeticiones ocasionales de los síntomas suelen persistir, señala Herman, pero hay señales específicas de que el trauma ha sido en gran medida superado. Estas señales incluyen la reducción de los síntomas fisiológicos a un nivel aceptable, y el ser capaz de soportar los sentimientos asociados con los recuerdos del trauma. Resulta especialmente significativo el hecho de que ya no surjan recuerdos del trauma en momentos de descontrol, sino, en todo caso, ser capaz de evocarlos voluntariamente, como cualquier otro recuerdo; y, tal vez lo más importante, dejarlos de lado como cualquier otro recuerdo. Finalmente, eso significa construir una nueva vida con relaciones sólidas y confiables y un sistema de creencias que encuentre significado incluso en un mundo en el que la injusticia puede tener lugar.[20] Todos estos elementos son señales de éxito en la reeducación del cerebro emocional.

La psicoterapia como tutor emocional

Afortunadamente, los catastróficos momentos en los que los recuerdos traumáticos quedan realzados son poco frecuentes en el curso de la vida de la mayoría de nosotros. Pero el mismo circuito que puede dejar recuerdos traumáticos tan indeleblemente impresos también opera, supuestamente, en los momentos más serenos de la vida. Los tormentos más corrientes de la infancia, como ser constantemente pasado por alto o privado de atención o ternura por los padres, el abandono o la pérdida, o el rechazo social pueden no alcanzar nunca el grado de trauma, pero sin duda dejan su huella en el cerebro emocional, creando distorsiones —y lágrimas y rabia— en las relaciones íntimas de la vida adulta. Si el TEP puede curarse, también pueden curarse las cicatrices emocionales más sordas que muchos de nosotros soportamos; esa es la tarea de la psicoterapia. Y, en general, es al aprender a enfrentarnos con habilidad a estas reacciones significativas cuando la inteligencia emocional entra en acción.

La dinámica existente entre la amígdala y las reacciones más plenamente informadas de la corteza prefrontal puede ofrecer un modelo neuroanatómico de cómo la psicoterapia vuelve a modelar pautas emocionales profundas e incapaces de adaptación. Como plantea Joseph LeDoux, el neurólogo que descubrió el papel activador de la amígdala en los estallidos emocionales: "Una vez que el sistema emocional aprende algo, parece que nunca se olvidará. Lo que hace la terapia es enseñar a controlarlo; enseña a la neocorteza a inhibir la amígdala. La tendencia a actuar queda suprimida, mientras la emoción básica con respecto a ella queda contenida".

Dada la arquitectura cerebral que subyace al reaprendizaje emocional, lo que parece permanecer, incluso después de una psicoterapia positiva, es una reacción rudimentaria, un residuo de la sensibilidad o el miedo originales que se encuentran en la raíz de una pauta emocional conflictiva.[21] La corteza prefrontal puede perfeccionar o poner frenos al impulso de la amígdala a reaccionar violentamente, pero no puede evitar la primera reacción. Así, mientras no podemos decidir cuándo tenemos nuestros estallidos emocionales, tenemos más control sobre el tiempo que duran. Una recuperación más rápida de estos estallidos puede muy bien ser una señal de madurez emocional.

En el curso de la terapia, lo que parece cambiar, en general, son las *respuestas* que la gente ofrece una vez que se ha activado una reacción emocional; pero la tendencia de la reacción a quedar activada no desaparece por completo. La prueba de esto surge de una serie de estudios de psicoterapia dirigidos por Lester Luborsky y sus colegas en la Universidad de Pensilvania.[22] Analizaron los principales conflictos de relación que llevaban a docenas de pacientes a recurrir a la psicoterapia: temas tales como un profundo anhelo de ser aceptados o de encontrar intimidad, o el temor a fracasar o a ser excesivamente dependientes. Luego analizaron cuidadosamente las respuestas típicas (siempre contraproducentes) que los pacientes mostraban cuando estos deseos y temores quedaban activados en sus relaciones: respuestas tales como ser demasiado exigentes, que creaban una reacción de ira o frialdad en la otra persona, o aislamiento como autodefensa ante un posible desaire, dejando a la otra persona ofendida por el aparente rechazo. Durante estos encuentros desafortunados, los pacientes —como es comprensible— se sentían invadidos por sentimientos perturbadores: impotencia y tristeza, resentimiento e ira, tensión y temor, culpabilidad y autocensura, etcétera, etcétera. Sea cual fuere la pauta específica del paciente, parecía surgir en casi toda relación importante, ya sea con una esposa o un amante, un hijo o un padre, o compañeros y jefes en el trabajo.

En el curso de una terapia a largo plazo, sin embargo, estos pacientes mostraron dos clases de cambio: su reacción emocional a los acontecimientos disparadores se volvió menos perturbadora, incluso llegaron a parecer serenos o pensativos, y sus respuestas abiertas se volvieron más eficaces para conseguir lo que realmente querían de la relación. Sin embargo, lo que no cambió fue su deseo o su temor subyacente, y el arrebato inicial de sentimiento. Cuando a los pacientes sólo les quedaban algunas sesiones de terapia, los encuentros de los que hablaban mostraron que sólo tenían la mitad de reacciones emocionales negativas en comparación con el momento en que habían iniciado la terapia, y tenían dos veces más probabilidades de obtener de la otra persona la respuesta positiva que tanto deseaban. Pero lo que no cambió en absoluto fue la especial sensibilidad que se encontraba en la base de estas necesidades.

Con respecto al cerebro, podemos especular que el circuito límbico enviaría señales de alarma en respuesta a indicios de un acontecimiento temido, pero la corteza prefrontal y las zonas relacionadas con esta habrían aprendido una respuesta nueva y más saludable. En resumen, las lecciones emocionales —incluso los hábitos más profundamente arraigados, aprendidos en la infancia— pueden ser remodeladas. El aprendizaje emocional dura toda la vida.

14

El temperamento no es el destino

Hasta aquí hemos hablado de la modificación de pautas emocionales que han sido aprendidas. ¿Pero qué decir de aquellas respuestas que pertenecen a nuestra herencia genética? ¿Qué decir de las cambiantes reacciones habituales de personas que, por naturaleza, son sumamente volubles, o terriblemente tímidas? Esta variedad emocional cae dentro de la gama del temperamento, el murmullo de fondo de los sentimientos que marcan nuestra disposición básica. El temperamento puede ser definido en función del humor que tipifica nuestra vida emocional. En cierta medida, cada uno de nosotros posee una amplia gama emocional; el temperamento nos es dado en el nacimiento, forma parte de la lotería genética que tiene una fuerza apremiante en el desarrollo de la vida. Cualquier padre lo ha visto: desde el nacimiento un niño será sereno y plácido o irritable y difícil. La pregunta es si esa estructura emocional determinada biológicamente puede ser modificada por la experiencia. ¿Acaso nuestra biología determina nuestro destino emocional, o un niño tímido por naturaleza puede convertirse en un adulto más seguro de sí mismo?

La respuesta más clara a esta pregunta surge del trabajo de Jerome Kagan, el eminente psicólogo experimental de la Universidad de Harvard.[1] Kagan plantea que hay al menos cuatro tipos temperamentales —tímido, audaz, optimista y melancólico— y que cada uno se debe a una pauta diferente de actividad cerebral. Existen probablemente innumerables diferencias en las dotes temperamentales, cada una basada en diferencias innatas del circuito emocional; las personas pueden diferenciarse por la forma en que sus emociones se disparan, cuánto duran, lo intensas que se vuelven. La obra de Kagan se concentra en una de estas pautas: la dimensión del temperamento que va desde la audacia a la timidez.

Durante décadas las madres han estado llevando a sus hijos pequeños al laboratorio para el desarrollo infantil de Kagan en el piso catorce del William James Hall, de Harvard, para que participen en los estudios de aquel sobre el desarrollo infantil. Fue allí donde Kagan y sus coinvestigadores percibieron los primeros signos de timidez en un grupo de niños de veintiún meses, que daban sus primeros pasos. Cuando jugaban libremente con otros niños de su edad, algunos eran revoltosos y espontáneos y jugaban con otros bebés sin la menor vacilación. Otros, sin embargo, eran inseguros y vacilantes, se mostraban retraídos, se aferraban a su madre y observaban en silencio cómo jugaban los demás. Casi cuatro años más tarde, cuando estos mismos niños asistían al jardín de infantes, el grupo de Kagan volvió a observarlos. En los años transcurridos, ninguno de los niños sociables se había vuelto tímido, mientras dos tercios de los tímidos seguían siendo reticentes.

Kagan descubre que los niños que son sumamente sensibles y temerosos se convierten en adultos tímidos y timoratos; a partir del nacimiento, aproximadamente del 15 al 20% de los niños son "conductualmente inhibidos", como él los llama. De bebés, estos niños son tímidos ante cualquier cosa que les resulte poco conocida. Esto los hace melindrosos con respecto a las comidas nuevas, reacios a acercarse a animales o lugares nuevos, y tímidos con los desconocidos. También los vuelve sensibles en otros sentidos, por ejemplo, proclives a los sentimientos de culpabilidad y a hacerse reproches. Son los niños que se sienten paralizados por la angustia en situaciones sociales: en clase y en el patio de juegos, cuando se trata de conocer gente nueva, cada vez que se convierten en blanco de las miradas. De adultos suelen quedarse sin bailar en las fiestas y sienten un miedo morboso si deben hablar o actuar en público.

Tom, uno de los niños del estudio de Kagan, es el caso típico del niño tímido. En cada medición durante su infancia —a los dos, los cinco y los siete años— Tom quedaba incluido entre los chicos más tímidos. Cuando fue entrevistado a los trece años, Tom era tenso y rígido, y se mordía el labio, se frotaba las manos, mostraba una expresión impasible y esbozaba una tensa sonrisa sólo cuando hablaba de su novia; sus respuestas eran breves y sus modales sumisos.[2] Desde mediados de la infancia hasta aproximadamente los once años, Tom recuerda haber sido terriblemente tímido, transpirar copiosamente cada vez que tenía que acercarse a sus compañeros. También se sentía atormentado por intensos temores: que su casa se incendiara, de zambullirse en una piscina, de estar solo en la oscuridad. En frecuentes pesadillas era atacado por monstruos. Aunque se ha sentido menos tímido en los dos últimos años, aproximadamente, aún siente cierta ansiedad con respecto a otros chicos, y sus preocupaciones se centran ahora en desempeñarse bien en la escuela, a pesar de estar entre los primeros de su clase. Tom, que es hijo de un científico, considera que una carrera en ese campo es atractiva, ya que la relativa soledad de esta se adaptaría a su tendencia a la introversión.

En contraste, Ralph era uno de los chicos más atrevidos y sociables en cada etapa. Siempre relajado y conversador, a los trece años se sentaba cómodamente en su silla, sus modales no eran nerviosos, y hablaba en un tono confiado y cordial, como si el entrevistador fuera un par suyo, aunque entre ambos había una diferencia de veinticinco años. En la infancia sólo tuvo dos temores que duraron poco: a los perros, después de que uno enorme le saltara encima cuando tenía tres años, y a volar, después de haber oído a los siete años noticias sobre aviones estrellados. Sociable y popular, Ralph jamás se había considerado tímido.

Los niños tímidos parecen llegar a la vida con un circuito nervioso que los hace más sensibles incluso a la tensión más suave: desde el nacimiento, su corazón late más rápido que el de otros niños en respuesta a situaciones extrañas o nuevas. A los veintiún meses, cuando los reticentes bebés se apartaban del juego, los monitores del ritmo cardíaco mostraban que sus latidos se aceleraban a causa de la ansiedad. Esa ansiedad fácilmente provocada parece subyacer a su permanente timidez: tratan a cualquier persona o situación como si fueran una amenaza en potencia. Tal vez como resultado, las mujeres de edad mediana que recuerdan haber sido especialmente tímidas en la infancia, cuando se comparan con sus iguales más sociales, tienden a pasar por la vida con más temores, preocupaciones y sentimientos de culpabilidad, y a sufrir más problemas relacionados con el estrés, como migrañas, intestino irritable y otros problemas estomacales.[3]

La neuroquímica de la timidez

La diferencia entre el cauteloso Tom y el atrevido Ralph, opina Kagan, reside en la excitabilidad de un circuito nervioso centrado en la amígdala. Kagan propone que las personas como Tom, propensas al temor, nacen con una neuroquímica que hace que este circuito quede fácilmente excitado, y por eso evitan lo desconocido, se alejan de la incertidumbre y padecen ansiedad. Aquellos que, como Ralph, tienen un sistema nervioso calibrado con un umbral mucho más alto para la excitación de la amígdala, se atemorizan con menor facilidad, son naturalmente más sociables y sienten más deseos de explorar nuevos lugares y conocer gente nueva.

Una clave temprana de qué pauta es la que ha heredado un niño es lo difícil e irritable que se muestra de pequeño, y lo perturbado que queda al enfrentarse a algo o a alguien desconocido. Mientras uno de cada cinco niños caen dentro de la categoría de tímidos, aproximadamente dos de cada cinco muestran un temperamento atrevido... al menos al nacer.

Parte de la evidencia de Kagan surge de las observaciones con gatos inusualmente tímidos. Aproximadamente uno de cada siete gatos domésticos muestran una pauta de temor relacionada con la de los niños tímidos: se apartan de lo novedoso (en lugar de exhibir la legendaria curiosidad del gato), se muestran reacios a explorar nuevos territorios y atacan sólo a los roedores más pequeños, ya que son demasiado tímidos para ocuparse de los más grandes, a los que sus pares felinos más valientes perseguirían con placer. Las pruebas directas en el cerebro han demostrado que las porciones de la amígdala son inusualmente excitables en estos gatos tímidos, sobre todo cuando, por ejemplo, oyen un maullido amenazador de otro gato.

Los estallidos de timidez de un gato se producen aproximadamente al mes de edad, que es el momento en que la amígdala madura lo suficiente para controlar el circuito cerebral de acercamiento o huida. Un mes en la maduración cerebral del cachorro es semejante a ocho meses de un bebé humano; es a los ocho o nueve meses, señala Kagan, cuando el temor a lo "desconocido" aparece en los bebés; si la madre del bebé sale de la habitación y hay un desconocido presente, el resultado es el llanto. Los niños tímidos, propone Kagan, pueden haber heredado niveles crónicamente elevados de norepinefrina u otras sustancias químicas cerebrales que activan la amígdala y así crean un umbral lento de excitabilidad, haciendo que la amígdala resulte activada más fácilmente.

Una señal de esta sensibilidad elevada es que, por ejemplo, cuando los hombres y mujeres jóvenes que fueron bastante tímidos en la infancia son medidos en un laboratorio mientras quedan expuestos a tensiones tales como olores desagradables, su ritmo cardíaco permanece elevado mucho más tiempo que en el caso de sus pares más sociables: una señal de que la norepinefrina mantiene la amígdala excitada, lo mismo que su sistema nervioso simpático, a través de circuitos nerviosos conectados.[4] Kagan considera que los niños tímidos tienen niveles más elevados de sensibilidad en la gama de índices del sistema nervioso simpático, desde una presión sanguínea más elevada en reposo y una mayor dilatación de las pupilas, hasta niveles más elevados de norepinefrina en su orina.

El silencio es otro barómetro de la timidez. Cada vez que el equipo de Kagan observó a niños tímidos y atrevidos en un entorno natural —en sus clases de jardín de infantes, con otros niños a los que no conocían, o hablando con un entrevistador— los niños tímidos hablaban menos. Un niño tímido de esa edad no decía nada cuando otros pequeños le hablaban, y pasaba la mayor parte del día viendo jugar a los demás. Kagan supone que un silencio tímido ante algo nuevo o una amenaza percibida es una señal de la actividad de un circuito nervioso que se produce entre el cerebro anterior, la amígdala y las estructuras límbicas próximas que controlan la capacidad de localizar (estos mismos circuitos nos hacen "bloquearnos" ante la tensión).

Estos niños sensibles corren un gran riesgo de desarrollar algún trastorno de ansiedad como un ataque de pánico, ya en sexto o séptimo grado. En un estudio de 754 niños y niñas que cursaban esos grados, se descubrió que 44 de ellos ya habían sufrido al menos un episodio de pánico, o habían tenido diversos síntomas preliminares. Estos episodios de ansiedad quedaban habitualmente activados por las alarmas corrientes del comienzo de la adolescencia, como una primera cita o un examen importante, alarmas que la mayoría de los niños enfrentan sin desarrollar problemas más graves. Pero los adolescentes que eran tímidos por temperamento y que se habían sentido inusualmente atemorizados por situaciones nuevas presentaban síntomas de pánico tales como palpitaciones, dificultad de respiración o una sensación de ahogo, junto con la impresión de que algo horrible iba a ocurrirles, como volverse locos o morir. Los investigadores creen que mientras los episodios no eran lo suficientemente significativos para alcanzar el diagnóstico psiquiátrico de "pánico", señalan que esos adolescentes correrían un riesgo mayor de desarrollar el trastorno con el paso de los años; muchos adultos que sufren ataques de pánico dicen que estos comenzaron durante la adolescencia.[5]

El inicio de los ataques de ansiedad estaba estrechamente ligado a la pubertad. Las niñas con menos señales de pubertad no presentaban ataques de ese tipo, pero de aquellas que habían pasado por la pubertad, aproximadamente el ocho por ciento decía que había experimentado episodios de pánico. Cuando han tenido un ataque de ese tipo, son propensas a desarrollar el miedo a una repetición que hace que la gente que siente pánico se muestre retraída.

Nada me molesta: el temperamento alegre

En la década del veinte, cuando era joven, mi tía June abandonó su hogar en Kansas City y se marchó sola a Shanghai: un viaje peligroso para una mujer sola en aquellos tiempos. Allí, June conoció a un detective británico de la fuerza de policía colonial de ese centro internacional de comercio e intriga, y se casó con él. Cuando los japoneses tomaron Shanghai al principio de la segunda guerra mundial, mi tía y su esposo quedaron internados en el campo de prisioneros que aparece descrito en el libro y la película titulados *El imperio del sol*. Después de sobrevivir a cinco horrendos años en el campo de prisioneros, ella y su esposo literalmente lo habían perdido todo. Sin dinero, fueron repatriados a la Columbia Británica.

Recuerdo haber visto por primera vez a June de niño, era una mujer de edad, entusiasta, cuya vida había seguido un rumbo notable. En los últimos años de su vida sufrió un ataque que la dejó parcialmente paralizada; después de una lenta y ardua recuperación logró volver a caminar, aunque con una leve cojera. Recuerdo que en aquellos años salí a pasear con June, que entonces rondaba los setenta años. Por alguna razón ella se alejó y unos minutos después oí un débil quejido... June pedía ayuda. Se había caído y no podía levantarse sola. Corrí a ayudarla y, mientras lo hacía, en lugar de quejarse o lamentarse ella se echó a reír de la difícil situación. Su único comentario fue un alegre: "Bueno, al menos puedo volver a caminar".

Por naturaleza, las emociones de algunas personas —como las de mi tía— parecen gravitar hacia el polo positivo; estas personas son naturalmente optimistas y tolerantes, mientras otras son severas y melancólicas. Esta dimensión del temperamento —el entusiasmo en un extremo y la melancolía en el otro— parece relacionada a la relativa actividad de las áreas prefrontales derecha e izquierda, los polos superiores del cerebro emocional. Esa comprensión ha surgido en gran medida del trabajo de Richard Davidson, un psicólogo de la Universidad de Wisconsin. Davidson descubrió que las personas que tienen una actividad mayor en el lóbulo frontal izquierdo, comparada con el derecho, son de temperamento alegre; les encantan las personas y lo que la vida les depara y se reponen de los contratiempos igual que mi tía June. Pero aquellas que desarrollan una actividad relativamente mayor con el costado derecho son propensas a la negatividad y al mal humor, y quedan fácilmente desconcertadas por las dificultades de la vida; en cierto sentido, parecen sufrir porque no pueden deshacerse de sus preocupaciones y depresiones.

En uno de los experimentos de Davidson, voluntarios con actividad más pronunciada en la zona frontal izquierda fueron comparados con los quince que mostraban mayor actividad en la derecha. Aquellos que tenían una marcada actividad en la zona frontal derecha mostraban una pauta definida de negatividad en un test de personalidad: encajaban en la caricatura representada en los papeles de comedia de Woody Allen, el alarmista que ve catástrofes en las cosas más insignificantes, propensos a la cobardía y la melancolía y suspicaces respecto a un mundo que consideraban cargado de abrumadoras dificultades y acechantes peligros. Como contraste a su contrapartida melancólica, aquellos que tenían una actividad frontal izquierda más intensa veían el mundo de una forma muy distinta. Sociables y alegres, experimentaban una sensación de deleite, a menudo estaban de buen humor, tenían una marcada seguridad en ellos mismos y se sentían gratificados por la vida. Sus puntuaciones en las pruebas psicológicas indicaban un riesgo menor de depresión y de otros trastornos emocionales.[6]

Las personas que tienen una historia de depresión clínica, dedujo Davidson, tenían menores niveles de actividad cerebral en el lóbulo frontal izquierdo, y más en el derecho, que las personas que nunca habían estado deprimidas. Encontró la misma pauta en pacientes a los que se acababa de diagnosticar una depresión. Davidson opina que las personas que superan la depresión han aprendido a aumentar el nivel de actividad en su lóbulo prefrontal izquierdo, especulación que aguarda la comprobación experimental.

Aunque su investigación se centra en el 30% aproximadamente de personas que se encuentran en los extremos, prácticamente cualquiera puede ser clasificado por sus pautas de ondas cerebrales tendientes a uno u otro tipo, afirma Davidson. El contraste de temperamento entre el taciturno y el alegre se manifiesta de diversas maneras. Por ejemplo, en un experimento los voluntarios observaron breves filmaciones. Algunas eran divertidas, como un gorila bañándose o un cachorro jugando. Otras, como una película instructiva para enfermeras, en la que se veían espantosos detalles de cirugía, resultaban bastante perturbadoras. Los individuos melancólicos que demostraban una mayor actividad en el hemisferio derecho consideraron que las películas alegres sólo eran levemente divertidas, pero sintieron un temor y un disgusto extremos ante la escena de sangre en el quirófano. El grupo alegre mostró una reacción mínima ante la escena en el quirófano; sus reacciones más fuertes fueron de deleite al ver las películas alegres.

Así, parecemos por temperamento preparados para responder en la vida en un registro emocional negativo o positivo. La tendencia a la melancolía o al temperamento optimista —así como hacia la timidez o la audacia— surge durante el primer año de vida, un hecho que sugiere con claridad que esto también está determinado genéticamente. Al igual que la mayor parte del cerebro, los lóbulos frontales aún están madurando en los primeros meses de vida, y así su actividad no puede ser medida de una manera confiable hasta aproximadamente los diez meses. Pero en bebés tan pequeños Davidson descubrió que el nivel de actividad de los lóbulos frontales pronosticaba si llorarían cuando su madre abandonara la habitación. La correlación era prácticamente del cien por ciento: de docenas de niños estudiados de esta forma, cada uno de los que lloraba mostraba una mayor actividad cerebral en el costado derecho, mientras aquellos que no lo hacían mostraban una mayor actividad en el izquierdo.

Sin embargo, aun cuando esta dimensión básica del temperamento queda establecida desde el nacimiento, o muy cerca de ese momento, los que tenemos una pauta melancólica no estamos necesariamente destinados a vivir malhumorados y con melancolía. Las lecciones emocionales de la infancia pueden tener un impacto profundo sobre el temperamento, ya sea ampliando o amortiguando una predisposición innata. La gran plasticidad del cerebro durante la infancia significa que las experiencias vividas durante esos años pueden ejercer un impacto duradero en la creación de sendas nerviosas para el resto de la vida. Tal vez la mejor ilustración de los tipos de experiencia que pueden alterar el temperamento para bien es una observación que surgió de la investigación de Kagan con niños tímidos.

La doma de la amígdala demasiado excitable

La alentadora novedad del estudio de Kagan es que no todos los niños temerosos crecen mostrándose retraídos: el temperamento no es el destino. Con las experiencias adecuadas, la amígdala demasiado excitable puede ser domada. Lo que marca la diferencia son las lecciones emocionales y las respuestas que los niños aprenden a medida que crecen. En el caso del niño tímido, lo que importa al principio es la forma en que es tratado por sus padres y, en consecuencia, cómo aprenden a enfrentarse a su timidez natural. Los padres que crean graduales experiencias alentadoras para sus hijos les ofrecen lo que puede ser una solución para toda la vida a su actitud temerosa.

Aproximadamente uno de cada tres niños que nacen con todas las señales de una amígdala demasiado excitable han perdido la timidez al llegar a la edad del jardín de infantes.[7] A partir de observaciones de estos niños en otros tiempos temerosos realizadas en su hogar, queda claro que los padres, y sobre todo las madres, juegan un papel importante a la hora de decidir si un niño tímido por naturaleza se vuelve más atrevido con el tiempo o sigue mostrándose tímido ante las cosas nuevas y se siente perturbado por el desafío. El equipo de investigación de Kagan descubrió que algunas madres se ceñían a la filosofía de que debían proteger a sus tímidos bebés de cualquier cosa que los perturbara; otras consideraban que era más importante ayudar a su hijo tímido a enfrentarse a esos momentos perturbadores, y así adaptarlo a las pequeñas luchas de la vida. La convicción protectora parece haber estimulado la actitud temerosa, probablemente al privar a los pequeños de la oportunidad de aprender a vencer sus temores. La filosofía de la educación según la cual "aprender es adaptarse" parece haber ayudado a los niños temerosos a ser más valientes.

Las observaciones en el hogar cuando los bebés tenían aproximadamente seis meses de edad señalaron que las madres protectoras, en un intento por consolar a sus bebés, los alzaban y abrazaban cuando estaban asustados o lloraban, y lo hacían durante más tiempo que aquellas madres que intentaban ayudar a sus hijos a controlar esos momentos de perturbación. La proporción de veces en que los niños eran alzados cuando estaban tranquilos y cuando estaban afligidos mostró que las madres protectoras alzaban a los bebés durante mucho más tiempo en los momentos de aflicción que en los de calma.

Otra diferencia surgió cuando los niños tenían aproximadamente un año de edad: las madres protectoras eran más indulgentes e indirectas para poner límites a sus bebés cuando estos hacían algo que podía ser perjudicial, como llevarse a la boca un objeto que pudieran tragarse. En contraste, las otras madres eran enfáticas, ponían límites firmes y daban órdenes claras, obstaculizando la acción del niño e insistiendo en que obedeciera.

¿Por qué la firmeza conduciría a una disminución del temor? Kagan opina que hay algo aprendido en el hecho de que el decidido gateo de un bebé hacia lo que a él le parece un objeto atractivo (pero que para su madre es peligroso) quede interrumpido por la advertencia de su madre, que le dice: "¡Sal de ahí!". El pequeño se ve repentinamente obligado a enfrentarse a una leve incertidumbre. La repetición de este desafío cientos y cientos de veces durante el primer año de vida proporciona al bebé continuos ensayos, en pequeñas dosis, de lo que será encontrar lo inesperado en la vida. En el caso de los niños temerosos, ese es exactamente tipo de situación que deben dominar, y las dosis aceptables son adecuadas para aprender la lección. Cuando la situación tiene lugar con padres que, aunque afectuosos, no corren a alzar y tranquilizar al bebé ante la más mínima aflicción, este aprende poco a poco a dominar esos momentos por su cuenta. A los dos años, cuando estos niños anteriormente temerosos vuelven al laboratorio de Kagan, tienen muchas menos probabilidades de echarse a llorar cuando un desconocido los mira torvamente, o cuando un experimentador les pone en el brazo un tensiómetro.

Kagan llega a la siguiente conclusión: "Parece que las madres que protegen a sus hijos demasiado reactivos de la frustración y la ansiedad con la esperanza de lograr un resultado benévolo, parecen exacerbar la incertidumbre del niño y provocar el efecto opuesto".[8] En otras palabras, la estrategia protectora logra el efecto contrario al privar a los niños tímidos de toda oportunidad de aprender a calmarse solos ante lo desconocido, y así lograr cierto dominio de sus temores. En el nivel neurológico, supuestamente, esto significa que sus circuitos prefrontales perdieron la oportunidad de aprender respuestas alternativas al temor reflejo; en cambio, su tendencia al temor desenfrenado puede haber quedado reforzada simplemente mediante la repetición.

En contraste, como me dijo Kagan, "Esos niños que se habían vuelto menos tímidos gracias al jardín de infantes, seguramente habían tenido padres que ejercían sobre ellos una leve presión para que fueran más sociables. Aunque este rasgo temperamental parece ligeramente más resistente que otros al cambio —probablemente por su base fisiológica— ninguna cualidad humana es inmodificable".

A lo largo de la infancia, algunos niños tímidos se vuelven más audaces a medida que la experiencia continúa moldeando el circuito nervioso clave. Una de las señales de que un niño tímido tendrá más probabilidades de vencer esta inhibición natural es que tenga un nivel más elevado de competencia social: ser colaborador y llevarse bien con otros chicos; ser empático, proclive a dar y compartir, y considerado; y ser capaz de desarrollar amistades íntimas. Estos rasgos marcaron un grupo de niños identificado primero como niños de temperamento tímido a los cuatro años, que se libraron de esta característica al llegar a los diez.[9]

En contraste, esos niños tímidos de cuatro años cuyo temperamento cambió poco en esos mismos seis años tendían a ser menos capaces emocionalmente: lloraban y se derrumbaban más fácilmente en situaciones de estrés; eran emocionalmente inadecuados; eran temerosos, torpes o llorones; reaccionaban con excesiva ira ante una frustración menor; tenían problemas para postergar la gratificación; eran excesivamente sensibles a las críticas, o desconfiados. Estos fallos emocionales, por supuesto, probablemente significan que sus relaciones con los demás niños serán conflictivas, si logran superar su inicial reticencia a participar.

En contraste, resulta fácil comprender por qué los niños más competentes en el plano emocional —aunque tímidos por temperamento— superaron espontáneamente su timidez. Al ser más hábiles socialmente, tenían muchas más probabilidades de vivir una sucesión de experiencias positivas con otros niños. Aunque se mostraran indecisos cuando se trataba, por ejemplo, de hablar con un compañero nuevo, una vez que quedaba roto el hielo eran capaces de destacarse en el plano social. La repetición regular de estos éxitos sociales a lo largo de los años tendería naturalmente a hacer que los tímidos se sintieran más seguros de ellos mismos.

Estos progresos hacia la audacia son estimulantes; sugieren que las pautas emocionales innatas pueden cambiar hasta cierto punto. Un niño que se asusta fácilmente desde que nace puede aprender a ser más sereno, e incluso sociable, ante lo desconocido. El temperamento pusilánime —como cualquier otro temperamento— puede ser parte de las dotes biológicas de nuestra vida emocional, pero no estamos necesariamente limitados por nuestras características heredadas a un menú emocional específico. Existe una gama de posibilidades incluso dentro de los imperativos genéticos. Como señalan los genetistas del comportamiento, los genes por sí solos no determinan la conducta; nuestro entorno, sobre todo lo que experimentamos y aprendemos a medida que crecemos, determina la forma en que una predisposición temperamental se expresa por sí misma a medida que la vida se desarrolla. Nuestras capacidades emocionales no son fijas; con el aprendizaje correcto pueden mejorar. Las razones de esto radican en cómo madura el cerebro humano.

Infancia: una oportunidad

El cerebro humano no está en modo alguno totalmente formado en el momento del nacimiento. Sigue modelándose a lo largo de la vida, y su crecimiento más intenso se produce durante la infancia. Los niños nacen con muchas más neuronas de las que su cerebro maduro conservará; a través de un proceso conocido como "poda", el cerebro pierde realmente las conexiones neuronales menos utilizadas, y forma fuertes conexiones en aquellos circuitos sinápticos que han sido más utilizados. La poda, al suprimir las sinapsis extrañas, mejora la relación señal-ruido en el cerebro eliminando la causa del "ruido". Este proceso es constante y rápido; las conexiones sinápticas pueden formarse en cuestión de horas o días. La experiencia, sobre todo en la infancia, esculpe el cerebro.

La demostración clásica del impacto que la experiencia ejerce en el crecimiento del cerebro fue la que hicieron Thorsten Wiesel y David Hubel, neurólogos galardonados con el Premio Nobel.[10] Mostraban que en los gatos y en los monos había un período crítico durante los primeros meses de vida para el desarrollo de la sinapsis que lleva señales desde el ojo a la corteza visual, donde esas señales son interpretadas. Si un ojo se mantenía cerrado durante ese período, el número de sinapsis desde ese ojo a la corteza visual disminuía, mientras las sinapsis desde el ojo abierto se multiplicaban. Si una vez concluido el período crítico el ojo cerrado volvía a abrirse, el animal estaba funcionalmente ciego de ese ojo. Aunque el ojo en sí mismo no tenía ningún problema, había demasiado pocos circuitos a la corteza visual para que se interpretaran las señales recibidas desde ese ojo.

En los seres humanos, el período crítico correspondiente a la visión dura los seis primeros años de vida. Durante ese tiempo, la visión normal estimula la formación de un circuito nervioso para la visión, cada vez más complejo, que comienza en el ojo y termina en la corteza visual. Si se tapa el ojo del niño durante unas pocas semanas, puede producirse un déficit mensurable en la capacidad visual de ese ojo. Si un niño ha tenido un ojo cerrado varios meses durante ese período, y más tarde se le permite usarlo, la visión de ese ojo para los detalles quedará deteriorada.

Una vívida demostración del impacto que ejerce la experiencia en el cerebro en desarrollo aparece en los estudios sobre ratas "ricas" y "pobres".[11] Las ratas "ricas" vivían en pequeños grupos, en jaulas con una variedad de diversiones tales como escaleras y ruedas. Las ratas "pobres" vivían en jaulas similares pero vacías y sin elementos de diversión. Durante un período de varios meses, la neocorteza de las ratas ricas desarrolló redes mucho más complejas de circuitos sinápticos que interconectaban las neuronas; en comparación, el circuito neuronal de las ratas pobres era escaso. La diferencia era tan grande que el cerebro de las ratas ricas era más pesado, y —cosa tal vez poco sorprendente— ellas eran más inteligentes para resolver laberintos que las ratas pobres. Experimentos similares con monos muestran estas diferencias entre los "ricos" y los "pobres" en experiencia, y el mismo efecto se produce sin duda en los humanos.

La psicoterapia —es decir, el reaprendizaje emocional— aparece como algo apropiado para la forma en que la experiencia puede cambiar las pautas emocionales y al mismo tiempo modelar el cerebro. La demostración más dramática surge de un estudio de personas tratadas por un trastorno obsesivo-compulsivo.[12] Una de las compulsiones más comunes es la de lavarse las manos, cosa que puede hacerse con tanta frecuencia —incluso centenares de veces al día— que la piel se agrieta. Los estudios del TEP muestran que las personas obsesivo-compulsivas tienen una actividad más grande de lo normal en los lóbulos prefrontales.[13]

La mitad de los pacientes que participaron en el estudio recibió el tratamiento estándar con drogas, la fluoxetina (más conocida por la marca, Prozac), y la mitad recibió terapia de conducta. Durante la misma fueron sistemáticamente expuestos al objeto de su obsesión o compulsión sin ejecutarla; a los pacientes cuya compulsión consistía en lavarse las manos se les facilitó una pileta, pero no se les permitió lavarse. Al mismo tiempo aprendieron a cuestionar los temores y aprensiones que los estimulaban: por ejemplo, que el hecho de no lavarse significaría que contraerían una enfermedad y morirían. Poco a poco, tras meses de sesiones como estas, las compulsiones desaparecieron, lo mismo que con la medicación.

Sin embargo, el descubrimiento notable fue una prueba de TEP que mostró que los pacientes que habían recibido terapia de comportamiento presentaban una disminución tan significativa en la actividad de una parte clave del cerebro emocional, el núcleo caudado, como los pacientes tratados positivamente con la droga fluoxetina. Su experiencia había cambiado la función cerebral —y aliviado los síntomas— tan eficazmente como la medicación.

Oportunidades cruciales

De todas las especies, el ser humano es el que más tarda en alcanzar la plena madurez cerebral. Mientras cada área del cerebro se desarrolla a un ritmo diferente durante la infancia, el inicio de la pubertad marca una de las etapas más radicales de poda del cerebro. Diversas áreas del cerebro que son críticas para la vida emocional se encuentran entre las más lentas en madurar. Mientras las áreas sensorias maduran durante la primera infancia y el sistema límbico durante la pubertad, los lóbulos frontales —sede del autodominio emocional, la comprensión y la respuesta ingeniosa— continúan desarrollándose en la última etapa de la adolescencia, hasta algún momento entre los dieciséis y los dieciocho años de edad.[14]

Los hábitos del manejo emocional que se repiten una y otra vez durante la infancia y la adolescencia ayudarán a moldear este circuito. Esto hace que la infancia se convierta en una oportunidad crucial para modelar las tendencias emocionales de toda una vida; los hábitos adquiridos en la infancia se instalan en el enrejado sináptico básico de la arquitectura nerviosa, y son más difíciles de cambiar en años posteriores. Dada la importancia de los lóbulos frontales para manejar la emoción, la gran oportunidad para la escultura sináptica en esta región del cerebro puede muy bien significar que, en el gran diseño del cerebro, las experiencias de un niño a lo largo de los años pueden moldear conexiones duraderas en el circuito regulador del cerebro emocional. Como hemos visto, las experiencias críticas incluyen lo dependientes y sensibles que sean los padres a las necesidades de los niños, las oportunidades y la guía que un niño tiene de aprender a enfrentarse a su propia aflicción y dominar el impulso, y la práctica en la empatía. Por la misma razón, la negligencia o el abuso, la falta de sintonía de un padre ensimismado o indiferente, o una disciplina brutal pueden dejar su huella en el circuito emocional.[15]

Una de las lecciones emocionales más esenciales, aprendida en los primeros años de vida y refinada a lo largo de la infancia, es cómo tranquilizarse uno mismo cuando está alterado. Para todos los niños pequeños el consuelo surge de quien lo cuida: la madre oye que su pequeño llora, lo alza, lo sostiene entre sus brazos y lo acuna hasta que se calma. Esta sintonía biológica, proponen algunos teóricos, ayuda al niño a empezar a aprender a hacer lo mismo él solo.[16] Durante una etapa crítica entre los diez y los dieciocho meses, la zona orbitofrontal de la corteza prefrontal forma rápidamente las conexiones con el cerebro límbico que lo convertirán en una llave de encendido y apagado de la aflicción. El niño al que a través de infinidad de episodios en los que es consolado se le ayuda a aprender a calmarse, afirma esta teoría, tendrá conexiones más fuertes en este circuito para controlar la aflicción, y así a lo largo de la vida podrá calmarse mejor cuando se sienta perturbado.

Sin duda, el arte de serenarse solo se domina al cabo de muchos años, y con nuevos medios, mientras la maduración del cerebro ofrece al niño herramientas emocionales cada vez más elaboradas. Recordemos que los lóbulos frontales, tan importantes para regular el impulso límbico, maduran en la adolescencia.[17] Otro circuito clave que continúa modelándose a lo largo de la infancia se centra en el nervio vago, que en un extremo regula el corazón y otras partes del cuerpo, y en el otro envía señales a la amígdala desde las suprarrenales, instándolas a segregar catecolaminas, que preparan la respuesta de lucha o fuga. Un equipo de la Universidad de Washington que evaluó el impacto de la crianza de los niños descubrió que la paternidad emocionalmente apta conducía a un cambio favorable en la función del nervio vago.

Como explicó John Gottman, el psicólogo que dirigió la investigación: “Los padres modifican el tono del nervio vago de sus hijos” —lo que da la medida de la facilidad con que queda activado el nervio vago—

"entrenándolos emocionalmente: hablando con los niños de sus sentimientos y cómo comprenderlos, no mostrándose críticos, resolviendo problemas relacionados con las emociones, entrenándolos en lo que deben hacer, como alternativas a los golpes, o al aislamiento cuando están tristes". Cuando los padres hacían esto eficazmente, los niños eran más capaces de suprimir la actividad del vago que hace que la amígdala prepare el organismo con las hormonas propias de la respuesta de lucha o fuga... y así se comportaban mejor.

Es evidente que las habilidades clave de la inteligencia emocional tienen períodos críticos que se extienden a lo largo de varios años en la infancia. Cada período representa una oportunidad para ayudar a ese niño a adoptar hábitos emocionales beneficiosos o, de lo contrario, a que sea más difícil ofrecerle lecciones correctivas en años posteriores. La escultura o poda masiva de circuitos nerviosos en la infancia puede ser una razón subyacente por la cual las dificultades emocionales y los traumas tienen consecuencias tan duraderas y penetrantes en la edad adulta. Esto puede explicar también por qué la psicoterapia puede a menudo tardar tanto tiempo en afectar algunas de estas pautas, y por qué, como hemos visto, incluso después de la terapia esas pautas tienden a permanecer como tendencias subyacentes, aunque con una cobertura de nuevas comprensiones y respuestas reaprendidas.

Es evidente que el cerebro sigue teniendo plasticidad a lo largo de la vida, aunque no en la espectacular medida en que la tiene durante la infancia. Todo aprendizaje supone un cambio en el cerebro, un fortalecimiento de la conexión sináptica. Los cambios cerebrales en pacientes que padecen un trastorno obsesivo-compulsivo muestran que los hábitos emocionales son maleables a lo largo de la vida, con cierto esfuerzo sostenido, incluso a nivel nervioso. Lo que ocurre en el cerebro con el TEP (o en la terapia, si a eso vamos) es algo análogo a los efectos que provocan todas las experiencias emocionales repetidas o intensas, para bien o para mal.

Algunas de las lecciones más reveladoras de esa clase pasan de padres a hijos. Hay hábitos emocionales muy diferentes inculcados por los padres cuya sintonía significa que las necesidades emocionales del niño son reconocidas y satisfechas, o cuya disciplina incluye la empatía por un lado, o padres ensimismados que no hacen caso de la aflicción del niño o que lo castigan caprichosamente gritándole o golpeándolo. En cierto sentido la psicoterapia es un remedio para lo que se soslayó o se pasó por alto en los primeros años de vida. ¿Pero por qué no hacer lo que podemos para evitar esa necesidad, dando a los niños en primer lugar la educación y guía que cultiva las habilidades emocionales esenciales?

Quinta Parte

Alfabetismo emocional

15

EL COSTO DEL ANALFABETISMO EMOCIONAL

Comenzó siendo una disputa sin importancia, pero había ido en paulatino aumento. Ian Moore, alumno de los cursos superiores de la Escuela Superior Thomas Jefferson de Brooklyn, y Tyrone Sinkler, perteneciente a los inferiores, habían tenido una pelea con Khalil Sumpter, un compañero de quince años. Luego habían seguido importunándolo, y profiriendo amenazas contra él. Finalmente, la situación estalló.

Khalil, temeroso de que Ian y Tyrone le propinaran una paliza, una mañana llevó a la escuela una pistola calibre 38 y, a escasos cinco metros de un guardián escolar, en la entrada misma de la escuela, disparó contra ambos a quemarropa, causándoles la muerte.

El incidente, en sí mismo escalofriante, puede ser interpretado como un signo más de la desesperante necesidad de educar el manejo de las emociones, la capacidad de zanjar pacíficamente las diferencias, y el simple hecho de llevarse bien. Los educadores, preocupados desde hace tiempo por los bajos rendimientos de los escolares en matemática y lectura, están comenzando a advertir la existencia de una deficiencia diferente y más alarmante: el analfabetismo emocional.[1] Y en tanto se realizan loables esfuerzos para elevar los niveles académicos, esta nueva y conflictiva deficiencia no está contemplada en los programas escolares corrientes. Como lo expresara una maestra de Brooklyn, el énfasis puesto actualmente sobre algunos aspectos de la enseñanza sugiere que "nos preocupa más saber si los alumnos pueden leer y escribir correctamente, que saber si estarán vivos la semana entrante".

Signos de esta deficiencia pueden ser observados en incidentes violentos como los balazos recibidos por Ian y Tyrone, cada vez más habituales en las escuelas norteamericanas. Son algo más que hechos aislados; el aumento de los trastornos de la adolescencia y de los problemas de la infancia en los Estados Unidos —caja de resonancia de tendencias mundiales—, se comprueban en estadísticas como las siguientes.[2]

En 1990, tomando como comparación las dos décadas anteriores, Estados Unidos fue testigo del índice más alto de arrestos juveniles por crímenes violentos que haya existido; los arrestos de adolescentes por violación se duplicaron; el promedio de asesinatos cometidos por adolescentes se cuadruplicó, en gran medida debido al incremento del uso de armas de fuego.[3] Durante las mismas dos décadas, el índice de suicidios de adolescentes se triplicó, al igual que el número de chicos menores de catorce años que son víctimas de asesinato.[4] Cada vez más cantidad de jovencitas, y de edades cada vez más bajas, quedan embarazadas. A partir de 1983, el índice de nacimientos entre jovencitas entre diez y catorce años demostró haber crecido regularmente durante cinco años seguidos —hay quienes llaman a este fenómeno "bebés que tienen bebés"—, tanto como la proporción de embarazos no deseados, paralela a la presión para mantener relaciones sexuales. El índice de enfermedades venéreas entre adolescentes se ha triplicado a lo largo de los últimos treinta años.[5] Si bien todos estos datos son desmoralizadores, al enfocar la mirada en la juventud afronorteamericana, particularmente en las grandes ciudades, se vuelven absolutamente desoladores: todos los índices son, con mucho, más elevados, duplicándose, triplicándose o más aún. Por ejemplo, el uso de la heroína y de la cocaína entre jóvenes blancos aumentó cerca del 300% con respecto a las dos décadas anteriores a la del noventa; en el caso de los jóvenes afronorteamericanos, este índice dio el asombroso salto de multiplicar por 13 veces el de los veinte años anteriores.[6] La causa más común de incapacidad entre los adolescentes es la enfermedad mental. Los síntomas de la depresión, en mayor o menor medida, afectan a un tercio de la población adolescente; en el caso de las niñas, la incidencia de la depresión se duplica en la pubertad. La frecuencia de transtornos en la alimentación en niñas adolescentes ha experimentado un aumento vertiginoso.[7]

En definitiva, y a menos que las cosas cambien, el proyecto a largo plazo de que los jóvenes de hoy en día se casen y lleven adelante una fructífera y estable vida en común, se vuelve más deprimente con cada generación. Como ya vimos en el Capítulo 9, en tanto durante los años setenta y ochenta el índice de divorcios rondaba el 50%, a comienzos de los años noventa este índice, tomado entre los recién casados, predecía que dos de cada tres matrimonios de jóvenes terminaría en divorcio.

Un malestar emocional

Estas alarmantes estadísticas son como el canario en el túnel de la mina de carbón, cuya muerte alerta sobre la falta de oxígeno. Más allá de estas cifras sombrías, el conflicto de los jóvenes de hoy puede ser visto en niveles más sutiles, en problemas cotidianos que aún no han estallado como franca crisis. Quizás los datos más elocuentes de todos —un claro barómetro de los niveles descendentes de aptitud emocional—, provengan de una muestra realizada a nivel nacional, entre jóvenes norteamericanos cuyas edades iban desde los siete hasta los dieciséis años, comparando su estado emocional desde mediados de los años setenta hasta finales de los ochenta.[8]

Basándose en la evaluación realizada por padres y maestros, el empeoramiento fue sostenido. No había un problema que se destacara por sobre los demás; sencillamente, todos los indicadores mostraban un deslizamiento constante en la dirección equivocada. En promedio, los jóvenes reflejaban un desempeño más pobre en los siguientes aspectos:

- *Aislamiento o problemas sociales:* preferencia por estar solos; tendencia a la reserva; mal humor extremo; pérdida de energía; sentimiento de infelicidad; dependencia exagerada.
- *Ansiedad y depresión:* conducta solitaria; diferentes miedos y preocupaciones; necesidad de ser perfectos; sensación de no ser amados; sentimientos de nerviosismo, tristeza y depresión.
- *Problemas de la atención o del pensamiento:* incapacidad de prestar atención o permanecer quietos; actuación sin reflexión previa; nerviosismo excesivo que les impedía concentrarse; pobre desempeño en las tareas escolares; incapacidad de pensamientos que indiquen preocupación por los demás.
- *Delincuencia y agresividad:* vinculación con chicos que se involucran en conflictos; utilización de mentiras y subterfugios; marcada tendencia a discutir; demanda de atención; destrucción de las propiedades de otro; desobediencia en el hogar y en la escuela; obstinación y capricho; exceso de charlatanería; actitud burlona; temperamento acalorado.

Mientras que cada uno de estos problemas, considerados en forma aislada, no provocan estupor, tomados en conjunto son un barómetro de un cambio, una nueva forma de toxicidad que se infiltra y envenena la experiencia misma de la infancia, representando déficits arrasantes en las aptitudes emocionales. Este malestar emocional parece ser el costo universal que la vida moderna tiene para los niños. En tanto los norteamericanos suelen censurar el hecho de que se comparen negativamente sus problemas con los de otras culturas, de estudios realizados en todo el mundo han surgido índices que están a la par, o son peores, que los de los Estados Unidos. Por ejemplo, durante la década del ochenta, padres y maestros de los Países Bajos, China y Alemania realizaron una evaluación que demostró que los problemas de los niños se hallaban al mismo nivel que los de los norteamericanos en 1976. Y en algunos países hay niños que se encuentran en un estado peor que el corriente en los niveles norteamericanos, incluyendo a Australia, Francia y Tailandia. Pero esto bien puede no seguir siendo cierto por mucho tiempo. Las grandes fuerzas que impulsan hacia abajo la espiral de la aptitud emocional parecen estar cobrando velocidad en los Estados Unidos, en relación con muchas otras naciones desarrolladas.[9]

Ningún niño, rico o pobre, está exento de riesgo; estos son problemas universales que se presentan en todos los grupos étnicos, raciales y económicos. Así, vemos que, si bien los niños criados en la pobreza tienen las peores calificaciones en los índices de aptitudes emocionales, su ritmo de deterioro a través de las décadas no fue peor que el de los chicos de clase media o los de clases adineradas: todos muestran el mismo deslizamiento sostenido. También se ha triplicado el número de niños que han accedido a la ayuda psicológica (tal vez esto sea una buena señal, que implique que esa ayuda es más accesible), en tanto prácticamente se duplicó el número de niños que tienen problemas emocionales suficientes que justifiquen que deberían recibir dicha ayuda, pero no lo logran (un mal signo): de casi el 9% en 1976 hasta el 18% en 1989.

Urie Bronfenbrenner, el eminente psicólogo del desarrollo de la Universidad de Cornell que realizó un estudio comparativo internacional sobre el bienestar de los niños, dice: "En ausencia de buenos sistemas de apoyo, las presiones externas se han vuelto tan grandes que hasta las familias más fuertes se están separando. El ajetreo, la inestabilidad y la inconsistencia de la vida familiar cotidiana son desenfrenados en todos los segmentos de nuestra sociedad, incluso en los mejor educados y los más acomodados. Lo que está en juego es nada menos que la próxima generación, sobre todo los varones, quienes en su etapa de crecimiento son particularmente vulnerables a fuerzas tan perturbadoras como lo son los devastadores efectos del divorcio, la pobreza y el desempleo. La situación de los niños norteamericanos es más desesperante que nunca... Estamos privando a los niños de su capacidad de competencia y de su carácter moral".[10]

Este no es sólo un fenómeno norteamericano sino mundial, con una competencia internacional empeñada en bajar los costos laborales, lo que desencadena fuerzas económicas que presionan a la familia. Vivimos una época en la que las familias se encuentran económicamente sitiadas, en la que ambos progenitores trabajan muchas horas, por lo que los niños quedan solos o al cuidado de la niñera-TV; una época en la que cada vez más niños crecen en medio de la pobreza, en la que las familias uniparentales ya están convirtiéndose en lugar común; en la que cada vez más niños y bebés quedan durante el día al cuidado de alguien tan poco idóneo, que la situación se asemeja al abandono. Todo esto implica, incluso para los padres mejor intencionados, la erosión de los incontables, provechosos y pequeños intercambios entre padres e hijos que construyen las aptitudes emocionales.

Si las familias dejan de cumplir eficazmente la función de colocar a nuestros niños en condiciones de transitar con seguridad el camino de la vida, ¿qué vamos a hacer? Una mirada más cuidadosa sobre los mecanismos de problemas específicos sugiere que en los déficits establecidos de aptitudes emocionales o sociales se encuentran los cimientos de problemas graves, y que los correctivos o preventivos bien orientados son capaces de lograr que más chicos puedan mantenerse en la buena senda.

Domar la agresión

En la escuela primaria a la que asistí, el chico difícil era Jimmy, que cursaba cuarto grado cuando yo ingresé a primero. Era el que podía robarle a alguien el dinero para el almuerzo, sacarle a otro la bicicleta, o pegar un porrazo tan pronto se ponía a charlar con alguno. Jimmy era el clásico camorrista, que comenzaba una pelea ante la menor provocación, o sin ningún motivo. Todos le temíamos, y nos manteníamos a distancia prudencial de él. Todo el mundo odiaba y temía a Jimmy; nadie quería jugar con él. Daba la impresión de que en cada lugar del patio de juegos por el que él se desplazaba hubiera habido un guardaespaldas invisible que apartaba a los otros niños de su camino.

Los niños como Jimmy tienen problemas evidentes. Pero lo que puede resultar menos evidente es que el ser tan flagrantemente agresivo en la infancia puede representar una señal de problemas emocionales y de otro tipo en el futuro. En el momento en que cumplió dieciséis años, Jimmy estaba en la cárcel por asalto.

El legado para toda la vida que deja la agresividad infantil en niños como Jimmy ha surgido de numerosos estudios.[11]

Como hemos visto, la vida familiar de chicos tan agresivos usualmente incluye a padres que alternan el abandono con castigos severos y caprichosos, un modelo que, quizá comprensiblemente, vuelve a los niños un tanto paranoicos o combativos.

No todos los niños malhumorados son matones; algunos son personas aisladas, rechazadas por la sociedad, que reaccionan desmedidamente ante cualquier burla o ante lo que consideran desprecio o injusticia. Pero el error de percepción que iguala a estos niños es que perciben desprecio en donde no existía tal intención, suponiendo que sus pares les son más hostiles de lo que realmente son. Esto los lleva a juzgar erróneamente algunas acciones neutrales como amenazantes —un choque inocente es visto como una "vendetta"—, y a atacar como respuesta. Lo que, naturalmente, consigue que los demás niños les rehúyan, aislándolos cada vez más. Estos niños furiosos y aislados son notablemente sensibles a las injusticias y a la posibilidad de ser tratados injustamente. En todo momento se consideran víctimas, y pueden recitar una lista de ejemplos en los que, según ellos, los maestros los culparon por hacer algo de lo que, en realidad, eran inocentes. Otro rasgo característico de estos niños es que, una vez que llegan al punto máximo de su furia, sólo pueden reaccionar de una manera: estallando y repartiendo golpes.

Estas tendencias a percibir equivocadamente la realidad se pueden observar durante el trabajo en una experiencia que consiste en reunir a un grupo de niños agresivos con otros más pacíficos, para que miren vídeos juntos. En uno de esos vídeos, se ve a un niño que deja caer sus libros cuando otro de los chicos choca contra él. Los que se encuentran más cerca ríen ante esa reacción; el que deja caer los libros se enfurece e intenta golpear a uno de los que ríen. Cuando más tarde los niños que han mirado el vídeo charlan sobre él, los más peleadores siempre opinan que la actitud del que intentó golpear al otro era justificada.[12]

Esta precipitación en el juicio testimonia la presencia de profundos prejuicios perceptivos en gente que es inusualmente agresiva: actúan sobre la base de la existencia de hostilidad o de amenazas, prestándole muy poca atención a lo que realmente está ocurriendo. Una vez que deciden que una amenaza se cierne sobre ellos, saltan por encima de todo y pasan a la acción. Por ejemplo, si un niño agresivo está jugando a las damas con otro que mueve una pieza cuando no es su turno, interpretará la movida como un intento de hacerle trampa, sin detenerse a analizar la posibilidad de que se tratara de un error inocente. Su presunción es la de que existe malevolencia, antes que inocencia; su reacción es de automática hostilidad. Esta percepción de ser objeto de una acción hostil va simultáneamente entrelazada a una agresión igualmente automática; en el ejemplo citado, en lugar de señalarle al otro niño que ha cometido un error, pasará a acusarlo, gritando y lanzando golpes. Cuanto más actúan de esta forma esta clase de niños, más fácilmente reaccionan con agresión automática y más se reduce el repertorio de alternativas a su alcance, tales como la cortesía o la broma.

Estos niños son emocionalmente vulnerables, en el sentido de que tienen un umbral bajo para soportar cualquier malestar, irritándose cada vez con mayor frecuencia, por más cosas. Una vez que se sienten molestos, su pensamiento se confunde, de manera que ven los actos benignos como hostiles, y entonces caen en su viejo hábito de reaccionar con golpes.[13]

Los prejuicios en la percepción de la hostilidad ya están instalados en los primeros grados. Mientras que la mayoría de los niños, especialmente los varones, son revoltosos en el jardín de infantes y en el primer grado, los más agresivos no logran acceder a un módico autodominio alrededor del segundo grado. En tanto los otros niños ya han comenzado a aprender la manera de negociar y de comprometerse en casos de desacuerdos surgidos en el patio de juegos, los matones confían cada vez más en la fuerza y en las bravatas. Pagan por ellos un costo social: después de dos o tres horas de un primer contacto en el patio de juegos con un matón, los otros niños afirman que este les disgusta.[14]

Pero estudios que se han hecho llevando a cabo un seguimiento de niños desde la edad preescolar hasta la adolescencia, demuestran que más de la mitad de aquellos que en los primeros grados son indisciplinados, incapaces de llevarse bien con los demás niños, desobedientes con sus padres y resistentes a la autoridad del docente, se transformarán en delincuentes durante los años de la adolescencia.[15] Por supuesto, no todos los niños con estas características siguen la trayectoria que conduce a la violencia y a la criminalidad en su vida posterior. Pero entre toda la población infantil, son estos los que presentan un riesgo mayor de llegar con el tiempo a cometer crímenes violentos.

La tendencia a la criminalidad hace su aparición sorprendentemente temprano en la vida de estos niños. Cuando se evaluó a los alumnos de un jardín de infantes de Montreal respecto a la hostilidad y la capacidad de generación de conflictos que podían presentar, aquellos que mostraron el nivel más alto de problemas, y que contaban con cinco años de edad, fueron los que evidenciaron conductas delictivas entre cinco y ocho años más tarde, en la pubertad. Con respecto a los otros niños, era tres veces más probable que admitieran haber golpeado a alguien que no les había hecho nada, haber robado en alguna tienda, haber usado un arma en una riña, haber forzado la cerradura de un coche o haber robado partes del mismo, y haberse emborrachado, todo esto antes de alcanzar los catorce años de edad.[16]

El camino prototípico hacia la violencia y la criminalidad comienza con chicos que son agresivos y difíciles de manejar en el primero y el segundo grado.[17] Es típico ver que, desde los primeros años de escolaridad, su escasa capacidad de dominarse también contribuye a que sean malos estudiantes, que sean vistos por los demás, y aun por ellos mismos, como "estúpidos", juicio que es confirmado cuando son derivados a clases de educación especial. Y, si bien estos niños pueden llegar a tener un índice alto de "hiperactividad" o de transtornos del aprendizaje, bajo ningún concepto se los puede considerar retrasados. Los niños que llegan a la escuela habiendo aprendido en sus hogares el estilo "coercitivo" —esto es, la prepotencia—, también son considerados casos perdidos por sus maestros, que se ven obligados a pasar mucho tiempo manteniendo la disciplina. El desafío a las reglas imperantes en el aula, que a estos niños les surge naturalmente, indica que pierden el tiempo que de otra manera utilizarían en aprender; su fatal fracaso académico habitualmente es obvio alrededor del tercer grado. Si bien los varones que muestran estar en trayecto hacia la tendencia delictiva suelen tener un CI más bajo que el de sus pares, su impulsividad es la primera causa de este fracaso: la impulsividad en niños de diez años es un pronosticador tres veces más poderoso que sus CI de su posterior delincuencia.[18]

Hacia el cuarto o quinto grado, estos chicos, que a esta altura ya son considerados matones o simplemente "difíciles", son rechazados por sus pares y son incapaces de hacer amigos con facilidad, si es que hacen alguno, y se han transformado en fracasos académicos. Al sentirse sin amigos, se unen a otros proscritos sociales. Entre el cuarto y el noveno grado se entregan a su grupo proscrito y a una vida de desafío a la ley: se observa que multiplican por cinco las ausencias a clase, la ingesta de bebidas alcohólicas y el consumo de drogas, con un pico máximo dado entre el séptimo y el octavo grado. Promediando la etapa escolar, se les unen otras clases de marginales, que son atraídos por su estilo desafiante; estos rezagados son a menudo jóvenes que carecen por completo de supervisión en sus hogares, y han comenzado a vagar por las calles, en total libertad, durante los años de la escuela primaria. Durante los años que corresponden a la educación secundaria, este grupo de marginales suele abandonar la escuela deslizándose hacia la delincuencia, involucrándose en delitos menores como el robo a tiendas, el hurto o la distribución de drogas.

(Una notable diferencia surge a esta altura entre varones y mujeres. Un estudio entre niñas de cuarto grado que eran "malas", esto es, que tenían problemas con sus maestros y quebrantaban las reglas, pero que no eran impopulares entre sus pares, demostró que el 40% ya tenía un hijo en el momento de terminar la escuela secundaria.[19] Esto triplicaba el promedio de embarazos entre las otras niñas de su escuela. En otras palabras, las jóvenes adolescentes antisociales no se convierten en violentas: se convierten en madres.)

Por supuesto, no hay un único camino hacia la violencia y la criminalidad, y son muchos los factores que pueden colocar a cualquier niño en situación de riesgo: nacer en un vecindario con alta tasa de criminalidad, donde están expuestos a mayores tentaciones de cometer crímenes o actuar con violencia; provenir de una familia con elevados niveles de estrés, o vivir en la pobreza. Pero ninguno de estos factores hace que sea inevitable una vida dedicada a la violencia criminal. Considerándolos todos al mismo nivel, las fuerzas psicológicas que actúan sobre los niños agresivos intensifican la posibilidad de que terminen como criminales violentos. Como lo ha expresado Gerald Patterson, un psicólogo que ha seguido de cerca la carrera de cientos de muchachos hasta la edad adulta, "los actos antisociales que comete un niño de cinco años pueden ser el prototipo de los actos de un delincuente adolescente".[20]

Escuela para matones

La estructura mental que acompaña a los niños agresivos a lo largo de toda su vida, permite afirmar que casi con seguridad terminarán metiéndose en problemas. Un estudio realizado con delincuentes juveniles convictos por crímenes violentos, y con estudiantes de escuela secundaria agresivos demostró que poseen en común una misma estructura mental: si tienen dificultades con otra persona, inmediatamente la ven en un papel antagónico, aventurando conclusiones sobre la hostilidad que siente hacia ellos, sin buscar información adicional ni intentar pensar en una manera de resolver pacíficamente sus diferencias. Al mismo tiempo, las posibles consecuencias negativas de una solución violenta —el ejemplo más típico es el de una pelea— no pasan por su mente. Justifican su tendencia agresiva con pensamientos del orden de: "Está bien pegarle a alguien si uno se volvió loco de rabia" o "La gente que resulta muy golpeada en realidad no sufre tanto".[21]

Pero una ayuda oportuna puede cambiar actitudes como estas, y detener el camino de un niño hacia la delincuencia; varios programas experimentales han tenido un moderado éxito en ayudar a estos niños agresivos en el aprendizaje del dominio de su tendencia antisocial antes de que esta pueda conducirlos a problemas más serios. Uno de ellos, realizado en la Universidad de Duke, trabajó con niños de escuela primaria causantes de problemas y dominados por la ira. Dicho trabajo se desarrolló en sesiones de cuarenta minutos cada una, realizadas dos veces por semana en un lapso que se prolongó entre seis y doce semanas. Se les enseñó, por ejemplo, a advertir que algunas de las señales sociales que habían interpretado como hostiles, eran en realidad neutrales o amistosas. Aprendieron a ponerse en el lugar de los otros niños, a percibir cómo eran vistos por los demás, y a imaginar qué pensaron o sintieron los otros niños en las circunstancias que provocaron su enojo. Adquirieron también un entrenamiento en el control del enojo mediante la dramatización de escenas, tales como ser objeto de bromas, que podrían conducirlos a perder los estribos. Una de las habilidades clave para el control del enojo fue controlar sus sentimientos, con lo que tomaron conciencia de sus sensaciones físicas, como el enrojecimiento de ira o la tensión muscular a medida que iban enfadándose, e interpretar esos signos como una señal de que debían detenerse y considerar qué hacer a continuación en lugar de estallar impulsivamente.

John Lochman, psicólogo de la Universidad de Duke y uno de los creadores del programa, me relató: "Discuten situaciones en las cuales se han visto envueltos recientemente, por ejemplo el haber sido atropellados a la entrada de la escuela, que ellos interpretan como algo intencionado. Los chicos charlan acerca de cómo podrían haber manejado esta cuestión. Uno de ellos dijo, por ejemplo, que sólo había mirado fijamente al que lo había empujado, y le había dicho que no lo volviera a hacer, para luego irse, sin más. Eso lo colocó en posición de ejercer algún tipo de control y de conservar su autoestima, sin necesidad de comenzar una pelea".

Esto funciona; muchos de estos niños agresivos son desdichados por perder los estribos con tanta facilidad, por lo que se muestran muy receptivos ante la posibilidad de aprender a controlarse. En el calor del momento, por supuesto, semejantes reacciones propias de mentes frías —como irse del lugar o contar hasta diez hasta que el impulso de golpear al otro haya pasado antes de reaccionar— no son automáticas. Los niños ensayan esas otras alternativas en escenas dramatizadas, como puede ser el subir a un ómnibus donde hay otros chicos que se están mofando de él. De esa manera pueden probar dar respuestas amistosas ante ese tipo de situaciones, que preserven su dignidad y a la vez ofrezcan una alternativa a golpear, gritar o huir avergonzados.

Al cabo de tres años de sesiones de trabajo, Lochman comparó a estos niños con otros que eran igualmente agresivos pero que no habían recibido el beneficio de las sesiones de control del enojo. Descubrió que, en la adolescencia, los que habían completado el programa molestaban mucho menos en clase, tenían sentimientos más positivos sobre ellos mismos, y eran menos propensos al consumo de alcohol o de drogas. Y cuanto más tiempo habían permanecido dentro del programa, menos agresivos eran al llegar a la adolescencia.

Prevención de la depresión

> Dana, de dieciséis años, siempre había parecido capaz de relacionarse sin problemas con los demás. Pero repentinamente no pudo continuar haciéndolo, ni con las otras niñas ni con los

> muchachos con los que salía —lo que para ella representaba un problema grave—, a pesar de que se acostaba con ellos. Taciturna y constantemente fatigada, Dana perdió interés en comer y en cualquier clase de entretenimiento; confesó sentirse desesperanzada e incapaz de hacer nada para superar ese estado de ánimo, y que estaba pensando en el suicidio.
>
> La caída en la depresión había sido provocada por la reciente ruptura de su relación con un muchacho. Dana contó que no sabía cómo salir con un chico sin involucrarse sexualmente con él, aunque ella no lo deseara, y que tampoco sabía cómo terminar una relación, por más insatisfactoria que esta fuera. Iba a la cama con los muchachos, dijo, cuando lo único que realmente quería era conocerlos mejor.
>
> Acababa de cambiarse a una nueva escuela, y sentía timidez y ansiedad ante la posibilidad de entablar nuevas relaciones con las jovencitas de esa escuela. Por ejemplo, se abstenía de participar en las conversaciones, y sólo hablaba cuando alguien se dirigía a ella. Se sentía incapaz de decir a sus compañeras cómo se sentía, y ni siquiera creía poder decir algo más que "hola, cómo estás".[22]

Dana se sometió a una terapia que formaba parte de un programa experimental de la Universidad de Columbia para adolescentes que padecían de depresión. Su tratamiento se centró en ayudarla a aprender a manejar mejor sus relaciones, a llevar adelante una amistad, a sentirse más confiada con otros adolescentes, a establecer límites en cuestiones sexuales, a ser personal, a expresar sus sentimientos. En esencia, eran clases correctivas de habilidades emocionales básicas. Y funcionó: superó la depresión.

Entre la gente joven, especialmente, los problemas de relación son un desencadenante de la depresión. La dificultad aparece tanto en su relación con los padres, como con los pares. Con frecuencia los niños y los adolescentes con depresión son incapaces de hablar sobre las causas de su tristeza, o renuentes a hacerlo. Parecen no poder clasificar apropiadamente sus sentimientos, mostrándose en cambio hoscos e irritables, con impaciencia, caprichos y enfado, especialmente hacia sus padres. Esto, a su vez, vuelve más dura para los padres la tarea de ofrecer el apoyo emocional y la orientación que el chico deprimido realmente necesita, poniendo en marcha una espiral descendente que habitualmente termina en discusiones constantes y en alienación.

Echemos una nueva mirada a las causas de la depresión, basándonos en dos áreas de las aptitudes emocionales en las que los jóvenes manifiestan déficits puntuales: habilidad para relacionarse con los demás, por un lado, y la forma —generadora de depresión— en que interpretan los contratiempos, por el otro. En tanto que, en gran medida, parte de la tendencia a la depresión obedece casi con certeza a causas genéticas, algo de esa tendencia parece deberse a reversibles hábitos pesimistas de pensamiento, que predisponen a los niños a reaccionar ante cualquier pequeña derrota que sufren en la vida —fracasos escolares, una discusión con sus padres, un rechazo social—, cayendo en la depresión. Y existen pruebas que sugieren que la predisposición a la depresión, cualquiera sea su causa, se está volviendo cada vez más difundida entre los jóvenes.

Indices crecientes de depresión: un costo de la modernidad

Estos últimos años del milenio anuncian la llegada de la Era de la Melancolía, así como el siglo XX se transformó en la Era de la Ansiedad. Datos internacionales muestran que parece cundir una moderna epidemia de depresión, que se exiende a lo largo y a lo ancho adoptando nuevas modalidades en cada lugar del mundo. Cada nueva generación, desde principios de siglo, ha corrido un riesgo mayor que la generación de sus padres, de sufrir una depresión más importante —no ya tristeza, sino un desinterés paralizante, desaliento y autocompasión, más una abrumadora desesperanza—, en el curso de su vida.[23]

Y episodios de esta naturaleza están apareciendo a edades cada vez más tempranas. La depresión infantil, antes virtualmente desconocida —o, al menos, no reconocida—, aparece instalada en la escena moderna.

Aunque la posibilidad de caer en la depresión aumenta con la edad, los incrementos más importantes se dan entre los jóvenes. Para aquellos nacidos después de 1955, la posibilidad de que sufran una depresión seria en algún momento de sus vidas es, en muchos países, tres veces más elevada que la que tuvieron sus padres. Entre los norteamericanos nacidos antes de 1905, el promedio de los que sufrían una depresión grave en el curso de su vida era del 1%; entre los nacidos después de 1955, ya a la edad de veinticuatro años el 6% había sufrido una depresión. Quienes nacieron entre 1945 y 1954, tienen una posibilidad diez veces mayor de sufrir una depresión grave antes de los treinta y cuatro años que quienes nacieron entre 1905 y 1914.[24] En cada nueva generación, la aparición del primer episodio personal de depresión ha mostrado una tendencia a ocurrir a una edad cada vez más temprana.

Un estudio a nivel mundial que comprendió a más de treinta y nueve mil personas, descubrió que existía la misma tendencia en Puerto Rico,

Canadá, Italia, Alemania, Francia, Taiwán, Líbano y Nueva Zelanda. En Beirut, el aumento de las depresiones seguía el camino de los sucesos políticos, mostrando aumentos vertiginosos durante los períodos de guerra civil. En Alemania, el promedio de depresiones sufridas antes de los treinta y cinco años de edad entre quienes nacieron antes de 1914, es del 4%; en cambio, para los nacidos en la década anterior a 1944 es del 14%. En todo el mundo, las generaciones que han crecido en épocas de disturbios políticos muestran índices más elevados de depresión, aunque la tendencia global ascendente se mantiene al margen de cualquier acontecimiento político.

El descenso de la edad en la que hace su primera aparición la depresión también se mantiene en todo el mundo. Cuando solicité a expertos que aventuraran una explicación del por qué de este fenómeno, obtuve varias teorías como respuesta.

El Dr. Frederick Goodwin, que fuera luego director del Instituto Nacional de Salud Mental, comentó: "Ha habido una tremenda erosión del núcleo familiar: se ha duplicado el índice de divorcios, ha disminuido el tiempo que los padres dedican a los niños, y ha habido un incremento de la movilidad de las familias. Los niños crecen sin conocer a su familia más extendida. La pérdida de estas fuentes estables de la autoidentificación implica una gran susceptibilidad ante la depresión".

El Dr. David Kupfer, titular de la cátedra de Psiquiatría en la Escuela de Medicina de la Universidad de Pittsburgh, señala otra tendencia: "Con la extendida industrialización que sobrevino tras la Segunda Guerra Mundial, en cierto sentido nadie estuvo más en casa. Cada vez son más las familias en las que ha crecido la indiferencia paterna ante las necesidades de los niños en la etapa del crecimiento. Esto no es en sí una causa directa de depresión, pero sienta las bases para una vulnerabilidad ante ella. Las tempranas presiones emocionales pueden afectar el desarrollo neuronal, lo que puede conducir a una depresión cuando se está bajo una gran presión aún varias décadas más tarde".

Martin Seligman, psicólogo de la Universidad de Pensilvania, propuso: "Durante los últimos treinta o cuarenta años hemos asistido al ascenso del individualismo y a una decadencia de las creencias religiosas y de los apoyos de la comunidad y de la familia más extendida. Eso importa una pérdida de recursos que pueden hacer las veces de amortiguador ante los golpes sufridos por contratiempos o fracasos. La mayoría ve el fracaso como algo permanente, y lo magnifica, trasladándolo a todos los órdenes de su vida, y es propensa a permitir que una derrota momentánea se convierta en una permanente fuente de desesperanza. Pero si se tiene una perspectiva más amplia, como la creencia en Dios y en una vida posterior, y se pierde el empleo, eso significa sólo una derrota temporaria".

Cualquiera sea la causa, la depresión juvenil es un problema acuciante. En los Estados Unidos, las estimaciones varían ampliamente acerca de la cantidad de niños y adolescentes que padecen depresión en un año determinado, como opuesto a la vulnerabilidad que muestran a lo largo de sus vidas. Algunos estudios epidemiológicos realizados siguiendo un criterio estricto —el del diagnóstico oficial de los síntomas de la depresión—, han demostrado que tanto en el caso de niñas como de varones entre diez y trece años, el promedio de depresiones graves sufridas en el curso de un año asciende al 8 o 9%, aunque otros estudios lo sitúan en la mitad de esa cifra, e incluso hay quienes hablan de un promedio del 2%. En la pubertad, sugieren algunos datos, el promedio prácticamente se duplica en el caso de las niñas: más del 16% de las niñas entre catorce y dieciséis años sufren el embate de la depresión, en tanto la cifra no se modifica en el caso de varones.[25]

El curso de la depresión en la juventud

Que la depresión no debe ser solamente tratada sino que debe ser *prevenida* en los niños es evidente a partir de un descubrimiento alarmante: aun los episodios más benignos de depresión en un niño, pueden augurarle episodios más severos en su vida posterior.[26] Esto hace poner en duda la antigua creencia de que la depresión infantil pierde importancia en el largo plazo, ya que los niños "se liberan de ella al crecer". Por supuesto, todos los niños se ponen tristes alguna vez; tanto la niñez como la adolescencia son, al igual que la adultez, períodos de disgustos ocasionales y de pérdidas, grandes o pequeñas, acompañadas por la consiguiente aflicción. La necesidad de prevención no se refiere a estas circunstancias, sino que apunta a aquellos niños a quienes la espiral descendente los conduce a un estado de melancolía que los deja desesperados, irritables y retraídos, una melancolía de lejos más severa.

Entre niños cuya depresión era lo suficientemente severa como para que fueran derivados a tratamiento, las tres cuartas partes de ellos padecieron un episodio posterior de depresión profunda, de acuerdo a los datos recogidos por María Kovacs, psicóloga del Western Psychiatric Institute and Clinic de Pittsburgh.[27] Kovacs estudió a niños con diagnóstico de depresión con una edad promedio de ocho años, y siguió evaluando año tras año a varios de ellos hasta que cumplieron los veinticuatro años.

Los niños con depresión grave padecieron episodios que tuvieron un promedio de duración de once meses, aunque en uno de cada seis dicho episodio se prolongó hasta dieciocho meses. La depresión benigna, que comenzara en algunos niños a edad tan temprana como los cinco años, era menos inhabilitante que la severa, pero duraba más tiempo, un promedio de cuatro años. Y Kovacs descubrió que aquellos niños que padecían una depresión menor tenían más probabilidades de que esta se intensificara hasta volverse grave, transformándose en la así llamada "doble depresión". Aquellos que desarrollan una doble depresión son mucho más propensos a sufrir episodios recurrentes en los años subsiguientes. Cuando aquellos niños que tuvieron un episodio de depresión llegan a la adolescencia o a la temprana adultez, uno de cada tres sufre de desórdenes depresivos o maníaco-depresivos.

El costo que esto tiene para los niños va más allá del sufrimiento causado por la depresión en sí misma. Kovacs me dijo: "Los niños aprenden las habilidades sociales en la relación con sus pares. Por ejemplo, ante la imposibilidad de obtener algo que se desea, se ve cómo hacen otros niños para manejar una situación análoga y luego intenta uno hacer lo propio. Pero los niños deprimidos, en la escuela, tienden a relacionarse con los niños abandonados, aquellos con quienes los otros no juegan demasiado".[28]

El resentimiento y la tristeza que sienten estos niños los lleva a evitar el contacto inicial con los demás, o a mirar para otro lado cuando otro niño intenta acercarse a ellos, una señal social que el otro niño interpreta como un desaire. El resultado final es que los niños deprimidos terminan siendo rechazados o abandonados en el patio de juegos. Esta laguna en su experiencia interpersonal implica que se pierden lo que normalmente aprenderían en la agitación del juego, lo que los deja social y emocionalmente rezagados, con demasiados temas en los que ponerse al día una vez que la depresión cede.[29]

En realidad, cuando se ha comparado a los niños que padecen depresión con aquellos que no la padecen, se los ha hallado socialmente ineptos, con menos amigos, menos elegidos por los otros como compañeros de juegos, menos populares, y con más problemas de relación con los demás.

Un costo adicional para estos niños es su pobre desempeño escolar; la depresión interfiere su memoria y su concentración, haciéndoles más difícil prestar atención en clase y retener lo que se les enseña. Un niño que no siente alegría ante nada encontrará que es difícil reunir la energía necesaria para enfrentar lecciones que son un desafío, perdiéndose la experiencia que fluye del mismo aprendizaje. Comprensiblemente, cuanto más deprimidos estaban los niños estudiados por Kovacs, más fracasos obtenían en sus grados y más pobre era su rendimiento en las pruebas de objetivos, por lo que tenían más probabilidades de ser retenidos en la escuela y repetir el grado. De hecho, había una relación directa entre la duración de la depresión del niño y su promedio de puntaje escolar, como un constante peso sobre el curso completo del episodio. Toda esta agitación académica, naturalmente, agrava la depresión. Como observa Kovacs, "Imagine que se siente deprimido, y es suspendido en la escuela, y entonces se queda en casa, sentado, en lugar de estar jugando con otros niños".

Formas de pensamiento que provocan depresión

Al igual que sucede entre los adultos, las maneras pesimistas de interpretar los fracasos de la vida parecen alimentar la sensación de desamparo y de desesperanza en el corazón de los niños deprimidos. Que la gente que ya se encuentra deprimida piensa de esa manera, es algo que se sabe hace tiempo. Lo que se ha descubierto hace sólo poco tiempo, sin embargo, es que los niños más propensos a la melancolía tienden hacia esta actitud pesimista antes de caer víctimas de la depresión. Poder vislumbrar a tiempo esta actitud abre la posibilidad de protegerlos de la depresión antes de que esta haga su aparición.

Una línea de evidencia surge de estudios sobre las creencias de los niños acerca de su propia habilidad para controlar lo que ocurre en sus vidas, por ejemplo, la de ser capaces de lograr que las cosas cambien para mejor. Esto se puede evaluar oyendo las opiniones de los niños sobre ellos mismos en aseveraciones como las siguientes: "Cuando tengo problemas en casa soy mejor que los otros chicos para resolverlos" y "Cuando me esfuerzo, paso de grado". Los niños que no expresan ninguna de estas descripciones positivas prueban que tienen escasa convicción de que pueden hacer algo para cambiar las cosas; esta sensación de impotencia es mayor en niños que se encuentran más deprimidos.[30]

Un estudio revelador observó a alumnos de quinto y sexto grado en los días anteriores a recibir su boletín de calificaciones. Como todos recordamos, los boletines de calificaciones son una de las fuentes más grandes de júbilo y, a la vez, de desesperación durante la niñez. Pero los investigadores encontraron una marcada consecuencia en la forma en que cada niño evaluó su rol cuando obtuvieron resultados peores a los esperados. Aquellos que vieron al fracaso como debido a un defecto personal (Soy estúpido), se sintieron más deprimidos que los otros que lo explicaron en términos de algo que podían modificar (Si trabajo más esforzadamente con mi tarea de matemática, obtendré mejores calificaciones).[31]

Los investigadores seleccionaron un grupo de niños de tercero, cuarto y quinto grado a quienes sus compañeros habían segregado, e hicieron un seguimiento de aquellos que continuaron siendo proscriptos escolares al año siguiente. La manera en que los niños se plantearon a sí mismos la causa del rechazo fue crucial para establecer la posibilidad de que eso les causara, o no, depresión. Aquellos que vieron el rechazo como consecuencia de un defecto en ellos mismos, se deprimieron más. Pero los optimistas, que sentían que podían hacer algo para mejorar las cosas, no se deprimieron particularmente a pesar de los continuos rechazos.[32]

Y en un estudio realizado entre niños que atravesaban la conflictiva transición al séptimo grado, aquellos que tenían una actitud pesimista, respondían ante cualquier problema escolar o a presiones domésticas adicionales con una caída en la depresión.[33]

La evidencia más directa de que una actitud pesimista hace a los niños mucho más susceptibles a la depresión proviene de un estudio realizado con niños que comenzaban su tercer grado, y que se prolongó por cinco años.[34]

Entre los niños más pequeños, la evidencia más fuerte en indicar que caerían en la depresión surgía de quienes tenían una actitud pesimista, sumada a un golpe serio, tal como el divorcio de los padres o una muerte en la familia, que dejaba a los niños desconcertados y perturbados, presumiblemente con padres poco capaces de oficiar de amortiguación afectiva. A medida que los niños avanzaban por el trayecto de la escuela elemental, se produjo un cambio revelador en su forma de evaluar los buenos y los malos sucesos de su vida, incrementándose su tendencia a imputarlos a características propias de ellos mismos: "Me va bien en la escuela porque soy inteligente"; "No tengo muchos amigos porque no soy divertido". Este cambio parece ir instalándose gradualmente entre el tercer y el quinto grado. Mientras esto ocurre, aquellos niños que desarrollan una actitud pesimista, atribuyendo los reveses en sus vidas a un defecto propio, comienzan a ser presas de estados depresivos como reacción ante los contratiempos. Peor aún, la experiencia de la depresión misma parece reforzar estas maneras pesimistas de pensar, de manera que, aunque la depresión remita, el niño queda con lo que constituirá una cicatriz emocional, un conjunto de convicciones alimentadas por la depresión y solidificadas en su mente, tales como pensar que él no puede ser un buen alumno, que es desagradable, y no puede hacer nada para escapar de su personalidad melancólica. Estas ideas fijadas en su mente pueden hacerlo todo lo vulnerable que se requiere para que vuelva a tener depresión a lo largo de su vida.

Acorralado en la depresión

Hay buenas noticias: existen signos de que, enseñándoles a los niños maneras más productivas de evaluar sus dificultades, disminuye el riesgo de depresión*. En un estudio realizado en una escuela secundaria de Oregon, uno de cada cuatro estudiantes tenían lo que los psicólogos llaman "depresión de bajo nivel", que no era lo suficientemente severa como para pensar que iba más allá de la infelicidad ordinaria.[35] Algunos podían haberse hallado en las primeras semanas o meses de lo que iba camino de ser una depresión.

En una clase especial que se dio después de hora, setenta y cinco alumnos con depresión moderada aprendieron a enfrentar las maneras de pensar asociadas a la depresión, a volverse más proclives a trabar amistades, a llevarse mejor con sus padres, y a intervenir en más actividades sociales que les resultaran placenteras. Hacia el final del programa de ocho semanas, el 55% de los alumnos se había recuperado de su depresión benigna, en tanto solamente una cuarta parte de otros que estaban igualmente deprimidos —pero no participaban en el programa— habían comenzado a eliminar su depresión. Un año más tarde, una cuarta parte de los que se encontraban en el grupo de control había caído en una depresión severa, frente a tan sólo el 14% de los estudiantes incluidos en el programa de prevención de la depresión. Aunque no duraron más que ocho sesiones, las clases parecieron eliminar la mitad del riesgo de depresión.[36]

Similares descubrimientos promisorios surgieron de clases especiales dadas una vez por semana a niños entre diez y trece años peleados con sus padres y que mostraban algunas señales de depresión. En sesiones después del horario escolar, aprendieron algunas habilidades emocionales básicas, incluyendo la manera de manejar los desacuerdos, el pensar antes de actuar y, lo que quizá sea lo más importante, enfrentar los pensamientos pesimistas asociados a la depresión, como por ejemplo, decidirse a estudiar más tras un fracaso en un examen, en lugar de pensar: "No soy lo suficientemente inteligente".

Lo que los niños aprenden en estas clases es que estados de ánimo tales como la ansiedad, la tristeza y la rabia no se apoderan de uno sin que los pueda controlar, sino que es posible modificar lo que se siente mediante lo que se piensa , señala Martin Seligman, uno de los ejecutores

* En los niños, a diferencia de los adultos, la medicación no es una alternativa clara a la terapia o la educación preventiva para tratar la depresión; los niños metabolizan los medicamentos de manera distinta que los adultos. En estudios dirigidos realizados con niños, los antidepresivos tricíclicos, que suelen dar buenos resultados con los adultos, no han mostrado ser mejores que una droga placebo inactiva. Algunos nuevos medicamentos antidepresivos, por ejemplo Prozac, aún no se han probado en los niños. Y la desipramina, uno de los tricíclicos de uso más común (y seguro) en adultos, se ha vuelto en estos tiempos el foco de una investigación de la FDA (Administración de Alimentos para la Salud) ya que se considera una causa posible de muerte en los niños.

del programa de doce semanas. Teniendo en cuenta que la lucha contra los pensamientos depresivos vence a la melancolía acumulada, Seligman agrega: "Es un refuerzo de un instante, que se convierte en hábito".

Una vez más, las sesiones especiales bajaron el nivel de las depresiones a la mitad, y el efecto se prolongó por dos años. Un año después de que las clases terminaran, sólo un 8% de los que participaron mostró un nivel entre moderado y severo de depresión en un test que se les realizó, contra el 29% de los del grupo de control. Y al cabo de dos años, cerca del 20% de los asistentes al curso mostraron alguna señal de al menos depresión benigna, comparado al 44% del grupo de control.

El aprendizaje de habilidades emocionales en la cúspide de la adolescencia puede resultar especialmente útil. Seligman observa: "Estos chicos parecen ser mejores en manejar la agonía rutinaria del rechazo. Parecen haberlo aprendido en un momento crucial de riesgo potencial de depresión, justo al cumplir diez años. Y estas lecciones parecen persistir y fortalecerse en el curso de los años posteriores, lo que permite inferir que los niños realmente las ponen en práctica en su vida cotidiana".

Otros expertos en la infancia aplauden este programa: "Si desea hacerse algo con respecto a enfermedades psiquiátricas como la depresión, debe hacerse antes de que los niños se enfermen", comentó Kovacs. "La verdadera solución es la inoculación psicológica."

Trastornos en la alimentación

Durante mis años de estudiante graduado en clínica psicológica, allá en los lejanos sesenta, conocí a dos mujeres que padecían transtornos de la alimentación, aunque sólo me di cuenta de esto después de varios años. Una de ellas era una brillante graduada en Matemática de la Universidad de Harvard, una amiga de mis años de posgraduado; la otra pertenecía al equipo del MIT (Massachussets Institute of Technology). La matemática, a pesar de ser casi esquelética, simplemente no podía comer; la comida, decía, le repugnaba. La otra, bibliotecaria, tenía una figura voluminosa, y era afecta a darse atracones de helado, torta de zanahorias de Sara Lee, y otros postres. Después de atiborrarse con ellos, me confesó una vez con cierto embarazo, solía esconderse en el baño y provocarse el vómito. Hoy en día la matemática sería diagnosticada como enferma de anorexia nerviosa, y la bibliotecaria, de bulimia.

En aquellos años no existían tales rótulos. Los clínicos recién estaban comenzando a hablar sobre el problema. Hilda Bruch, pionera de este movimiento, publicó su famoso artículo sobre desórdenes de la alimentación en 1969.[37] Bruch, perpleja ante la cantidad de mujeres que se estaban literamente matando de hambre, postuló que una de las varias causas subyacentes de este fenómeno radicaba en la incapacidad de identificar y responder adecuadamente a las demandas del cuerpo, especialmente, por supuesto, el hambre. Desde entonces, la literatura clínica sobre trastornos de la alimentación ha proliferado, proponiendo una enorme cantidad de causas posibles, que van desde las jovencitas presionadas a competir con inalcanzables parámetros de belleza femenina, hasta madres invasoras que atrapan a sus hijas en una red de culpa y censura.

Muchas de estas hipótesis tropezaban con un serio inconveniente: eran extrapolaciones surgidas de observaciones realizadas durante la terapia. Son preferibles, desde un punto de vista científico, los estudios de grandes grupos de personas a lo largo de un período de varios años, en los que se pueda ver quiénes, entre todos ellos, eventualmente logran vencer la dificultad. Esa clase de estudios permite una clara comparación que puede indicar, por ejemplo, si tener padres represivos predispone a una joven a tener trastornos en la alimentación. Más allá de esto, se puede identificar el conjunto de condiciones que conducen al problema, y distinguirlas de otras que pueden parecer la causa, pero que en realidad tanto pueden encontrarse en personas que no sufren este problema como en quienes concurren al tratamiento.

Cuando se realizó, precisamente, un estudio de estas características entre más de novecientas niñas de séptimo a décimo grado, se descubrió que el principal de todos los factores concurrentes para este problema, era el déficit emocional, especialmente el observado en la dificultad para contarse una a la otra los sentimientos que las perturbaban y poder controlarlos.[38] Aún en el décimo grado de esta escuela secundaria de Minneapolis, correspondiente a un sector de alto poder adquisitivo, se detectaron sesenta y una niñas que ya mostraban síntomas serios de anorexia o bulimia. Cuanto más serio era el problema, peor respuesta mostraban las niñas ante los contratiempos, las dificultades y las situaciones enojosas de menor importancia, mostrando intensos pensamientos negativos que no eran capaces de apaciguar, y menor era su conciencia de cuáles eran, exactamente sus sentimientos. Cuando estas dos tendencias emocionales se unían a un estado de completa insatisfacción respecto de sus cuerpos, el resultado era la anorexia o la bulimia. Los padres sobreprotectores o represivos no demostraron jugar un papel principal en los trastornos de la alimentación. (Como advirtiera la propia Bruch, era improbable que las teorías basadas en miradas retrospectivas fueran exactas; por ejemplo, los padres pueden fácilmente volverse sobreprotectores como respuesta a los trastornos alimentarios de sus hijas, en su desesperación por ayudarlas). También se consideran irrelevantes las explicaciones populares tales como el miedo a la sexualidad, un comienzo prematuro de la pubertad, o la baja autoestima.

En lugar de eso, la cadena causal que reveló este estudio comenzaba con los efectos que provoca sobre las jovencitas el crecer en una sociedad que considera a la delgadez antinatural como signo de belleza femenina. Aún antes de la adolescencia, las niñas adquieren conciencia de su peso. Una niña de seis años, por ejemplo, rompió a llorar cuando su madre le propuso ir a nadar, diciendo que se vería gorda en traje de baño. De hecho, dice su pediatra, que es quien relata la historia, su peso era normal para su estatura.[39]

En un estudio realizado sobre 271 adolescentes, la mitad de ellas pensaba que eran demasiado gordas, aunque la amplia mayoría tenía un peso normal. Pero el estudio realizado en Minneapolis mostró que la obsesión por estar excedidas de peso no es, por sí sola, causa suficiente para los trastornos alimentarios.

Algunas personas obesas son incapaces de distinguir la diferencia entre estar asustadas, enojadas o hambrientas, y entonces agrupan todos estos sentimientos en un único significado, que es el de hambre, lo que las lleva a ingerir demasiada comida toda vez que se sienten perturbadas.[40]

Algo similar parece ocurrirles a estas chicas. Gloria León, la psicóloga de la Universidad de Minnesota que realizó el estudio sobre las jóvenes y los trastornos de la alimentación, observó que estas jóvenes "tienen escasa conciencia de sus sentimientos y de las señales que envían sus cuerpos, lo que conforma el más claro pronóstico de que padecerán algún tipo de trastorno alimentario en los dos años subsiguientes. La mayoría de los niños aprenden a distinguir entre todas sus sensaciones, y a indicar si se sienten aburridos, enojados, deprimidos o hambrientos; esto es un aspecto básico del aprendizaje emocional. Pero estas niñas tienen problemas para distinguir entre sus sentimientos básicos. Pueden tener un problemas con sus novios, y no estar seguras de si se sienten enojadas, ansiosas o deprimidas, sólo sienten una difusa conmoción emocional con la que no saben lidiar eficazmente. En lugar de eso, tratan de sentirse mejor comiendo; esto puede llegar a convertirse en un fuerte hábito emocional de defensa".

Pero cuando esta costumbre de calmarse de esta forma interactúa con las presiones que recibe la joven para mantenerse delgada, se abre el camino para el desarrollo de trastornos en la alimentación. "Al principio, puede llegar a atracarse de comida", señala León. "Pero para permanecer delgada puede apelar a vomitivos o laxantes, o a intensos esfuerzos físicos para perder el peso ganado con el exceso de comida. Otro de los posibles caminos que puede tomar esta lucha por manejar la confusión emocional es que la joven deje directamente de comer, lo que puede parecerle una forma de tener, al menos, algo de control contra estos sentimientos abrumadores".

La combinación de esta escasa conciencia de su interior y las débiles habilidades sociales implica que estas jóvenes, cada vez que se sienten trastornadas a causa de sus amigos o de sus padres, fracasan en su intento para mejorar, o bien sus relaciones, o bien su propio malestar. En lugar de eso, su malestar pone en acción los mecanismos que conducen a los trastornos en su alimentación, sean estos la anorexia o la bulimia, o el simple atracón. Un tratamiento efectivo para estas jóvenes, cree León, necesita incluir algunas instrucciones correctivas para cubrir las habilidades emocionales de las cuales carecen. "Los clínicos comprueban", me confió, "que si se apunta a los déficits, la terapia funciona mejor. Estas jóvenes necesitan aprender a identificar sus sentimientos y a aprender a calmarse o a manejar mejor sus relaciones, por otros medios que no sean la utilización de sus malos hábitos alimentarios".

Sólo para solitarios: los marginados y la deserción escolar

Drama desarrollado entre alumnos de grados primarios: Ben, un alumno de cuarto grado con pocos amigos, acaba de oír de boca de su único compinche, Jason, que durante este período de hora de almuerzo ya no jugarán juntos, ya que Jason quiere jugar con otro chico, Chad, en lugar de hacerlo con él. Ben, derrumbado, deja caer la cabeza y llora. Luego de que su llanto se apacigua, Ben se aproxima a la mesa en la que están comiendo Jason y Chad.

—¡Te odio! —le grita Ben a Jason.

—¿Por qué? —pregunta Jason.

—¡Porque mentiste! —contesta Ben, con tono acusatorio—. Dijiste que toda esta semana ibas a jugar conmigo, y mentiste.

A continuación, Ben se dirige altivamente a su mesa vacía, llorando calladamente. Jason y Chad van tras él, tratando de hablarle, pero Ben se cubre las orejas con las manos, ignorándolos con determinación, y sale corriendo del salón comedor para ir a esconderse detrás de la escuela Dumpster. Un grupo de niñas que han presenciado la escena, intentan oficiar de mediadoras, yendo en busca de Ben y diciéndole que Jason desea que él también se incorpore al juego. Pero Ben no quiere saber nada, y les dice que lo dejen solo. Lame sus heridas, sollozando enfurruñado, desafiantemente solo.[41]

Un momento conmovedor, sin duda; el sentimiento de sentirse rechazado y sin amigos es uno de los peores que se atraviesan en la infancia y la adolescencia. Pero lo más revelador en la conducta de Ben es su incapacidad para responder a los esfuerzo realizados por Jason para repa rar su amistad, postura esta que prolonga su crisis cuando debería haber concluido. Semejante incapacidad para medir las señales clave es típica entre los niños que no son populares; como ya hemos visto en el Capítulo 8, los niños socialmente rechazados no hacen una buena lectura de las señales sociales y emocionales. Y aun cuando lo hacen, tienen un repertorio limitado de respuestas a las mismas.

Abandonar la escuela es un particular riesgo que corren estos niños que son rechazados. El promedio de abandono entre aquellos niños rechazados por sus pares es entre dos y ocho veces más grande que el de los niños que tienen amigos. Un estudio demostró, por ejemplo, que cerca del 25% de los niños que no eran populares en la escuela primaria habían abandonado los estudios antes de completar la secundaria, comparado a un promedio general del 8%.[42]

No hay mucho de qué asombrarse: basta imaginarse pasar treinta horas semanales en un lugar adonde no se le gusta a nadie.

Dos clases distintas de tendencias emocionales llevan a los niños a terminar como proscritos sociales. Como hemos visto, una de ellas es la propensión a tener ataques de furia y a percibir hostilidad donde no la hay. La segunda es ser tímidos, ansiosos y socialmente retraídos. Pero por sobre todos estos factores de temperamento, son los chicos que están al margen, aquellos cuya torpeza hace sentir incómodos a los demás, los que tienden a ser dejados de lado.

Una de las evidencias de que se encuentran al margen, son las señales emocionales que envían. Cuando se le pidió a un grupo de escolares que expresaran una emoción como el disgusto o la rabia con expresiones de sus rostros que mostraran varias emociones, hicieron muchos menos gestos que los niños populares. Al pedírsele a niños de jardín de infantes que explicaran cómo se harían amigos de alguien, o cómo evitarían pelearse con alguien, fueron los chicos menos populares, aquellos con los cuales los otros no querían jugar, los que dieron respuestas desafiantes ("Pegarle", cuando se les preguntó qué hacer si ambos querían el mismo juguete, por ejemplo), o vagas referencias a pedirle ayuda a algún adulto. Y cuando se les solicitó a adolescentes que dramatizaran el sentirse tristes, enojados o pendencieros, los más impopulares hicieron la actuación menos convincente. No es sorprendente que estos niños sientan que son incapaces de hacer algo para ganar amigos; su incompetencia social se convierte en una profecía autocumplida. En lugar de aprender nuevas maneras de hacer amigos, simplemente continúan haciendo aquello que no funcionó en el pasado, o aparecen con respuestas aún más inadecuadas.[43]

En la lotería por la preferencia de los otros, estos chicos pierden por carecer de la clave de criterios emocionales: no son vistos por los otros como divertidos, y no saben hacer que el chico que se encuentra con ellos se sienta mejor. Observaciones efectuadas sobre niños impopulares en hora de juegos muestran, por ejemplo, que son mucho más propensos que otros a engañar, enfurruñarse, abandonar si pierden, y a alardear y jactarse si ganan. Por supuesto, la mayoría de los niños quieren ganar cuando juegan, pero ganen o pierdan, son capaces de controlar su reacción emocional para que no vulnere la relación con sus compañeros de juegos.

En tanto aquellos niños que son socialmente sordos —que constantemente tienen problemas para leer y responder a las emociones— terminan como aislados sociales, esto, por supuesto, no se aplica a aquellos que pasan temporariamente por un período en el que se sienten excluidos. Pero para los que son continuamente excluidos y rechazados, su dolorosa condición de marginados pesa sobre ellos a medida que avanza su vida escolar. Las consecuencias de terminar socialmente marginados se agravan cuando el niño llega a la adultez. Es en el calor de las amistades íntimas y en el tumulto del juego que el niño perfecciona las habilidades sociales y emocionales que aplicará en sus relaciones futuras. Los niños que son excluidos de este aspecto del aprendizaje quedan, inevitablemente, en desventaja.

Comprensiblemente, aquellos que son rechazados demuestran gran ansiedad y honda preocupación, mostrándose muchas veces depresivos y solitarios. De hecho, la popularidad de un niño que cursa el tercer grado ha demostrado ser un mejor pronosticador de los problemas mentales que pueda o no tener a los dieciocho años, incluso mejor que las evaluaciones de docentes y cuidadores, el desempeño escolar, el CI, y las mediciones de tests psicológicos.[44]

Y, como ya hemos visto, en posteriores instancias de la vida, individuos quienes tienen pocos amigos y son solitarios crónicos corren un riesgo mucho mayor de contraer enfermedades o de muerte prematura.

Como lo señalara el psicoanalista Harry Stack Sullivan, uno aprende a negociar en las relaciones íntimas, o sea a zanjar las diferencias y a compartir los sentimientos más profundos, en las primeras amistades que tiene con los compinches del mismo sexo. Pero los niños que son rechazados socialmente tienen la mitad de posibilidades que sus pares de tener un amigo preferido durante los cruciales años de la escuela primaria, y de esta manera pierden una de las posibilidades esenciales de crecimiento emocional.[45]

Un solo amigo puede marcar la diferencia, aún cuando todos los demás den la espalda, y la amistad no sea lo suficientemente sólida.

Entrenamiento para la amistad

Hay una esperanza para los niños rechazados, a pesar de su ineptitud. Steven Asher, psicólogo de la Universidad de Illinois, ha preparado una serie de sesiones de "entrenamiento para la amistad" para niños que no son populares, que ha demostrado tener cierto éxito.[46] Identificando a alumnos de tercer y cuarto grado que eran los menos queridos en sus clases, Asher les dio seis sesiones sobre "cómo hacer que los juegos sean más divertidos", mediante ser "amistosos, divertidos y agradables". Para evitar que fueran estigmatizados, a los chicos se les dijo que actuaban como "consultantes" del entrenador, que estaba tratando de aprender qué clase de cosas podían hacer para que los juegos fueran más divertidos.

Los niños fueron entrenados para actuar de maneras que Asher descubrió como típicas del comportamiento de los niños más populares. Por ejemplo, fueron alentados a pensar formas alternativas de sugerencias o compromisos si no estaban de acuerdo con las reglas, en lugar de pelear; a recordar que debían charlar con el niño con el que estaban jugando e interesarse en hacerle preguntas; a prestarle atención y a observar qué estaba haciendo; a hacer algún comentario agradable cuando la otra persona tenía un acierto; a sonreír y a ofrecer ayuda, sugerencias o aliento. Los niños también trabajaron estas formalidades sociales jugando a juegos como "Recoger Palillos" con un compañero de clases, y luego se les informó cómo había sido su desempeño. Este minicurso acerca de cómo llevarse bien tuvo efectos notables: un año más tarde, los niños que habían sido entrenados, esos que habían sido seleccionados por ser los menos queridos de sus clases, se encontraban firmemente instalados en medio de la popularidad de sus clases. Ninguno era una estrella, pero tampoco había ningún rechazado.

Resultados similares obtuvo Stephen Nowicki, psicólogo de la Universidad de Emory.[47] Su programa prepara a marginados sociales a mejorar su habilidad para interpretar correctamente los sentimientos de los otros niños, y darles una respuesta adecuada. Los niños, por ejemplo, son filmados mientras expresan sentimientos tales como la felicidad o la tristeza, y son entrenados para mejorar su expresividad emocional. Luego trabajan su recién adquirida habilidad con un niño del cual quieran hacerse amigos.

Programas como estos han tenido entre un 50 y un 60% de éxito en elevar la popularidad de los niños rechazados. Tal como están diseñados hasta ahora, parecen funcionar mejor entre niños del tercer y cuarto grados, que entre niños de grados superiores, y ser más efectivos en el caso de niños socialmente ineptos que en el de niños agresivos. Pero estas son cuestiones que se pueden mejorar; los signos alentadores son que muchos de los niños rechazados por los otros pueden ser incluidos dentro del círculo de la amistad con un poco de entrenamiento emocional básico.

Alcohol y drogas: la adicción como automedicación

Los estudiantes del campus local lo llaman "beber hasta perderse", o sea, emborracharse con cerveza hasta el punto de perder el sentido. Una de las técnicas que utilizan es la de conectar un embudo a una manguera de jardín, para que la cerveza pueda descender en menos de diez segundos. El método no es una excentricidad aislada. Un informe demostró que dos quintos de los estudiantes secundarios varones beben más de siete copas por vez, en tanto el 11% se autodenominan "bebedores fuertes". Otra calificación podría ser, por cierto, la de "alcohólicos".[48] Cerca de la mitad de los universitarios varones, y el 40% de las mujeres, tienen al menos dos episodios mensuales de borracheras.[49]

Mientras que en los Estados Unidos el consumo de drogas entre la juventud disminuyó, en líneas generales, durante los años ochenta, hay una tendencia sostenida hacia el consumo de alcohol a edades cada vez más tempranas. Un informe realizado en 1993 mostró que el 35% de las universitarias dijeron beber para emborracharse, en tanto sólo el 10% lo hacía en 1977; en general, uno de cada tres estudiantes bebe para emborracharse. Eso plantea otros riesgos: el 90% de todas las violaciones denunciadas en los campus universitarios ocurrieron cuando el asaltante o la víctima —o ambos— habían estado bebiendo.[50] Los accidentes relacionados con el alcohol son la principal causa de muerte entre jóvenes desde los quince a los veinticuatro años.[51]

Las experiencias con el alcohol o con las drogas parecen ser un rito iniciático para los adolescentes, pero esta primera prueba tiene efectos a largo plazo en muchos de ellos. En la mayoría de los casos de alcohólicos o de consumidores de drogas, el comienzo de la adicción puede ser rastreado hasta sus años de adolescencia, aunque no todos los que hacen la prueba terminan como alcohólicos o drogadictos. Para cuando abandonan la escuela secundaria, el 90% de los estudiantes han probado el alcohol, aunque sólo el 14% de ellos se convierte en alcohólicos; de los millones de norteamericanos que han probado la cocaína, menos del 5% se vuelve adicto.[52] ¿Qué causa la diferencia?

Con toda seguridad, aquellos que viven en un vecindario con una elevada tasa de criminalidad, en los que el crack se vende en cada esquina, y el distribuidor de drogas es tomado como prominente modelo local de éxito económico, corren un riesgo mayor de abuso de sustancias tóxicas. Algunos pueden acabar siendo adictos luego de haber actuado por un corto tiempo como distribuidores, otros, simplemente, por el acceso fácil o una naciente cultura que jerarquiza el consumo de drogas, un factor que eleva el riesgo del consumo de drogas en cualquier vecindario, aun en aquellos —y tal vez especialmente— de mayor poder adquisistivo. Pero el interrogante subsiste: entre todos los que están expuestos a estos señuelos y presiones, más los que experimentan con esto, ¿por qué algunos son más propensos que otros a terminar con un hábito permanente?

Una teoría científica en boga afirma que aquellos que adquieren el hábito, volviéndose dependientes del alcohol o de las drogas, usan estas sustancias como una especie de medicina que resuelve los problemas, una manera de calmar sus sentimientos de ansiedad, enfado o depresión. En sus primeras experiencias creen haber dado con la forma química de calmar los sentimientos de ansiedad o de melancolía que los han atormentado. De esta forma, de un seguimiento efectuado a lo largo de dos años entre alumnos de séptimo y octavo grado surge que fueron los que demostraban tener más elevados índices de disturbios emocionales quienes, consecuentemente, más tarde tuvieron también los índices más altos de abuso de sustancias tóxicas.[53]

Esto puede explicar por qué tantos jóvenes son capaces de experimentar con drogas o bebidas sin convertirse en adictos, en tanto otros se transforman en dependientes casi desde el comienzo: los que se muestran más vulnerables a la adicción parecen encontrar en las drogas o en el acohol una forma instantánea de calmar las emociones que los han perturbado durante años.

Ralph Tarter, psicólogo del Western Psychiatric Institute and Clinic de Pittsburgh, lo expresa de esta manera: "A la gente biológicamente predispuesta, el primer trago o la primera dosis de droga los fortalece inmensamente, de una manera que otras personas no pueden experimentar. Muchos drogadictos recuperados me han confiado: 'Cuando probé mi primera droga, me sentí normal por primera vez'. Los estabiliza psicológicamente, al menos en el corto plazo".[54] En eso consiste, naturalmente, el pacto con el diablo de la adicción: un sentimiento de bienestar en el corto plazo, a cambio de la destrucción constante del resto de la vida.

Ciertas pautas emocionales parecen volver a las personas más propensas a encontrar alivio emocional en una sustancia que en otra. Por ejemplo, hay dos caminos emocionales que conducen al alcoholismo. Uno comienza con alguien que ha sido muy reprimido y ansioso durante la niñez, que descubre en la adolescencia que el alcohol le calma esa ansiedad. Con mucha frecuencia son hijos de alcohólicos que, en su momento, también se volcaron al alcohol como medio para calmar sus nervios. Un indicador biológico de esta estructura es la baja secreción de GABA, un neurotransmisor que regula la ansiedad: un nivel muy bajo de GABA indica un nivel muy alto de ansiedad. Un estudio demostró que los hijos de padres alcohólicos tenían un nivel bajo de GABA y eran extremadamente ansiosos, pero que cuando bebían alcohol su nivel de GABA aumentaba, a la vez que su ansiedad disminuía.[55] Estos hijos de alcohólicos beben para aliviar su tensión, encontrando en el alcohol un relajante que parecen no encontrar por otros caminos. Esta clase de personas pueden ser también vulnerables al abuso de sedantes tanto como de alcohol, en busca del mismo efecto reductor de la ansiedad.

Un estudio neuropsiquiátrico efectuado a hijos de alcohólicos que a los doce años evidenciaban signos de ansiedad tales como la aceleración del ritmo cardíaco en respuesta a la presión, e impulsividad, halló que los chicos también tenían bajo nivel de funcionamiento del lóbulo frontal.[56] A raíz de esto, aquellas áreas del cerebro que podrían haberlos ayudado a calmar su ansiedad o a controlar su impulsividad les ofrecían menos ayuda que al resto de la gente. Y desde el momento en que la memoria también se ubica en los lóbulos prefrontales, función esta que conserva en la mente las consecuencias de varios cursos de acción cuando se toma una decisión, un déficit en esas áreas puede ayudar a una caída en el alcoholismo contribuyendo a que ignoren los efectos a largo plazo de este, en tanto hallan inmediato alivio a su ansiedad a través del alcohol.

Este anhelo de calma parece ser un indicador emocional de susceptibilidad genética al alcoholismo. Un estudio sobre trece mil familiares de alcohólicos descubrió que los hijos de alcohólicos que corrían mayor riesgo de convertirse ellos mismos en alcohólicos eran los que habían demostrado tener índices más altos de ansiedad crónica. En realidad, los investigadores llegaron a la conclusión de que el alcoholismo se desarrolla entre quienes lo utilizan como "automedicación de los síntomas de la ansiedad".[57]

Un segundo camino emocional hacia el alcoholismo proviene de un índice alto de agitación, impulsividad, y tedio. Esta estructura aparece en la infancia, mostrando a un niño intranquilo, irritable y difícil de manejar, que cuando está en la escuela primaria parece no tener sosiego, es hiperactivo, y propenso a meterse en problemas, una tendencia que puede llevar a estos niños, como ya hemos visto, a buscar a sus amigos entre los marginales, iniciándolos en una carrera criminal o a ser diagnosticados como padeciendo "desorden antisocial de la personalidad". Estas personas (que son mayoritariamente hombres), tienen como principal desorden emocional la agitación; su principal debilidad es la impulsividad descontrolada; su reacción habitual ante el tedio —en el que caen con frecuencia—, es la búsqueda impulsiva de riesgo y excitación. Como adultos, las personas que tienen esta estructura emocional (que puede ser debida a deficiencias en otros dos neurotransmisores, la serotonina y la MAO), encuentran que el alcohol puede aplacar su agitación. Y el hecho de que no puedan soportar la monotonía los conduce a estar siempre dispuestos a intentar cualquier cosa; esto, unido a su general impulsividad, los hace propensos a abusar de una lista casi indiscriminada de drogas, además del alcohol.[58]

Mientras que la depresión puede llevar a algunos a beber, los efectos metabólicos del alcohol a menudo empeoran la depresión después de una breve euforia. Las personas que se vuelcan al alcohol en busca de un paliativo emocional, encuentran que funciona mucho mejor para la ansiedad que para la depresión. Una clase enteramente diferente de drogas son las que calman los sentimientos de quienes están deprimidos, al menos temporariamente. El sentirse crónicamente desdichada, pone a la gente ante el gran riesgo de adquirir adicción a estimulantes como la cocaína, que otorga un antídoto directo contra la depresión. Un estudio demostró que a más de la mitad de los pacientes tratados en una clínica por adicción a la cocaína, podrían habérseles diagnosticados depresión severa antes de que cayeran en ese hábito, y cuanto más profunda era esta, más fuerte era el hábito.[59]

La ira crónica puede conducir a otra clase de susceptibilidad. En un estudio realizado con cuatrocientos pacientes en tratamiento por adicción a la heroína y otros opiáceos, la más ostensible pauta emocional que mostraban era una dificultad de toda la vida para manejar la ira, y una gran rapidez para estallar de furia. Algunos de los mismos pacientes dijeron que con los derivados del opio finalmente lograron sentirse normales y relajados.[60]

Aunque la predisposición al abuso de sustancias tóxicas puede, en muchos casos, deberse a causas neurológicas, los sentimientos que llevan a la gente a "automedicarse" por medio del alcohol o las drogas pueden ser manejados sin recurrir a la medicación, como lo han demostrado Alcohólicos Anónimos y otros programas de recuperación. La adquisición de habilidades para manejar esos sentimientos —calmar la ansiedad, reducir la depresión o apaciguar la ira—, aplaca los impulsos de recurrir a las drogas o al alcohol en primer lugar. Estas habilidades emocionales básicas son enseñadas terapéuticamente en los programas de tratamiento del consumo de drogas o de alcohol. Sería mucho mejor, por supuesto, si se aprendieran más temprano en la vida, antes de que el hábito se estableciera.

Basta de guerras: un camino final preventivo y común

Durante prácticamente toda la última década, se han declarado "guerras" sucesivas contra el embarazo de las adolescentes, los marginados y la deserción escolar, las drogas y, más recientemente, la violencia.

El problema con estas campañas, sin embargo, es que llegan demasiado tarde, después de que el problema objetivo ha adquirido proporciones de epidemia y se ha enraizado firmemente entre la juventud. Son recursos de crisis, el equivalente a resolver un problema enviando una ambulancia al rescate, en lugar de inocular previamente para evitar que aparezca la enfermedad. En lugar de más de estas guerras, lo que necesitamos es seguir la lógica de la prevención, ofreciendo a nuestros niños las destrezas para enfrentar la vida, que aumentarán sus posibilidades de evitar todos y cada uno de estos destinos posibles.[61]

Mi énfasis en el lugar que ocupan los déficits emocionales y sociales no es para negar el papel de otros factores de riesgo, como puede ser el crecer en una familia abusiva y caótica, o en la miseria, o en un vecindario dominado por las drogas o el crimen. La pobreza en sí misma les da golpes emocionales a los niños: los más pobres, a la edad de cinco años, ya se sienten más atemorizados, ansiosos y tristes que sus pares más acomodados, y tienen más problemas de conducta, como rabietas frecuentes y el destrozo de objetos, una tendencia que se prolonga en la adolescencia. La presión de la pobreza también corroe la vida familiar; en ella tienden a existir menos expresiones de calidez paternal, hay más madres deprimidas (que a menudo son solteras y desocupadas), y se confía mucho en la ventaja de los castigos rudos, como gritar, pegar y proferir amenazas físicas.[62]

Pero hay un papel que la aptitud emocional juega por encima de la familia y las fuerzas económicas: puede ser decisiva para determinar en qué medida un niño o adolescente cualquiera ha sido perjudicado por estas dificultades, o si ha logrado hallar un núcleo de resistencia y capacidad de recuperación para sobrevivir a ellas. Estudios a largo plazo de cientos de niños crecidos en medio de la pobreza, en familias abusivas o con un padre que padece una severa enfermedad mental, mostraron que aquellos que pueden recuperarse a pesar de enfrentarse a las más penosas dificultades, tienden a compartir las claves de su destreza emocional.[63] Estas incluyen una sociabilidad ganadora que atrae a los demás, confianza en ellos mismos, una actitud persistentemente optimista ante el fracaso y la frustración, la habilidad de recuperarse rápidamente tras un revés, y una personalidad fácil de llevar.

Pero una amplia mayoría de niños enfrentan estas dificultades sin contar con estas ventajas. Por supuesto, muchas de estas destrezas son innatas, una fortuna genética, pero aun las características del temperamento pueden mejorarse, como vimos en el Capítulo 14. Una línea de acción, por cierto, pasa por lo político y lo económico, aliviando la pobreza y otras condiciones sociales que alimentan esos problemas. Pero aparte de estas tácticas, que parecen figurar cada vez más abajo en la lista de prioridades, es mucho lo que se puede ofrecer a los niños para ayudarlos a enfrentar mejor dificultades tan debilitadoras como estas.

Tomemos el caso de los desórdenes emocionales, aflicciones que cerca de uno de cada dos norteamericanos experimentan en el curso de su vida. Un estudio de una muestra representativa de 8.098 norteamericanos, demostró que el 48% de ellos sufrió al menos un problema de índole psiquiátrico en el curso de su vida.[64]

Había un 14% de personas que estaban más severamente afectadas, por haber desarrollado tres o más problemas de esa naturaleza a la vez. Este grupo era el que más conflictos tenía, dando cuenta de haber sufrido el 60% de todos los desórdenes psiquiátricos posibles en algún momento, y el 90% de los más severos e inhabilitantes. Si bien exigen un cuidado intensivo en este momento, el enfoque óptimo consistiría, de ser posible, en prevenir la aparición de estos problemas antes de su manifiestación. Seguramente, no todos los trastornos mentales pueden prevenirse, pero hay muchos que sí pueden serlo. Ronald Kessler, sociólogo de la Universidad de Michigan que realizó el estudio, me dijo: "Debemos intervenir temprano en la vida. Tomemos, por ejemplo, a una niña que sufre una fobia social cuando está en sexto grado, y comienza a beber en los primeros años de la secundaria para poder manejar sus ansiedades sociales. Cuando se acerca a los treinta años, que es el momento en que aparece en nuestro estudio, aún siente temor, se ha convertido en alcohólica y drogadicta, y está deprimida porque su vida es un caos. La gran pregunta es: ¿qué podríamos haber hecho anteriormente para eliminar esa espiral descendente?".

Lo mismo vale, por supuesto, para el caso de la marginación, la deserción escolar o la violencia, o la mayoría de la larga letanía de peligros que debe enfrentar hoy en día la juventud. En las últimas décadas han proliferado desordenadamente los programas educativos destinados a prevenir uno u otro problema específico, tales como el consumo de drogas y la violencia, dando lugar a la aparición de una nueva miniindustria en el mercado educativo. Pero muchos de ellos, incluso los más astutamente promocionados en el mercado y más ampliamente utilizados, han demostrado ser ineficaces. Incluso algunos de ellos, para decepción de los educadores, parecen haber aumentado la predisposición a sufrir el problema que pretendía evitarse, particularmente los destinados a prevenir el consumo de drogas o el sexo entre los adolescentes.

La información no es suficiente

Veamos un caso instructivo de abuso sexual de niños. Alrededor de 1993, se registraban alrededor de doscientas mil causas presentadas en los Estados Unidos, número que se incrementaba año tras año en un 10%. Y, en tanto las estimaciones muestran variaciones de magnitud, la mayoría de los expertos coinciden en afirmar que entre el 20 y el 30% de las niñas, y la mitad de los varones, al cumplir los diecisiete años ya han sido víctimas de alguna forma de abuso sexual (estas cifras se elevan o disminuyen de acuerdo a lo que se entienda por abuso sexual, entre otros factores).[65] No existe un único perfil del niño que es particularmente vulnerable al abuso sexual, pero casi todos se sienten desprotegidos, incapaces de resistir por sí solos, y aislados por lo que les ha sucedido.

Teniendo en cuenta estos riesgos, muchas escuelas han comenzado a ofrecer programas de prevención del abuso sexual. La mayoría de estos programas están fuertemente orientados a ofrecer información básica sobre el abuso sexual, por ejemplo enseñando a los niños la diferencia entre las caricias "buenas" o "malas", alertándolos sobre los peligros, y alentándolos a informar a un adulto cuando algo desgraciado les ocurre. Pero una investigación a nivel nacional efectuada con dos mil niños, descubrió que este entrenamiento básico era apenas mejor que nada —o, en realidad, peor que nada— en ayudarlos a evitar convertirse en víctimas de un matón de la escuela o de un abusador de menores.[66] Peor aún, los niños que habían recibido sólo este entrenamiento básico y que luego se convertían en víctimas de una agresión sexual, tenían la mitad de probabilidades que los niños que no habían recibido la instrucción de informar sobre él más tarde.

En contraste, los niños que habían recibido un entrenamiento más comprensivo, incluso sobre aptitudes emocionales y sociales que tenían relación con el tema, eran más capaces de protegerse de la amenaza de recibir abusos sexuales; estaban mucho más dispuestos a exigir que se los dejara en paz, a gritar o a ofrecer resistencia, a amenazar con denunciar el hecho, y a hablar realmente si algo les sucedía. Esta última ventaja —informar sobre la cuestión—, es preventiva en un sentido muy elocuente: muchos abusadores de menores molestan a cientos de ellos. Un estudio de abusadores llevado a cabo cuando estos rondaban los cuarenta años demostró que, en promedio, cometían un abuso por mes desde que eran adolescentes. Un informe sobre el conductor de un ómnibus escolar y sobre un profesor de computación de escuela secundaria, reveló que habían abusado, entre los dos, de trescientos niños por año, pero que ninguno de los niños lo había informado. El abuso salió a la luz sólo cuando una de las víctimas comenzó a abusar sexualmente de su hermanita.[67]

Los niños que tuvieron acceso a programas más comprensivos eran tres veces más proclives a informar sobre abusos sufridos, que los que habían recibido el programa mínimo. ¿Qué era lo que funcionaba tan bien? Estos programas no se centraban en un único aspecto de la cuestión, y eran dados varias veces en el curso de todo el ciclo escolar, como parte de la educación para la salud o la educación sexual. Comprometieron a los padres para que difundieran el mensaje entre los niños, simultáneamente a lo que se les enseñaba en la escuela (los chicos cuyos padres hicieron este trabajo fueron los mejor preparados para resistir las amenazas de abuso sexual).

Más allá de esto, la diferencia la marcan las aptitudes emocionales. No es suficiente que un niño conozca la diferencia entre caricias "buenas" y "malas": los niños necesitan tener conciencia de la sensación de que algo malo ocurre antes de que comiencen las caricias. Esto no sólo exige tomar conciencia del peligro, sino tener confianza en ellos mismos, y decisión para confiar y actuar ante sensaciones semejantes de incomodidad, aun frente al adulto que está intentando hacerle creer que "todo está bien". Y luego, el niño necesita disponer de todo un repertorio de maneras de evitar lo que está por suceder, desde salir corriendo hasta amenazar con contarlo. Por estas razones, los mejores programas son aquellos que le enseñan al niño a defenderse, a reafirmar sus derechos en lugar de permanecer pasivo, y a conocer cuáles son los límites y defenderlos.

Los programas más efectivos son, entonces, los que complementan la información básica sobre abuso sexual, con las destrezas emocionales y sociales esenciales. Estos programas han enseñado a los niños a hallar modos de resolver más positivamente los conflictos interpersonales, a tener más confianza en ellos mismos, a no culparse cuando algo malo ocurre, y a sentir que tienen una red de apoyo en sus padres y maestros, a quienes pueden acudir en caso de necesidad. Y si algo malo les sucede, son mucho más propensos a contarlo.

Los ingredientes activos

Estos descubrimientos han llevado a una revisión de cuáles deberían ser los ingredientes de un óptimo programa de prevención, basado en aquellos que, según evaluaciones imparciales, son los más efectivos. En un proyecto a cinco años auspiciado por la W.T. Grant Foundation, un consorcio de investigadores estudió este panorama y separó los ingredientes activos que parecían cruciales para el éxito de aquellos programas que funcionaron.[68] La lista de las claves emocionales que los investigadores decidieron que debían ser cubiertas, sin tener en cuenta el problema específico que se debe prevenir, se interpreta como los ingredientes de la inteligencia emocional (ver Apéndice D para la lista completa).[69]

Las destrezas emocionales incluyen el autoconocimiento, la identificación, expresión y el manejo de los sentimientos, el control de los impulsos y las gratificaciones demoradas, y el manejo del estrés y la ansiedad. Una habilidad clave para el control de los impulsos es conocer la diferencia entre sentimientos y acciones y el aprendizaje de cómo tomar mejores decisiones emocionales mediante el control del impulso a actuar, identificando luego acciones alternativas, y las consecuencias posteriores a la acción. Muchas de las aptitudes son interpersonales: la interpretación de las tendencias sociales y emocionales, el prestar atención, el ser capaces de resistir las influencias negativas, ponerse en el lugar de los otros, y comprender cuál es el comportamiento adecuado para cada situación.

Estas están entre las habilidades sociales y emocionales básicas para la vida, e incluyen al menos remedios parciales para la mayoría de las dificultades que planteé en este capítulo, si no para todas. La elección de los problemas específicos de los que estas habilidades deberían protegernos es casi arbitraria; propuestas similares en cuanto al papel que deben cumplir las aptitudes sociales y emocionales podrían hacerse, por ejemplo, para el embarazo adolescente no deseado o el suicidio adolescente.

Con seguridad, las causas de todos estos problemas son complejas, interviniendo proporciones diferentes de destino biológico, dinámica familiar, políticas para combatir la pobreza, y la cultura de la calle. Ninguna intervención aislada, incluso aquella que apunta a las emociones, puede reclamar para sí la consecución de toda la tarea. Pero el grado de problemas que los déficits emocionales agregan al riesgo que corre el niño —y hemos visto que agrega mucho—, indica que se debe poner atención en los remedios emocionales, sin excluir otras propuestas, sino a la par de ellas. La pregunta que surge, entonces, es: ¿cómo debe ser la educación en las emociones?

16

Educacion de las emociones

La esperanza principal de una nación radica en la educación adecuada de su juventud.

—Erasmo

Vemos un círculo de alumnos de quinto grado sentados en el suelo, a la manera india, a los que se les pasa lista de una forma inusual: cuando la maestra nombra a cada uno, los alumnos no responden con el consabido "presente", sino que pronuncian un número que indica cómo se sienten. El número uno representa un estado de decaimiento; el diez, energía.

Hoy los ánimos se encuentran altos.

—Jessica.

—Diez: estoy contenta, es viernes.

—Patrick.

—Nueve: excitado, un poco nervioso.

—Nicole.

—Diez: apacible, feliz...

Es una clase de Ciencia del Yo, en el Centro de Aprendizaje Nueva, una escuela remodelada en predios de lo que fuera el gran solar de la familia Crocker, la dinastía que fundara uno de los bancos más importantes de San Francisco. Ahora, el edificio, que parece una versión en miniatura de la Opera de San Francisco, alberga una escuela privada que ofrece lo que puede ser un curso modelo en inteligencia emocional.

El contenido de la Ciencia del Yo son los sentimientos, los propios y los que aparecen en la vida de relación. El tópico, por su propia naturaleza, demanda que maestros y alumnos se concentren en la estructura emocional de la vida del niño, un aspecto que es definitivamente ignorado en casi todo el resto de las aulas de Norteamérica. La estrategia utilizada incluye la utilización de las tensiones y los traumas de la vida de los niños como tema del día. Los maestros hablan sobre asuntos reales: la herida que causa sentirse desplazado, la envidia, los desacuerdos que pueden llegar a mayores en una batalla en el patio de la escuela. Como lo expresa Karen Stone McCown, creadora del programa de la Ciencia del Yo y directora de Nueva: "El aprendizaje no es un hecho separado de los sentimientos de los niños. Ser un alfabeto emocional es tan importante para el aprendizaje como la instrucción en matemática y lectura"[1].

La Ciencia del Yo es pionera, precursora de una idea que está comenzando a difundirse de costa a costa. Los nombres que se les dan a estos cursos van desde "desarrollo social", hasta "destrezas para la vida" y "aprendizaje social y emocional". En algunos casos, refiriéndose a la idea de Howard Gardner de inteligencias múltiples, se utiliza el término "inteligencias personales". El punto en común entre todos es el objetivo de elevar el nivel de la aptitud social y emocional de los niños, como parte de su educación regular, no sólo algo que se les enseña correctivamente a aquellos que están flaqueando y ya han sido identificados como "problema", sino un conjunto de destrezas y preceptos esenciales para cualquier niño.

Todos los cursos de alfabetización emocional tienen una raíz en común que se remonta al movimiento de educación afectiva de los '60. Entonces la creencia era que las lecciones psicológicas y motivacionales se aprendían con más profundidad si implicaban una experiencia inmediata de aquello que se enseñaba conceptualmente. Sin embargo, el movimiento de alfabetización emocional invierte el término educación afectiva: en lugar de usar el afecto para educar, se educa el afecto mismo.

Más recientemente, muchos de estos cursos, y el impulso para su difusión, provienen de programas escolares de prevención ya en marcha, cada uno apuntando a un problema específico: adolescencia y tabaco, consumo de drogas, embarazo, marginalidad, deserción, y últimamente, violencia. Como vimos en el capítulo anterior, el estudio realizado por el Consorcio W.T.Grant de programas de prevención, mostró que son mucho más efectivos cuando concentran un núcleo de aptitudes emocionales y sociales, tales como el control de los impulsos, el manejo de la propia ira, y la búsqueda de soluciones creativas para situaciones sociales difíciles. A partir de estos principios, ha surgido una nueva clase de mediaciones.

Como vimos en el Capítulo 15, las mediaciones que apuntan a déficits específicos en las aptitudes emocionales y sociales y que acotan problemas como la agresividad o la depresión, puede servir muy efectivamente como colchón de protección para los niños. Pero estas media ciones, a pesar de estar bien concebidas, han sido tratadas por los psicólogos investigadores principalmente como experimentos. El paso siguiente consiste en tomar las lecciones aprendidas en estos programas altamente centralizados, y generalizarlas como medida preventiva para toda la población escolar, para ser enseñadas por maestros comunes.

Este abordaje más sofisticado y efectivo de la prevención incluye información sobre problemas como el SIDA, las drogas y similares, en el momento de la vida de los jóvenes en que comienzan a enfrentarlos. Pero el tema principal, que progresivamente va a ir apareciendo cada vez más en cada uno de estos dilemas, y que constituye su núcleo esencial, es el de la inteligencia emocional.

Esta nueva orientación destinada a llevar la alfabetización emocional a las escuelas, convierte las emociones y la vida social en temas en sí mismos, en lugar de tratar estas facetas apremiantes en la vida cotidiana del niño como estorbos sin importancia o bien, si terminan en estallidos, relegándolas a ocasionales visitas disciplinarias al consejero escolar, o a la oficina del director.

Las clases en sí pueden parecer, a simple vista, poco memorables, lejos de representar una solución al dramático problema al que se dirigen. Pero eso sucede, fundalmentalmente porque, al igual que una buena educación hogareña, las lecciones impartidas son modestas pero significativas, surtiendo efecto regular y sostenido durante años. Así es como se instala la educación emocional: al repetirse una y otra vez la experiencia, el cerebro reacciona con un reflejo adquirido, reconociéndolo como un camino conocido y fortalecido, con hábitos neurológicos que se aplican en situaciones de dificultad, frustración o dolor. Y en tanto la sustancia cotidiana de las clases de alfabetización emocional puede parecer muy prosaica, el resultado —seres humanos decentes—, es más importante que nunca para nuestro futuro.

Una lección de cooperación

Comparemos un momento de una clase de Ciencia del Yo con cualquier experiencia escolar que podamos recordar.

Un grupo de alumnos de quinto grado se dispone a jugar al juego llamado "Cuadrados Cooperativos", en el cual los estudiantes trabajan en equipo para unir una serie de piezas de rompecabezas de forma cuadrada. El truco consiste en que deben hacer el trabajo en completo silencio, sin efectuar el menor gesto.

La maestra, Jo-An Varga, divide la clase en tres grupos, cada uno de ellos asignado a una mesa distinta. Tres observadores, familiarizados con el juego, deben completar una hoja de evaluación en la que deben señalar, por ejemplo, qué miembro del grupo lidera la organización, quién hace de payaso, quién interrumpe.

Los estudiantes desparraman las piezas del rompecabezas sobre la mesa, y comienzan a trabajar. Al cabo de más o menos un minuto, ya está claro que uno de los grupos es sorprendentemente eficiente como equipo: terminan en pocos minutos. Un segundo grupo, de cuatro miembros, está empeñado en esfuerzos solitarios, paralelos, trabajando separadamente cada uno en su propio rompecabezas, pero sin llegar a ninguna parte. Luego comienzan, lentamente, a trabajar colectivamente para armar su primer cuadrado, y continúan trabajando así hasta que todos los rompecabezas son resueltos.

Pero el tercer grupo todavía está luchando con el tema, y recién ha logrado penosamente completar uno de los rompecabezas, y aun este parece más un trapecio que un cuadrado. Sean, Fairlie y Rahaman todavía deben hallar la fluida coordinación que consiguieron los otros dos grupos. Están claramente frustrados probando casi frenéticamente las piezas que se encuentran sobre la mesa, midiendo sus probabilidades y tratando de agregarlas a los cuadrados semiterminados, sólo para desilusionarse más aún ante la falta de ajuste que comprueban.

La tensión se alivia un tanto cuando Rahman toma dos de las piezas, y las coloca frente a sus ojos, como si fueran una máscara: sus compañeros se ríen. Este ha de ser un momento fundamental en la lección de ese día.

Jo-An Varga, la maestra, ofrece estímulo: “Los que hayan terminado, pueden darle alguna indicación a los que aún están trabajando.”

Dagan da una vuelta alrededor del grupo que aún está intentando, señala dos piezas que sobresalen del cuadrado, y sugiere: “Tienen que dar vuelta esas dos piezas.” De pronto Rahman, con su cara arrugada por la concentración, capta la nueva indicación, y las piezas caen rápidamente en su lugar en el primer rompecabezas, y luego en los demás. Hay un aplauso espontáneo cuando las dos últimas piezas se acomodan en el último rompecabezas del tercer grupo.

Un punto de controversia

Pero mientras la clase continúa reflexionando sobre las lecciones objetivas sobre el trabajo en equipo que ha recibido, se produce un nuevo e intenso entredicho. Rahman, alto y con una melena de tupido cabello negro con un corte más bien largo, y Tucker, el observador del grupo, están enfrascados en una fuerte discusión acerca de la regla que prohíbe hacer gestos durante el juego. Tucker, que lleva su cabello peinado con prolijidad salvo por una cola de caballo, lleva una holgada remera azul con la inscripción "Sea responsable", lo que de alguna manera subraya su papel oficial.

—Puedes, también, ofrecer una pieza; eso no es hacer gestos —le dice Tucker a Rahman, argumentando con tono enfático.

—Pero sí lo es —insiste Rahman, vehemente.

Varga advierte el volumen y la agresión crecientes del diálogo, y se aproxima a la mesa que ocupan. Este es un incidente crítico, un intercambio espontáneo de sentimientos acalorados; es en momentos como este que las lecciones aprendidas demostraron haber sido eficaces, y las nuevas lecciones que sigan podrán ser enseñadas más provechosamente. Y, como bien sabe cualquier buen maestro, las lecciones aplicadas en momentos eléctricos como ese perdurarán en la memoria de los alumnos.

—Esto no es una crítica, Tucker, ya que has cooperado muy bien, pero trata de explicar lo que quieres decir con un tono de voz que no suene tan crítico —indica Varga.

Tucker, en una voz más calma, le dice a Rahman:

—Puedes poner una pieza donde tú crees que corresponde, o darle a alguien lo que crees que necesita, sin hacer gestos. Sólo ofreciéndolo.

Rahman responde, con tono de enfado:

—Podría haber hecho sólo esto —y se rasca la cabeza para ilustrar un ademán inocente—, y él ya hubiese dicho: "—¡No se debe hacer ningún gesto!".

Claramente, en la ira de Rahman hay algo que va más allá de esta disputa acerca de lo que constituye, o no, un gesto. Sus ojos se dirigen constantemente a la hoja de evaluación que ha llenado Tucker, que es en realidad lo que ha provocado la tensión entre Tucker y Rahman, aunque no se lo haya mencionado. En la evaluación, Tucker ha anotado el nombre de Rahman en el casillero con la pregunta: "¿Quién interrumpe el trabajo?".

Varga, advirtiendo que Rahman está mirando el ofensivo formulario, sigue una corazonada, y le dice a Tucker:

—El siente que has usado una calificación negativa —que *interrumpe*— para referirte a él. ¿Qué es lo que quisiste decir?

—Yo no dije que fuera una *mala* interrupción —dice Tucker, conciliador.

Rahman no está convencido, pero su voz también se oye más calma:

—Eso suena un poco difícil de creer, si me lo preguntas.

Varga enfatiza la forma positiva de verlo:

—Tucker está tratando de decir que lo que podría considerarse como interrupción, también podría ser una manera de aclarar las cosas en un momento de frustración.

—Pero —protesta Rahman, ahora más práctico—, "interrumpir" es como si todos estuvieran concentrados con esfuerzo en algo, y yo me pusiera a hacer así —muestra una expresión ridícula, payasesca, abriendo desmesuradamente los ojos e inflando las mejillas—, eso sería interrumpir.

Varga intenta una aproximación más emocional, diciéndole a Tucker:

—En tu intento de ayudar, no quisiste decir que él interrumpía de mala manera. Pero enviaste un mensaje distinto en la manera en que te referiste a ello. Rahman necesita que lo escuches y aceptes sus sentimientos. Rahman estaba diciendo que expresiones negativas como "interrumpe el trabajo" le parecen injustas. No le gusta que se diga eso de él.

Dirigiéndose luego a Rahman, le dice:

—Valoro que hayas tenido la actitud positiva de hablar con Tucker. No estás atacando. Pero sé que no es agradable que a uno se lo califique como "el que interrumpe". Cuando te pusiste esas piezas sobre los ojos, pareció que te estabas sintiendo frustrado, y que querías iluminar las cosas. Pero Tucker entendió que era una interrupción porque no comprendió tu intención. ¿Estoy en lo cierto?

Ambos muchachos asienten con la cabeza, mientras los otros alumnos terminan de guardar los rompecabezas. Este pequeño melodrama escolar está llegando a su fin.

—¿Se sienten mejor? —pregunta Varga—. ¿O aún los angustia?

—Sí, me siento mejor —contesta Rahman, con voz ya tranquila, ahora que se siente escuchado y comprendido. Tucker también asiente, sonriendo. Los muchachos, advirtiendo que todo el mundo ya ha salido hacia la clase siguiente, se vuelven al unísono, y salen precipitadamente, juntos.

Post mortem: una lucha que no llegó a estallar

Mientras comienza a acomodarse un nuevo grupo, Varga examina cuidadosamente lo que acaba de ocurrir. El acalorado enfrentamiento y su posterior apaciguamiento, se relacionan directamente con lo que los chicos han estado aprendiendo sobre la solución de conflictos. Lo que lleva al comienzo de un conflicto, como lo expresa Varga, es "no comunicarse, hacer suposiciones, y arribar a conclusiones, enviando un mensaje 'duro', que le hace muy difícil al otro entender lo que se le dice".

Los estudiantes que cursan Ciencia del Yo aprenden que la cuestión no es evitar los conflictos por completo, sino resolver los desacuerdos y los resentimientos antes de que se conviertan en una pelea encarnizada. Se pueden ver signos de estas primeras lecciones en la manera en que Tucker y Rahman manejaron la disputa. Ambos, por ejemplo, hicieron esfuerzos para expresar su punto de vista de forma que no agravara el conflicto. Esta manera positiva de encararlo, tan diferente de la agresión o la pasividad, se enseña, en Nueva, desde tercer grado en adelante. Se insiste en que deben expresarse los sentimientos con fuerza, y con corrección, pero de forma tal que no puedan transformarse en agresión. Mientras que al comienzo de la discusión ninguno de los muchachos estaba mirando al otro, a medida que esta fue avanzando comenzaron a mostrar señales de "escucha activa" mirándose a la cara, estableciendo contacto visual, y enviando los indicios silenciosos que le informan al que habla que está siendo escuchado.

Poniendo en acción herramientas como estas, y ayudados por una guía, "actitud positiva" y "escucha activa" pasaron a ser, para estos chicos, algo más que frases huecas en un cuestionario: fueron formas de reacción a las que podían recurrir en los momentos en que las necesitaban con más urgencia.

El manejo del dominio emocional es especialmente difícil, ya que las habilidades necesarias para lograrlo necesitan ser adquiridas en los momentos en los que habitualmente la gente está menos dispuesta a recibir esta información y a aprender nuevos hábitos de respuesta: cuando están disgustados. Una guía entrenada, en esos momentos, es de gran ayuda. "Cualquier persona, sea adulto o niño de quinto grado, necesita algo de ayuda para poder analizarse cuando se siente tan contrariadas", señala Varga. "El corazón late de prisa, las manos se humedecen, uno tiembla, e intenta escuchar atentamente al mismo tiempo que trata de conservar su autocontrol para acabar con eso sin gritar, culpar, ni enmudecer como acto de defensa."

Para cualquiera que esté familiarizado con los revoltosos muchachitos de quinto grado, lo que puede aparecer como más notable es que ambos, Tucker y Rahman, trataron de expresar sus opiniones sin culpar al otro, ni insultarlo, ni chillar. Ni tampoco permitieron que sus sentimientos los llevaran hasta un despectivo "¡h... de p...!", o a una pelea a puñetazos, ni a dejar al otro con la palabra en la boca saliendo altivamente de la habitación. Lo que podría haber sido el germen de una batalla con todas las de la ley, permitió aumentar, en cambio, el dominio de los chicos acerca de los matices de la resolución de conflictos. Cuán diferente podría haber sido todo bajo otras circunstancias. Hoy en día, los jóvenes se enfrentan a golpes —o algo peor— por menos que eso.

Temas del día

Dentro del tradicional círculo con que se abre cada clase de Ciencia del Yo, los números que se expresan no son siempre tan altos como lo fueron en esta. Cuando son bajos —los unos, dos, o tres que indican que el que los enuncia se siente pésimamente mal—, abren el camino para que alguien pregunte: "¿Quieres hablar de por qué te sientes así?". Y, si el alumno quiere (nadie es presionado a hablar sobre lo que no quiere), eso permite que se ventile lo que es tan conflictivo, y que se consideren opciones creativas para manejarlo.

Los problemas que salen a la luz varían de acuerdo al grado. En los grados inferiores los típicos son el sentirse objeto de burla, ser desplazados, o miedos. Alrededor de sexto grado, aparece un nuevo conjunto de preocupaciones: sentimientos de dolor, en una niña, por no haber sido invitada a salir, o ser dejados de lado; amigos inmaduros; las malas influencias de otros jóvenes ("Los chicos más grandes me critican"; "Mis amigos fuman, y siempre están tratando de hacerme probar también a mí").

Estas son las cuestiones que dominan la vida de un niño, que habitualmente se ventilan en la periferia de la escuela (durante la hora del almuerzo, en el ómnibus que los lleva a la escuela, en casa de un amigo), si es que alguna vez se ventilan. Muy frecuentemente, los niños guardan estos problemas para sí, obsesionándose por las noches con ellos, sin tener a nadie con quien hablarlos. En Ciencia del Yo se convierten en temas del día.

Cada una de estas discusiones es potencialmente provechosa para el objetivo explícito de la Ciencia del Yo, que es aclarar el sentido que tiene el niño de sí mismo, y de sus relaciones con los demás. A pesar de que el curso tiene un plan de lecciones, es lo suficientemente flexible como para que, cuando ocurren situaciones como el conflicto entre Rahman y Tucker, se las pueda capitalizar. Las cuestiones que los alumnos traen a la clase suministran los ejemplos reales que tanto los alumnos como los maestros pueden utilizar para aplicar las habilidades que están aprendiendo, tales como el método de solución de los conflictos, y la forma de enfriar el acaloramiento surgido entre los dos muchachos.

El ABC de la inteligencia emocional

El programa de la Ciencia del Yo, en uso hace casi veinte años, propone un modelo para la enseñanza de la inteligencia emocional. A veces, las lecciones parecen sorprendentemente sofisticadas. Al respecto, la directora de Nueva, Karen Stone McCown, me comentó: "Cuando la enseñanza consiste en el manejo del enojo, ayudamos a que los niños comprendan que siempre se trata de una reacción secundaria, y a que intenten averiguar qué hay por debajo: ¿se sienten doloridos? ¿Celosos?

Nuestros chicos aprenden que siempre se tienen opciones cuando se trata de dar una respuesta a la emoción, y que cuantas más maneras conozca uno de responder a una emoción, tanto más rica será su vida".

Una lista que comprenda los contenidos de la Ciencia del Yo prácticamente iguala, punto por punto, a la lista de los ingredientes de la inteligencia emocional, y a las destrezas básicas recomendadas como forma primaria de prevención para las eventuales dificultades que puedan representar una amenaza para los niños (ver Apéndice E para la lista completa)[2]. Los temas enseñados incluyen conciencia de sí mismo, en el sentido de reconocer los propios sentimientos y construir un vocabulario adecuado para expresárlos; aprender a ver los vínculos existentes entre pensamientos, sentimientos y reacciones; saber si los pensamientos o los sentimientos están gobernando las decisiones; ver las consecuencias posibles de elecciones alternativas, y aplicar todas estas percepciones en decisiones sobre temas tales como drogas, tabaco y sexo. Tomar conciencia del sí mismo también implica tomar conciencia de las propias fortalezas y debilidades, y verse a uno mismo bajo una luz optimista, pero realista, evitando así una baja en la propia autoestima.

Otro punto que se enfatiza es el del manejo de las emociones, y el darse cuenta de lo que hay detrás de cualquier sentimiento (por ejemplo, el dolor que provoca enfado), para así aprender formas de manejar la ansiedad, el enojo y la tristeza. También se pone énfasis en hacerse cargo de las responsabilidades que generan los actos y las decisiones, y en asumir los compromisos.

Una habilidad social clave es la empatía, o sea, comprender los sentimientos del otro y su perspectiva, y respetar las diferencias entre lo que cada uno siente respecto a las mismas cosas. Las relaciones interpersonales son un punto esencial del programa, lo que incluye aprender a escuchar y a formular las preguntas correctas, a discriminar entre lo que el otro expresa y los propios juicios y reacciones, a ser positivo antes que estar enfadado o en una actitud pasiva, y a aprender el arte de la cooperación, la solución de los conflictos y el compromiso de la negociación.

En Ciencia del Yo no se ponen calificaciones, la vida misma es el examen final. Pero cuando los alumnos están a punto de terminar su ciclo en Nueva para pasar a la escuela secundaria, hacia finales del octavo grado, se los somete a un examen socrático, una prueba oral de Ciencia del Yo. He aquí una pregunta de un examen final reciente: "Describa una respuesta apropiada para ayudar a un amigo a resolver un conflicto porque alguien lo está presionando para que consuma drogas, o porque a un amigo de él le gusta mofarse de los demás", o bien "¿Cuáles son las maneras más saludables de manejar la angustia, el enojo o el miedo?".

Si Aristóteles viviera, preocupado como estaba por el manejo de las emociones, lo aprobaría.

Alfabetismo emocional en las zonas urbanas carenciadas

Los escépticos se preguntarán, con razón, si un curso como Ciencia del Yo funcionaría en un lugar menos aventajado, o si sólo es posible en una pequeña escuela privada como Nueva, donde cada alumno es, en cierto aspecto, un privilegiado. En pocas palabras, ¿se puede enseñar la aptitud emocional allí donde puede necesitarse más urgentemente, en el caos de la escuela pública de una zona urbana carenciada? Se puede hallar una respuesta visitando la Augusta Lewis Troup Middle School de New Haven, que está tan lejos económica y socialmente del Nueva Learning Center como lo está geográficamente.

Con toda seguridad, la atmósfera que se respira en la Troup tiene mucho del mismo entusiasmo por aprender, ya que a esa escuela también se la conoce como Troup Magnet Academy of Science, y es una de las dos escuelas de ese distrito que están preparadas para ofrecer a todos los alumnos desde quinto a octavo grado de toda New Haven un amplio y perfeccionado programa del estudio de las ciencias. Allí los estudiantes pueden formular preguntas acerca de la física del espacio exterior a través de un satélite conectado con los astronautas en Houston, o programar sus computadoras para escuchar música. Pero, a pesar de estas atracciones académicas, tal como ocurre en muchas ciudades, la huida de los blancos hacia las afueras de New Haven y sus escuelas privadas, ha hecho que la población escolar de Troup está compuesta en un 95% por negros y por hispanos.

A pocas cuadras de distancia del campus de la universidad de Yale, una vez más un universo distante, Troup se encuentra en un vecindario de clase trabajadora en decadencia, que en los años cincuenta tenía cerca de veinte mil personas empleadas en las fábricas cercanas, desde la Olin Brass Mills hasta la Winchester Arms. Actualmente, esa base laboral se ha reducido a tan sólo tres mil personas, reduciéndose también el horizonte económico de las familias que viven allí. New Haven, como tantas otras ciudades industriales de Nueva Inglaterra, se halla sumergida en un pozo de pobreza, drogas y violencia.

Fue en respuesta a las urgencias planteadas por esta pesadilla urbana que, en los ochenta, un grupo de psicólogos y educadores de Yale crearon el Programa de Aptitud Emocional, un conjunto de cursos que, virtualmente, cubre el mismo terreno que el programa de Ciencia del Yo del Nueva Learning Center. Pero en Troup la conexión entre los temas es mucho más cruda y directa. No se trata de un mero ejercicio académico cuando, en la clase de educación sexual de octavo grado, los alumnos aprenden cómo las decisiones personales pueden ayudarlos a evitar enfermedades como el SIDA. New Haven tiene la más alta proporción de mujeres con SIDA, y algunas de las madres que envían a sus hijos a Troup padecen la enfermedad, lo mismo que muchos de los alumnos. A pesar del programa especializado, los estudiantes de Troup se las tienen que ver con todos los problemas típicos de las grandes ciudades: hay chicos que tienen problemas en sus hogares tan caóticos, si no horrorosos, que algunos días ni siquiera pueden ingeniárselas para llegar a la escuela.

Como ocurre con todas las escuelas de New Haven, lo primero que aparece ante el visitante es un cartel de la misma forma y color que las señales de tránsito, que anuncia "Zona Libre de Drogas". En la entrada nos recibe Mary Ellen Collins, la mediadora escolar, una especie de defensora del pueblo para todo propósito, que atiende los problemas especiales apenas aparecen, y cuya tarea incluye el ayudar a los maestros con las demandas del programa de aptitud social. Si el maestro se siente inseguro acerca de la forma de encarar una lección, Collins va a la clase a mostrarle cómo debe hacerse.

"Durante veinte años enseñé en esta escuela", dice Collins al saludarme.

"Mire este vecindario: no puedo pensar sólo en enseñar contenidos académicos con los problemas que estos niños tienen que enfrentar en su vida. Tome el caso de los que están en dificulatades graves porque padecen SIDA, o lo tiene alguien de su familia: no estoy segura de que lo digan durante una discusión sobre SIDA, pero una vez que un niño sabe que un maestro presta atención a los problemas emocionales que se plantean, y no sólo a los problemas académicos, estará abierto el camino para que se produzca esa conversación"

En el tercer piso del viejo edificio de ladrillos, Joyce Anderson está al frente de la clase de aptitud emocional que se dicta tres veces por semana para los alumnos de quinto grado. Andrews, como todos los demás maestros de quinto grado, asistió a un curso durante el verano para aprender cómo enseñarlo, pero su exuberancia sugiere que los temas de aptitud emocional le surgen naturalmente.

La clase del día trata sobre las forma de identificar los sentimientos: ser capaz de darles un nombre, y de discriminar entre ellos, es una de las claves para la aptitud emocional. La tarea de la noche anterior consistía en llevar a la clase fotografías de la cara de una persona, tomadas de revistas, decir cómo se llama la expresión que muestra la cara, y explicar cómo hacer para decir que esa persona tiene esos sentimientos. Luego de recoger las tareas, Andrews hace una lista de los sentimientos en el pizarrón —tristeza, preocupación, excitación, felicidad, etc.—, y se lanza a un ping-pong de preguntas y respuestas con los dieciocho chicos que ese día asistieron a clase. Sentados en grupos de cuatro en cada escritorio, los estudiantes levantan la mano, entusiastas, tratando de atraer la mirada de la maestra para así poder responder a cada pregunta.

Cuando agrega "frustrado" a la lista del pizarrón, Andrews pregunta:

—¿Cuántos de ustedes se han sentido frustrados alguna vez? —todas las manos se alzan.

—¿Cómo se sienten cuando están frustrados?

Llega un aluvión de respuestas:

—Confuso.

—No se puede pensar claramente.

—Ansioso.

Cuando la palabra "agraviado" se agrega a la lista, Joyce dice:

—Conozco esa sensación... ¿cuándo creen ustedes que una maestra se siente agraviada?

—Cuando todos están hablando —sugiere una niña, sonriendo.

Sin perder un minuto, Andrews distribuye una hoja mimeografiada. En una columna, hay caras de niñas y varones, cada una de las cuales muestra alguna de las seis emociones básicas —feliz, triste, sorprendido, asustado, disgustado—, y una descripción de la actividad de los músculos faciales que implica cada una, por ejemplo:

ASUSTADO:
- La boca está abierta y retraída.
- Los ojos están abiertos, y las pupilas dilatadas.
- Las cejas están alzadas y juntas.
- Hay arrugas en la frente.[3]

Mientras leen la hoja, expresiones de miedo, angustia, sorpresa o disgusto pasan por las caras de los chicos de la clase de Andrews cuando imitan las fotos, y siguen las indicaciones para el movimiento muscular correspondiente a cada expresión. Esta lección proviene directamente de la investigación llevada a cabo por Paul Ekman sobre expresiones faciales; como tal, es enseñada en la mayoría de los cursos preuniversitarios de introducción a la psicología, y muy raramente, si acaso, en la escuela primaria. Esta lección elemental, que vincula un nombre con un sentimiento, y al sentimiento con la expresión facial que le corresponde, puede parecer tan obvia que no necesite ser enseñada. Pero puede servir como un antídoto contra sorpresivas reincidencias en la alfabetización emocional. Los matones del patio de juegos de la escuela, recordemos, a menudo estallan con un arrebato de furia porque malinterpretan mensajes que son en sí neutrales, y ven hostilidad en expresiones que no la tienen, y hay jovencitas que desarrollan trastornos en su alimentación por no saber distinguir la angustia de la ansiedad por comer.

Alfabetización emocional disfrazada

Con el programa escolar atiborrado por la proliferación de nuevos temas y agendas, algunos maestros que, comprensiblemente, se sienten sobrecargados, se resisten a sustraer más tiempos a los contenidos básicos para dictar otro curso más. De manera que una estrategia alternativa para impartir educación emocional, no es crear una nueva clase, sino integrar las clases sobre sentimientos y relaciones personales a otros temas ya enseñados. Las lecciones sobre las emociones pueden surgir naturalmente en la clase de lectura y escritura, de salud, de ciencia, de estudios sociales, como de otros cursos corrientes. En las escuelas de New Haven, Aptitudes para la Vida es un contenido separado en algunos de los grados, mientras que en otros el programa de desarrollo social se integra a cursos como los de lectura o salud. Algunas de las lecciones pueden incluso ser impartidas como parte de la clase de matemáticas: notables habilidades básicas para el estudio, como lo son el evitar las distracciones, automotivarse para estudiar, y manejar los propios impulsos para poder aplicarse al estudio.

Algunos programas de aptitudes sociales y emocionales carecen de programa propio, o de un tiempo para clases como tema aislado, pero en cambio infiltran su mensaje dentro de la vida misma de la escuela. Un modelo de esta clase de abordaje, que es en esencia un curso invisible de aptitud emocional y social, es el Child Development Project, creado por un equipo dirigido por el psicólogo Eric Schaps. El proyecto, nacido en Oakland, California, se desarrolla normalmente en un puñado de escuelas de toda la nación, la mayoría de ellas situadas en vecindarios que comparten muchos de los problemas del decadente núcleo de New Haven.[4]

Este proyecto ofrece un paquete de medidas que se adaptan a cursos ya existentes. Así, por ejemplo, los alumnos de primer grado tienen un cuento, "Rana y Sapo son amigos", en el cual Rana, ansiosa por jugar con su amigo Sapo que está hibernando, le tiende una trampa para obligarlo a despertar antes de tiempo. El cuento es utilizado como plataforma para una discusión en clase acerca de la amistad, y desemboca en cómo se siente alguien a quien se le tiende una trampa. Una sucesión de aventuras pone sobre el tapete temas como la propia conciencia, el tomar conocimiento de las necesidades de un amigo, qué se siente cuando se burlan de uno, y el compartir los sentimientos con los amigos. Un conjunto de actividades programadas ofrece cuentos cada vez más sofisticados a medida que los niños avanzan hacia los grados intermedios, dando pie a los maestros para discutir temas tales como la empatía, la toma de distancia respecto de los problemas, y el hacerse cargo.

Otra de las maneras en que la educación emocional se introduce dentro de la vida escolar, es ayudando a los maestros a reflexionar acerca de cómo disciplinar a los alumnos con mala conducta. Lo que presupone el programa de Desarrollo Infantil es que esas situaciones son el momento oportuno para enseñar a los niños las habilidades que les faltan —control de los impulsos, explicación de sus sentimientos, resolución de conflictos—, y que existen formas más adecuadas de impartir disciplina que la coerción. Una maestra que ve a tres alumnos de primer grado que se empujan para quedar primeros en la fila del comedor, puede sugerir que cada uno diga un número, y permitirle al ganador ponerse primero. La lección inmediata es que existen maneras imparciales y justas de arreglar estas pequeñas escaramuzas, en tanto que la más profunda enseña que estas disputas se pueden negociar. Y desde el momento en que constituye una herramienta que los niños pueden volver a aplicar en otras disputas similares ("¡Yo primero!" es, después de todo, epidémico en los grados inferiores, si no en la mayor parte de la vida, de una manera u otra), tiene un mensaje más positivo que el omnipresente y autoritario "¡Basta!".

El horario emocional

—Mis amigas Alice y Lynn no quieren jugar conmigo.

Esta queja conmovedora proviene de una niña de tercer grado de la escuela primaria John Muir, de Seattle. La anónima corresponsal puso esa nota en el buzón de su clase —en realidad, una caja de cartón pintada para que haga las veces de tal—, y en la misma se los alienta, a ella y a sus compañeros, a que escriban sus quejas y problemas para que toda la clase pueda debatir sobre ellos y pensar en maneras de abordarlos. La discusión no menciona los nombres de los involucrados. En lugar de eso, la maestra señala que todos los niños comparten esos problemas en uno u otro momento, y que todos necesitan aprender a manejarlos. Mientras conversan acerca de lo que se siente al quedar desplazado, o de qué deberían hacer para ser incluidos, tienen la posibilidad de intentar soluciones diferentes para estos dilemas, lo que representa un correctivo para aquel pensamiento unilateral que sólo puede ver al conflicto como única salida para zanjar un desacuerdo.

El buzón hace que el programa diario sea más flexible, ya que posibilita el tratamiento de las crisis y los conflictos que emergen de la lectura de las cartas, en tanto que una agenda rígida corre el riesgo de quedar al margen de las verdaderas realidades de la infancia. A medida que el niño cambia y crece, sus problemas puntuales lo hacen en forma paralela. Para ser más efectivas, las lecciones emocionales deben acompañar el desarrollo del niño, y ser repetidas en las progresivas etapas de crecimiento de formas que se adapten a los cambios de comprensión en el niño, y a los desafíos que debe enfrentar.

Una cuestión a considerar es en qué momento comenzar. Hay quienes afirman que los primeros años no son en absoluto un comienzo prematuro. El pediatra de Harvard T. Berry Brazelton sugiere que muchos padres pueden beneficiarse al contar con un mentor emocional para guiar a sus hijos, sean estos bebés o niños en edad escolar, tal como lo hacen algunos programas domiciliarios. Existen fuertes argumentos a favor de sistematizar y enfatizar la enseñanza de aptitudes sociales y emocionales en los programas de la educación preescolar, tales como el Head Start; como ya vimos en el Capítulo 12, la pronta disposición de un niño para aprender depende, en gran medida, de la adquisición de algunas de estas habilidades emocionales básicas. Los años de la etapa preescolar son cruciales para establecer estas aptitudes fundamentales, y hay evidencias de que el Head Start, cuando está correctamente aplicado —y esta es una salvedad que hay que tener muy en cuenta—, puede mostrar a largo plazo, aun en la adultez, los efectos sociales y emocionales que tiene sobre la vida de los que lo cursan: menor incidencia de problemas de drogas y de arrestos, mejores matrimonios, mayor capacidad de generación de ingresos.[5]

Estas intervenciones funcionan mejor cuando corren a la par del horario emocional del desarrollo.[6] Como lo atestigua el llanto de los recién nacidos, los bebés tienen sentimientos intensos desde el momento mismo de su nacimiento. Pero el cerebro del recién nacido dista de haber alcanzado su plena madurez; como vimos en el Capítulo 15, solamente cuando el sistema nervioso llega al final de su desarrollo, proceso que se desenvuelve siguiendo un reloj biológico que cada uno posee, a lo largo de toda la infancia y hasta la pubertad, las emociones del niño habrán alcanzado su plena madurez. El repertorio de sentimientos del recién nacido es primitivo, comparado con la gama de emociones que posee un niño de cinco años, la que a la vez es rudimentaria si se la compara con la cantidad de sentimientos que posee un adolescente. En verdad, los adultos caen muy fácilmente en el error de esperar que los niños tengan una madurez que va mucho más allá de sus años, olvidando que cada emoción tiene su momento preestablecido para aparecer en el crecimiento del niño. Una impertinencia de un niño de cuatro años, por ejemplo, puede ocasionar una reprimenda de sus padres, pero no es sino hasta los cinco años que aparece la posibilidad de que la conciencia lo conduzca a asumir una actitud más humilde.

El horario para el crecimiento emocional está surcado por líneas conexas del desarrollo, especialmente para el conocimiento, por un lado, y de maduración biológica y neurológica por el otro. Como ya hemos visto, capacidades emocionales como la empatía y la autorregulación emocional comienzan, virtualmente, en la infancia. Los años de jardín de infantes marcan un pico de maduración de las "emociones sociales" —sentimientos como inseguridad, humildad, celos, envidia, orgullo y confianza—, todas las cuales requieren de la capacidad de compararse con los demás. El niño de cinco años, cuando ingresa al amplio mundo social de la escuela, ingresa también al mundo de las comparaciones sociales. No son tan sólo los cambios externos los que provocan estas comparaciones, sino la aparición de una nueva capacidad cognitiva: ser capaces de compararse con los otros en cualidades particulares, como la popularidad, el atractivo o el talento para patinar. Esta es la edad en que, por ejemplo, el tener una hermana que siempre obtiene las mejores calificaciones puede llevar a la hermana menor a considerarse "tonta", por comparación.

El Dr. David Hamburg, psiquiatra y presidente de la Carnegie Corporation, que ha evaluado algunos de los programas pioneros de educación emocional, comprueba que en los años de transición hacia los grados de la escuela primaria, y luego nuevamente hacia la mitad o finales de la secundaria, se producen dos momentos cruciales en la adaptación del niño.[7] Desde los seis a los once años, dice Hamburg, "la escuela es una experiencia fundamental y definitoria, que tendrá influencias marcadas sobre la adolescencia, y más allá de esta. La noción que el niño tenga de su propio valor depende esencialmente de la habilidad que demuestre para desempeñarse en la escuela. Un niño que fracasa en la escuela pone en funcionamiento las actitudes autodefensivas que pueden oscurecer los proyectos de toda una vida". Entre las cualidades esenciales para aprovechar las enseñanzas de la escuela, señala Hamburg, se encuentra la habilidad para "postergar las gratificaciones, ser socialmente responsables en la forma adecuada, mantener el dominio de las propias emociones, y tener una actitud optimista"; en otras palabras, tener inteligencia emocional.[8]

La pubertad —dado que es una etapa de cambios extraordinarios en la biología del niño, sus capacidades intelectuales, y su funcionamiento neurológico— es también un momento crucial para las lecciones emocionales y sociales. Con respecto a esos años, Hamburg observa que "la mayoría de los adolescentes tienen entre diez y quince años cuando quedan expuestos a la sexualidad, el alcohol, las drogas y el tabaco", y demás tentaciones.[9]

La transición a la escuela secundaria o a los últimos grados de la primaria, marca el fin de la infancia, y es, en sí misma, un formidable desafío emocional. Dejando de lado cualquier otro problema, cuando ingresan a esa nueva organización escolar, prácticamente todos los estudiantes sufren una merma de la confianza en ellos mismos, y un salto hacia la conciencia de sí; las nociones que tienen de ellos mismos están tambaleando y en permanente cambio. Uno de los impactos más importantes se produce con respecto a la "autoestima social", es decir, la confianza que cada estudiante tiene de hacer nuevas amistades y poder mantenerlas. En esta coyuntura, señala Hamburg, resulta enormemente útil brindar apoyo a las habilidades que tenga cada estudiante para construir relaciones estrechas y atravesar las crisis de las amistades, y a nutrir su propia confianza en sí mismo.

Hamburg observa que, cuando ingresan a la escuela secundaria, precisamente en la cúspide de la adolescencia, se nota algo diferente en aquellos que han recibido clases de alfabetización emocional: les resultan menos conflictivas las nuevas presiones que reciben de sus pares, el aumento de las demandas académicas, y la tentación de fumar o consumir drogas. Han controlado las habilidades emocionales que, al menos en el corto plazo, los protegen de la confusión y las presiones que están a punto de enfrentar.

La clave está en llegar a tiempo

Al tiempo que psicólogos y otros especialistas en el desarrollo trazan el mapa del crecimiento de las emociones, pueden marcar más específicamente cuáles son las lecciones que deberían recibir los niños en cada etapa del desenvolvimiento de su inteligencia emocional, que déficits serán los que perduren en aquellos que no han logrado el manejo de las aptitudes adecuadas, y qué experiencias correctivas se podrían realizar para compensar lo que falta.

En el programa de New Haven, por ejemplo, los niños de los grados inferiores reciben lecciones básicas de autoconocimiento, relaciones personales, y toma de decisiones. En primer grado, los niños se sientan en círculo y hacen girar el "cubo de los sentimientos", que tiene escritas palabras como *triste* o *excitado* en cada uno de sus lados. Por turno, describen un momento en el que han tenido ese sentimiento, un ejercicio que les otorga mayor seguridad para vincular sentimientos con palabras, y los ayuda a desarrollar la empatía cuando escuchan que otros tienen los mismos sentimientos que ellos.

Hacia cuarto o quinto grado, cuando las relaciones con sus pares cobran una enorme importancia en sus vidas, reciben lecciones que ayudan a que sus amistades funcionen mejor: empatía, control de los impulsos, y manejo del enfado. Por ejemplo, las clases de Habilidades para la

Vida que estaban llevando a cabo los alumnos de quinto grado de la escuela Troup, que consisten en interpretar expresiones faciales, están basadas, esencialmente, en la empatía. Para el control de los impulsos hay un gran poster bien visible, con un semáforo, que tiene seis pasos:

Luz roja:	1. Deténte, cálmate, y piensa antes de actuar.
Luz amarilla:	2. Cuenta el problema, y di cómo te sientes.
	3. Proponte un objetivo positivo.
	4. Piensa en una cantidad de soluciones.
	5. Piensa en las consecuencias posteriores.
Luz verde:	6. Adelante, y pon en práctica el mejor plan.

La noción del semáforo es regularmente puesta en práctica cuando un niño, por ejemplo, está a punto de estallar de furia, o a ofenderse por una insignificancia, o a romper en llanto cuando se siente burlado, y ofrece un conjunto concreto de pasos para lidiar con estos pesados problemas de manera más mesurada. Más allá del manejo de los sentimientos, señala un camino para una acción más efectiva. Y al transformarse en la manera habitual de manejar los impulsos ingobernables —pensar antes de actuar—, puede llegar a ser una estrategia básica para enfrentar los riesgos de la adolescencia y los que existen más allá de ella.

En sexto grado, las lecciones se relacionan más directamente con las tentaciones y las presiones con respecto al sexo, el consumo de drogas o alcohol, que comienzan a aparecer en la vida del niño. Hacia el noveno grado, cuando los adolescentes se enfrentan a realidades sociales más ambiguas, la habilidad para adoptar perspectivas múltiples —las propias, tanto como las de los otros involucrados—, se refuerza. "Si un chico se vuelve loco porque ve a su novia hablando con otro", dice una de las maestras de New Haven, "se lo alentará a tener en cuenta qué podría estar ocurriendo desde el punto de vista de ellos, antes que lanzarse a una confrontación."

La alfabetización emocional como prevención

Algunos de los más eficaces programas de alfabetización emocional fueron desarrollados como respuesta a problemas específicos, particularmente la violencia. Una de las consecuencias de más rápido crecimiento que han tenido estos cursos de alfabetización emocional inspirados en la prevención, ha sido el Programa de Resolución Creativa de Conflictos, en cientos de escuelas públicas de Nueva York y en otras escuelas del país. El curso de solución de los conflictos se centra en cómo arreglar diferencias surgidas en la escuela que pueden llegar a convertirse en incidentes como los disparos que acabaron con la vida de Ian Moore y Tyrone Sinkler en la entrada de la Escuela de Enseñanza Media Jefferson.

Linda Lantieri, creadora del Programa de Resolución Creativa de Conflictos y directora del centro nacional con base en Manhattan desde donde se pone en marcha este programa, considera que el mismo tiene una misión que va más allá de evitar las peleas. Dice: "El programa muestra a los estudiantes que tienen muchas otras maneras de abordar los conflictos al margen de la agresividad o la pasividad. Les mostramos la inutilidad de la violencia, reemplazándola con destrezas concretas. Los chicos aprenden a defender sus derechos sin apelar a la violencia. Estas son habilidades para toda la vida, no sólo para aquellos más propensos a respuestas violentas".[10]

En uno de los ejercicios, los alumnos piensan en una alternativa realista que podría haberlos ayudado a solucionar algún conflicto que hayan tenido. En otro, los estudiantes dramatizan una escena en la cual una hermana mayor, que está intentando hacer su tarea, se cansa de escuchar a todo volumen el *rap* que puso su hermana menor. En su frustración, la hermana mayor saca el cassette, a pesar de las protestas de la menor. La clase arde de propuestas acerca de cómo habría manejado el problema cada uno, para que ambas quedaran satisfechas.

Una clave para el éxito del programa de resolución de conflictos, es extenderlo fuera del aula, hasta el patio de juegos y la cafetería de la escuela, donde es más probable que estallen los problemas. Con ese fin, algunos estudiantes son entrenados como mediadores, un papel que puede comenzar en los últimos años de la escuela primaria. Cuando estalla la tensión, los estudiantes pueden buscar al mediador para que los ayude a resolver la cuestión. Los mediadores del patio de juegos aprenden a manejar peleas, riñas y amenazas, incidentes interraciales, y otros sucesos potencialmente incendiarios de la vida escolar.

Los mediadores aprenden a expresarse con frases que hacen que las dos partes sientan que es imparcial. Sus tácticas incluyen el sentarse con los involucrados y hacer que cada uno escuche al otro sin interrupciones ni insultos. Hacen que cada uno se tranquilice y exprese su posición; luego hacen que cada uno repita lo que se ha dicho para que quede claro que lo han oído realmente. Luego tratan de pensar entre todos soluciones que satisfagan a ambas partes; frecuentemente los acuerdos toman la forma de pactos escritos.

Más allá de la mediación en una disputa dada, el programa enseña a los alumnos, en primer lugar, a enfocar los desacuerdos de manera diferente. Como lo expresó Angel Pérez, un alumno entrenado como mediador, el programa "cambió mi manera de pensar. Solía creer que si alguien me molestaba, o me hacía algo malo, la única solución era pelear, hacerle algo a cambio. Desde que pasé por este programa, tengo una manera de pensar más positiva. Si alguien me hace algo negativo, no pienso en lo negativo que le puedo devolver, sino que intento solucionarlo". Y se ha encontrado él mismo difundiendo esta actitud entre su comunidad.

En tanto que el objetivo principal del programa de Resolución Creativa de Conflictos es la prevención de la violencia, Lantieri considera que tiene una misión más amplia. Su punto de vista es que las habilidades que se necesitan para eliminar la violencia no pueden ser aisladas del espectro completo de la aptitud emocional ya que, por ejemplo, saber lo que se siente o cómo manejar los impulsos o la pena es tan importante para la prevención de la violencia como el control del enojo. Gran parte del entrenamiento tiene que ver con las emociones básicas, tales como reconocer una gama extendida de sentimientos o ser capaz de darles nombre, y con la empatía. Cuando describe los resultados de la evaluación de los efectos de su programa, Lantieri señala con orgullo el aumento del "cuidado entre los niños", y el descenso del promedio de peleas, de desprecios y de insultos.

Una convergencia similar con la alfabetización emocional ocurrió entre un grupo de psicólogos que intentaba hallar la manera de ayudar a jóvenes con una vida signada por el crimen y la violencia. Docenas de estudios sobre estos jóvenes —como vimos en el Capítulo 15— evidenciaban una clara noción del camino que la mayoría emprende, empezando por la impulsividad y la rapidez para estallar de furia en los primeros grados, hasta convertirse en desplazados sociales hacia el final de la etapa primaria, y llegar a relacionarse con otros como ellos mismos y comenzar a delinquir en la etapa de la secundaria. Hacia su temprana adultez, una gran cantidad de estos muchachos tenían antecedentes policiales, y una notable predisposición para la violencia.

Cuando se trató de intervenir en la vida de estos jóvenes para ayudarlos a apartarse del camino de la violencia y el crimen, el resultado fue, una vez más, un programa de alfabetización emocional.[11] Uno de ellos, desarrollado por un grupo que incluía a Mark Greenberg, de la Universidad de Washington, es el programa PATHS (sigla que significa Padres y Maestros que Ayudan a los Alumnos). A pesar de que los que más necesitan estas lecciones son los que corren mayor riesgo de incurrir en el crimen o la violencia, el curso se les brinda a todos los de la clase, evitando así cualquier forma de estigmatización de un subgrupo más conflictivo.

En realidad, las lecciones son útiles para todos los niños. Incluyen, por ejemplo, el aprendizaje del control de las emociones desde los grados inferiores. La carencia de esta capacidad hace que los niños tengan particular dificultad en prestar atención a lo que se está enseñando, fracasando en el aprendizaje y en las calificaciones. Otras lecciones incluyen el reconocimiento de los sentimientos; el programa del PATHS contiene cincuenta lecciones sobre emociones diferentes, enseñando las básicas, como felicidad y enojo, a los más pequeños, y desarrollando más adelante la enseñanza de sentimientos más complejos, tales como los celos, el orgullo y la culpa. Las clases de conocimiento emocional incluyen el enseñar a dominar lo que están sintiendo ellos y quienes los rodean, y —lo que es más importante para aquellos proclives a la agresión— cómo darse cuenta de que alguien les es realmente hostil, en oposición a la hostilidad que, en realidad, proviene de uno mismo.

Una de las lecciones más importantes, por supuesto, es la del manejo del enojo. La premisa básica que los niños aprenden con respecto al enojo (y a otras emociones), es que "es correcto sentir cualquier sentimiento", pero que algunas reacciones están bien, y otras no. Aquí una de las herramientas para la enseñanza del autodominio es el mismo ejercicio del "semáforo" utilizado en el curso de New Haven. Otra unidad ayuda a los niños con sus amistades, una forma de contrarrestar el rechazo social que puede impulsar a un niño a la delincuencia.

Replantear la escuela: preparar a los maestros, comunidades que se preocupan

Dado que cada vez más niños no reciben en la vida familiar un apoyo seguro para transitar por la vida, las escuelas pasan a ser el único lugar hacia donde pueden volverse las comunidades en busca de correctivos para las deficiencias de los niños en la aptitud social y emocional. Esto no significa que la escuela, por sí sola, pueda suplantar a todas las instituciones sociales que con frecuencia están al borde del colapso, o ya han caído en él. Pero desde el momento en que prácticamente todos los niños concurren a la escuela (al menos, al principio), esta ofrece un ámbito donde se les puede brindar lecciones de vida que no podrían recibir en ninguna otra parte. La alfabetización emocional implica un aumento del mandato que se les da a las escuelas, teniendo en cuenta la pobre actuación de muchas familias en la socialización de los niños. Esta tarea desalentadora exige dos cambios importantes: que los maestros vayan más allá de su misión tradicional, y que los miembros de la comunidad se involucren más con la actividad escolar.

El hecho de que haya o no una clase específicamente dedicada a la alfabetización emocional puede importar mucho menos que *cómo* son enseñadas estas lecciones. Tal vez no haya otra materia en la que importe más la calidad del maestro, ya que la forma en que este lleva su clase es en sí misma un modelo, una lección de facto de aptitud emocional, o de su carencia. Cada vez que un maestro le responde a un alumno, hay otros veinte o treinta que aprenden una lección.

Existe una selección natural en la clase de maestros que se sienten atraídos hacia clases como estas, porque no todo el mundo se adapta a ellas por temperamento. En principio, los maestros deben sentirse cómodos cuando hablan acerca de los sentimientos; no todos los maestros se sienten así haciéndolo, o desean hacerlo. Hay poco o nada en la formación tradicional de un maestro, que lo prepare para esta clase de enseñanza. Por estas razones, los programas de alfabetización emocional habitualmente les ofrecen a los postulantes a su enseñanza varias semanas de entrenamiento especial en su enfoque.

Mientras que muchos maestros pueden mostrarse al principio muy reacios a encarar un tema tan distante de su propia formación profesional y sus rutinas, hay pruebas de que, una vez que intentan ponerlo en práctica, son más los que se muestran satisfechos que los que se cansan. En las escuelas de New Haven, cuando los maestros tuvieron la primera noticia de que serían entrenados para enseñar los nuevos cursos de alfabetización emocional, el 31% dijo que era reacio a hacerlo. Tras un año de enseñar estos cursos, más del 90% dijo estar contento con ellos, y que deseaba volver a impartirlos al año siguiente.

Una misión ampliada para la escuela

Más allá de la preparación de los maestros, la alfabetización emocional amplía la visión que tenemos de la tarea que debe cumplir la escuela, convirtiéndola en un agente más concreto de la sociedad para asegurarse de que los niños aprendan estas lecciones esenciales para la vida, lo que significa un retorno al papel clásico de la educación. Este objetivo ampliado requiere, aparte de cualquier especificidad que haya en el programa, la utilización de las oportunidades dentro y fuera de la clase para ayudar a los niños a transformar los momentos de crisis personal en lecciones de aptitud emocional. También funciona mejor cuando las lecciones escolares se coordinan con lo que ocurre en el hogar. Muchos programas de alfabetización emocional incluyen clases especiales para padres, donde se les informa de lo que sus hijos están aprendiendo, no para complementar lo que se enseña en la escuela sino para ayudarlos a sentir la necesidad de manejar más eficazmente los problemas derivados del desarrollo de la vida emocional de sus hijos.

De esta manera, los chicos reciben sólidos mensajes sobre aptitud emocional desde todos los aspectos de su vida. En las escuelas de New Haven, dice Tim Shriver, director del Programa de Aptitud Social, “si los chicos provocan una pelea en la cafetería, se les envía un mediador que es un par, que se sienta con ambos y elabora el conflicto con la misma técnica de toma de distancia que han aprendido en clase. Los entrenadores usan esta técnica para manejar los conflictos en el campo de deportes. Ofrecemos lecciones para padres en las que les enseñamos a utilizar estos métodos con los niños en sus casas".

Estas líneas de acción paralelas de refuerzo de las lecciones emocionales —no sólo en el aula sino también en el patio, y no sólo en la escuela, sino también en el hogar— son óptimas. Implican relacionar la escuela con los padres y con la comunidad en un vínculo más estrecho. Incrementan la posibilidad de que lo que los niños aprendieron en sus clases de alfabetización emocional no quede relegado a la escuela, sino que sea puesto a prueba, practicado y perfeccionado en los verdaderos desafíos que presenta la vida.

Otra de las maneras en que este enfoque rediseña la función escolar es mediante la creación de una cultura de campus que la convierte en una "comunidad que se preocupa", un lugar en el que los estudiantes se sienten respetados, cuidados, y unidos a sus compañeros, maestros, y a la propia escuela.[12] Por ejemplo, las escuelas de zonas como New Haven, donde las familias se están desintegrando a un ritmo elevado, ofrecen una gama de programas que apela a aquellas personas de la comunidad que pueden hacerlo, a involucrarse con los alumnos cuya vida familiar es extremadamente conflictiva. En las escuelas de New Haven, adultos responsables actúan voluntariamente de mentores, una compañía regular para los alumnos que se están derrumbando, y que tienen pocos, o ningún adulto estable en su vida familiar.

En síntesis, el óptimo desarrollo de un programa de alfabetización emocional se da cuando comienza tempranamente, cuando es apropiado a cada edad, se lo sigue a lo largo de toda la etapa escolar, y aúna los esfuerzos de la escuela con los de los padres y los de toda la comunidad.

Aunque mucho de todo esto se adapta muy bien a secciones existentes de la tarea escolar diaria, estos programas son un cambio importante en cualquier plan de estudios. Sería ingenuo suponer que no se encontrarán obstáculos para implementar estos programas en la escuela. Muchos padres pueden sentir que el tema en sí es demasiado personal para ser manejado por la escuela, que temas de esa naturaleza conviene dejarlos en manos de los padres, argumento que gana en credibilidad cuando estos se abocan realmente a estas cuestiones, pero es menos convincente cuando fracasan en ello. Algunos maestros pueden mostrarse renuentes a destinar parte del día a temas que parecen estar poco relacionados con los contenidos académicos; otros pueden sentirse demasiado incómodos ante estos temas como para enseñarlos, y todos necesitarán de un entrenamiento especial. También algunos chicos se resistirán, especialmente en la medida en que estas clases no estén en sintonía con sus verdaderas preocupaciones, o las sientan como intromisiones en su intimidad. Y también está el dilema de mantener el nivel de calidad, y asegurar que los superficiales comerciantes de la educación no vendan programas de aptitud emocional mal diseñados, que repitan los desastres que surgieron, por ejemplo, en cursos mal concebidos sobre drogas o embarazo adolescente.

Teniendo en cuenta todo esto, ¿por qué deberíamos molestarnos en intentarlo?

¿Tiene alguna importancia la alfabetización emocional?

Una pesadilla que acosa a todos los maestros: al abrir el diario una mañana, Tim Shriver se enteró de que Lamont, uno de sus ex alumnos favoritos, había recibido nueve disparos en una calle de New Haven, y se hallaba en estado crítico. "Lamont había sido uno de los líderes de la escuela, un corpulento defensor del equipo, de gran popularidad entre sus compañeros", recuerda Shriver. "Por entonces Lamont disfrutaba viniendo a un club de liderazgo que yo dirigía, donde barajábamos ideas en el marco de un programa de solución de problemas llamado SOCS."

SOCS es una sigla que significa: Situación, Opciones, Consecuencia, Soluciones; consiste en un método de cuatro pasos: se enuncia la situación y qué se siente al respecto; se piensa en las opciones para solucionar el problema, y cuáles serían las consecuencias; se elige una solución, y se ejecuta; una versión más adulta del método del semáforo. Lamont, agregó Shriver, amaba imaginar maneras eficaces y creativas de manejar los dilemas acuciantes de la vida de la escuela secundaria, tales como las cuestiones con las novias, o evitar las peleas.

Pero estas pocas lecciones parecieron fallarle una vez que salió de la secundaria. Vagando por las calles en un mar de pobreza, drogas y armas de fuego, a los veintiséis años, Lamont yacía en una cama de hospital, envuelto en vendajes, con el cuerpo perforado por heridas de bala. Cuando llegó al hospital, Shriver descubrió que Lamont apenas era capaz de articular palabra, y su madre y su novia lo colmaban de cuidados. Al ver a su antiguo maestro, Lamont se inclinó hacia un costado de la cama, y cuando Shriver se le acercó para escucharlo, susurró: "Shrive, cuando salga de aquí voy a aplicar el método SOCS".

Lamont asistió a la escuela Hillhouse cuando aún no se dictaban en ella los cursos de desarrollo social. ¿Habría sido diferente su vida si hubiera recibido el beneficio de esa educación en sus años de escuela, tal como lo hacen ahora los alumnos de las escuelas públicas de New Haven? Las señales apuntan a una posible afirmación, aunque nadie podría asegurarlo.

Como lo expresara Tim Shriver, "Una cosa queda clara: el campo de pruebas para la solución de problemas sociales no es sólo el aula, sino también la cafetería, las calles, el hogar". Consideremos el testimonio de maestros del programa de New Haven. Uno relata cómo una antigua alumna, aún soltera, lo visitó y le dijo que sin duda a esa altura sería una madre soltera si "no hubiera aprendido a defender mis derechos durante las clases de Desarrollo Social".[13] Otra maestra recuerda cómo la relación de una alumna con su madre era tan mala que sus conversaciones siempre terminaban en peleas a gritos; después de que la joven aprendiera a tranquilizarse y a pensar antes de reaccionar, la madre le contó a la maestra que no podían hablar sin ir "hasta la raíz del asunto". En la escuela Troup, una alumna de sexto grado le entregó una nota a su maestra de Desarrollo Social; su mejor amiga, decía la nota, estaba embarazada, no tenía con quién hablar del tema, y estaba pensando en suicidarse, pero sabía que la maestra se preocuparía.

Un momento revelador se produjo cuando me encontraba observando una clase de séptimo grado de desarrollo social en las escuelas de New Haven, y la maestra pidió que "alguien me hable de algún desacuerdo que hayan tenido recientemente, y que haya terminado bien".

Una niña regordeta de doce años levantó la mano: "Alguien me dijo que una chica del grado, que se suponía era mi amiga, quería pelearse conmigo. Me dijeron que me iba a esperar para eso en una esquina, después de clase".

Pero en lugar de enfrentarla, la niña aplicó uno de los métodos aprendidos en clase: enterarse de lo que verdaderamente ocurre antes de llegar a ninguna conclusión: "Así, fui a hablar con la niña y le pregunté por qué había dicho eso. Y contestó que nunca lo había hecho. Así, que no nos peleamos".

El episodio parece demasiado inocuo. Salvo porque la niña que relató la historia ya había sido expulsada de otra escuela por pelear. En el pasado, ella habría atacado primero, y preguntado después, o ni siquiera lo hubiera hecho. Para ella, enfrentar a un aparente adversario de manera constructiva en lugar de estallar inmediatamente en una confrontación, es una victoria pequeña, pero real.

Tal vez el signo más elocuente del impacto de las clases de alfabetización emocional, lo constituyan los datos que me hizo conocer el director de la escuela de estos niños de doce años. Una regla inviolable es que a todo niño que es sorprendido en una pelea, se lo suspende. Pero desde que se han instrumentado las clases de alfabetización emocional en todos los años, ha habido una caída constante en el número de suspensiones. "El año pasado", dice el director, "hubo 106 suspensiones. En lo que va de este año —estábamos en marzo—, hemos tenido solamente 26."

Estos son beneficios concretos. Pero aparte de estas anécdotas sobre vidas mejoradas o salvadas, aparece una pregunta empírica sobre cuánto afectan realmente estas clases de alfabetización emocional a aquellos que las cursan. Los datos sugieren que, aunque estos cursos no cambian a nadie de la noche a la mañana, a medida que los niños avanzan en el programa, de grado en grado, se observan mejoras evidentes en el ambiente de la escuela y en el panorama de los chicos y chicas que los cursan, así como de su nivel de aptitud emocional.

Se han realizado un puñado de evaluaciones objetivas, las mejores de las cuales comparan a los estudiantes de estos cursos con otros que no lo son, con observadores independientes que evalúan el comportamiento de los niños. Otro método es el de hacer un seguimiento de los cambios de los mismos alumnos antes y después de los cursos, basado en mediciones objetivas de su comportamiento, tales como el número de peleas en el patio, o de suspensiones. Reuniendo estos datos, se comprueba un extendido beneficio para la aptitud emocional y social del niño, para su comportamiento dentro y fuera del aula, y para su habilidad para aprender (ver Apéndice F para mayor detalle):

AUTOCONOCIMIENTO EMOCIONAL
- Mejora en el reconocimiento y la designación de las propias emociones.
- Mayor capacidad para entender las causas de los sentimientos.
- Reconocimiento de la diferencia entre sentimientos y acciones.

MANEJO DE LAS EMOCIONES
- Mayor tolerancia ante las frustraciones, y control del enojo.
- Menor cantidad de bromas, peleas e interrupciones de la clase.
- Mayor capacidad para expresar adecuadamente el enojo, sin pelear.
- Menos suspensiones y expulsiones.
- Menos comportamiento agresivo o autodestructivo.
- Más sentimientos positivos sobre ellos mismos, la escuela, y la familia.
- Mejor manejo del estrés.
- Menor soledad y ansiedad social.

APROVECHAMIENTO PRODUCTIVO DE LAS EMOCIONES
- Más responsabilidad.
- Mayor capacidad de concentrarse en la tarea que se tiene entre manos y de prestar atención.
- Menos impulsividad, mayor autocontrol.

• Mejores calificaciones en las pruebas de rendimiento escolar.

EMPATIA: INTERPRETACION DE LAS EMOCIONES
• Mayor capacidad para comprender el punto de vista de otra persona.
• Mejora de la empatía y de la sensibilidad para percibir los sentimientos de los otros.
• Mejora de la capacidad de escuchar.

MANEJO DE LAS RELACIONES PERSONALES
• Aumento de la habilidad para analizar y comprender las relaciones.
• Mejora de la resolución de los conflictos y de la negociación en los desacuerdos.
• Mejora en la solución de problemas planteados en las relaciones.
• Mayor habilidad y actitud positiva en la comunicación.
• Más popularidad y sociabilidad: actitud amistosa e interesada con sus pares.
• Mayor preocupación y consideración.
• Mayor solicitud por parte de sus pares.
• Más actitud "pro-social" y armoniosa en grupo.
• Mayor cooperación, ayuda y actitud de compartir.
• Actitud más democrática en el trato con los otros.

Uno de los puntos de esta lista reclama especial atención: los programas de alfabetización emocional mejoran las calificaciones académicas y el desempeño escolar. Este no es un descubrimiento aislado: aparece una y otra vez en estos estudios. En un momento en que demasiados niños parecen carecer de la capacidad de manejar sus problemas, de prestar atención o de concentrarse, de controlar sus impulsos, de sentirse responsables por su trabajo o de interesarse en su aprendizaje, cualquier cosa que sostenga estas habilidades ayudará a su educación. En este sentido, la alfabetización emocional mejora la capacidad de la escuela para enseñar. Incluso en una época de retorno a los contenidos básicos y de recortes presupuestarios, un argumento a favor de la implementación de estos programas es que ayudan a revertir una tendencia declinante de la educación, y que fortalecen la capacidad de las escuelas de cumplir con su misión principal, por lo que la inversión vale la pena.

Más allá de estas ventajas educativas, los cursos parecen ayudar a que los niños cumplan más eficazmente sus papeles en la vida, volviéndose mejores amigos, alumnos, hijos e hijas, y con la posibilidad futura de ser mejores esposos y esposas, trabajadores y patrones, padres y ciudadanos. Hasta que todos los chicos y chicas se aseguren de recibir estas enseñanzas, debemos luchar para que ocurra. "La marea alta empuja todos los botes", sintetiza Tim Shriver. "Los que se benefician de esas habilidades no son sólo los chicos con problemas sino todos; son una vacuna para toda la vida".

Cáracter, moral y las artes de la democracia

Existe una palabra anticuada para designar al conjunto de habilidades que conforman la inteligencia emocional: *carácter*. El carácter, escribe Amitai Etzioni, teórico social de la Universidad de Washington, es "el músculo psicológico que la conducta moral exige".[14] Y el filósofo John Dewey sostuvo que una educación moral es más efectiva cuando las lecciones se imparten a los niños durante los hechos reales, no sólo como cuestiones abstractas: el modelo de la alfabetización emocional.[15]

Si el desarrollo del carácter es la base de las sociedades democráticas, consideremos algunas de las maneras en que la inteligencia emocional puede apoyar este fundamento. El carácter está sustentado en la autodisciplina; la vida virtuosa, como lo observaran los filósofos, desde Aristóteles, está basada en el autodominio. La piedra angular del carácter es la capacidad de motivarse y guiarse uno mismo, ya sea haciendo los deberes, terminando un trabajo, o levantándose a la mañana. Y, como ya hemos visto, la capacidad de diferir las gratificaciones y de controlar y canalizar la urgencia de actuar es una habilidad emocional básica, lo que en tiempos anteriores se llamaba voluntad. "Necesitamos controlarnos a nosotros mismos, nuestros apetitos, nuestras pasiones, para hacer el bien a otros", señala Thomas Lickona, al escribir sobre la educación del carácter.[16] "Se necesita voluntad para mantener la emoción bajo el control de la razón".

Ser capaz de dejar de lado el enfoque sobre uno mismo, y de controlar los impulsos, rinde beneficios sociales: allana el camino hacia la empatía, a escuchar con atención, a ponerse en el lugar del otro. La empatía, como vimos, conduce a interesarse, al altruismo, y a la compasión. Ver las cosas desde la perspectiva del otro rompe los estereotipos preestablecidos, y promueve así la tolerancia y la aceptación de las diferencias. Estas aptitudes son cada vez más requeridas en nuestra sociedad crecientemente pluralista, permitiendo a las personas vivir unidas en respeto mutuo, y creando la posibilidad de un discurso público creativo. Son las artes fundamentales de la democracia.[17]

Las escuelas, señala Etzioni, tienen un papel central en la formación del carácter inculcando autodisciplina y empatía, lo que a su vez posibilita la asunción de compromisos auténticos con los valores cívicos y morales.[18] En esta tarea, no es suficiente dar a los niños conferencias sobre los valores: necesitan practicarlos, lo que ocurre cuando los niños construyen las habilidades sociales y emocionales esenciales. En este sentido, la alfabetización emocional corre pareja con la formación del carácter, del desarrollo moral y de la conciencia ciudadana.

Unas últimas palabras

Mientras termino este libro, algunos asuntos conflictivos aparecidos en los diarios atraen mi atención. Uno anuncia que el disparo con armas de fuego se ha convertido en la causa número uno de muerte en los Estados Unidos, sobrepasando a los accidentes automovilísticos. El segundo, que el promedio de asesinatos del año anterior se incrementó en un 3%.[19] Particularmente perturbadora es la predicción realizada por un criminalista en el segundo artículo de que estamos en el ojo de un "huracán de criminalidad", que se desencadenará en la próxima década. La razón que da para afirmar esto, es que el asesinato cometido por adolescentes de sólo catorce o quince años, está en aumento, y que ese grupo representa la cresta de un *mini baby boom* (una pequeña explosión demográfica). En la próxima década, este grupo tendrá entre dieciocho y veinticuatro años, la edad en la que los crímenes violentos alcanzan un punto crítico en el curso de una carrera criminal. Los cambios se avecinan: un tercer artículo dice que en los cuatro años entre 1988 y 1992, los datos del Departamento de Justicia muestran un salto del 68% en el número de jóvenes procesados por asesinato, robo calificado, asalto y violación, con un aumento del 80% en el caso del robo calificado.[20]

Estos adolescentes pertenecen a la primera generación que no sólo tiene armas, sino que además son automáticas y fácilmente accesibles, así como la generación de sus padres fue la primera en disponer de drogas. La tenencia de armas por parte de adolescentes significa que los desacuerdos que en otros tiempos se hubieran zanjado a golpes de puño, ahora concluyen con disparos. Y, como lo señala otro experto, "estos chicos no son muy buenos en evitar las disputas".

Una de las razones de que carezcan de esta habilidad básica de la vida es, por supuesto, que esta sociedad no se ha molestado en asegurarse de que todos los niños cuenten con la enseñanza que les facilite lo esencial en el manejo del enojo o en la solución positiva de los conflictos, ni en enseñar empatía, control de los impulsos, ni ninguno de los fundamentos de la aptitud emocional. Dejando que los niños aprendan esto por su cuenta, nos arriesgamos a perder la posibilidad de que la lenta maduración cerebral ayude a los niños a cultivar paulatinamente la creación de un saludable repertorio emocional.

A pesar del fuerte interés que algunos educadores han demostrado en la alfabetización emocional, estos cursos aún son excepcionales; la mayoría de los maestros, directores y padres, simplemente no saben de su existencia. Los mejores modelos están fuera de la principal corriente educativa, en poder de un puñado de escuelas privadas y unas pocas escuelas públicas. Por supuesto, ningún programa, ni siquiera este, es una respuesta para todos los problemas. Pero dada la crisis que enfrentamos y enfrentan nuestros niños, y la esperanza que surge de los cursos de alfabetización emocional, debemos preguntarnos: ¿No deberíamos estar enseñando estas habilidades esenciales para la vida a todos los niños, ahora más que nunca?

Y si no es ahora, ¿cuándo?

APENDICE A

¿QUE ES LA EMOCION?

Unas palabras acerca de lo que quiero decir con el término *emoción,* un término sobre cuyo significado preciso los psicólogos y filósofos han dicho muchas sutilezas durante más de un siglo. En su sentido más literal, el *Oxford English Dictionary* define la *emoción* como "cualquier agitación y trastorno de la mente, el sentimiento, la pasión; cualquier estado mental vehemente o excitado". Utilizo el término *emoción* para referirme a un sentimiento y sus pensamientos característicos, a estados psicológicos y biológicos y a una variedad de tendencias a actuar. Existen cientos de emociones, junto con sus combinaciones, variables, mutaciones y matices. En efecto, existen en la emoción más sutilezas de las que podemos nombrar.

Los investigadores continúan discutiendo acerca de qué emociones, exactamente, pueden considerarse primarias —el azul, el rojo y el amarillo de los sentimientos, a partir de lo cuales surgen todas las combinaciones—, o incluso si existen realmente esas emociones primarias. Algunos teóricos proponen familias básicas, aunque no todos coinciden en cuáles son. Los principales candidatos y algunos miembros de sus familias son:

- *Ira:* furia, ultraje, resentimiento, cólera, exasperación, indignación, aflicción, acritud, animosidad, fastidio, irritabilidad, hostilidad y, tal vez en el extremo, violencia y odio patológicos.
- *Tristeza:* congoja, pesar, melancolía, pesimismo, pena, autocompasión, soledad, abatimiento, desesperación y, en casos patológicos, depresión grave.
- *Temor:* ansiedad, aprensión, nerviosismo, preocupación, consternación, inquietud, cautela, incertidumbre, pavor, miedo, terror; en un nivel psicopatológico, fobia y pánico.

- *Placer:* felicidad, alegría, alivio, contento, dicha, deleite, diversión, orgullo, placer sensual, estremecimiento, embeleso, gratificación, satisfacción, euforia, extravagancia, éxtasis y, en el extremo, manía.
- *Amor:* aceptación, simpatía, confianza, amabilidad, afinidad, devoción, adoración, infatuación, *ágape* (amor espiritual).
- *Sorpresa*: conmoción, asombro, desconcierto.
- *Disgusto:* desdén, desprecio, menosprecio, aborrecimiento, aversión, disgusto, repulsión.
- *Vergüenza:* culpabilidad, molestia, disgusto, remordimiento, humillación, arrepentimiento, mortificación y contrición.

No cabe duda de que esta lista no resuelve todas las preguntas que se plantean acerca de cómo categorizar la emoción. Por ejemplo, ¿qué podemos decir de combinaciones tales como los celos, una variante de la ira que también se mezcla con la tristeza y el temor? ¿Qué podemos decir de las virtudes, como la esperanza y la fe, el coraje y la indulgencia, la certeza y la ecuanimidad? ¿O de algunos de los vicios clásicos, sentimientos como la duda, la complacencia, la indolencia y la apatía... o el aburrimiento? No existen respuestas claras; el debate científico acerca de cómo clasificar las emociones continúa.

El argumento de que existe un puñado de emociones centrales se basa en cierta medida en el descubrimiento de Paul Ekman, de la Universidad de California de San Francisco, según el cual las expresiones faciales para cuatro de ellas (temor, ira, tristeza, placer) son reconocidas por personas de culturas de todo el mundo, incluidos los pueblos prealfabetizados presumiblemente no contaminados por la exposición al cine o a la televisión, lo cual sugiere su universalidad. Ekman enseñó retratos que mostraban expresiones de personas de culturas tan remotas como los Fore de Nueva Guinea, una tribu aislada de Stone Age en la remota zona de las tierras altas, y descubrió que personas de todas partes reconocían las mismas emociones básicas. Esta universalidad de las expresiones faciales con respecto a la emoción fue probablemente advertida en primer lugar por Darwin, que las consideró una prueba de que las fuerzas de la evolución habían impreso estas señales en nuestro sistema nervioso central.

Al buscar los principios básicos, sigo a Ekman y a otros, y considero las emociones en términos de familias y dimensiones, tomando las principales familias —ira, tristeza, temor, placer, amor, vergüenza, etcétera— como casos pertinentes a los infinitos matices de nuestra vida emocional. Cada una de estas familias tiene un núcleo emocional básico, con sus parientes formando ondas a partir de este núcleo en incontables mutaciones. En las ondas externas se encuentran los *estados de ánimo* que, técnicamente hablando, son más apagados y duran mucho más tiempo que una emoción (mientras es relativamente raro mantener el calor de la ira durante todo el día, por ejemplo, no es tan raro estar de un humor gruñón e irritable, en el que se activan fácilmente arranques de ira más cortos). Más allá de los estados de ánimo se encuentra el *temperamento*, la prontitud para evocar una emoción o estado de ánimo determinado que hace que la gente sea melancólica, tímida o alegre. Todavía más allá de estas disposiciones emocionales se encuentran los evidentes *trastornos* de la emoción, tales como la depresión clínica o la ansiedad incesante, en la que alguien se siente constantemente atrapado en un estado negativo.

APENDICE B

LOS SELLOS DE LA MENTE EMOCIONAL

Sólo en los últimos años ha surgido un modelo científico de la mente emocional que explica cómo gran parte de lo que hacemos puede ser dirigido emocionalmente —cómo podemos ser tan razonables en un momento y tan irracionales al siguiente— y el sentido en el cual las emociones tienen sus propias razones y su propia lógica. Tal vez las dos mejores evaluaciones de la mente emocional son las que ofrecen independientemente Paul Ekman, Jefe del Laboratorio de Interacción Humana de la Universidad de California, en San Francisco, y Seymour Epstein, un psicólogo clínico de la Universidad de Massachusetts.[1] Aunque Ekman y Epstein han sopesado por separado diferentes pruebas científicas, juntos ofrecen una lista básica de las cualidades que distinguen las emociones del resto de la vida mental.[2]

Una respuesta rápida pero descuidada

La mente emocional es mucho más rápida que la mente racional, y se pone en acción sin detenerse ni un instante a pensar en lo que está haciendo. Su rapidez descarta la reflexión deliberada y analítica que es el sello de la mente pensante. En la evolución, esta rapidez probablemente giró en torno a la decisión más básica, a qué prestar atención y, al enfrentarse a otro animal, tomar decisiones de milésimas de segundo, tales como: ¿Me lo como yo, o él me come a mí? Es probable que aquellos organismos que tenían que hacer una pausa demasiado larga para reflexionar acerca de estas respuestas no tuvieran demasiada progenie a la que transmitir sus genes de acción lenta.

Las acciones que surgen de la mente emocional acarrean una sensación de certeza especialmente fuerte, una consecuencia de una forma sencilla y simplificada de ver las cosas que puede ser absolutamente desconcertante para la mente racional. Cuando ha pasado la tormenta, o incluso en medio de la respuesta, nos sorprendemos pensando: "¿Para qué hice esto?", una señal de que la mente racional está despertando, aunque no con la rapidez de la mente emocional.

Dado que el intervalo que se produce entre lo que activa una emoción y su erupción puede ser prácticamente instantáneo, el mecanismo que evalúa la percepción debe ser capaz de una gran velocidad, incluso en tiempo cerebral, que se calcula en milésimas de segundo. Esta evaluación de la necesidad de actuar debe ser automática, tan rápida que no entre en la conciencia.[3] Esta variedad rápida de respuesta emocional nos invade prácticamente antes de que nos demos cuenta de lo que está ocurriendo.

Este rápido modo de percepción sacrifica la exactitud en favor de la velocidad, dependiendo de las primeras impresiones, reaccionando al cuadro general o a los aspectos más sorprendentes. Asimila las cosas de inmediato, como un todo, reaccionando sin tomarse el tiempo necesario para un análisis reflexivo. Los elementos vívidos pueden determinar esa impresión, efectuando una cuidadosa evaluación de los detalles. La gran ventaja es que la mente emocional puede interpretar una realidad emocional (él está furioso conmigo; ella está mintiendo; esto lo entristece) en un instante, emitiendo los juicios intuitivos que nos dicen con quién debemos ser cautelosos, en quién podemos confiar, quién está afligido. La mente emocional es nuestro radar para percibir el peligro; si nosotros (o nuestros antecesores en el proceso evolutivo) esperáramos que la mente racional hiciera alguno de estos juicios, tal vez no sólo estaríamos equivocados sino que podríamos estar muertos. El inconveniente es que estas impresiones y juicios intuitivos, debido a que se efectúan en un abrir y cerrar de ojos, pueden ser erróneos o falsos.

Paul Ekman propone que esta rapidez, en la que las emociones pueden sorprendernos antes de que tengamos conciencia de que han comenzado, es esencial para que las mismas sean sumamente adaptables: nos impulsan a responder a acontecimientos urgentes sin perder tiempo evaluando si debemos reaccionar, o cómo debemos responder. Utilizando el sistema que desarrolló para detectar emociones a partir de cambios sutiles en la expresión facial, Ekman puede rastrear microemociones que quedan reveladas en el rostro en menos de medio segundo. Ekman y sus colaboradores han descubierto que las expresiones emocionales empiezan a mostrarse en los cambios de la musculatura facial en pocas milésimas de segundo después de producido el acontecimiento que dispara esa reacción, y que los cambios psicológicos típicos de una emoción determinada —como el cambiante flujo sanguíneo y el creciente ritmo cardíaco— también tardan sólo fracciones de segundo en comenzar. Esta rapidez es especialmente verdadera en la emoción intensa, como el temor o una súbita amenaza.

Ekman afirma que, técnicamente hablando, el calor de la emoción es muy breve y dura sólo unos segundos, no minutos, horas ni días. Según su razonamiento, el hecho de que una emoción capturara el cerebro y el cuerpo durante mucho tiempo, al margen de las cambiantes circunstancias, indicaría su poca adaptabilidad. Si las emociones causadas por un único acontecimiento continuaran dominándonos invariablemente después de que han pasado, y al margen de todo lo que ha ocurrido a nuestro alrededor, entonces nuestros sentimientos serían pobres guías para la acción. Para que las emociones duren más, lo que las pone en acción debe ser sustentado, evocando constantemente la emoción, como ocurre cuando la pérdida de un ser querido nos lleva a lamentarnos. Cuando los sentimientos persisten durante horas, suelen hacerlo como estados de ánimo, una forma apagada. Los estados de ánimo ponen un tono afectivo, pero no son modeladores tan fuertes de cómo percibimos y actuamos, como lo es el punto más alto de la emoción absoluta.

Primero sentimientos, luego pensamientos

Dado que a la mente racional le lleva más tiempo que a la mente emocional registrar y responder, el "primer impulso" en una situación emocional es el del corazón, no el de la cabeza. También existe una segunda clase de reacción emocional, más lenta que la respuesta rápida, que fermenta primero en nuestros pensamientos antes de conducir al sentimiento. Esta segunda vía para activar las emociones es más deliberada, y somos típicamente conscientes de los pensamientos que conducen a ella. En este tipo de reacción emocional existe una evaluación más extendida; nuestros pensamientos —cognición— juegan el papel clave en la determinación de qué emociones serán provocadas. Una vez que hacemos una evaluación —"ese taxista me está engañando", o "este bebé es adorable"—, se produce una respuesta emocional adecuada. En esta secuencia más lenta, el pensamiento más plenamente articulado precede al sentimiento. Emociones más complejas, como la vergüenza o la aprensión ante un examen inminente, siguen esta ruta más lenta, y tardan segundos o minutos en desarrollarse: son emociones que siguen a los pensamientos.

En contraste, en la secuencia de respuesta rápida, el sentimiento parece preceder o existir simultáneamente con el pensamiento. Esta reacción emocional similar al fuego graneado se produce en situaciones que tienen la urgencia de la supervivencia primaria. El poder de estas decisiones rápidas consiste en que nos movilizan en un instante para reaccionar ante una emergencia. Nuestros sentimientos más intensos son reacciones involuntarias; no podemos decidir cuándo aparecerán. "El amor", escribió Stendhal, "es como una fiebre que va y viene independientemente de la voluntad." No sólo el amor nos invade, sino también nuestras iras y temores, que al parecer, más que ser una elección nuestra, nos ocurren. Por esa razón pueden ofrecer un pretexto: "Es el hecho de que *no podemos elegir las emociones"*, señala Ekman, lo que permite a la gente explicar sus acciones diciendo que estaban dominados por la emoción.[4]

Así como hay vías rápidas y lentas hacia la emoción —una mediante la percepción inmediata y la otra a través del pensamiento reflexivo—, también existen emociones que son buscadas. Un ejemplo es el sentimiento manipulado intencionadamente, el recurso de un actor, como las lágrimas que surgen cuando los recuerdos tristes son evocados intencionadamente para que surtan efecto. Pero los actores están sencillamente más capacitados que todos nosotros para el uso intencionado de la segunda senda hacia la emoción, el sentimiento a través del pensamiento. Mientras no podemos cambiar fácilmente qué emociones específicas pondrá en acción cierta clase de pensamiento, la mayor parte de las veces podemos elegir, y elegimos, en qué pensar. Así como una fantasía sexual puede conducir a sensaciones sexuales, los recuerdos felices pueden animarnos, o los pensamientos melancólicos volvernos reflexivos.

Pero por lo general la mente emocional no decide qué emociones "deberíamos" tener. En lugar de eso, nuestros sentimientos surgen en nosotros como un hecho consumado. Lo que la mente racional puede controlar regularmente es el *curso* de esas reacciones. Al margen de algunas excepciones, nosotros no decidimos cuándo estar locos, tristes, etcétera.

Una realidad infantil simbólica

La lógica de la mente emocional es *asociativa*; toma elementos que simbolizan una realidad, o dispara un recuerdo de la misma, para ser igual a esa realidad. Es por eso que los símiles, las metáforas y las imágenes hablan directamente a la mente emocional, lo mismo que el arte: novelas, películas, poesía, canciones, teatro, ópera. Los grandes maestros espirituales, como Buda y Jesús, llegaron al corazón de sus discípulos hablando el lenguaje de las emociones, enseñando con parábolas, fábulas y relatos. De hecho, el símbolo y el ritual religioso tienen poco sentido desde el punto de vista racional; se expresan en la lengua vernácula del corazón.

Esta lógica del corazón —de la mente emocional— está bien descrita por Freud en su concepto de "proceso primario" de pensamiento; es la lógica de la religión y la poesía, la psicosis y los niños, el sueño y el mito (como señala Joseph Campbell, "Los sueños son mitos privados; los mitos son sueños compartidos"). El proceso primario es la llave que abre los significados de obras como el *Ulises,* de James Joyce: en el pensamiento como proceso primario, las asociaciones libres determinan el fluir de una narrativa; un objeto simboliza otro; un sentimiento desplaza a otro y lo representa; el todo se condensa en partes. No hay tiempo, ni leyes de causa y efecto. De hecho, no existe nada semejante a un "No" en el proceso primario; cualquier cosa es posible. El método psicoanalítico es en parte el arte de descifrar y desentrañar estas sustituciones del significado.

Si la mente emocional sigue esta lógica y estas reglas, con un elemento que representa a otro, las cosas no necesariamente deben estar definidas por su identidad objetiva: lo que importa es cómo son *percibidas;* las cosas son lo que parecen. Lo que algo nos recuerda puede ser mucho más importante que lo que "es". De hecho, en la vida emocional, las identidades pueden ser como un holograma en el sentido de que una sola parte evoca el todo. Como señala Seymour Epstein, mientras la mente racional realiza conexiones lógicas entre las causas y los efectos, la mente emocional es indiscriminada y conecta cosas que simplemente tienen características llamativamente parecidas.[5]

Hay muchas formas en que la mente emocional es infantil, y cuanto más lo es, más fuertes son las emociones. Una forma es el pensamiento *categórico*, en el que todo aparece en blanco y negro, sin matices de gris; alguien que se siente mortificado por haber metido la pata puede pensar inmediatamente: "Siempre digo lo que no debo". Otra señal de este modo infantil es el pensamiento *personalizado,* en el que los acontecimientos son percibidos con una tendencia a centrarse en uno mismo, como el conductor que, después de un accidente, explica que "el poste telefónico se me vino encima".

Este modo infantil es *autoconfirmador* y suprime o pasa por alto recuerdos o hechos que socavarían sus convicciones y se aferra a aquellos que las sustentan. Las convicciones de la mente racional son tentativas; una nueva evidencia puede descartar una creencia y reemplazarla por una nueva, ya que razona mediante la evidencia objetiva. La mente emocional, sin embargo, considera sus convicciones como absolutamente ciertas, y así deja de lado cualquier evidencia en contra. Por eso resulta tan difícil razonar con alguien que está emocionalmente perturbado: no importa la sensatez del argumento que se le ofrezca desde un punto de vista lógico: este no tiene ninguna validez si no es acorde con la convicción emocional del momento. Los sentimientos son autojustificadores y cuentan con un conjunto de percepciones y "pruebas" propios.

El pasado que se impone en el presente

Cuando algún rasgo de un acontecimiento parece similar a un recuerdo del pasado cargado emocionalmente, la mente emocional responde activando los sentimientos que acompañaban al acontecimiento recordado. La mente emocional reacciona al presente *como si fuera el pasado.*[6] El problema es que, sobre todo cuando la evaluación es rápida y automática, podemos no darnos cuenta de que lo que fue importante en algún momento ya no lo es. Alguien que ha aprendido, a través de los dolorosos golpes de la infancia, a reaccionar con intenso temor y aversión ante una actitud airada mostrará la misma reacción, en cierta medida, incluso al llegar a la edad adulta, cuando la actitud airada no represente una amenaza.

Si los sentimientos son fuertes, entonces la reacción provocada es evidente. Pero si los sentimientos son vagos o sutiles, tal vez no nos demos cuenta de la reacción emocional que estamos teniendo, aunque esta esté tiñendo sutilmente la forma en que reaccionamos en ese momento. Los pensamientos y las reacciones ante este momento adoptarán el matiz de los pensamientos y reacciones de entonces, aunque pueda parecer que la reacción se debe únicamente a la circunstancia del momento. Nuestra mente emocional aprovechará la mente racional para sus propósitos, de modo que encontremos explicaciones a nuestros sentimientos y reacciones —racionalizaciones— que los justifiquen en términos del momento presente, sin comprender la influencia de la memoria emocional. En ese sentido, podemos no tener idea de lo que está ocurriendo realmente, aunque tal vez tengamos la convicción de que sabemos exactamente qué esta ocurriendo. En momentos como este, la mente emocional ha puesto en marcha la mente racional, haciendo que cumpla sus funciones.

La realidad específica del estado

El funcionamiento de la mente emocional es en gran medida específico del estado, dictado por el sentimiento particular ascendiente en un momento dado. La forma en que pensamos y actuamos cuando nos sentimos románticos es totalmente diferente de la forma en que nos comportamos cuando estamos furiosos o desalentados; en el mecanismo de la emoción, cada sentimiento tiene su propio repertorio definido de pensamiento, reacciones, incluso recuerdos. Estos repertorios específicos del estado se vuelven más predominantes en momentos de intensa emoción.

Una señal de que tal repertorio permanece activo es la memoria selectiva. Parte de la respuesta de la mente a una situación emocional consiste en reorganizar la memoria y las opciones para la acción de manera tal que los más importantes ocupen el primer lugar de la jerarquía y sean representados más rápidamente. Y, como hemos visto, cada emoción importante tiene su sello biológico, una pauta de cambios que ponen en marcha el organismo cuando esa emoción aparece, y un único conjunto de indicaciones que el organismo envía automáticamente cuando está dominado por ella.[7]

APENDICE C

El circuito nervioso del temor

La amígdala es fundamental para el temor. Cuando una extraña enfermedad cerebral destruyó la amígdala (pero no otras estructuras cerebrales) en una paciente a la que los neurólogos llaman "S.M.", el temor desapareció de su repertorio mental. Se volvió incapaz de identificar expresiones de temor en el rostro de otras personas y de mostrar ella misma esa expresión. Como señaló su neurólogo, "si alguien pusiera un arma en la cabeza de S. M., ella sabría intelectualmente que debe tener miedo, pero no se sentiría atemorizada como nos ocurriría a usted o a mí".

Los neurólogos han trazado el circuito del temor con todo detalle, aunque en el actual estado de este arte, aún no se ha investigado totalmente el circuito completo de ninguna de las emociones. El temor es pertinente para comprender la dinámica nerviosa de la emoción. En la evolución, el temor tiene una importancia especial: es fundamental para la supervivencia, tal vez más que ninguna otra emoción. Por supuesto, en los tiempos modernos, los temores fuera de lugar son la plaga de la vida cotidiana y nos provocan preocupación, angustia y una variedad de inquietudes... o, en un extremo patológico, ataques de pánico, fobias o trastornos obsesivo-compulsivos.

Pongamos por caso que usted está solo una noche en su casa, leyendo un libro, cuando de pronto oye un estrépito en otra habitación. Lo que ocurre en su cerebro en los momentos siguientes abre una ventana al circuito nervioso del temor, y al papel de la amígdala como sistema de alarma. El primer circuito cerebral implicado sencillamente incorpora ese sonido como ondas físicas puras y las transforma en el lenguaje del cerebro que lo pone a usted en alerta. Este circuito va desde el oído al tronco cerebral y luego al tálamo. Desde allí se abren dos ramas: un puñado más pequeño de proyecciones conduce a la amígdala y al cercano hipocampo;

la otra vía, más grande, conduce a la corteza auditiva del lóbulo temporal, donde los sonidos son seleccionados y comprendidos.

El hipocampo, un depósito clave para la memoria, selecciona rápidamente ese "estrépito" y lo compara con otros sonidos similares que usted ha escuchado para ver si es algo familiar: ¿reconoce usted de inmediato este "estrépito"? Entretanto, la corteza auditiva está haciendo un análisis más sofisticado del sonido para intentar comprender la fuente... ¿se trata del gato? ¿Un postigo que golpea con el viento? ¿Un merodeador? La corteza auditiva hace su hipótesis —podría ser el gato que ha hecho caer la lámpara de la mesa, por ejemplo, pero también podría ser un merodeador— y envía el mensaje a la amígdala y al hipocampo que lo compara rápidamente con recuerdos similares.

Si la conclusión resulta tranquilizadora (sólo se trata del postigo que golpea cada vez que sopla el viento), entonces la alerta general no asciende al siguiente nivel. Pero si usted aún está inseguro, otra vuelta del circuito que existe entre la amígdala, el hipocampo y la corteza prefrontal aumenta aún más su incertidumbre y fija su atención, dejándolo aún más preocupado por la identificación de la fuente del ruido. Si de este análisis no surge una respuesta satisfactoria, la amígdala dispara una alarma, su área central activa el hipotálamo, el tronco cerebral y el sistema nervioso autónomo.

La magnífica arquitectura de la amígdala como sistema central de alarma para el cerebro se hace evidente en este momento de aprensión y ansiedad subliminal. Los diversos haces de neuronas de la amígdala tienen un conjunto definido de proyecciones con receptores preparados para diferentes neurotransmisores, algo así como aquellas compañías de alarmas caseras en las que los operadores están preparados para enviar llamados al departamento de bomberos de la localidad, a la policía y a un vecino cada vez que el sistema de seguridad de una casa indica que hay problemas.

Las diferentes partes de la amígdala reciben información diversa. Al núcleo lateral de la amígdala llegan proyecciones desde el tálamo y desde las cortezas auditiva y visual. Los olores, a través del bulbo olfativo, llegan a la zona corticomedial de la amígdala, y los sabores y los mensajes de las vísceras van a la zona central. Estas señales que ingresan hacen de la amígdala un centinela constante que observa atentamente cada experiencia sensorial.

Desde la amígdala, las proyecciones se extienden a cada zona importante del cerebro. Desde las zonas central y media, una rama va a las zonas del hipotálamo que segregan la sustancia de respuesta urgente del organismo, la hormona liberadora de corticotropina (CRH) que moviliza la reacción de ataque o fuga mediante un torrente de otras hormonas. La zona basal de la amígdala envía ramas al cuerpo estriado, uniéndose en el sistema cerebral para lograr el movimiento. Y, a través del núcleo central cercano, la amígdala envía señales al sistema nervioso autónomo a través de la médula, activando una gran variedad de respuestas amplias en el sistema cardiovascular, en los músculos y en los intestinos.

Desde la zona basolateral de la amígdala, los brazos van a la corteza cingulada y a las fibras conocidas como "gris central", las células que regulan los músculos grandes del esqueleto. Son estas células las que hacen que un perro gruña o que el gato arquee el lomo amenazando a un intruso que invade su territorio. En el ser humano, esos mismos circuitos tensan los músculos de las cuerdas vocales, creando la voz aguda típica del susto.

Otra vía desde la amígdala conduce al sitio cerúleo del tronco cerebral, que a su vez elabora la norepinefrina (también llamada "noradrenalina") y la dispersa por todo el cerebro. El efecto neto de la norepinefrina consiste en elevar la reactividad general de las zonas del cerebro que la reciben, haciendo que los circuitos sensorios sean más sensibles. La norepinefrina cubre la corteza, el tronco cerebral y el sistema límbico mismo, esencialmente poniendo el cerebro en alerta. Ahora incluso el crujido normal de la casa puede hacer que usted se sienta invadido por un estremecimiento de temor. La mayor parte de estos cambios se producen fuera de la conciencia, de modo que usted aún no es consciente de que siente miedo.

Pero cuando empieza realmente a sentir miedo —es decir, cuando la ansiedad que ha sido inconsciente penetra en la conciencia— la amígdala ordena una respuesta de amplio espectro. Señala a las células del tronco cerebral que pongan una expresión atemorizada en su rostro, lo vuelvan a usted nervioso y fácil de asustar; congela los movimientos que sus músculos estaban realizando, acelera su ritmo cardíaco y eleva su presión sanguínea, y hace más lenta la respiración (tal vez note que de pronto contiene la respiración cuando siente miedo por primera vez, para oír más claramente aquello que lo atemoriza). Esa es sólo una parte de una serie de cambios amplia y cuidadosamente coordinada que la amígdala y las zonas relacionadas orquestan mientras dirigen el cerebro en una crisis.

Entretanto la amígdala, junto con el hipocampo interconectado, dirige las células que envían claves neurotransmisoras, por ejemplo, para activar la liberación de dopamina que conduce a la agudización de la atención en la fuente de su temor —los sonidos desconocidos— y poner sus músculos en disposición de reaccionar de manera acorde. Al mismo tiempo, la amígdala señala zonas sensorias para la visión y la atención, asegurándose de que los ojos buscan lo más pertinente a la emergencia que se está produciendo. Simultáneamente, los sistemas de la memoria cortical se reorganizan de manera tal que el conocimiento y los recuerdos más importantes para la urgencia emocional particular serán evocados prontamente, teniendo prioridad sobre otros hilos de pensamiento menos importantes.

Una vez que estas señales han sido enviadas, usted ha llegado al nivel de temor absoluto: toma conciencia de la característica tensión de sus intestinos, de la aceleración de su corazón, del endurecimiento de los músculos de alrededor del cuello y los hombros o del temblor de sus extremidades; su cuerpo se congela en el sitio mientras usted agudiza la atención para escuchar cualquier otro ruido y su mente funciona a toda velocidad pensando en posibles peligros ocultos y formas de responder. Toda esta secuencia —desde la sorpresa a la incertidumbre, la aprensión y el miedo— puede resumirse en un segundo, aproximadamente. (Para mayor información, véase la obra de Jerome Kagan: *Galen's Prophecy,* Nueva York, Basic Books, 1994.)

APENDICE D

EL CONSORCIO DE W. T. GRANT: INGREDIENTES ACTIVOS PARA PROGRAMAS DE PREVENCION

Los ingredientes clave para programas efectivos incluyen:

HABILIDADES EMOCIONALES

- Identificación y designación de sentimientos
- Expresión de sentimientos
- Evaluación de la intensidad de los sentimientos
- Manejo de sentimientos
- Postergación de la gratificación
- Dominio de impulsos
- Reducción del estrés
- Conocimiento de la diferencia entre sentimientos y acciones

HABILIDADES COGNITIVAS

- Conversación personal: conducción de un "diálogo interior" como una forma de enfrentarse a un tema o desafío, o para reforzar la propia conducta
- Lectura e interpretación de señales sociales: por ejemplo, reconocimiento de influencias sociales sobre la conducta y verse uno mismo en la perspectiva de la comunidad más grande

- Empleo de pasos para solución de problemas y toma de decisiones: por ejemplo, dominar impulsos, fijar metas, identificar acciones alternativas, anticipar consecuencias
- Comprensión de la perspectiva de los demás
- Comprensión de normas de conducta (cuál es una conducta aceptable y cuál no)
- Actitud positiva hacia la vida
- Conciencia de uno mismo: por ejemplo, desarrollar expectativas realistas con respecto a uno mismo

HABILIDADES DE CONDUCTA

- No verbales: comunicarse a través del contacto visual, de la expresividad facial, del tono de voz, de los gestos, etcétera
- Verbales: hacer pedidos claros, responder eficazmente a la crítica, resistirse a las influencias negativas, escuchar a los demás, participar en grupos positivos de pares

FUENTE: Consorcio W. T. Grant sobre la Promoción de Competencia Social basada en la escuela, "Drug and Alcohol Prevention Curricula", en J. David Hawkins et al., *Communities That Care*, San Francisco, Jossey-Bass, 1992.

APENDICE E

El programa de la ciencia del yo

Principales componentes:

- *Conciencia de uno mismo:* observarse y reconocer los propios sentimientos; crear un vocabulario para los sentimientos; conocer la relación entre pensamientos, sentimientos y reacciones
- *Toma de decisiones personales:* examinar las acciones y conocer sus consecuencias; saber si el pensamiento o el sentimiento está gobernando una decisión; aplicar estas comprensiones a temas tales como el sexo y las drogas
- *Manejo de sentimientos:* controlar la "conversación con uno mismo" para captar mensajes negativos tales como rechazos internos; comprender lo que hay detrás de un sentimiento (por ejemplo, el daño que se oculta tras la ira); encontrar formas de enfrentarse a los temores, la ansiedad, la ira y la tristeza
- *Manejo del estrés:* aprender el valor del ejercicio, de la imaginación guiada, de los métodos de relajación
- *Empatía:* Comprender los sentimientos y las preocupaciones de los demás y su perspectiva; apreciar cómo la gente siente de diferente manera respecto a las cosas
- *Comunicaciones:* hablar eficazmente de los sentimientos; convertirse en alguien que sabe escuchar y plantear preguntas; distinguir entre lo que alguien hace o dice y las propias reacciones o juicios al respecto; enviar mensajes personales en lugar de culpabilidad
- *Revelación de la propia persona:* valorar la apertura y crear confianza en una relación; saber cuándo es posible arriesgarse a hablar de los sentimientos personales
- *Penetración:* identificar pautas en la propia vida emocional y reacciones; reconocer pautas similares en los demás

- *Aceptación de uno mismo:* sentir orgullo y verse uno mismo bajo una luz positiva: reconocer los propios puntos débiles y los fuertes; ser capaz de reírse de uno mismo
- *Responsabilidad personal:* asumir responsabilidades; reconocer las consecuencias de las propias decisiones y acciones, aceptando los sentimientos y estados de ánimo, cumpliendo compromisos (por ej. estudiando)
- *Seguridad en uno mismo:* manifestar las preocupaciones y sentimientos sin ira ni pasividad
- *Dinámica de grupo:* cooperación; saber cuándo y cómo conducir, y cuándo seguir
- *Resolución de conflictos:* cómo pelear correctamente con otros niños, con los padres, con los maestros; el modelo ganador para negociar compromisos

FUENTE: Karen F. Stone y Harold Q. Dillehunt, *Self-Science: The Subject Is Me,* Santa Monica, Goodyear Publishing, Co., 1978.

APENDICE F

APRENDIZAJE SOCIAL Y EMOCIONAL: RESULTADOS

Proyecto de desarrollo del niño

Eric Schaps, Centro de Estudios del Desarrollo, Oakland, California.

Evaluación en escuelas del norte de California, grados K-6; clasificación por parte de observadores independientes, en comparación con escuelas de control.

RESULTADOS:

- más responsable
- más seguro de sí mismo
- más popular y sociable
- más prosocial y colaborador
- mejor comprensión de los demás
- más considerado, preocupado
- más estrategias prosociales para la resolución interpersonal de problemas
- más armonioso
- más "democrático"
- mejores habilidades para la resolución de conflictos

FUENTES: E. Schaps y V. Battistich, "Promoting Health Development Through School-Based Prevention: New Approaches", *OSAP Prevention Monograph, nº 8: Preventing Adolescent Drug Use: From Theory to Practice.* Eric Gopelrud, ed., Rockville, MD: Oficina de prevención del abuso de sustancias, Departamento de Salud y Servicios Humanos de los Estados Unidos, 1991.

D. Solomon, M. Watson, V. Battistich, E. Schaps y K. Delucchi, "Creating a Caring Community: Educational Practices That Promote Children's Prosocial Development", en F. K. Oser, A. Dick y J.L. Patry, eds., *Effective and Responsible Teaching: The New Synthesis,* San Francisco, Jossey-Bass, 1992.

Senderos

Mark Greenberg, Proyecto de Pista Rápida, Universidad de Washington.

Evaluado en escuelas de Seattle, grados del 1 al 5; clasificados por los profesores, comparando alumnos equivalentes de control entre 1) alumnos regulares, 2) alumnos sordos, 3) alumnos que reciben educación especial.

RESULTADOS:
- Mejora de las habilidades cognitivas sociales
- Mejora de la emoción, el reconocimiento y la compresión
- Mejor dominio de sí mismo
- Mejor planificación para solucionar tareas cognitivas
- Más reflexión antes de actuar
- Más eficacia en la resolución de conflictos
- Clima más positivo en el aula

NECESIDADES ESPECIALES DE LOS ALUMNOS:
Conducta mejorada en la clase con respecto a:

- Tolerancia de la frustración
- Habilidades sociales asertivas
- Orientación en la tarea
- Habilidades para relacionarse con los pares
- Compartir
- Sociabilidad
- Dominio de sí mismo

COMPRENSION EMOCIONAL MEJORADA:
- Reconocimiento
- Nombrar las emociones
- Disminución de los informes de tristeza y depresión
- Disminución de la ansiedad y el aislamiento

FUENTES: Grupo de Investigación de Problemas de Conducta: "A Developmental and Clinical Model for the Prevention of Conduct Disorder: The Fast Track Program", *Development and Psychopathology,* 4, 1992.
M. T. Greenberg and C. A. Kusche, *Promoting Social and Emotional Development in Deaf Children: The PATHS Project,* Seattle, University of Washington Press, 1993.
M. T. Greenberg, C. A. Kusche, E. T. Cook y J. P. Quamma, "Promoting Emotional Competence in School-Aged Children: The Effects of the PATHS Curriculum", *Development and Psychopathology,* 7, 1995.

Proyecto de Desarrollo Social de Seattle

J. David Hawkins, Grupo de Investigación de Desarrollo Social, Universidad de Washington.

Evaluado en escuelas elementales y medias mediante categorías objetivas, en comparación con escuelas sin programa.

RESULTADOS:

- Apego más positivo a la familia y a la escuela
- Varones menos agresivos, nenas menos autodestructivas
- Menos suspensiones y expulsiones entre alumnos de escasos logros
- Menos iniciación en la droga
- Menos delincuencia
- Mejores puntuaciones en pruebas corrientes de desempeño

FUENTES: E. Schaps y V. Battistich, "Promoting Health Development Through School-Based Prevention: New Approaches", *OSAP Prevention Monograph, nº 8: Preventing Adolescent Drug Use: From Theory to Practice.* Eric Gopelrud, ed., Rockville, MD: Oficina de Prevención del Abuso de Sustancias, Departamento de Salud y Servicios Humanos de los Estados Unidos, 1991.

J. D. Hawkins et al., "The Seattle Social Development Project", en J. McCord y R. Tremblay, eds., *The Prevention of Antisocial Behavior in Children,* Nueva York, Guilford, 1992.

J. D. Hawkins, E. Von Cleve y R. F. Catalano, "Reducing Early Childhood Aggression: Results of a Primary Prevention Program", *Journal of the American Academy of Child and Adolescent Psychiatry,* 30, 2, 1991, págs. 208-217.

J. A. O'Donnell, J. D. Hawkins, R. F. Catalano, E. D. Abbott y L. E. Day, "Preventing School Failure, Drug Use and Delinquency Among Low-Income Children: Effects of a Long-Term Prevention Project in Elementary Schools", *American Journal of Orthopsychiatry,* 65, 1994.

Programa de promoción de competencia social de Yale-New Haven

Roger Weissberg, Universidad de Illinois en Chicago.

Evaluado en escuelas públicas de New Haven, grados del 5º al 8º, por observadores independientes e informes de alumnos y maestros, en comparación con un grupo de control.

RESULTADOS:

- Mejora de las habilidades para la solución de problemas
- Más compromiso con los pares
- Mejor dominio del impulso
- Conducta mejorada
- Popularidad y efectividad personal mejorada

- Habilidad mejorada para enfrentar situaciones
- Mayor habilidad para manejar problemas interpersonales
- Mejor manejo de la ansiedad
- Menos conducta delictiva
- Mejores habilidades para la resolución de conflictos

FUENTES: M. J. Elias y R. P. Weissberg, "School-Based Social Competence Promotion as a Primary Prevention Strategy: A Tale of Two Projects", *Prevention in Human Services* 7, 1, 1990, págs. 177-200.
M. Caplan, R. P. Weissberg, J. S. Grober, P. J. Sivo, K. Grady y C. Jacoby, "Social Competence Promotion with Inner-City and Suburban Young Adolescents: Effects of Social Adjustment and Alcohol Use", *Journal of Consulting and Clinical Psychology* 60, 1, 1992, págs. 56-63.

Programa para la resolución creativa de conflictos

Linda Lantieri, Programa del Centro Nacional para la Resolución Creativa de Conflictos (iniciativa de Educadores para la Responsabilidad Social), ciudad de Nueva York.

Evaluado en escuelas de la ciudad de Nueva York, grados K-12, por categorías de maestros, antes y después del programa.

RESULTADOS:
- Menos violencia en clase
- Menos rechazos verbales en clase
- Clima de mayor cuidado
- Mayor disposición a cooperar
- Más empatía
- Mejora de las habilidades para la comunicación

FUENTE: Metis Associates, Inc., *The Resolving Conflict Creatively Program: 1988-1989. Summary of Significant Findings of RCCP New York Site,* Nueva York, Metis Associates, mayo de 1990.

Proyecto de Mejora de la Conciencia Social-Resolución de Problemas Sociales

Maurice Elias, Rutgers University.

Evaluado en escuelas de Nueva Jersey, grados K-6, mediante categorías de los maestros, evaluaciones de los pares y registros escolares, en comparación con los no participantes.

RESULTADOS:
• Más sensibles a los sentimientos de los demás
• Mejor comprensión de las consecuencias de su conducta
• Mayor capacidad de "evaluar" situaciones interpersonales y planificar las acciones apropiadas
• Autoestima más elevada
• Más conducta prosocial
• Buscados por sus pares para obtener ayuda
• Mejor enfrentada la transición a la escuela media
• Menos conducta antisocial, autodestructiva y socialmente perturbada, incluso cuando se los siguió hasta la escuela secundaria
• Mejora de las habilidades para aprender a aprender
• Mejor autodominio, conciencia social y toma de decisiones sociales dentro y fuera del aula

FUENTES: M. J. Elias, M. A. Gara, T. F. Schuyler, L. R. Branden-Muller y M. A. Sayette, "The Promotion of Social Competence: Longitudinal Study of a Preventive School-Based Program", *American Journal of Orthopsychiatry* 61, 1991, págs. 409-417. M. J. Elias y J. Clabby, *Building Social Problem Solving Skills: Guidelines From a School-Based Program,* San Francisco, Jossey-Bass, 1992.

Notas

Primera Parte: El cerebro emocional

Capítulo 1: ¿Para que son las emociones?

1. Associated Press, 15 de septiembre de 1993.
2. La atemporalidad de este tema del amor desinteresado queda sugerida por la forma en que impregna los mitos del mundo entero: los relatos de Jataka, difundidos en casi toda Asia durante milenios, hacen referencia a distintas variaciones de parábolas semejantes de autosacrificio.
3. Amor altruista y supervivencia humana: las teorías de la evolución que plantean las ventajas adaptativas del altruismo están bien resumidas en Malcolm Slavin y Daniel Kriegman, *The Adaptive Design of the Human Psyche* (Nueva York, Guilford Press, 1992).
4. Gran parte de esta discusión se basa en el ensayo clave de Paul Ekman: "An Argument for Basic Emotions", *Cognition and Emotion,* 6, 1992, págs. 169-200. Este punto corresponde al ensayo de P. N. Johnson-Laird y K. Oatley, aparecido en el mismo número del periódico.
5. El asesinato de Matilda Crabtree: *The New York Times,* 11 de noviembre de 1994.
6. Sólo en adultos: Una observación hecha por Paul Ekman, Universidad de California en San Francisco.
7. Cambios orgánicos en las emociones y sus razones evolutivas: algunos de los cambios están documentados en Robert W. Levenson, Paul Ekman y Wallace V. Friesen: "La acción facial voluntaria genera una actividad autónoma del sistema nervioso específica de las emociones", *Psychophysiology,*27, 1990. Esta lista está confeccionada a partir de ahí y de otras fuentes. En este punto una lista de ese tipo es en cierto modo especulativa; existe un debate científico acerca de la sintonía biológica precisa de cada emoción, y en el mismo algunos investigadores adoptan la postura de que entre las emociones hay mucha más superposición que diferencia, y que nuestra actual capacidad de medir las correlaciones biológicas de la emoción es demasiado inmadura para distinguir entre ellas de forma confiable. Con respecto a este debate,

véase: Paul Ekman y Richard Davidson, eds., *Fundamental Questions About Emotions* (Nueva York, Oxford University Press, 1994).

8. Como señala Paul Ekman: "La ira es la emoción más peligrosa; algunos de los principales problemas que destruyen a la sociedad en nuestros días incluyen la ira que todo lo destruye. Hoy en día es la emoción que menos adaptación permite porque nos impulsa a pelear. Nuestras emociones evolucionaron cuando no teníamos la tecnología adecuada para actuar tan poderosamente sobre ellas. En la prehistoria, cuando alguien sentía una furia momentánea y durante un segundo quería matar a alguien, no podía hacerlo tan fácilmente... pero ahora puede".
9. Erasmo de Rotterdam: *Elogio de la locura,* Londres, Penguin, 1971, pág. 87.
10. Estas respuestas básicas definían lo que podría considerarse "vida emocional" —más adecuadamente, una "vida instintiva"— de estas especies. Y lo que es más importante en términos evolutivos, estas son las decisiones cruciales para la supervivencia; aquellos animales que podían tomarlas correctamente, o lo suficientemente bien, sobrevivían para transmitir sus genes. En esos primeros tiempos, la vida mental era bestial: los sentidos y un simple repertorio de reacciones a los estímulos que recibían hacían que un lagarto, una rana, un pájaro o un pez —y tal vez un brontosaurio— pasaran el día. Pero este cerebro diminuto aún no dejaba margen para lo que nosotros consideramos emociones.
11. El sistema límbico y las emociones: R. Joseph, "The Naked Neuron: Evolution and the Languages of the Brain and Body", Nueva York, Plenum Publishing, 1993; Paul D. MacLean, *The Triune Brain in Evolution,* Nueva York, Plenum, 1990.
12. Crías de macacos y adaptabilidad: "Aspects of emotion conserved across species", Ned Kalin, M.D., Departments of Psychology and Psychiatry, University of Wisconsin, preparado para la MacArthur Affective Neuroscience Meeting, noviembre de 1992.

Capítulo 2: ANATOMIA DE UN ASALTO EMOCIONAL

1. El caso del hombre sin sentimientos fue descrito por R. Joseph, op. cit., pág. 83. Por otra parte, pueden existir algunos vestigios de sentimiento en personas que carecen de amígdala (véase Paul Ekman y Richard Davidson, eds., *Questions About Emotion,* Nueva York, Oxford University Press, 1994). Los diferentes descubrimientos pueden depender exactamente de las partes de la amígdala y los circuitos relacionados que faltaban; aún no se ha dicho la última palabra en la neurología detallada de la emoción.
2. Como muchos neurocientíficos, LeDoux trabaja en varios niveles, por ejemplo estudiando de qué manera las lesiones específicas del cerebro de una rata modifican su conducta; rastreando cuidadosamente la trayectoria de las neuronas individuales; emprendiendo complejos expe-

rimentos para condicionar el temor en ratas cuyo cerebro ha sido quirúrgicamente alterado. Sus descubrimientos, y otros revisados aquí, están en la frontera de la exploración en neurociencia, y por eso siguen siendo en cierto modo algo especulativo, sobre todo en las implicaciones que parecen fluir entre los datos puros y una comprensión de nuestra vida emocional. Pero la obra de LeDoux está sustentada por un cuerpo en desarrollo de pruebas convergentes de una variedad de neurocientíficos que constantemente están poniendo al descubierto los apuntalamientos nerviosos de las emociones. Véase, por ejemplo, Joseph LeDoux: "Sensory Systems and Emotion", *Integrative Psychiatry,* 4, 1986; Joseph LeDoux: "Emotion and the Limbic System Concept", *Concepts in Neuroscience,* 2, 1992.

3. La idea del sistema límbico como el centro emocional del cerebro fue introducida por el neurólogo Paul MacLean hace más de cuarenta años. En los últimos años, descubrimientos como los de LeDoux han perfeccionado el concepto de sistema límbico, mostrando que algunas de sus estructuras centrales como el hipocampo están menos directamente implicadas en las emociones, mientras circuitos que vinculan otras partes del cerebro —sobre todo los lóbulos prefrontales— con la amígdala son más centrales. Aparte de eso, cada vez se acepta más el hecho de que cada emoción puede recurrir a distintas partes del cerebro. La creencia más corriente es que no existe un único "cerebro emocional" claramente definido, sino más bien varios sistemas de circuitos que dispersan la regulación de una emoción determinada a partes remotas pero coordinadas del cerebro. Los neurocientíficos suponen que cuando quede concluido el mapa cerebral de las emociones, cada emoción principal tendrá su propia topografía, un mapa definido de senderos nerviosos que determinarán sus cualidades singulares, aunque muchos de estos circuitos, o la mayoría de ellos, están probablemente interconectados en uniones clave del sistema límbico, como la amígdala y la corteza prefrontal. Véase Joseph LeDoux, "Emotional Memory Systems in the Brain", *Behavioral and Brain Research,* 58, 1993.
4. Circuito cerebral de diferentes niveles de temor: este análisis está basado en la excelente síntesis de Jerome Kagan: *Galen's Prophecy,* Nueva York, Basic Books, 1994.
5. Escribí sobre la investigación de Joseph LeDoux en *The New York Times* del 15 de agosto de 1989. La discusión en este capítulo se basa en entrevistas mantenidas con él y en varios de sus artículos, entre otros: "Emotional Memory Systems in the Brain", *Behavioral Brain Research,* 58, 1993; "Emotion, Memory and the Brain", *Scientific American,* junio de 1994, y "Emotion and the Limbic System Concept", *Concepts in Neuroscience,* 2, 1992.
6. Preferencias inconscientes: William Raft Kunst-Wilson y R. B. Zajonc: "Affective Discrimination of Stimuli That Cannot Be Recognized", *Science,* 1º de febrero de 1980.
7. Opinión inconsciente: John A. Bargh: "First Second: The Preconscious in Social Interactions", presentado en la reunión de la American Psychological Society, Washington, DC (junio de 1994).

8. Memoria emocional: Larry Cahill et al.: "Beta-adrenergic activation and memory for emotional events", *Nature,* 20 de octubre de 1994.
9. Teoría psicoanalítica y maduración cerebral: una muy detallada discusión sobre los primeros años y las consecuencias emocionales del desarrollo cerebral se encuentra en el trabajo de Allan Schore: *Affect Regulation and the Origin of Self,* Hillsdale, NJ: Lawrence Erlbaum Associates, 1994.
10. Peligroso, aunque uno no sepa qué es: LeDoux, citado en "How Scary Things Get That Way", *Science,* 6 de noviembre de 1992, p. 887.
11. Gran parte de esta especulación acerca de la sintonía fina de la respuesta emocional por parte de la neocorteza surge de Ned Kalin, op. cit.
12. Una observación más atenta de la neuroanatomía muestra cómo los lóbulos prefrontales actúan como administradores emocionales. La mayoría de las pruebas señalan parte de la corteza prefrontal como un punto en el que se unen casi todos o todos los circuitos corticales implicados en una reacción emocional. En los seres humanos, las conexiones más poderosas entre la neocorteza y la amígdala van hasta el lóbulo prefrontal izquierdo y el lóbulo temporal que se encuentra debajo y al costado del lóbulo frontal (el lóbulo temporal es fundamental para identificar un objeto). Estas conexiones se realizan en una única proyección, sugiriendo una vía rápida y poderosa, una verdadera autopista nerviosa. La proyección de la neurona única entre la amígdala y la corteza prefrontal llega hasta una zona llamada *corteza orbitofrontal.* Es la zona que parece más crítica para evaluar las respuestas emocionales mientras las desarrollamos y hacer correcciones sobre la marcha.

    La corteza orbitofrontal recibe señales de la amígdala y también tiene su propia red amplia e intrincada de proyecciones en todo el cerebro límbico. A través de esta red desempeña un papel en la regulación de las respuestas emocionales, incluyendo señales inhibidoras del cerebro límbico mientras alcanzan otras zonas de la corteza atenuando así la urgencia nerviosa de esas señales. Las conexiones de la corteza orbitofrontal con el cerebro límbico son tan extensas que algunos neuroanatomistas las han denominado como una especie de "corteza límbica": la parte pensante del cerebro emocional. Véase Ned Kalin, Departamentos de Psicología y Psiquiatría de la Universidad de Wisconsin: "Aspects of Emotion Conserver Across Species", un manuscrito inédito elaborado para la MacArthur Affective Neuroscience Meeting, noviembre de 1992; y Allan Schore: *Affect Regulation and the Origin of Self,* Hillsdale, NJ: Lawrence Erlbaum Associates, 1994.

    No sólo existe un puente estructural entre la amígdala y la corteza prefrontal sino, como siempre, un puente bioquímico: tanto la sección ventromedial de la corteza prefrontal como la amígdala presentan elevadas concentraciones de receptores químicos para la serotonina neurotransmisora. Esta química cerebral parece, entre otras cosas, preparar la cooperación: monos con una densidad sumamente elevada de receptores para la serotonina en el circuito prefrontal-amígdala están "socialmente bien sintonizados", mientras aquellos que tienen escasas concentraciones son hostiles y antagónicos. Véase Antonio Damosio, *Descartes' Error,* Nueva York, Grosset/Putnam, 1994.

13. Estudios de animales muestran que cuando zonas de los lóbulos prefrontales están lesionadas de modo tal que ya no pueden adaptar las señales emocionales de la zona límbica, su conducta se vuelve errática y estallan impulsiva e imprevisiblemente en un ataque de ira o se encogen atemorizados. A. R. Luria, el brillante neuropsicólogo ruso, planteó ya en la década del treinta que la corteza prefrontal era clave para el dominio de sí mismo y para contener los estallidos emocionales; los pacientes que tenían dañada esta zona, señaló, eran impulsivos y propensos a estallidos de temor e ira. Y un estudio que incluía dos docenas de hombres y mujeres acusados de homicidio pasional descubrió —utilizando tomógrafos PET para imágenes cerebrales— que tenían un nivel de actividad mucho más bajo que el habitual en esas mismas zonas de la corteza prefrontal.
14. Parte del principal trabajo sobre los lóbulos lesionados en ratas fue realizado por Victor Dennenberg, psicólogo de la Universidad de Connecticut.
15. Lesiones en el hemisferio izquierdo y jovialidad, G. Gianotti: "Emotional behavior and hemispheric side of lesion", *Cortex,* 8, 1972.
16. El caso del paciente más feliz fue referido por Mary K. Morris, del Departamento de Neurología de la Universidad de Florida, durante la International Neurophysiological Society Meeting, celebrada del 13 al 16 de febrero de 1991 en San Antonio.
17. Corteza prefrontal y memoria operativa, Lynn D. Selemon et al: "Prefrontal Cortex", *American Journal of Psychiatry*, 152, 1995.
18. Lóbulos frontales defectuosos, Philip Harden y Robert Pihl: "Cognitive Function, Cardiovascular Reactivity, and Behavior in Boys at High Risk for Alcoholism", *Journal of Abnormal Psychology,* 104, 1995.
19. Corteza prefrontal: Antonio Damasio, *Descartes' Error: Emotion, Reason and the Human Brain,* Nueva York, Grosset/Putnam, 1994.

Segunda Parte: La naturaleza de la inteligencia emocional

Capítulo 3: Cuando lo inteligente es tonto

1. La historia de Jason H. apareció publicada en "Warning by a Valedictorian Who Faced Prison", en *The New York Times,* 23 de junio de 1992.
2. Un observador apunta: Howard Gardner, "Cracking Open the IQ Box", *The American Prospect,* invierno de 1995.
3. Richard Herrnstein y Charles Murray, *The Bell Curve: Intelligence and Class Structure in American Life,* Nueva York, Free Press, 1994, pág. 66.
4. George Vaillant, *Adaptation to Life*, Boston, Little, Brown, 1977. La

puntuación promedio del SAT del grupo de Harvard fue de 584, en una escala en la que el máximo es 800. El Dr. Vaillant, que en la actualidad se encuentra en la facultad de medicina de la Universidad de Harvard, me habló del valor relativamente pobre de las puntuaciones con respecto al éxito que este grupo de hombres aventajados alcanzaría en la vida.

5. J. K. Felsman y G. E. Vaillant, "Resilient Children as Adults: A 40-Year Study", en E. J. Anderson y B. J. Cohler, eds., *The Invulnerable Child,* Nueva York, Guilford Press, 1987.
6. Karen Arnold, que llevó a cabo con Terry Denny, en la Universidad de Illinois, el estudio de los alumnos que pronunciaron el discurso de despedida fue citada en *The Chicago Tribune,* 29 de mayo de 1992.
7. Proyecto Spectrum: los colegas más importantes de Gardner en el desarrollo de este Proyecto fueron Mara Krechevsky y David Feldman.
8. Entrevisté a Howard Gardner en relación a su teoría de las inteligencias múltiples en "Rethinking the Value of Intelligence Tests", en *The New York Times Education Supplement,* 3 de noviembre de 1986; y posteriormente en varias ocasiones.
9. La comparación de las pruebas de CI y las habilidades Spectrum aparece en un capítulo escrito en colaboración con Mara Krechevsky, en la obra de Howard Gardner *Multiple Intelligences: The Theory in Practice*, Nueva York, Basic Books, 1993.
10. El resumen aparece en la obra de Howard Gardner, *Multiple Intelligences,* pág. 9.
11. Howard Gardner y Thomas Hatch, "Multiple Intelligences Go to School", *Educational Researcher,* 18, 8, 1989.
12. El modelo de inteligencia emocional fue propuesto por primera vez en Peter Salovey y John D. Mayer, "Emotional Intelligence", *Imagination, Cognition and Personality,* 9, 1990, págs. 185-211.
13. Inteligencia práctica y habilidades de las personas: Robert J. Sternberg, *Beyond I. Q.,* Nueva York, Cambridge University Press, 1985.
14. La definición básica de "inteligencia emocional" aparece en Salovey y Mayer, "Emotional Intelligence", pág. 189.
15. CI versus inteligencia emocional: Jack Block, Universidad de California en Berkeley, manuscrito inédito, febrero de 1995. Block utiliza el concepto "elasticidad del ego", en lugar de inteligencia emocional, pero señala que sus principales componentes incluyen la autorregulación emocional, un control del impulso, un sentido de eficacia personal e inteligencia social. Aunque estos son elementos importantes de la inteligencia emocional, la elasticidad del ego puede considerarse una medida sustituta de la inteligencia emocional, en gran parte como las puntuaciones SAT son para el CI. Block analizó datos de un estudio longitudinal de unos cien hombres y mujeres en edades comprendidas entre la adolescencia y principios de la veintena, y utilizó métodos estadísticos para evaluar la correlación de personalidad y conducta de un elevado CI independientemente de la inteligencia emocional, y de la inteligencia emocional separada del CI. Descubrió que existe una modesta correlación entre CI y elasticidad del ego, pero que ambos son estructuras independientes.

Capítulo 4: Conocete a ti mismo

1. El empleo que hago de la expresión *conciencia de uno mismo* (self-awareness) se refiere a una atención autorreflexiva e introspectiva con respecto a la propia experiencia, a veces llamada *cuidado* o *diligencia* (mindfulness).
2. Véase también Jon Kabat-Zinn, *Wherever Yo Go, There You Are,* Nueva York, Hyperion, 1994.
3. El ego observador: Una comparación perspicaz de la postura atenta del psicoanalista y la conciencia de uno mismo aparece en la obra de Mark Epstein: *Thoughts Without a Thinker,* Nueva York, Basic Books, 1995. Epstein señala que si se cultiva cuidadosamente esta habilidad, puede disminuir la timidez del observador y convertirse en un "'ego desarrollado' más flexible y más valiente, capaz de abarcar todo lo relativo a la vida".
4. William Styron, *Darkness Visible: A Memoir of Madness,* Nueva York, Random House, 1990, pág. 64.
5. John D. Mayer y Alexander Stevens: "An Emerging Understanding of the Reflective (Meta) Experience of Mood", manuscrito inédito, 1993.
6. Mayer y Stevens: "An Emerging Understanding". Algunos de los términos para estos estilos de conciencia emocional de uno mismo son mis propias adaptaciones de sus categorías.
7. La intensidad de las emociones: Gran parte de este trabajo fue llevado a cabo por o en colaboración con Randy Larsen, ex alumno de la escuela para graduados de Diener, ahora en la Universidad de Michigan.
8. Gary, el cirujano emocionalmente tibio, aparece descrito en Hillel I. Swiller, "Alexithymia: Treatment Utilizing Combined Individual and Group Psychotherapy", *International Journal for Group Psychotherapy* 38, 1, 1988, págs. 47-61.
9. *Analfabetos emocionales* fue el término utilizado por M. B. Freedman y B. S. Sweet, en: "Some Specific Features of Group Psychotherapy", *International Journal for Group Psychotherapy* 4, 1954, págs. 335-368.
10. Las características clínicas de la alexitimia aparecen descritas en Graeme J. Taylor, "Alexithymia: History of the Concept", trabajo presentado en la reunión anual de la American Psychiatric Association, en Washington, D.C., mayo de 1986.
11. La descripción de la alexitimia corresponde a la obra de Peter Sifneos: "Affect, Emotional Conflict, and Deficit: An Overview", *Psychotherapy-and-Psychosomatics* 56, 1991, págs. 116-22.
12. El caso de la mujer que no sabía por qué lloraba aparece mencionado en H. Warnes, "Alexythymia, Clinical and Therapeutic Aspects", *Psychotherapy-and-Psychosomatics* 46, 1986, págs, 96-104.
13. El papel de las emociones en el razonamiento: Damasio, *Descartes' Error.*
14. Miedo inconsciente: los estudios con respecto a la serpiente están descritos en Kagan, *Galen's Prophecy.*

Capítulo 5: ESCLAVOS DE LA PASION

1. Para más detalles sobre la proporción entre sentimientos positivos y negativos y bienestar, véase Ed Diener y Randy J. Larsen, "The Experience of Emotional Well-Being", en Michael Lewis y Jeannette Haviland, eds., en *Handbook of Emotions*, Nueva York, Gilford Press, 1993.
2. En diciembre de 1992 entrevisté a Diane Tice en relación a su investigación acerca de la eficacia con que la gente se libraba del mal humor. Ella publicó sus conclusiones sobre la ira en un capítulo que escribió con su esposo, Roy Baumeister, en Daniel Wegner y James Pennebaker, eds.: *Handbook of Mental Control,* Vol. 5, Englewood Cliffs, N.J.: Prentice Hall, 1993.
3. Cobradores: también descritos en Arlie Hochschild, *The Manager Heart,* Nueva York, Free Press, 1980.
4. El argumento contra la ira y a favor del autodominio se basa en gran medida en Diane Tice y Roy F. Baumeister, "Controlling Anger: Self-Induced Emotion Change", en Wegner y Pennebaker: *Handbook of Mental Control.* Véase también Carol Tavris, *Anger: The Misunderstood Emotion,* Nueva York, Touchstone, 1989.
5. La investigación sobre la ira aparece descrita en Dolf Zillmann, "Mental Control of Angry Aggression", en Wegner y Pennebaker, *Handbook of Mental Control.*
6. El paseo calmante: citado en Tavris, *Anger: The Misunderstood Emotion,* pág. 135.
7. Las estrategias de Redford Williams para controlar la hostilidad aparecen detalladas en: Redford Williams y Virginia Williams en *Anger Kills*, Nueva York, Times Books, 1993.
8. Dar rienda suelta a la ira no la anula: véase por ejemplo S. K. Mallick y B. R. McCandless, "A Study of Catharsis Aggression", *Journal of Personality and Social Psychology,* 4, 1966. Para un resumen de esta investigación véase Tavris, *Anger: The Misunderstood Emotion.*
9. Cuando explayarse sobre la ira resulta eficaz: Tavris, *Anger: The Misunderstood Emotion.*
10. La tarea de preocuparse: Lizabeth Roemer y Thomas Borkovec, "Worry: Unwanted Cognitive Activity That Controls Unwanted Somatic Experience", en Wegner y Pennebaker, *Handbook of Mental Control.*
11. Temor a los gérmenes: David Riggs y Edna Foa, "Obsessive-Compulsive Disorder" en David Barlow, ed., *Clinical Handbook of Psychological Disorders,* Nueva York, Guilford Press, 1993.
12. La paciente preocupada aparece mencionada en Roemer y Borkovec, "Worry", pág. 221.
13. Terapias para trastornos de ansiedad: véase, por ejemplo, David H. Barlow, ed., *Clinical Handbook of Psychological Disorders,* Nueva York, Guilford Press, 1993.
14. La depresión de Styron: William Styron, *Darkness Visible: A Memoir of Madness*, Nueva York, Random House, 1990.
15. Las preocupaciones de los deprimidos aparecen mencionadas en Susan

Nolen-Hoeksma, "Sex Differences in Control of Depression", en Wegner y Pennebaker, *Handbook of Mental Control*, pág. 307.

16. Terapia para la depresión: K. S. Dobson, "A Meta-analysis of the Efficacy of Cognitive Therapy for Depression", *Journal of Consulting and Clinical Psychology*, 57, 1989.
17. El estudio de las pautas de pensamiento de las personas depresivas aparece mencionado en Richard Wenzlaff, "The Mental Control of Depression", en Wegner y Pennebaker, *Handbook of Mental Control.*
18. Shelley Taylor et al., "Maintaining Positive Illusions in the Face of Negative Information", *Journal of Clinical and Social Psychology,* 8, 1989.
19. El caso del estudiante universitario represor aparece en Daniel A. Weinberger, "The Construct Validity of the Repressive Coping Style", en J. L. Singer, ed., *Repression and Dissociation* (Chicago: University of Chicago Press, 1990). Weinberger, que desarrolló el concepto de represor en estudios anteriores llevados a cabo con Gary F. Schwartz y Richard Davidson, se ha convertido en el principal investigador del tema.

Capítulo 6: La aptitud magistral

1. El terror del examen: Daniel Goleman, *Vital Lies, Simple Truths: The Psychology of Self-Deception,* Nueva York, Simon and Schuster, 1985.
2. Memoria activa: Alan Baddeley, *Working Memory,* Oxford, Clarendon Press, 1986.
3. Corteza prefrontal y memoria activa: Patricia Goldman-Rakic, "Cellular and Circuit Basis of Working Memory in Prefrontal Cortex of Non-human Primates", *Progress in Brain Research,* 85, 1990; Daniel Weinberger, "A Connectionist Approach to the Prefrontal Cortex", *Journal of Neuropsychiatry*, 5, 1993.
4. Motivación y desempeño de las elites: Anders Ericsson, "Expert Performance: Its Structure and Acquisition", *American Psychologist*, agosto de 1994.
5. Ventaja del CI entre los asiáticos: Herrnstein y Murray, *The Bell Curve.*
6. CI y ocupación de norteamericanos de origen asiático: James Flynn, *Asian-American Achievement Beyond IQ,* Nueva Jersey, Lawrence Erlbaum, 1991.
7. El estudio de la postergación de la gratificación en los niños de cuatro años apareció mencionado en Yuichi Shoda, Walter Mischel y Philip K. Peake, "Predicting Adolescent Cognitive and Self-Regulatory Competencies from Preschool Delay of Gratification", *Developmental Psychology*, 26, 6, 1990, págs. 978-986.
8. Puntuación de pruebas de aptitud académica de niños impulsivos y con autocontrol: El análisis de los datos de estas pruebas fue efectuado por Phil Peake, psicólogo del Smith College.
9. CI contra demora como pronosticadores de la puntuación en las pruebas de aptitud académica: comunicaciones personales de Phil Peake,

psicólogo del Smith College, que analizó los datos de las pruebas de aptitud académica en el estudio de Walter Mischel acerca de la demora de la gratificación.

10. Impulsividad y delincuencia: véase la discusión en Jack Block, "On the Relation between IQ, Impulsivity, and Delinquency", *Journal of Abnormal Psychology*, 104, 1995.
11. La madre preocupada: Timothy A. Brown et al., "Generalized Anxiety Disorder", en David H. Barlow, ed., *Clinical Handbook of Psychological Disorders*, Nueva York, Guilford Press, 1993.
12. Controladores aéreos y ansiedad: W. E. Collins et al., "Relationships of Anxiety Scores to Academy and Field Training Performance of Air Traffic Control Specialists", *FAA Office of Aviation Medicine Reports,* mayo de 1989.
13. Ansiedad y rendimiento académico: Bettina Seipp, "Anxiety and Academic Performance: A Meta-analysis", *Anxiety Research*, 4, 1, 1991.
14. Personas propensas a la preocupación: Richard Metzger et al., "Worry Changes Decision-Making: The Effects of Negative Thoughts on Cognitive Processing", *Journal of Clinical Psychology,* enero de 1990.
15. Ralph Haber y Richard Alpert, "Test Anxiety", *Journal of Abnormal and Social Psychology,* 13, 1958.
16. Alumnos ansiosos: Theodore Chapin, "The Relationship of Trait Anxiety and Academic Performance to Achievement Anxiety", *Journal of College Student Development,* mayo de 1989.
17. Pensamientos negativos y puntuaciones en pruebas: John Hunsley, "Internal Dialogue during Academic Examinations", *Cognitive Therapy and Research,* diciembre de 1987.
18. Esperanza y una mala nota: C. R. Snyder et al., "The Will and the Ways: Development and Validation of an Individual-Differences Measure of Hope", *Journal of Personality and Social Psychology*, 60, 4, 1991, pág. 579.
19. Entrevisté a C. R. Snyder en *The New York Times*, 24 de diciembre de 1991.
20. Nadadores optimistas: Martin Seligman, *Learned Optimism,* Nueva York, Knopf, 1991.
21. Optimismo realista versus optimismo ingenuo: véase, por ejemplo, Carol Whalen et al., "Optimism in Children's Judgments of Health and Environmental Risks", *Health Psychology,* 13, 1994.
22. Entrevisté a Martin Seligman acerca del tema del optimismo en *The New York Times,* 3 de febrero de 1987.
23. Entrevisté a Albert Bandura acerca de la autoeficacia en *The New York Times*, 8 de mayo de 1988.
24. Mihaly Csikszentmyhalyi, "Play and Intrinsic Rewards", *Journal of Humanistic Psychology*, 15, 3, 1975.
25. Mihaly Csikszentmihalyi, *Flow: The Psychology of Optimal Experience,* Primera Edición, Nueva York, Harper and Row, 1990.
26. "Como una cascada": *Newsweek*, 28 de febrero de 1994.
27. Entrevisté al doctor Csikszentmihalyi en *The New York Times*, 4 de Marzo de 1986.

28. El cerebro en estado de flujo: Jean Hamilton et al., "Intrinsic Enjoyment and Boredom Coping Scales: Validation with Personality, Evoked Potential and Attention Measures", *Personality and Individual Differences,* 5, 2, 1984.
29. Activación cortical y fatiga: Ernest Hartmann, *The Functions of Sleep*, New Haven, Yale University Press, 1973.
30. Entrevisté al doctor Csikszentmihalyi en *The New York Times*, 2 de marzo de 1992.
31. El estudio del estado de flujo y los alumnos de matemáticas: Jeanne Nakamura, "Optimal experience and the Uses of Talent", en Mihaly Csikszentmihalyi e Isabella Csiskszentmihalyi, *Optimal Experience: Psychological Studies of Flow in Consciousness*, Cambridge, Cambridge University Press, 1988.

Capítulo 7: Las raices de la empatia

1. Conciencia de uno mismo y empatía: véase, por ejemplo, John Mayer y Melissa Kirkpatrick, "Hot Information-Processing Becomes More Accurate with Open Emotional Experience", Universidad de New Hampshire, manuscrito inédito, octubre de 1994; Randy Larsen et al., "Cognitive Operations Associated with Individual Differences in Affect Intensity", *Journal of Personality and Social Psychology,* 53, 1987.
2. Robert Rosenthal et al., "The PONS Test: Measuring Sensitivity to Nonverbal Cues", en P. McReynolds, ed., *Advances in Psychological Assessment*, San Francisco, Jossey-Bass, 1977.
3. Stephen Nowicki y Marshall Duke, "A Measure of Nonverbal Social Processing Hability in Children Between the Ages of 6 and 10", documento presentado en la reunión de la American Psychological Society, 1989.
4. Las madres que actuaron como investigadoras fueron entrenadas por Marian Radke-Yarrow y Carolyn Zahn-Waxler en el Laboratory of Developmental Psychology del National Institute of Mental Health.
5. Escribí acerca de la empatía, las raíces de su desarrollo y su neurología en *The New York Times,* 28 de marzo de 1989.
6. Inculcar empatía en los niños: Marian Radke-Yarrow y Carolyn Zahn-Waxler, "Roots, Motives and Patterns in Children's Prosocial Behavior", en Ervin Staub et al., eds., *Development and Maintenance of Prosocial Behavior*, Nueva York, Plenum, 1984.
7. Daniel Stern, *The Interpersonal World of the Infant,* Nueva York, Basic Books, 1987, pág. 30.
8. Stern, op. cit.
9. Los niños deprimidos aparecen descritos en Jeffrey Pickens y Tiffany Field, "Facial Expressivity in Infants of Depressed Mothers", *Developmental Psychology,* 29, 6, 1993.
10. El estudio de la infancia de violadores violentos fue llevado a cabo por Robert Prentky, psicólogo de Filadelfia.

11. Empatía en pacientes fronterizos: "Giftedness and Psychological Abuse in Borderline Personality Disorder: Their Relevance to Genesis and Treatment", *Journal of Personality Disorders,* 6, 1992.
12. Leslie Brothers, "A Biological Perspective on Empathy", *American Journal of Psychiatry* 146, 1, 1989.
13. Brothers, "A Biological Perspective", pág. 16.
14. Fisiología de la empatía: Robert Levenson y Anna Ruef, "Empathy: A Physiological Substrate", *Journal of Personality and Social Psychology* 63, 2, 1992.
15. Martin L. Hoffman, "Empathy, Social Cognition and Moral Action", en W. Kurtines y J. Gerwitz, eds., *Moral Behavior and Development: Advances in Theory, Research, and Applications*, Nueva York, John Wiley and Sons, 1984.
16. Los estudios del vínculo entre empatía y ética aparecen en Hoffman, "Empathy, Social Cognition and Moral Action".
17. Escribí acerca del ciclo emocional que culmina en crímenes sexuales en *The New York Times,* 14 de abril de 1992. La fuente es William Pithers, psicólogo del Vermont Department of Corrections.
18. La naturaleza de la psicopatía aparece descrita más detalladamente en un artículo que escribí en *The New York Times* del 7 de julio de 1987. Gran parte de lo que escribo aquí surge del trabajo de Robert Hare, psicólogo de la Universidad de la Columbia Británica, experto en psicópatas.
19. Leon Bing, *Do or Die,* Nueva York, HarperCollins, 1991.
20. Maridos golpeadores: Neil S. Jacobson et al., "Affect, Verbal Content, and Psychophysiology in the Arguments of Couples With a Violent Husband", *Journal of Clinical and Consulting Psychology,* julio de 1994.
21. Los psicópatas no sienten temor: el efecto se observa mientras los psicópatas criminales están a punto de recibir una descarga. Una de las más recientes reproducciones del efecto aparece en Christopher Patrick et al., "Emotion in the Criminal Psychopath: Fear Image Processing", *Journal of Abnormal Psychology,* 103, 1994.

Capítulo 8: LAS ARTES SOCIALES

1. La conversación entre Jay y Len fue mencionada por Judy Dunn y Jane Brown en "Relationships, Talk About Feelings, and the Development of Affect Regulation in Early Childhood", Judy Garber y Kenneth A. Dodge, eds., *The Development of Emotion Regulation and Dysregulation,* Cambridge, Cambridge University Press, 1991. Los toques dramáticos me pertenecen.
2. El tema de la exhibición de reglas aparece mencionado en Paul Ekman y Wallace Friesen, *Unmasking the Face*, Englewood Cliffs, NJ, Prentice Hall, 1975.
3. Monjes en el fragor de la batalla: la anécdota aparece narrada por David Busch en "Culture Cul-de-Sac", *Arizona State University Research,* primavera/verano de 1994.

4. El estudio de la transmisión del estado de ánimo y la sincronía fue realizado por Ellen Sullins en el número de abril de 1991 del *Personality and Social Psychology Bulletin.*
5. Los estudios sobre sincronía y transmisión del estado de ánimo fueron efectuados por Frank Bernieri, psicólogo de la Universidad Estatal de Oregon; escribí acerca de su trabajo en *The New York Times.* Gran parte de esta investigación aparece mencionada en Bernieri y Robert Rosenthal, "Interpersonal Coordination, Behavior Matching, and Interpersonal Synchrony", en Robert Feldman y Bernard Rime, eds., *Fundamentals of Nonverbal Behavior,* Cambridge, Cambridge University Press, 1991.
6. La teoría de la influencia está planteada por Bernieri y Rosenthal en *Fundamental of Nonverbal Behavior.*
7. Thomas Hatch, "Social Intelligence in Young Children", trabajo presentado en la reunión anual de la American Psychological Association, 1990.
8. Camaleones sociales: Mark Snyder, "Impression Management: The Self in Social Interaction", en L. S. Wrightsman and K. Deaux, *Social Psychology in the '80s,* Monterey, CA: Brooks/Cole, 1981.
9. E. Lakin Phillips, *The Social Skills Basis of Psychopathology,* Nueva York, Grune y Stratton, 1978, pág. 140.
10. Alteraciones de aprendizaje no verbal: Stephen Nowicki y Marshall Duke, *Helping the Child Who Doesn't Fit In*, Atlanta, Peachtree Publishers, 1992. Véase también Byron Rourke, *Nonverbal Learning Disabilities,* Nueva York, Guilford Press, 1989.
11. Nowicki y Duke, *Helping the Child Who Doesn't Fit In.*
12. Esta viñeta, y el análisis de la investigación relacionada con la entrada a un grupo aparece en Martha Putallaz y Aviva Wasserman, "Children's Entry Behavior", en Steven Asher y John Coie, eds., *Peer Rejection in Childhood,* Nueva York, Cambridge University Press, 1990.
13. Putallaf y Wasserman, "Children's Entry Behavior".
14. Hatch, "Social Intelligence in Young Children".
15. El relato de Terry Dobson sobre el borracho japonés y el anciano está mencionado con autorización del patrimonio de Dobson. También está relatado por Ram Dass y Paul Gorman, *How Can I Help?,* Nueva York, Alfred A. Knopf, 1985, págs. 167-171.

Tercera Parte: Inteligencia emocional aplicada

Capítulo 9: Enemigos intimos

1. Hay muchas formas de calcular el índice de divorcios, y los medios estadísticos utilizados determinarán el resultado. Algunos métodos muestran que el índice de divorcios alcanza alrededor del 50% y luego disminuye un poco. Cuando los divorcios se calculan según el número

total de un año determinado, el índice parece haber alcanzado su punto máximo en la década del ochenta. Pero las estadísticas que cito aquí no calculan el número de divorcios que se producen en un año determinado, sino las probabilidades de que una pareja casada en un año determinado finalmente acabe divorciándose. Esa estadística muestra un índice creciente de divorcios a lo largo del último siglo. Para más detalles, véase John Gottman, *What Predicts Divorce: The Relationship Between Marital Processes and Marital Outcomes*, Hillsdale, NJ, Lawrence Erlbaum Associates, Inc., 1993.

2. El mundo separado de varones y nenas: Eleanor Maccoby y C. N. Jacklin, "Gender Segregation in Childhood", en H. Reese, ed., *Advances in Child Development and Behavior*", Nueva York, Academic Press, 1987.
3. Compañeros de juegos del mismo sexo: John Gottman, "Same and Cross Sex Friendship in Young Children", en J. Gottman y J. Parker, eds., *Conversation of Friends*, Nueva York, Cambridge University Press, 1986.
4. Este y el siguiente sumario de diferencias sexuales en la socialización de las emociones se basan en el excelente análisis presentado en Leslie R. Brody y Judith A. Hall, "Gender and Emotion", en Michael Lewis y Jeannette Haviland, eds., *Handbook of Emotions*, Nueva York, Gilford Press, 1993.
5. Brody y Hall, "Gender and Emotion", pág. 456.
6. Las niñas y el arte de la agresión: Robert B. Cairns y Beverley D. Cairns, *Lifelines and Risks*, Nueva York, Cambridge University Press, 1994.
7. Brody y Hall, "Gender and Emotion", pág. 454.
8. Los descubrimientos acerca de las diferencias de género en las emociones aparecen mencionados en Brody y Hall, "Gender and Emotion".
9. La importancia de la buena comunicación para las mujeres aparece mencionada en Mark H. Davis y H. Allan Oathout, "Maintenance of Satisfaction in Romantic Relationships: Empathy and Relational Competence", *Journal of Personality and Social Psychology*, 53, 2, 1987, págs. 397-410.
10. El estudio de las quejas de esposos y esposas: Robert J. Sternberg, "Triangulating Love", en Robert Sternberg y Michael Barnes, eds., *The Psychology of Love,* New Haven, Yale University Press, 1988.
11. Interpretar expresiones de tristeza: la investigación fue llevada a cabo por el Dr. Ruben C. Gur de la Facultad de Medicina de la Universidad de Pensilvania.
12. El intercambio entre Fred e Ingrid aparece en Gottman, *What Predicts Divorce*, pág. 84.
13. La investigación marital realizada por Gottman y sus colegas en la Universidad de Washington aparece descrita más detalladamente en dos obras: John Gottman, *Why Marriages Succeed or Fail*, Nueva York, Simon and Schuster, 1994, y *What Predicts Divorce.*
14. Bloqueo: Gottman, *What Predicts Divorce.*
15. Pensamientos venenosos: Aaron Beck, *Love is Never Enough*, Nueva York, Harper and Row, 1988, págs. 145-146.

16. Pensamientos en matrimonios con problemas: Gottman, *What Predicts Divorce.*
17. La idea distorsionada de los esposos violentos aparece descrita en Amy Holtzworth-Munroe y Glenn Hutchinson, "Attributing Negative Intent to Wife Behavior: The Attributions of Maritally Violent Versus Nonviolent Men", *Journal of Abnormal Psychology,* 102, 2, 1993, págs. 206-211. La suspicacia de los hombres sexualmente agresivos: Neil Malamuth y Lisa Brown, "Sexually Aggressive Men's Perceptions of Women's Communications", *Journal of Personality and Social Psychology*, 67, 1994.
18. Esposos golpeadores: existen tres casos de esposos que se vuelven violentos: los que rara vez lo hacen, los que lo hacen impulsivamente cuando se enfurecen, y los que lo hacen de una forma fría y calculada. La terapia parece útil sólo con las dos primeras clases de esposo. Véase Neil Jacobson et al., *Clinical Handbook of Marital Therapy*, Nueva York, Gilford Press, 1994.
19. Desbordamiento: Gottman, *What Predicts Divorce.*
20. A los esposos les disgustan las disputas: Robert Levenson et al., "The Influence of Age and Gender on Affect, Physiology, and Their Interrelations: A Study of Long-term Marriages", *Journal of Personality and Social Psychology*, 67, 1994.
21. Desbordamiento en los esposos: Gottman, *What Predicts Divorce.*
22. Bloqueo de los hombres, crítica de las mujeres: Gottman, *What Predicts Divorce.*
23. "Esposa acusada de disparar a su esposo por un partido de fútbol en televisión", *The New York Times,* 3 de noviembre de 1993.
24. Disputas matrimoniales productivas: Gottman, *What Predicts Divorce.*
25. Falta de capacidad de reparación en las parejas: Gottman, *What Predicts Divorce.*
26. Los cuatro pasos que conducen a las "peleas buenas" aparecen mencionados en Gottman, *Why Marriages Succeed or Fail.*
27. Controlar el pulso: Gottman, Ibid.
28. Captar pensamientos automáticos: Beck, *Love is Never Enough.*
29. El reflejo: Harville Hendrix, *Getting the Love You Want,* Nueva York, Henry Holt, 1988.

Capítulo 10: MANEJARSE CON EL CORAZON

1. El accidente del piloto intimidador: Carl Lavin, "When Moods Affect Safety: Communications in a Cockpit Mean a Lot a Few Miles Up", *The New York Times,* 26 de junio de 1994.
2. El estudio de 250 ejecutivos: Michael Maccoby, "The Corporate Climber Has to Find His Heart", *Fortune,* diciembre de 1976.
3. Zuboff: en conversación, junio de 1994. Con respecto al impacto de las tecnologías de información, véase su obra *In the Age of the Smart Machine,* Nueva York, Basic Books, 1991.

4. La historia del vicepresidente sarcástico me fue relatada por Hendrie Weisinger, psicólogo de la Escuela para Graduados Empresariales de la UCLA. Su libro es *The Critical Edge: How to Criticize Up and Down the Organization and Make It Pay Off*, Boston, Little Brown, 1989.
5. El estudio de los tiempos en que los gerentes se enfurecían fue llevado a cabo por Robert Baron, psicólogo de Rensselaer Polytechnic Institute, a quien entrevisté para *The New York Times*, 11 de septiembre de 1990.
6. La crítica como causa de conflicto: Robert Baron, "Countering the Effects of Destructive Criticism: The Relative Efficacy of Four Interventions", *Journal of Applied Psychology*, 75, 3, 1990.
7. Crítica vaga y específica: Harry Levinson, "Feedback to Subordinates", *Addendum to the Levinson Letter*, Levinson Institute, Waltham, MA, 1992.
8. La cambiante fuerza laboral: Un estudio de 645 compañías nacionales llevado a cabo por Towers Perrin, asesores de empresa de Manhattan, mencionado en *The New York Times*, 26 de agosto de 1990.
9. Las raíces del odio: Vamik Volkan, *The Need to Have Enemies and Allies*, Northvale, NJ, Jason Aronson, 1988.
10. Thomas Pettigrew: Entrevisté a Pettigrew en *The New York Times*, 12 de mayo de 1987.
11. Estereotipos y tendencia sutil: Samuel Gaertner y John Davidio, *Prejudice, Discrimination, and Racism*, Nueva York, Academic Press, 1987.
12. Tendencia sutil: Gaertner y Davidio, *Prejudice, Discrimination, and Racism*.
13. Relman: citado en Howard Kohn, "Service With a Sneer", *The New York Times Sunday Magazine*, 11 de noviembre de 1994.
14. IBM: "Responding to a Diverse Work Force", *The New York Times*, 26 de agosto de 1990.
15. El poder de expresar las cosas: Fletcher Blanchard, "Reducing the Expression of Racial Prejudice", *Psychological Science*, vol. 2, 1991.
16. Los estereotipos se derrumban: Gaertner y Davidio, *Prejudice, Discrimination, and Racism*.
17. Equipos: Peter Drucker, "The Age of Social Transformation", *The Atlantic Monthly*, noviembre de 1994.
18. El concepto de inteligencia grupal está planteado en la obra de Wendy Williams y Robert Sternberg, "Group Intelligence: Why Some Groups Are Better Than Others", *Intelligence*, 1988.
19. El estudio de las estrellas de Bell Labs apareció mencionado en Robert Kelley y Janet Caplan, "How Bell Labs Creates Star Performers", *Harvard Business Review*, julio-agosto de 1996.
20. La utilidad de las redes informales aparece señalada por David Krackhardt y Jeffrey R. Hanson, "Informal Networks: The Company Behind the Chart", *Harvard Business Review*, julio-agosto de 1993, pág. 104.

Capítulo 11: MENTE Y MEDICINA

1. Sistema inmunológico como cerebro del organismo: Francisco Varela en el encuentro Third Mind and Life, Dharamsala, India, diciembre de 1990.
2. Mensajeros químicos entre cerebro y sistema inmunológico: véase Robert Ader et al., *Psychoneuroimmunology*, 2ª edición, San Diego, Academic Press, 1990.
3. Contacto entre nervios y células del sistema inmunológico: David Felten et al., "Noradrenergic Sympathetic Innervation of Lymphoid Tissue", *Journal of Immunology*, 135, 1985.
4. Hormonas y función inmunológica: B. S. Rabin et al., "Bidirectional Interaction Between the Central Nervous System and the Immune System", *Critical Reviews in Immunology*, 9 , 4, 1989, págs. 279-312.
5. Conexiones entre cerebro y sistema inmunológico: véase, por ejemplo, Steven B. Maier et al., "Psychoneuroimmunology", *American Psychologist*, diciembre de 1994.
6. Emociones tóxicas: Howard Friedman y S. Boothby-Kewley, "The Disease-Prone Personality: A Meta-Analytic View", *American Psychologist*, 42, 1987. Este amplio análisis de estudios utilizó "meta-análisis", en los que los resultados de muchos estudios más reducidos pueden combinarse estadísticamente en uno a gran escala. Esto permite que los efectos que quizá no aparezcan en un estudio determinado se detecten más fácilmente debido al mayor número total de personas sometidas a estudio.
7. Los escépticos afirman que la imagen emocional ligada a índices más elevados de enfermedad es el perfil del neurótico por antonomasia —una ruina emocional, ansiosa, deprimida y furiosa— y que los niveles más elevados de enfermedad de los que informan se deben no tanto a un hecho médico como a la tendencia a gemir y quejarse de los problemas de salud, exagerando su gravedad. Pero Friedman y otros afirman que el peso de la evidencia con respecto al vínculo emoción-enfermedad es el que soporta la investigación en la que son las evaluaciones que el médico hace de los signos visibles de enfermedad y las pruebas médicas —no las quejas de los pacientes— lo que determina el nivel de malestar... una base más objetiva. Por supuesto, existe la posibilidad de que la aflicción aumentada sea el resultado de un estado de salud, así como que aquella lo provoque; por esa razón, los datos más convincentes surgen de estudios probables en los que los estados emocionales son evaluados antes del inicio de la enfermedad.
8. Gail Ironson et al., "Effects of Anger on Left Ventricular Ejection Fraction in Coronary Artery Disease", *The American Journal of Cardiology*, 70, 1992. La eficacia de bombeo, a veces mencionada como la "fracción de expulsión", cuantifica la capacidad del corazón para bombear la sangre desde el ventrículo izquierdo hasta las arterias; mide el porcentaje de sangre bombeada desde los ventrículos con cada latido del corazón. En la enfermedad cardíaca, la disminución de la eficacia de bombeo indica un debilitamiento del músculo cardíaco.

9. De la docena, aproximadamente, de estudios sobre la hostilidad y la muerte por enfermedad cardíaca, algunos no han logrado encontrar una relación entre ambos. Pero ese fallo puede deberse a las diferencias de método, como el empleo de una escasa medida de hostilidad, y a la sutileza relativa del efecto. Por ejemplo, el mayor número de muertes como consecuencia de la hostilidad parece producirse en la mitad de la vida. Si un estudio no logra rastrear las causas de muerte de la gente que atraviesa esta etapa, fracasa en su propósito.
10. Hostilidad y enfermedad cardíaca: Redford Williams, *The Trusting Heart*, Nueva York, Times Books/Random House, 1989.
11. Peter Kaufman: entrevisté al Dr. Kaufman en *The New York Times*, 1° de septiembre de 1992.
12. Estudio de Stanford sobre la ira y el segundo ataque cardíaco: Carl Thoreson, presentado en el International Congress of Behavioral Medicine, Uppsala, Suecia, julio de 1990.
13. Lynda H. Powell, "Emotional Arousal as a Predictor of Long-Term Mortality and Morbidity in Post M.I. Men", *Circulation*, Vol. 82, n° 4, Suplemento III, octubre de 1990.
14. Murray A. Mittleman, "Triggering of Myocardial Infarction Onset by Episodes of Anger", *Circulation*, Vol. 89, n° 2, 1994.
15. Suprimir la ira aumenta la presión sanguínea: Robert Levenson, "Can We Control Our Emotions, and How Does Such Control Change an Emotional Episode?", en Richard Davidson y Paul Ekman, eds., *Fundamental Questions About Emotions*, Nueva York, Oxford University Press, 1995.
16. El estilo personal airado: escribí sobre la investigación llevada a cabo por Redford Williams acerca de la ira y el corazón en *The New York Times Good Health Magazine*, 16 de abril de 1989.
17. Reducción de un 44% en el segundo ataque cardíaco: Thoreson, op. cit.
18. Programa del Dr. Williams para el control de la ira: Williams, *The Trusting Heart*.
19. La mujer preocupada: Timothy Brown et al., "Generalized Anxiety Disorder", en David H. Barlow, ed., *Clinical Handbook of Psychological Disorders*, Nueva York, Guilford Press, 1993.
20. Estrés y metástasis: Bruce McEwen y Eliot Stellar, "Stress and the Individual: Mechanisms Leading to Disease", *Archives of Internal Medicine*, 153, 27 de septiembre de 1993. El estudio que están describiendo es de M. Robertson y J. Ritz, "Biology and Clinical Relevance of Human Natural Killer Cells", *Blood*, 76, 1990.
21. Pueden existir razones múltiples por las que las personas que se encuentran sometidas a estrés son más vulnerales a la enfermedad, aparte de los aspectos biológicos. Una podría ser que la forma en que la gente intenta aliviar su ansiedad —por ejemplo, fumar, beber o tomar comidas grasas— es en sí misma insalubre. Otra es que la constante preocupación y ansiedad puede hacer que la gente tenga problemas para dormir, o se olvide de seguir una rutina médica —como tomar medicamentos— y así prolongue la enfermedad que ya padece. Los más

probable es que todo esto funcione combinadamente para relacionar el estrés con la enfermedad.

22. El estrés debilita el sistema inmunológico: por ejemplo, en el estudio de los estudiantes de medicina que se enfrentaban al estrés de los exámenes, no sólo mostraban una disminución del control inmunológico del virus del herpes, sino también una reducción de la capacidad de sus glóbulos blancos para matar células infectadas, además de un aumento en los niveles de una sustancia química asociada con la supresión de la capacidad inmunológica de los linfocitos, los glóbulos blancos esenciales para la respuesta inmunológica. Véase Ronald Glaser y Janice Kiecolt-Glaser, "Stress-Associated Depression in Cellular Immunity", *Brain, Behavior and Immunity,* 1, 1987. Pero en la mayoría de esos estudios que muestran un debilitamiento de las defensas inmunológicas con el estrés, no ha quedado claro que esos niveles fueran lo suficientemente bajos para provocar riesgo médico.
23. Estrés y resfríos: Sheldon Cohen et al., "Psychological Stress and Susceptibility to the Common Cold", *New England Journal of Medicine,* 325, 1991.
24. Preocupaciones diarias e infección: Arthur Stone et al., "Secretory IgA as a Measure of Immunocompetence", *Journal of Human Stress,* 13, 1987. En otro estudio, 246 esposos, esposas e hijos llevaban diarios de la vida familiar durante la época de los resfríos. Aquellos que sufrían las mayores crisis familiares también tenían el más elevado índice de resfríos, tanto cuando se medía por los días de fiebre como por los niveles de anticuerpos del resfrío. Véase R. D. Clover et al., "Family Functioning and Stress as Predictors of Influenza B Infection", *Journal of Family Practice,* 28, mayo de 1989.
25. Aparición del virus del herpes y estrés: una serie de estudios llevados a cabo por Ronald Glaser y Janice Kiecolt-Glaser, por ejemplo "Psychological Influences on Immunity", *American Psychologist,* 43, 1988. La relación entre el estrés y la actividad del herpes es tan fuerte que ha quedado demostrada en un estudio de sólo diez pacientes, utilizando como medida la aparición real de las llagas del herpes; cuanto más elevados eran los niveles de ansiedad, discusiones y estrés registrados por los pacientes, más probabilidades tenían de sufrir herpes en las semanas siguientes; los períodos de placidez en su vida llevaban al herpes a un estado de latencia. Véase H. E. Schmidt et al., "Stress as a Precipitating Factor in Subjects With Recurrent Herpes Labialis", *Journal of Family Practice,* 20, 1985.
26. Ansiedad en las mujeres y enfermedad cardíaca: Carl Thoreson, presentado en el Congress of Behavioral Medicine, celebrado en Uppsala, Suecia, en julio de 1990. La ansiedad también puede jugar un papel importante en volver a algunos hombres más vulnerables a la enfermedad cardíaca. En un estudio llevado a cabo en la facultad de medicina de la Universidad de Alabama se estudió el perfil emocional de 1.123 hombres y mujeres entre los cuarenta y cinco y los setenta y siete años. Los hombres más proclives a la ansiedad y a la preocupación durante la edad mediana, cuando se los estudió veinte años más tarde tenían mu-

chas más probabilidades que los demás de sufrir hipertensión. Véase Abraham Markowitz et al., *Journal of the American Medical Association,* 14 de noviembre de 1993.

27. Estrés y cáncer de colon y recto: Joseph C. Courtney et al., "Stressful Life Events and the Risk of Colorectal Cancer", *Epidemiology,* septiembre de 1993, 4 (5).
28. Relajación para atacar los síntomas provocados por el estrés: véase, por ejemplo, Daniel Goleman y Joel Gurin, *Mind Body Medicine,* Nueva York, Consumer Reports Books/St. Martin's Press, 1993.
29. Depresión y enfermedad: véase, por ejemplo, Seymour Reichlin, "Neuroendocrine-Immune Interactions", *New England Journal of Medicine,* 21 de octubre de 1993.
30. Transplante de médula: citado en James Strain, "Cost Offset from a Psychiatric Consultation-Liaison Intervention With Elderly Hip Fracture Patients", *American Journal of Psychiatry,* 148, 1991.
31. Howard Burton et al., "The Relationship of Depression to Survival in Chronic Renal Failure", *Psychosomatic Medicine,* marzo de 1986.
32. Desesperación y muerte por enfermedad cardíaca: Robert Anda et al., "Depressed Affect, Hopelessness, and the Risk of Ischemic Heart Disease in a Cohort of U.S. Adults", *Epidemiology,* julio de 1993.
33. Depresión y ataque cardíaco: Nancy Frasure-Smith et al., "Depression Following Myocardial Infarction", *Journal of the American Medical Association,* 20 de octubre de 1993.
34. Depresión en la enfermedad múltiple: Dr. Michael Von Korff, el psiquiatra de la Universidad de Washington que llevó a cabo el estudio, me comentó que con estos pacientes que enfrentan terribles desafíos por el solo hecho de vivir día a día, "si uno trata la depresión de un paciente, ve mejoras por encima de cualquier cambio en su estado de salud. Si uno está deprimido, los síntomas le parecen peores. Tener una enfermedad física crónica es un importante desafío de adaptación. Si uno está deprimido, es menos capaz de aprender a ocuparse de su enfermedad. Incluso con el deterioro físico, si uno está motivado y tiene energías y sentimientos de autoestima —todo lo cual corre riesgo durante la depresión— entonces puede adaptarse notablemente incluso a los daños graves".
35. Optimismo y cirugía de *bypass*: Chris Peterson et al., *Learned Helplessness: A Theory for the Age of Personal Control,* Nueva York, Oxford University Press, 1993.
36. Lesión de columna y esperanza: Timothy Elliott et al., "Negotiating Reality After Physical Loss: Hope, Depression, and Disability", *Journal of Personality and Social Psychology* 61, 4, 1991.
37. Medical risk of social isolation: James House et al., "Social Relationships and Health", *Science,* 29 de julio de 1988. Véase también un descubrimiento contrapuesto: Carol Smith et al., "Meta-Analysis of the Associations Between Social Support and Health Outcomes", *Journal of Behavioral Medicine,* 1994.
38. Aislamiento y riesgo de mortalidad: otros estudios sugieren la puesta en marcha de un mecanismo biológico. Estos descubrimientos, citados

en House, "Social Relationships and Health", han determinado que la simple presencia de otra persona puede reducir la ansiedad y disminuir la perturbación fisiológica de las personas que se encuentran en unidades de cuidados intensivos. El efecto reconfortante de la presencia de otra persona disminuye no sólo el ritmo cardíaco y la presión sanguínea sino también la secreción de ácidos grasos que pueden obturar las arterias. Una teoría planteada para explicar los efectos curativos del contacto sugiere la existencia de un mecanismo cerebral. Esta teoría apunta a los datos de animales que muestran un efecto calmante en la zona posterior del hipotálamo, una zona del sistema límbico que tiene ricas conexiones con la amígdala. La presencia reconfortante de otra persona, sostiene este punto de vista, inhibe la actividad límbica, disminuyendo el índice de secreción de acetilcolina, cortisol y catecolaminas, todos ellos sustancias neuroquímicas que provocan una respiración más rápida, un latido cardíaco acelerado y otras señales fisiológicas de estrés.

39. Strain, "Cost Offset".
40. Supervivencia al ataque cardíaco y apoyo emocional: Lisa Berkman et al., "Emotional Support and Survival After Myocardial Infarction, A Prospective Population Based Study of the Elderly", *Annals of Internal Medicine,* 15 de diciembre de 1992.
41. El estudio sueco: Annika Rosengren et al., "Stressful Life Events, Social Support and Mortality in Men Born en 1933", *British Medical Journal,* 19 de octubre de 1993.
42. Discusiones matrimoniales y sistema inmunológico: Janice Kiecolt-Glaser et al., "Marital Quality, Marital Disruption, and Immune Function", *Psychosomatic Medicine* 49, 1987.
43. Entrevisté a John Cacioppo para *The New York Times,* 15 de diciembre de 1992.
44. Hablar acerca de pensamientos que afligen: James Pennebaker, "Putting Stress Into Words: Health, Linguistic and Therapeutic Implications", trabajo presentado en el encuentro de la American Psychological Association, Washington, D.C., 1992.
45. Psicoterapia y mejora de la salud: Lester Luborsky et al., "Is Psychotherapy Good for Your Health?", trabajo presentado en la reunión de la American Psychological Association, Washington, D.C., 1993.
46. Grupos de apoyo para enfermos de cáncer: David Spiegel et al., "Effect of Psychosocial Treatment on Survival of Patients with Metastatic Breast Cancer", *Lancet,* nº 8668, ii, 1989.
47. Preguntas de los pacientes: el descubrimiento apareció citado por el Dr. Steven Cohen-Cole, psiquiatra de la Emory University, cuando lo entrevisté en *The New York Times,* 13 de noviembre de 1991.
48. Información total: por ejemplo, el programa Planetree del Pacific Presbyterian Hospital de San Francisco hará búsquedas de investigaciones médicas y legas sobre cualquier tema médico para cualquiera que lo solicite.
49. Hacer eficaces a los pacientes: un programa ha sido desarrollado por el

Dr. Mack Lipkin, Jr., en la Facultad de Medicina de la Universidad de Nueva York.

50. Preparación emocional para la cirugía: escribí sobre este tema en *The New York Times,* 10 de diciembre de 1987.
51. Cuidados de la familia en el hospital: una vez más, Planetree es un modelo, como lo son las casas Ronald McDonald que permiten a los padres vivir en las casas vecinas a los hospitales donde sus hijos están internados.
52. Atención y medicina: véase Jon Kabat-Zinn, *Full Catastrophe Living,* Nueva York, Delacorte, 1991.
53. Programa para cambiar la enfermedad cardíaca: véase Dean Ornish, *Dr. Dean Ornish's Program for Reversing Heart Disease,* Nueva York, Ballantine, 1991.
54. Medicina centrada en la relación: *Health Professions Education and Relationship-Centered Care.* Informe de la Pew-Fetzer Task Force on Advancing Psychosocial Health Education, Pew Health Professions Commission y el Fetzer Institute del Center of Health Professions, Universidad de California en San Francisco, San Francisco, agosto de 1994.
55. Abandonar el hospital pronto: Strain, "Cost Offset".
56. Es poco ético no tratar la depresión en los pacientes de enfermedad cardíaca: Redford Williams y Margaret Chesney, "Psychosocial Factors and Prognosis in Established Coronary Heart Disease", *Journal of the American Medical Association,* 20 de octubre de 1993.
57. Una carta abierta a un cirujano: A. Stanley Kramer, "A Prescription for Healing", *Newsweek,* 7 de junio de 1993.

CUARTA PARTE: OPORTUNIDADES

Capítulo 12: EL CRISOL FAMILIAR

1. Leslie y el videojuego: Beverly Wilson y John Gottman: "Marital Conflict and Parenting: The Role of Negativity in Families", en M. H. Bornstein, ed., *Handbook of Parenting*, Vol. 4, Hillsdale, N.J., Lawrence Erlbaum, 1994.
2. La investigación de las emociones en la familia fue una extensión de los estudios matrimoniales de John Gottman analizados en el Capítulo 9: véase Carole Hooven, Lynn Katz y John Gottman, "The Family as a Meta-Emotion Culture", *Cognition and Emotion*, primavera de 1994.
3. Los beneficios para los chicos de tener padres emocionalmente expertos: Hooven, Katz y Gottman, "The Family as a Meta-Emotion Culture".
4. Niños optimistas: T. Berry Brazelton, en el prefacio de *Heart Start: The Emotional Foundations of School Readiness,* Arlington, VA, National Center for Clinical Infant Programs, 1992.
5. Pronosticadores emocionales del éxito escolar: *Heart Start.*
6. Elementos de buena disposición para la escuela: *Heart Start,* pág. 9.
7. Bebés y madres: *Heart Start*, pág. 9.

8. Daño por negligencia: M. Erickson et al., "The Relationship Between Quality of Attachment and Behavior Problems in Preschool in a High Risk Sample", en I. Betherton y E. Waters, eds., *Monographs of the Society of Research in Child Development*, 50, serie nº 209.
9. Lecciones duraderas de los cuatro primeros años: *Heart Start*, pág. 13.
10. El seguimiento de chicos agresivos: L. R. Huesman, Leonard Eron y Patty Warnicke-Yarmel, "Intellectual Function and Aggression", *The Journal of Personality and Social Psychology*, enero de 1987. Similares descubrimientos fueron mencionados por Alexander Thomas y Stella Chess, en el número de septiembre de 1988 de *Child Development*, en su estudio de 75 niños que fueron evaluados a intervalos regulares desde 1956, cuando tenían entre siete y doce años de edad. Alexander Thomas et al., "Longitudinal Study of Negative Emotional States and Adjustments from Early Childhood Through Adolescence", *Child Development*, 59, 1988. Una década más tarde, los niños a quienes padres y maestros habían señalado como los más agresivos en la escuela primaria eran los que tenían más desordenes emocionales en la adolescencia. Eran niños (aproximadamente el doble de varones que de nenas) que no sólo peleaban constantemente, sino que también se mostraban despreciativos o abiertamente hostiles con otros niños, e incluso con su familia y sus maestros. Su hostilidad se mantuvo inalterable a lo largo de los años; en la adolescencia tenían problemas para relacionarse con sus compañeros y con su familia, y tenían conflictos en la escuela. Y cuando fueron citados al llegar a la edad adulta, sus dificultades iban desde dificultades con la ley hasta problemas de ansiedad y depresión.
11. Falta de empatía en niños maltratados: las observaciones y descubrimientos del centro de cuidados diurnos aparecen mencionados en Mary Main y Carol George, "Responses of Abused and Disadvantaged Toddlers to Distress in Agemates: A Study in the Day-Care Setting", *Developmental Psychology*, 21, 3, 1985. Los descubrimientos han sido repetidos con niños en edad preescolar: Bonnie Climes-Dougan y Janet Kistner, "Physically Abused Preschoolers' Responses to Peers' Distress", *Developmental Psychology*, 26, 1990.
12. Dificultades de niños maltratados: Robert Emery, "Family Violence", *American Psychologist*, febrero de 1989.
13. Maltratos a lo largo de las generaciones: si los niños maltratados crecen y se conviertan en padres que maltratan a sus hijos es un punto de debate científico. Véase, por ejemplo, Cathy Spatz Widom, "Child Abuse, Neglect and Adult Behavior", *American Journal of Orthopsychiatry*, julio de 1989.

Capítulo 13: Trauma y reaprendizaje emocional

1. Escribí acerca del persistente trauma de la matanza en la Cleveland Elementary School en la sección "Education Life" de *The New York Times*, 7 de enero de 1990.

2. Los ejemplos de TEP en las víctimas de delitos fueron ofrecidos por el Dr. Shelly Niederbach, psicólogo del Victims' Counseling Service, de Brooklyn.
3. El recuerdo de Vietnam pertenece a M. Davis, "Analysis of Aversive Memories Using the Fear-Potentiated Startle Paradigm", en N. Butters y L. R. Squire, eds., *The Neuropsychology of Memory*, Nueva York, Guilford Press, 1992.
4. LeDoux plantea el caso científico de estos recuerdos como algo especialmente perdurable en "Indelibility of Subcortical Emotional Memories", *Journal of Cognitive Neuroscience,* 1989, vol.1, págs. 238-243.
5. Entrevisté al Dr. Charney en *The New York Times,* 12 de junio de 1990.
6. Los experimentos con parejas de animales de laboratorio me los describió el Dr. John Krystal, y han sido repetidos en varios laboratorios científicos. Los estudios importantes fueron los que llevó a cabo el Dr. Jay Weiss en la Duke University.
7. La mejor explicación de los cambios cerebrales subyacentes al TEP, y el papel de la amígdala en ellos aparece en Dennis Charney et al., "Psychobiologic Mechanisms of Posttraumatic Stress Disorder", *Archives of General Psychiatry,* 50, abril de 1993, págs. 294-305.
8. Algunas de las pruebas para los cambios inducidos por los traumas en esta red cerebral surgen de experimentos en los que a veteranos de Vietnam que presentaban TEP se les inyectó yohimbina, una droga utilizada en las puntas de las flechas por los indios sudamericanos para inmovilizar a sus presas. En pequeñas dosis, la yohimbina bloquea la acción de un receptor específico (el punto de una neurona que recibe un neurotransmisor) que por lo general actúa como freno a las catecolaminas. La yohimbina desactiva el freno, evitando que estos receptores perciban la secreción de las catecolaminas; el resultado es el aumento de los niveles de catecolaminas. Con los frenos nerviosos a la ansiedad desactivados por las inyecciones de la droga, la yohimbina provocó el pánico en 9 de cada 15 pacientes con TEP, y escenas retrospectivas muy vívidas en 6. Un veterano tuvo la alucinación de que un helicóptero era derribado a tiros en una columna de humo y un brillante destello; otro vio la explosión, junto a una mina terrestre, de un jeep donde viajaban sus compañeros, la misma escena que lo había atormentado en las pesadillas y que apareció en escenas retrospectivas durante más de veinte años. El estudio de la yohimbina fue dirigido por el Dr. John Krystal, director del Laboratorio de Psicofarmacología Clínica del Centro Nacional para el TEP, en West Haven, Connecticut, VA Hospital.
9. Menos receptores alfa-2 en hombres con TEP; véase Charney, "Psychobiologic Mechanisms".
10. El cerebro, al intentar disminuir el índice de secreción de la CRF, compensa reduciendo el número de receptores que la liberan. Una señal reveladora de que esto es lo que ocurre en las personas que padecen de TEP surge de un estudio en el que a ocho pacientes tratados por ese problema se les inyectó la CRF. Por lo general, una inyección de CRF dispara un flujo de ACTH, la hormona que recorre el organismo para

disparar las catecolaminas. Pero en los pacientes que sufrían de TEP, a diferencia de un grupo de control formado por personas que no lo padecían, no hubo cambios visibles en los niveles de ACTH, señal de que sus cerebros habían reducido los receptores de CRF porque ya estaban sobrecargados con la hormona del estrés. Recibí la descripción de la investigación de Charles Nemeroff, un psiquiatra de la Duke University.

11. Entrevisté al Dr. Nemeroff en *The New York Times,* 12 de junio de 1990.
12. Algo similar parece suceder con el TEP. Por ejemplo, en un experimento llevado a cabo con veteranos de Vietnam a los que se había diagnosticado TEP, se les mostró una película de 15 minutos especialmente editada en la que aparecían gráficas escenas de combate de la película *Pelotón.* A los veteranos de un grupo se les inyectó naloxona, una sustancia que bloquea las endorfinas; después de mirar la película, estos veteranos no presentaron ningún cambio en su sensibilidad al dolor. Pero en el grupo que no había recibido la sustancia que bloquea la endorfina, la sensibilidad al dolor disminuyó un 30%, indicando un aumento en la secreción de endorfina. La misma escena no tuvo ese efecto en veteranos que no presentaban el TEP, lo que sugiere que en las víctimas de este, las vías nerviosas que regulan las endorfinas eran excesivamente sensibles o hiperactivas: un efecto que se hizo evidente sólo cuando quedaron nuevamente expuestos a algo que les recordaba el trauma original. En esta secuencia, la amígdala evalúa primero la importancia emocional de lo que vemos. El estudio fue llevado a cabo por el Dr. Roger Pitman, psiquiatra de Harvard. Al igual que con los otros síntomas de TEP, este cambio cerebal no sólo es aprendido bajo coacción sino que puede ser activado nuevamente si hay algo que recuerda al terrible acontecimiento original. Por ejemplo, Pitman descubrió que cuando las ratas de laboratorio recibían una descarga en la jaula, desarrollaban la misma analgesia basada en la endorfina que se encontró en los veteranos de Vietnam que vieron *Pelotón.* Semanas más tarde, cuando las ratas fueron colocadas en las jaulas donde habían recibido las descargas —pero sin ningún tipo de corriente eléctrica— volvieron a mostrarse insensibles al dolor, como cuando habían recibido la descarga. Véase Roger Pitman, "Naloxone-Reversible Analgesic Response to Combat-Related Stimuli in Posttraumatic Stress Disorder", *Archives of General Medicine*, junio de 1990. Véase también Hillel Glover, "Emotional Numbing: A Possible Endorphin-Mediated Phenomenon Associated with Post-Traumatic Stress Disorders and Other Allied Psychopathologic States", *Journal of Traumatic Stress,* 5, 4, 1992.
13. La prueba del cerebro revisada en esta parte está basada en el excelente artículo de Dennis Charney titulado "Psychobiologic Mechanisms".
14. Charney, "Psychobiologic Mechanisms", pág. 300.
15. El papel de la corteza prefrontal en el temor no adquirido: en el estudio de Richard Davidson, se midió el sudor (barómetro de la ansiedad) que los voluntarios mostraron como respuesta mientras oían un tono seguido por un ruido intenso y odioso. El ruido provocaba un aumento del sudor. Al cabo de un tiempo, el tono solo era suficiente para provocar el mismo aumento, mostrando así que los voluntarios habían adquirido

una aversión al mismo. Mientras seguían oyendo el tono sin el ruido odioso, la aversión aprendida se desvanecía, y el tono sonaba sin que se produjera un aumento del sudor. Cuando más activa mantenían los voluntarios la corteza prefrontal, más rápidamente perdían el temor adquirido.

En otro experimento que mostraba el papel de los lóbulos prefrontales en la superación de un temor, las ratas de laboratorio —como suele ocurrir en estos estudios— aprendieron a temer a un tono que se puso al mismo nivel de una descarga eléctrica. Las ratas fueron entonces sometidas al equivalente de una lobotomía, una lesión quirúrgica en el cerebro que desconectó los lóbulos prefrontales de la amígdala. Durante varios días las ratas oyeron el tono sin recibir descarga eléctrica. Lentamente, después de un período de varios días, las ratas que en un momento habían aprendido a temer al tono fueron perdiendo el temor. Pero a las ratas que tenían desconectados los lóbulos prefrontales les llevó casi el doble de tiempo librarse del temor. Esto sugiere el papel fundamental que los lóbulos prefrontales tienen en el manejo del miedo y, más generalmente, en el dominio de las lecciones emocionales. Este experimento fue llevado a cabo por María Morgan, estudiante de una escuela para graduados de Joseph LeDoux's en el Centro de Neurología de la Universidad de Nueva York.

16. La recuperación del TEP: del estudio me habló Rachel Yehuda, neuroquímica y directora del Programa de estudios del estrés traumático, de la Facultad de Medicina de Mt. Sinai en Manhattan. Informé sobre los resultados en *The New York Times*, 6 de octubre de 1992.
17. Trauma infantil: Lenore Terr, *Too Scared to Cry*, Nueva York, HarperCollins, 1990.
18. Vías para la recuperación del trauma: Judith Lewis Herman, *Trauma and Recovery*, Nueva York, Basic Books, 1992.
19. "Dosificación" del trauma: Mardi Horowitz, *Stress Response Syndromes*, Northvale, NJ, Jason Aronson, 1986.
20. Otro nivel en el que se produce el reaprendizaje, al menos en los adultos, es el filosófico. La eterna pregunta de la víctima —"¿Por qué a mí?"— debe ser planteada. El hecho de ser la víctima de un trauma destruye la convicción de que el mundo es un lugar confiable, y que lo que nos ocurre en la vida es justo, es decir que podemos tener control sobre nuestro destino llevando una vida recta. Las respuestas al enigma de la víctima, por supuesto, no tienen por qué ser filosóficas o religiosas; la tarea consiste en reconstruir un sistema de creencias o una fe que permita vivir una vez más como si el mundo y la gente que lo habita fueran dignos de confianza.
21. El hecho de que el temor original persista, aunque contenido, ha quedado demostrado en estudios en los que ratas de laboratorio fueron condicionadas a temer a un sonido, por ejemplo el de una campana, cuando estaba equiparado a una descarga eléctrica. Posteriormente, cuando oían la campana, reaccionaban con temor, aunque no hubiera descarga simultánea. Poco a poco, en el transcurso de un año (un tiempo muy largo para una rata: aproximadamente un tercio de su vida), las

ratas perdieron el temor a la campana. Pero este quedó restablecido plenamente cuando el sonido de la campana volvió a quedar equiparado a una descarga. El temor volvió en un instante, aunque su disminución llevó varios meses. Por supuesto, el paralelismo en los humanos se produce cuando un antiguo temor traumático, que ha permanecido latente durante años, vuelve a aparecer con toda su fuerza a través de algo que recuerda el trauma original.

22. La investigación de Luborsky aparece detallada en Lester Luborsky y Paul Crits-Christoph, *Understanding Transference: The CCRT Method*, Nueva York, Basic Books, 1990.

Capítulo 14: El temperamento no es el destino

1. Véase, por ejemplo, Jerome Kagan et al., "Initial Reactions to Unfamiliarity", *Current Directions in Psychological Science*, diciembre de 1992. La descripción más completa de la biología del temperamento aparece en Kagan, *Galen's Prophecy*.
2. Tom y Ralph, el arquetipo del niño tímido y del audaz, aparecen descritos en Kagan, *Galen's Prophecy*, págs. 155-157.
3. Los problemas permanentes del niño tímido: Iris Bell, "Increased Prevalence of Stress-related Symptoms in Middle-Age Women Who Report Childhood Shyness", *Annals of Behavior Medicine*, 16, 1994.
4. El ritmo cardíaco elevado: Iris R. Bell et al., "Failure of Hard Rate Habituation During Cognitive and Olfactory Laboratory Stressors in Young Adults With Childhood Shyness", *Annals of Behavior Medicine*, 16, 1994.
5. Pánico en los adolescentes: Cris Hayward et al., "Pubertal Stage and Panic Attack History in Sixth- and Seventh-Grade Girls", *American Journal of Psychiatry*, Vol. 149 (9), septiembre de 1992, págs. 1239-1243; Jerold Rosenbaum et al., "Behavioral Inhibition in Childhood: A Risk Factor for Anxiety Disorders", *Harvard Review of Psychiatry*, mayo de 1993.
6. La investigación sobre diferencias de personalidad y hemisféricas fue llevada a cabo por el Dr. Richard Davidson de la Universidad de Winsconsin, y por el Dr. Andrew Tomarken, psicólogo de la Universidad Vanderbilt: véase Andrew Tomarken y Richard Davidson "Frontal Brain Activation in Repressors and Nonrepressors", *Journal of Abnormal Psychology*, 103, 1994.
7. Las observaciones acerca de cómo las madres pueden ayudar a los niños tímidos a volverse más audaces fueron hechas con Doreen Arcus. Los detalles aparecen mencionados en Kagan, *Galen's Prophecy*.
8. Kagan, *Galen's Prophecy*, págs. 194-195.
9. Volverse menos tímido: Jens Asendorpf, "The Malleability of Behavioral Inhibition: A Study of Individual Developmental Functions", *Developmental Psychology*, 30, 6, 1994.
10. Hubel y Wiesel: David H. Hubel, Thorsten Wiesel y S. Levay, "Plasticity

of Ocular Columns in Monkey Striate Cortex", *Philosophical Transactions of the Royal Society of London,* 278, 1977.

11. Experiencia y el cerebro de las ratas: el trabajo de Marian Diamond y otros aparece descrito en Richard Thompson, *The Brain,* San Francisco, W. H. Freeman, 1985.
12. Cambios cerebrales en el tratamiento del trastorno obsesivo-compulsivo: L. R. Baxter et al., "Caudate Glucose Metabolism Rate Changes With Both Drug and Behavior Therapy for Obsessive-Compulsive Disorder", *Archives of General Psychiatry,* 44, 1989.
13. Actividad aumentada en los lóbulos prefrontales: L. R. Baxter et al., "Local Cerebral Glucose Metabolic Rates in Obsessive-Compulsive Disorder", *Archives of General Psychiatry,* 44, 1987.
14. Madurez de los lóbulos prefrontales: Bryan Kolb, "Brain Development, Plasticity, and Behavior", *American Psychologist,* 44, 1989.
15. Experiencia infantil y poda prefrontal: Richard Davidson, "Asymmetric Brain Function, Affective Style and Psychopathology: The Role of Early Experience and Plasticity", *Development and Psychopathology,* vol.6, 1994, pp. 741-758.
16. Sintonía biológica y crecimiento del cerebro: Schore, *Affect Regulation.*
17. M. E. Phelps et al., "PET: A Biochemical Image of the Brain at Work", en N. A. Lassen et al., *Brain Work and Mental Activity: Quantitative Studies with Radioactive Tracers,* Copenhagen: Munksgaard, 1991.

Quinta Parte: Alfabetismo emocional

Capítulo 15: El costo del analfabetismo emocional

1. Alfabetización emocional: escribí sobre ella en *The New York Times*, 3 de marzo de 1992.
2. Las estadísticas sobre criminalidad adolescente provienen de Uniform Crime Reports, *Crime in the U. S..* 1991, publicados por el Departamento de Justicia.
3. Crímenes violentos en la adolescencia: En 1990, el índice de arrestos juveniles por crímenes violentos trepó a 430 cada 100.000, un 27% más que el índice de 1980. Los arrestos de jóvenes por violación aumentaron del 10,9 cada 100.000 en 1965 al 21,9 cada 100.000 en 1990. Los asesinatos en la adolescencia se cuadriplicaron y algo más desde 1965 hasta 1990, de 2,8 a 12,1 cada 100.000; para 1990 tres de cada cuatro asesinatos adolescentes eran con armas de fuego, un incremento del 79% a lo largo de la década. Los asaltos agravados cometidos por adolescentes saltaron un 64% entre los años 1980 y 1990. Ver, por ejemplo, Ruby Takanashi, "The Opportunities of Adolescence", *American Psychologist*, febrero de 1993.
4. En 1950, el índice de suicidios entre jóvenes entre quince y veinticuatro años fue de 4,5 cada 100.000. Para 1989 era tres veces más alto, de

13,3. El índice de suicidios de niños entre diez y catorce años casi se triplicó entre 1968 y 1985. Los datos sobre suicidio, víctimas de homicidio y embarazos provienen de *Health*, 1991, Departamento de Salud y Servicios Humanos de los Estados Unidos, y Children's Safety Network, *A Data Book of Child and Adolescence Injury*, Washington, D.C.: National Center for Education in Maternal and Child Health, 1991.

5. A través de las tres décadas transcurridas desde 1960, los índices de gonorrea treparon a niveles cuatro veces más altos entre niños entre 10 y catorce años, y tres veces más altos entre los de quince a diecinueve. Para 1990, el 20% de los pacientes de SIDA tenían alrededor de veinte años, muchos de ellos infectados durante su adolescencia. La presión a comenzar tempranamente la vida sexual se vuelve más fuerte. Un estudio realizado en los años noventa encontró que más de un tercio de las jóvenes dijeron que la presión de sus pares hizo que se decidieran a iniciarse sexualmente; en la generación anterior, sólo el 13% de las jóvenes admitió esto. Ver Ruby Takanashi, "The Opportunities of Adolescence", y Children's Safety Network, *A Data Book of Child and Adolescence Injury*.
6. El consumo de heroína y cocaína entre blancos aumentó de 18 cada 100.000 en 1970, a un índice de 68 en 1990, aproximadamente tres veces más. Pero durante esas dos mismas décadas, entre los negros, el aumento fue de un índice en 1970 de 53 cada 100.000 a la escalofriante cifra de 766 en 1990, cerca de 13 veces el índice de veinte años atrás. Los índices sobre drogas se tomaron de *Crime in the U. S.*, 1991, Departamento de Justicia de los Estados Unidos.
7. Uno de cada cinco niños tiene dificultades psicológicas que perjudica su vida de alguna manera, de acuerdo a informes emitidos por los Estados Unidos, Nueva Zelanda, Canadá y Puerto Rico. En niños menores de once años, el principal problema es la ansiedad, que afecta al 10% con fobias lo suficientemente severas como para interferir su vida normal, a otro 5% con ansiedad generalizada y preocupación constante, y a un restante 4% con una ansiedad intensa al ser separados de sus padres. El abuso de la bebida asciende, entre los varones adolescentes, hasta un índice del 20% al llegar a los veinte años. Informé sobre muchos de estos datos de trastornos emocionales en los niños en el *The New York Times*, 10 de enero, 1989.
8. Estudio nacional sobre problemas emocionales en la niñez, y comparación con otros países: Thomas Achenbach y Catherine Howell, "Are America's Children's Problems Getting Worse? A 13-Year Comparison", *Journal of the American Academy of Child and Adolescence Psychiatry*, noviembre de 1989.
9. La comparación entre países fue hecha por Urie Bronfenbrenner, en la obra de Michael Lamb y Kathleen Sternberg, *Child Care in Context: Cross-Cultural Perspectives*, Englewood, New Jersey: Lawrence Erlbaum, 1992.
10. Disertación de Urie Bronfenbrenner en un simposio realizado en la Universidad de Cornell, 24 de setiembre de 1993.
11. Estudios longitudinales de niños agresivos y delincuentes: ver. vg., Alexander Thomas et al., "Longitudinal Study of Negative Emotional

States and Adjustments from Early Childhood Through Adolescence", *Child Development*,vol. 59, setiembre de 1988.

12. Experimento con matones: John Lochman, "Social-Cognitive Processes of Severely Violent, Moderately Aggressive, and Nonaggresive Boys", *Journal of Clinical and Consulting Psychology*, 1994.
13. Investigación de conductas agresivas de los niños: Kenneth A. Dodge, "Emotion and Social Information Processing", en J. Garber y K. Dodge, *The Development of Emotion Regulation and Dysregulation*, New York, Cambridge University Press, 1991.
14. Disgusto ante los matones en poco tiempo: J. D. Coie y J. B. Kupersmick. "A Behavioral Analysis of Emerging Social Status in Boys' Groups", *Child Development*, 54, 1983.
15. Hasta la mitad de los niños indisciplinados: véase, por ejemplo, Dan Offord et al., "Outcome, Prognosis, and Risk in a Longitudinal Follow-up Study", *Journal of the American Academy of Child and Adolescent Psychiatry*, 31, 1992.
16. Los niños agresivos y el crimen: Richard Tremblay et al., "Predicting Early Onset of Male Antisocial Behavior from Preschool Behavior", *Archives of General Psychiatry*, 1994.
17. Lo que le sucede a la familia de un niño antes de que este comience su etapa escolar es, por supuesto, crucial en la creación de una predisposición a la agresividad. Un estudio mostró que los niños abandonados por sus madres al año de edad, y cuya fecha de cumpleaños era difícil de determinar, eran cuatro veces más propensos que otros a cometer crímenes a los dieciocho años. Adriane Raines et al., "Birth Complications Combined with Early Maternal Rejection at Age One Predispose to Violent Crime at Age 18 Years", *Archives of General Psychiatry*, diciembre de 1994.
18. Mientras que un bajo CI verbal ha demostrado presagiar delincuencia (un estudio encontró una diferencia de ocho puntos entre delincuentes y no delincuentes), hay evidencia de que la impulsividad causa y potencia ambos índices, el de bajo CI y el de delincuencia. Para los puntajes bajos, los niños impulsivos parecen no prestar la atención suficiente para aprender el lenguaje y razonar las habilidades en las que se basa el CI verbal, y la impulsividad baja esos puntajes. En el Pittsburgh Youth Study, un proyecto longitudinal muy bien diseñado en el que se evaluaban el CI y la impulsividad de niños de entre diez y doce años, la impulsividad era tres veces más poderosa que el CI verbal para predecir la futura conducta delictiva. Ver la discusión en: Jack Block, "On the Relation Between IQ, Impulsivity, and Delinquency", *Journal of American Psychology* ,104, 1995.
19. Jovencitas "malas" y embarazo: Marion Underwood y Melinda Albert, "Fourth-Grade Peer Status as a Predictor of Adolescent Pregnancy", documento presentado en el encuentro de la Sociedad para la Investigación del Desarrollo de la Infancia, Kansas City, Missouri, abril de 1989.
20. La trayectoria de la delincuencia: Gerald R. Patterson, "Orderly Change in a Stable World: The Antisocial Trait as Chimera, *Journal of Clinical and Consulting Psychology* , 62, 1993.

21. Predisposición mental a la agresión: Ronald Slaby y Nancy Guerra, "Cognitive Mediators of Aggression in Adolescent Offenders", *Developmental Psychology*, 24, 1988.
22. El caso de Dana: de Laura Mufson et al., *Interpersonal Psycotherapy for Depressed Adolescents*, Nueva York: Guilford Press, 1993.
23. Indices crecientes de depresión en el mundo: Cross-National Collaborative Group: "The Changing Rate of Major Depression: Cross-National Comparisons", *Journal of the American Medical Association*, 2 de diciembre, 1992.
24. Posibilidad diez veces mayor de caer en la depresión: Peter Lewinsohn et al., "Age-Cohort Changes in the Lifetime Occurrence of Depresion and Other Mental Disorders", *Journal of Abnormal Psychology* , 102, 1993.
25. Epidemiología de la depresión: Patricia Cohen et al., New York Psychiatric Institute, 1988; Peter Lewinsohn et al., "Adolescent Psychopathology: I. Prevalence and Incidence of Depression in High School Students", *Journal of Abnormal Psychology* , 102, 1993. Ver también Mufson et al., *Interpersonal Psychotherapy*. Para una revisión de estimaciones más acotadas: E. Costello, "Developments in Child Psychiatric Epidemiology", *Journal of the Academy of Child and Adolescent Psychiatry*, 28, 1989.
26. Estructuras depresivas en la juventud: Maria Kovacs y Leo Bastiaens, "The Psychotherapeutic Management of Major Depression and Dysthymic Disorders in Childhood and Adolescence: Issues and Prospects", en I. M. Goodyer, ed., *Mood Disorders in Childhood and Adolescent*, Nueva York, Cambridge University Press,1994.
27. Depresión en niños: Kovacs, ob. cit.
28. Realicé una entrevista a Maria Kovacs que salió publicada en *The New York Times*, 11 de enero, 1994.
29. Retraso social y emocional en niños con depresión: Maria Kovacs y David Goldston, "Cognitive and Social Development of Depressed Children and Adolescents", *Journal of the American Academy of Child and Adolescence Psychiatry*, mayo, 1991.
30. Impotencia y depresión: John Weiss et al., "Control-related Beliefs and Self-reported Depressive Symptoms in Late Childhood", 102, 1993.
31. Pesimismo y depresión en niños: Judy Garber, Vanderbilt University. Ver, por ejemplo, Ruth Hilsman y Judy Garber, "A Test of Cognitive Diathesis Model of Depression in Children: Academic Stressors, Attributional Style, Perceived Competence and Control", *Journal of Personality and Social Psychology*, 67, 1994; Judith Garber, "Cognitions, Depressive Symptoms, and Development in Adolescents", *Journal of Abnormal Psychology*,102, 1993.
32. Garber, "Cognitions".
33. Garber, "Cognitions".
34. Susan Nolen-Hoeksema et al., "Predictors and Consequences of Childhood Depressive Symptoms: A Five-Year Longitudinal Study". *Journal of Abnormal Psychology,* 101, 1992.
35. Disminución a la mitad de los índices de depresión: Gregory Clarke,

University of Oregon Health Sciences Center, "Prevention of Depression in At-Risk High School Adolescents", documento presentado ante la American Academy of Child and Adolescent Psychiatry, octubre, 1993.
36. Garber, "Cognitions".
37. Hilda Bruch, "Hunger and Instinct", *Journal of Nervous and Mental Disease*, 149, 1969. Su obra inicial, *The Golden Cage: The Enigma of Anorexia Nervosa*, Cambridge, Massachussetts, Oxford University Press, no fue publicada hasta 1978.
38. Estudio de los transtornos de la alimentación: Gloria R. Leon et al., "Personality and Behavioral Vulnerabilities Associated with Risk Status for Eating Disorders in Adolescent Girls", *Journal of Abnormal Psychology*, 102, 1993.
39. La niña de seis años que se sentía gorda era paciente del Dr. William Feldman, pediatra de la Universidad de Ottawa.
40. Señalado por Sifneos, "Affect, Emocional Conflict, and Deficit".
41. La viñeta del desaire que recibió Ben pertenece a Steven Asher y Sonda Gabriel, "The Social World of Peer-Rejected Children", trabajo presentado en el encuentro anual de la American Educational Research Association, San Francisco, marzo, 1989.
42. La deserción escolar entre los niños desplazados socialmente: Asher y Gabriel, "The Social World of Peer-Rejected Children".
43. Los hallazgos sobre las bajas aptitudes emocionales de los niños impopulares pertenecen a Kenneth Dodge y a Esther Feldman, "Social Cognition and Sociometric Status", en Steven Asher y John Coie eds., *Peer Rejection in Childhood*, Nueva York, Cambridge University Press, 1990.
44. Emory Cowen et al., "Longterm Follow-up of Early Detected Vulnerable Children", *Journal of Clinical and Consulting Psychology*, 41, 1973.
45. Los mejores amigos y los desplazados: Jeffrey Parker y Steven Asher, "Friendship Adjustment, Group Acceptance and Social Dissatisfaction in Childhood", trabajo presentado en el encuentro anual de la American Educational Research Association, Boston, 1990.
46. El entrenamiento de los niños socialmente rechazados: Steven Asher y Gladys Williams, "Helping Children Without Friends in Home and School Contexts", en *Children's Social Development: Information for Parents and Teachers*, Urbana and Champaign: University of Illinois Press, 1987.
47. Resultados similares: Stephen Nowicki, "A Remediation Procedure for Nonverbal Processing Deficits", manuscrito inédito, Duke University, 1989.
48. Dos quintas partes son bebedores fuertes: así lo informó un estudio hecho por la Universidad de Massachusetts, con el Proyecto Pulse, en *The Daily Hampshire Gazette*, 13 de noviembre, 1993.
49. Abuso de la bebida: cifras aportadas por Harvey Wechsler, director del College Alcohol Studies en la Harvard School of Public Health, agosto, 1994.
50. Aumento de la cantidad de mujeres que beben hasta la ebriedad, y se exponen a ser violadas: informe del Columbia University Center on Addiction and Substance Abuse, mayo, 1993.

51. Principal causa de muerte: Alan Marlatt, informe ante el encuentro anual de la American Psychological Association, agosto, 1994.
52. Datos sobre alcoholismo y adicción a la cocaína provenientes de Meyer Glantz, jefe interino del Etiological Research Section of the National Institute for Drug and Alcohol Abuse.
53. Angustia y abuso: Jeanne Tschann, "Initiation of Substance Abuse in Early Adolescence", *Health Psychology*, 4, 1994.
54. Entrevista que le realicé a Ralph Tarter, publicada por *The New York Times*, 26 de abril, 1990.
55. Niveles de tensión en hijos de alcohólicos: Howard Moss et al., "Plasma GABA-like Activity in Response to Ethanol Challenge in Men at High Risk for Alcoholism", Biological Psychiatry 27 (6), marzo, 1990.
56. Déficit en el funcionamiento del lóbulo frontal en hijos de alcohólicos: Philip Harden y Robert Pihl, "Cognitive Function, Cardiovascular Reactivity, and Behavior in Boys at High Risk for Alcoholism", *Journal of Abnormal Psychology*, 104, 1995.
57. Kathleen Merikangas et al., "Familial Transmission of Depression and Alcoholism", *Archives of General Psychiatry,* abril, 1985.
58. Los alcohólicos intranquilos e impulsivos: Moss et al.
59. Cocaína y depresión: Edward Khantzian, "Psychiatric and Psychodynamic Factors in Cocaine Addiction", por Arnold Washton y Mark Gold, eds., *Cocaine: A Clinician's Handbook*, Nueva York: Guilford Press, 1987.
60. La adicción a la heroína y la ira: Edward Khantzian, Harvard Medical School, en conversación, basado sobre 200 pacientes; había tratado a aquellos que eran adictos a la heroína.
61. Basta de guerras: la frase me fue sugerida por Tim Shriver, del Collaborative for the Advancement of Social and Emotional Learning, en el Yale Child Studies Center.
62. Impacto emocional de la pobreza: "Economic Deprivation and Early Childhood Development", y "Poverty Experiencies of Young Children and the Quality of Their Home Environments". Greg Duncan y Patricia Garrett describieron lo que hallaron en sus investigaciones, en artículos separados aparecidos en *Child Development*, abril, 1994.
63. Características de los niños resistentes: Norman Garmezy, *The Invulnerable Child,* Nueva York: Guilford Press, 1987. Escribí acerca de los niños que se desarrollan a pesar de las dificultades en *The New* York *Times*, 13 de octubre, 1987.
64. Predominio de los transtornos mentales: Ronald C. Kessler et al., "Lifetime and 12-month Prevalence of DSM-III-R Psychiatric Disordes in the U. S.", *Archives of General Psychiatry*, enero, 1994.
65. Los datos de denuncias de abuso sexual presentadas por varones y niñas en los Estados Unidos provienen de Malcolm Brown, del Violence and Traumatic Stress Branch of the National Institute of Mental Health; el del número de causas sustanciadas, del National Committee for the Prevention of Child Abuse and Neglect. Un estudio nacional encontró que los índices eran del 3,2% en las niñas, y del 0,6 en los varones de un curso dado. David Finkelhor y Jennifer Dziuba-Leatherman,

"Children as Victims of Violence: A National Survey", *Pediatrics*, octubre, 1984.
66. El estudio a nivel nacional del programa de prevención del abuso sexual en los niños, fue realizado por David Finkelhor, sociólogo de la Universidad de New Hampshire.
67. Los datos acerca de cuántas víctimas tienen los abusadores de menores surgen de una entrevista realizada a Malcolm Gordon, psicólogo del Violence and Traumatic Stress Branch of the National Institute of Mental Health.
68. Consorcio W. T. Grant de promoción escolar de aptitud social, "Drug and Alcoholic Prevention Curricula", en J. David Hawkins et al., *Communities That Care*, San Francisco: Jossey-Bass, 1992.
69. Consorcio W. T. Grant, "Drug and Alcohol Prevention Curricula", pág. 136.

Capítulo 16: Educacion de las emociones

1. Publiqué una entrevista a Karen Stone McCown en *The New York Times*, 7 de noviembre de 1993.
2. Karen F. Stone y Harold Q. Dillehunt, *Self Science: The Subject is Me*, Santa Monica: Goodyear Publishing Co., 1978.
3. Comité para los niños, "Guide to Feelings", *Second Step,* 4-5 , 1992, pag. 84.
4. Proyecto de Desarrollo Infantil: véase, por ejemplo, Daniel Solomon et al., "Enhancing Children's Prosocial Behavior in the Classroom", *American Educational Research Journal*, invierno de 1988.
5. Beneficios del Head Start: Informe del High/Scope Educational Research Foundation, Ypsilanti, Michigan, abril de 1993.
6. El horario emocional: Carolyn Saarni, "Emotional Competence: How Emotions and Relationships Become Integrated", en R. A. Thompson, ed., *Socioemotional Development/Nebraska Symposium on Motivation*, 36, 1990.
7. La transición hacia la escuela primaria y la media: David Hamburg, *Today's Children: Creating a Future for a Generation in Crisis*, Nueva York, Times Books, 1992.
8. Hamburg, *Today's Children*, págs. 171-172.
9. Hamburg, *Today's Children*, pág. 182.
10. Entrevisté a Linda Lantieri en *The New York Times*, 3 de marzo de 1992.
11. Programas de alfabetización emocional como prevención primaria: Hawkins et al., *Communities That Care*.
12. Las escuelas como comunidades cuidadoras: Hawkins et al., *Communities That Care*.
13. La historia de la chica que no quedó embarazada: Roger P. Weisberg et al., "Promoting Positive Social Development and Health Practice in Young Urban Adolescents", por M. J. Elias ed., *Social Decision-making in the Middle School*, Gaithersburg, MD, Aspen Publishers, 1992.

14. Formación del carácter y conducta moral: Amitai Etzioni, *The Spirit of Community*, Nueva York, Crown, 1993.
15. Lecciones morales: Steven C. Rockefeller, *John Dewey: Religion, Faith and Democratic Humanism* , Nueva York, Columbia University Press, 1991.
16. Hacer el bien a los demás: Thomas Lickona, *Educating for Character*, Nueva York, Bantam, 1991.
17. Las artes de la democracia: Francis Moore Lappe y Paul Martin DuBois, *The Quickening of America*, San Francisco, Jossey-Bass, 1994.
18. Formación del carácter: Amitai Etzioni et al., *Character Bulding for a Democratic, Civil Society*, Washington, DC, The Communitarian Network, 1994.
19. Aumento del 3% del promedio de asesinatos: "Murder Across Nation Rises by 3%, but Overall Violent Crime Is Down", *The New York Times*, 2 de mayo de 1994.
20. Salto en el crimen juvenil: "Serious Crimes by Juveniles Soar", Associated Press, 25 de julio de 1994.

APENDICE B: LOS SELLOS DE LA MENTE EMOCIONAL

1. He escrito sobre el modelo de Seymour Epstein de "inconsciente experiencial" en diversas ocasiones en *The New York Times*, y gran parte de este resumen sobre el mismo se basa en conversaciones mantenidas con él, en cartas que me escribió, en su artículo "Integration of the Cognitive and Psychodynamic Unconscious", *American Psychologist*, 44, 1994, y su libro escrito en colaboración con Archie Brodsky, *You're Smarter Than You Think*, Nueva York, Simon and Schuster, 1993. Si bien este modelo de la mente experiencial informa mi propio modelo acerca de la "mente emocional", he hecho mi propia interpretación.
2. Paul Ekman, "An Argument for the Basic Emotions", *Cognition and Emotion*, 6, 1992, pág. 175. La lista de rasgos que distinguen las emociones es un poco más larga, pero estos son los que nos interesarán aquí.
3. Ekman, op cit., pág. 187.
4. Ekman, op cit., pág. 189.
5. Epstein, 1993, pág. 55.
6. J. Toobey y L. Cosmides, "The Past Explains the Present: Emotional Adaptations and the Structure of Ancestral Environments", *Ethology and Sociobiology*, 11, págs. 418-419.
7. Si bien puede parecer evidente que cada emoción tiene su propia pauta biológica, no ha sido así para aquellos que estudian la psicofisiología de la emoción. Sigue desarrollándose un debate sumamente técnico acerca de si el despertar emocional es básicamente el mismo para todas las emociones, o si las pautas únicas pueden ser provocadas. Sin entrar en los detalles del debate, he presentado el caso para aquellos que se aferran a perfiles biológicos únicos para cada emoción importante.

INDEX

A

B

C

D

E

F

G

H

I

J

K

L

M

N

O

P

R

S

T

V

W

Y

Z